매산집

이 책은 2015 · 2016년도 정부(교육부)의 재원으로 한국고전번역원의 지원을 받아 수행된 '권역별거점연구소협동번역사업'의 결과물임.

This work was supported by Institute for the Translation of Korean Classics-Grant funded by the Korean Government.

한국고전번역원 한국문집번역총서/성신여자대학교 고전연구소·(사)해동경사연구소

매산집 4

梅山集

홍직필 지음 김창효 옮김
洪直弼

일러두기

1. 이 책의 번역 대본은 한국고전번역원에서 간행한 한국문집총간 295・296집에 실린 《매산집(梅山集)》으로 하였다. 번역 대본의 원문 텍스트와 원문 이미지는 한국고전종합DB(http://db.itkc.or.kr)에서 확인할 수 있다.
2. 내용이 간단한 역주는 간주(間註)로, 긴 역주는 각주(脚註)로 처리하였다.
3. 한자는 필요한 경우 이해를 돕기 위하여 넣었으며, 운문(韻文)은 원문을 병기하였다.
4. 맞춤법과 띄어쓰기는 한글 맞춤법과 표준어 규정을 따랐다.
5. 이 책에서 사용한 부호는 다음과 같다.
   ( ) : 번역문과 음이 같은 한자를 묶는다.
   〔 〕: 번역문과 뜻은 같으나 음이 다른 한자를 묶는다.
   " " : 대화 등의 인용문을 묶는다.
   ' ' : " " 안의 재인용 또는 강조 문구를 묶는다.
   「 」: ' ' 안의 재인용을 묶는다.
   『 』: 「 」 안의 재인용을 묶는다.
   《 》: 책명 및 각주의 전거(典據)를 묶는다.
   〈 〉: 책의 편명 및 운문・산문의 제목을 묶는다.

차례

매산집 제9권

서書

매산집 제10권

서書

매산집

제9권

書서

서書

이자강에게 답함 무진년 9월 19일[1]

答李子岡 戊辰菊月小念

새벽에 사당에 참배하는 것은 주인이 행하는 예(禮)이니, 주인이 노쇠하고 병들어 행할 수 없을 경우 자제가 대신하는 것은 당연합니다. 이것이 주인의 일을 소홀히 한다는 혐의가 된다면, 예에 대신하여 행하는 절차가 있고 전중(傳重)[2]하는 의(義)가 있는데, 어찌 유독 새벽 참배에만 그렇지 않단 말입니까. 이미 대신하여 행한다고 말하였으면, 어찌 처음 시작함과 처음 시작하지 않음을 논할 것이 있겠습니까.

하나의 설을 얻어 근거를 삼아도 충분한데, 더구나 동춘(同春)과 수암(遂菴) 두 현자의 말씀[3]이 있어서 받들어 따르고 의심하지 않아도

1 무진년(戊辰年) 9월 19일 : 무진년은 1808년(순조8)으로, 매산의 나이 33세 되던 해이며, 원문의 '국월(菊月)'은 국화가 만개하는 음력 9월을 이르고 '소념(小念)'의 염(念)은 입(廿)과 같은바 소념은 염보다 하나 적은 19일을 이른다.

2 전중(傳重) : 상제(喪祭)나 종묘에 대한 중한 책임을 전한다는 뜻으로, 대를 이어 종통(宗統)을 이어받는 것을 말한다.

3 동춘(同春)과……말씀 : 동춘은 송준길(宋浚吉, 1606~1672)의 호로 자는 명보(明甫), 본관은 은진(恩津), 시호는 문정(文正)이다. 사계(沙溪) 김장생(金長生)의 문인

됨에 있어서이겠습니까.

부인은 출가〔外成〕하기 때문에,[4] 비록 본종(本宗)[5]에서 죽더라도 본종의 사당에서 뵐 수 없습니다. 그러나 죽음을 사당에 고유(告由)하는 일의 경우는, 일이 있으면 고유한다는 의리[6]로 미루어보면, 출가한 딸의 상(喪)을 고유하는 것이 근거가 없지 않습니다.

이며 우암(尤菴) 송시열(宋時烈)과 동종(同宗)으로 함께 율곡의 성리학을 계승하였고, 학행으로 천거되어 벼슬이 이조 판서에 이르렀다. 특히 예학(禮學)에 밝고 문장과 글씨에도 빼어났으며, 저서로는 《동춘당집》 등이 있다. 1756년(영조 32) 문묘에 종향되었다. 수암(遂菴)은 권상하(權尙夏, 1641~1721)의 호로, 자는 치도(致道), 또 다른 호는 한수재(寒水齋), 본관은 안동(安東), 시호는 문순(文純)이며 우암 송시열의 수제자이다. 스승인 우암이 사사(賜死)된 뒤로 평생 벼슬하지 않고 청풍(淸風)에 머물면서 학문과 교육에 전념하여 기호학파의 정통이 되었다.

4 부인은……때문에 : 원문의 '외성(外成)'은 여자가 출가하는 것을 이르는 말이다.

5 본종(本宗) : 보통 부계(父系)의 친속이란 뜻으로 종족(宗族)과 같이 쓰이는데, 여기서는 본가의 뜻으로 쓰였다.

6 일이……의리 : 집안에 일상적인 생활 이외의 일이 있으면 사당에 나아가 조상에게 고유하는 의리로, 《주자가례(朱子家禮)》 〈통례(通禮) 사당(祠堂)〉편에 "일이 있으면 고유한다.〔有事則告.〕"라고 보인다.

이자강에게 답함 무진년 10월 그믐날[7]

答李子岡 戊辰陽晦

《예기》에 비록 '상주가 병이 있으면 술도 마시고 고기도 먹어야 한다.'[8] 라고 허락하였으나, 고기는 위장의 기운을 도와서 병을 치료할 수 있으니 그래도 괜찮지만, 술은 마셔서는 안 됩니다. 생강과 계피(桂皮) 등의 양념을 넣은 음식으로 충분히 섭생(攝生)할 수가 있는데, 다시 어찌 국얼(麴糵)[9]을 사용할 것이 있겠습니까.

정 선생(程先生)은 장례에 모인 자들이 술을 마시는 것도 사람을 악에 빠뜨린다고 경계하셨는데,[10] 하물며 상주가 스스로 술을 마심에 있어서이겠습니까. 술자리[11]는 넘치기가 쉬우니, 술로 머리를 적시면

7 10월 그믐날 : 원문 '양회(陽晦)'의 양(陽)은 양월(陽月)로 음력 10월을 이르는바, 10월에는 9월의 박괘(剝卦 ䷖)의 상구(上九)가 변해서 순음(純陰)의 곤괘(坤卦 ䷁)가 되어 양효(陽爻)가 다 사라지나, 음과 양은 잠복해 있을 뿐 없는 경우가 없으므로, 이를 표현하기 위해 10월을 양월이라 칭한다. 회(晦)는 그믐날을 이른다.

8 예기에……한다 : 이 내용은 《예기》〈곡례 상(曲禮上)〉에 보인다.

9 국얼(麴糵) : 술을 가리킨다. 국(麴)은 누룩이고 얼(糵)은 엿기름인데, 옛날 술을 빚을 적에 누룩과 엿기름을 적당히 배합하였으므로 붙여진 이름이다.

10 정 선생(程先生)은……경계하셨는데 : 이 내용은 《근사록(近思錄)》 권6 〈가도(家道)〉에 "정자(程子)가 부친을 장례할 적에 주공숙(周恭叔)으로 하여금 빈객의 접대를 주관하게 하였는데, 빈객이 술을 달라고 하자 주공숙이 아뢰니, 선생은 '사람을 악에 빠뜨리지 말라.'고 하였다.〔程子葬父, 使周恭叔主客, 客欲酒, 恭叔以告, 先生曰: 勿陷人於惡.〕"라고 보인다.

11 술자리 : 원문의 '상정(觴政)'은 원래 주연(酒宴)의 흥을 더하기 위하여 마련하는 술자리의 규칙으로, 상령(觴令) 또는 주령(酒令)이라고도 하는데, 곧바로 주연을 이르

서 절제할 줄 모른다면[12] 예도(禮度)를 무너뜨려서 영원히 명교(名敎)[13]의 죄인이 되니, 비록 술을 마시지 않아 병을 얻더라도, 결코 경솔하게 입에 가까이 하여 한계를 넘어서는 안 됩니다.

술과 고기가 모두 예방(禮防)[14]에 관계되나, 끝내는 술이 고기보다 더 엄중하니, 차라리 고기를 먹을지언정 술을 마셔서는 안 됩니다. 내가 조문할 적에 상주가 술을 마셔 얼굴에 붉은 기운을 띠고 있는 것을 보면, 번번이 하증(何曾)이 완적(阮籍)을 면박하였던 일[15]이 떠올

기도 한다.

12 술로……모른다면 : 이 내용은 《주역》 〈미제괘(未濟卦) 상구(上九) 상(象)〉의 "술을 마셔 머리를 적시는 것 또한 절제를 모르는 것이다.〔飮酒濡首, 亦不知節也.〕"라는 구절을 원용한 것이다.

13 명교(名敎) : 유교를 가리키는바, 유교는 인륜의 명분을 밝히기 때문에 이렇게 말한다.

14 예방(禮防) : 예로써 한계를 넘거나 중정(中正)을 잃지 않게 함을 이르는데, 곧바로 예법을 가리키기도 한다. 《예기》 〈경해(經解)〉의 "예가 난(亂)이 생기는 것을 금하는 것은 마치 제방이 물이 넘치는 것을 막는 것과 같다.〔禮禁亂之所由生, 猶坊止水之所自來也.〕"라는 구절에서 유래하였다.

15 하증(何曾)이……일 : 하증은 진(晉)나라 무제(武帝) 때의 재상이고 완적(阮籍)은 당시의 명사로 죽림칠현(竹林七賢)의 한 사람인데 천성이 방달(放達)하여 예교(禮敎)에 얽매이기를 싫어하였다. 《소학》 〈가언(嘉言)〉에 다음과 같이 보인다. "진나라 완적이 재주를 믿고 방탕하여 부모의 상에 무례하였는데, 하증이 문제(文帝)의 자리에서 완적을 대면하여 질책하기를 '그대는 풍속을 무너뜨리는 사람이니, 조장해서는 안 된다.' 하고, 인하여 문제에게 말하기를 '임금께서 효도로 천하를 다스리고 계신데, 완적이 중한 슬픔을 당한 처지로 공석(公席)에서 버젓이 술을 마시고 고기를 먹으니, 마땅히 사방 변경으로 물리쳐서 중화를 오염시키지 말아야 합니다.' 하였다.〔晉阮籍負才放誕, 居喪無禮, 何曾面質籍於文帝坐曰: 卿, 敗俗之人, 不可長也. 因言於帝曰: 公方以孝治天下, 而聽阮籍以重哀飮酒食肉於公座, 宜擯四裔, 無令汚染華夏〕"

라 오래도록 마음에서 잊히지 않았습니다.

만약 주량(酒量)이 센 노인이 병이 위독하여 빈사(瀕死)의 지경에 이르면, 이때에는 혹 술을 입술에 적셔서 부양(扶養)할 수는 있으나, 술에 취하게 하지는 않아야 합니다.

《부주(附註)》에 기재되어 있는 《주자어류(朱子語類)》의 설[16]은 반드시 이것을 가리켜 말한 것일 터인데, 존장(尊長)의 뜻을 따라 억지로 술을 마시는 것이라고 말한다면, 주자의 본지를 잃을 듯하니, 감히 믿지 못하겠습니다.

아침과 저녁에 곡(哭)하는 것은, 살아계실 때 새벽에 문안하고 저녁에 잠자리를 정해 드리는 것을 본뜬 것이니, 비록 연제(練祭 소상)가 지나면 곡을 그치더라도 전혀 아무 일도 하지 않아서는 안 됩니다. 그러므로 퇴계(退溪)께서 의(義)로써 새로 만드시어 처음으로 궤연(几筵)에 참배한다는 의논이 있게 되었습니다.[17] 그러나 참배는 항상 모시는

16 부주(附註)에……설 : 《부주(附註)》가 어떤 책을 가리키는지, 또 이 설이 무슨 내용을 말한 것인지 분명하지 않다.

17 퇴계(退溪)께서……되었습니다 : 퇴계의 문인인 우성전(禹性傳)이 편지를 올려 "연제를 지낸 뒤에는, 비록 아침과 저녁으로 곡하는 것을 그치지만, 다만 새벽과 저녁에 궤연에 참배하는 것이 인정과 예의에 합당할 듯합니다.〔練後, 雖廢朝夕之哭, 而只於晨昏展拜几筵, 似合情禮.〕"라고 묻자, 퇴계는 "아침과 저녁으로 궤연에 참배하고자 한다는 말은 지당하고도 지당하다.〔來說欲行朝夕, 至當至當.〕"라고 대답한 일이 있으므로 이렇게 말한 것이다. 《退溪集 卷32 答禹景善》 원문의 '의기(義起)'는 의에 맞을 경우 새로 예를 만든다는 말로, 《예기》 〈예운(禮運)〉에 "예(禮)라는 것은 의(義)의 실제이니, 의에 합하여 맞으면 비록 선왕 때에 없었던 것일지라도 의로써 새로 만들 수 있다.〔禮也者, 義之實也, 協諸義而協, 則禮雖先王未之有, 可以義起.〕"라고 보인다. 경선(景

의리가 아니니, 마땅히 첨례(瞻禮)를 행해야[18] 할 듯합니다. 이른바 '첨례'라는 것은 시립(侍立)하기만 하고 절하지 않는 것입니다.

농암(農巖 김창협(金昌協))은 아침만을 말씀하고 저녁은 말씀하지 않았으나, 저녁 또한 폐해서는 안 되니, 마땅히 도암(陶庵 이재(李縡))의 말씀을 따라 새벽과 저녁에 모두 행하여야 합니다. 그러므로 일찍이 이것을 근재(近齋)[19] 어른에게 질정(質正)하여 행하였는데, 집사(執事)께서는 어떻게 대처하시는지 모르겠습니다.

지난번에 말씀하신, 아침에 하는 곡과 궤연에 들어가 하는 곡의 차이는 어리석은 저 또한 그렇다고 생각합니다. 일찍이 예를 잘 아는 분과 의논하였는데, 그가 말하기를,

"이날 이미 궤연에 들어가 곡하는 한 절차가 예정되어 있다면, 굳이 먼저 아침 곡을 행할 것이 없다."

라고 하여, 두 사람이 서로 의견을 굽히지 않은 채 논의를 그만두었는

善)은 우성전의 호이다.

18 참배는……행해야 : 상주가 궤연을 모시고 그 앞에서 생활할 경우 참배를 하지 않으므로 말한 것이다. 옛날 자식이 부모를 섬길 적에 저녁에는 잠자리를 봐드리고 새벽에는 문안 인사를 드렸으나 직접 모시고 잠을 잤을 경우에는 새벽 문안을 하지 않았는바, 아침과 저녁으로 궤연을 뵈올 적에 역시 참배를 하지 않고 첨례(瞻禮)만 하는 것이다. 첨례는 목례(目禮)와 같은 뜻이다.

19 근재(近齋) : 매산의 스승인 박윤원(朴胤源, 1734~1799)으로 근재는 호이며, 자는 영숙(永叔), 본관은 반남(潘南), 시호는 문헌(文獻)이다. 1792년 학행으로 천거되어 선공 감역(繕工監役)에 임명되었으나 사퇴하고, 평생 성리학 연구에 전념하여 김창협(金昌協)·이재(李縡)·김원행의 학통을 계승하였으며, 다시 문하의 홍직필(洪直弼)에게 학통을 전수해 신응조(申應朝)·임헌회(任憲晦) 등으로 이어지는 조선 후기 성리학의 중요한 학파를 형성하였다.

데, 지금 이렇게 말씀하시니, 더욱 자신할 수가 있습니다.

우암(尤菴 송시열)께서, 우제(虞祭)와 시제(時祭)에 제사와 헌작(獻爵)의 선후(先後)가 다른 근거를 묻는 질문에 답하시기를,

"우제는 여전히 상중의 제사이므로 시제와 약간 차이가 있다."

라고 하셨고,[20] 한강(寒岡 정구(鄭逑)) 또한 말씀하기를

"우제는 슬프고 급하여 그 예가 마땅히 간략해야 하고, 시제는 엄숙하고 공경하여 구비하지 않을 수 없다."

라고 하였으니, 이 두 가지를 합하여 의논하면 그 의리를 알 수 있습니다.

졸곡(卒哭) 이후에는 상중의 제사를 길제(吉祭)로 바꿔, 이성(利成)을 고하고 축문을 읽을 적에 모두 방향을 바꾸니,[21] 술잔을 올리는 예절 또한 응당 따라 변해야 할 터인데, 지금 졸곡으로부터 담제(禫祭)에 이르기까지 우제의 예와 똑같이 하니, 이것은 제가 감히 알 수가 없습니다. 아마도 이는 《주자가례(朱子家禮)》에서 마땅히 고쳐야 하는데 고치지 않은 듯한데, 《상례비요(喪禮備要)》에서 옛것을 그대로 따랐으니, 이를 다만 따를 뿐입니다.

20 우암(尤菴)……하였고 : 이 내용은 우암의 문인으로 자가 사앙(士昂)인 민태중(閔泰重)이 우제 때에는 제사를 지낸 뒤에 헌작(獻爵)을 하고 시제 때에는 헌작한 뒤에 제사를 올리고 제사를 지낸 뒤에 다시 헌작하여 선후가 서로 다른 근거를 묻는 질문에 답한 것으로 《송자대전(宋子大全)》 권86 〈서(書) 답민사앙(答閔士昂)〉에 보인다.

21 졸곡(卒哭)……바꾸니 : 길제와 상중의 제사에 축관(祝官)이 향하는 위치가 달라서 상중의 제사 때에는 서향하고 길제 때에는 동향하므로 이렇게 말한 것이다. 이성(利成)은 제례를 마친 뒤에 제사가 잘 이루어졌음을 고하는 의식이다. 《예기》 〈증자문(曾子問)〉에 보이는데, 진호(陳澔)는 《예기집설대전(禮記集說大全)》에서 "이(利)는 기른다는 뜻인 양(養)과 같으니, 공양하는 예가 이미 이루어졌음을 이르는 것이다.〔利猶養也, 謂共養之禮已成也.〕"라고 주하였다.

이자강에게 답함 기사년[22] 6월 19일

答李子岡 己巳六月十九日

당(堂)에서 내려오다가 발을 다치신 일에 대한 걱정은 염려함이 간절하고 간절하니, 이 어찌 걸음걸이를 조용하고 침착하게 하여야 한다는 가르침을 소홀히 해서 이러한 것이겠습니까. 참으로 무망(無妄)의 병인데, 이 때문에 악정자춘(樂正子春)의 탄식을 하시니, 이로써 한 번 발을 들 때마다 감히 효(孝)를 잊지 않으셨음을 증험할 수 있으니,[23] 깊이 존경하여 심복합니다. 깊이 존경하여 심복합니다.

22 기사년(己巳年) : 1809년(순조9)으로, 매산의 나이 34세 되던 해이다.

23 당(堂)에서……있으니 : 이 내용은 증자(曾子)의 제자인 악정자춘(樂正子春)이 당을 내려오다가 발을 다치고는 완쾌되었는데도 근심하며 몇 달을 문밖에 나오지 않은 일에 대해 그 이유를 묻는 제자에게 답한 문답을 원용한 것이다. 악정자춘은 "부자(공자)께서 말씀하시기를 '하늘이 낸 바와 땅이 기르는 바에 사람보다 더 위대한 것이 없다. 부모가 자식을 온전히 낳아주셨으니 자식이 몸을 온전히 하여 돌아가야 효도라고 이를 수 있으니, 몸을 훼손하지 않으며 몸을 욕되게 하지 않으면 온전히 한다고 이를 수 있는 것이다.' 하셨다. 그러므로 군자는 반걸음에도 효도를 잊지 않는데, 지금 나는 효도의 도를 잊었다. 이 때문에 근심하는 기색이 있는 것이다.〔夫子曰: 天之所生, 地之所養, 惟人爲大. 父母全而生之, 子全而歸之, 可謂孝矣, 不虧其體, 不辱其身, 可謂全矣. 故君子頃步而弗敢忘孝也, 今予忘孝之道. 予是以有憂色也.〕"라고 대답하였다. 《禮記 祭義》 '걸음걸이를 조용하고 침착하게 하여야 한다는 가르침'은, 정이천(程伊川)의 문인으로 자가 사숙(思叔)인 장역(張繹)의 좌우명(座右銘)의 일부분으로 《소학(小學)》 〈가언(嘉言)〉편에 보인다. 무망(無妄)의 병은 잘못 없이 생긴 병을 가리킨다. 《주역》 〈무망괘(無妄卦) 구오(九五)〉에 "잘못 없이 걸린 병이니, 약을 쓰지 않아도 기쁜 일이 있으리라.〔无妄之疾, 勿藥有喜.〕"라고 보인다.

사람의 형체와 본성은 부모에게서 받았으니, 모름지기 형체를 실천하고 본성을 다하여야,[24] '몸을 온전히 하여 돌아간다.'고 말할 수 있는데, 형체를 훼손하지 않고 몸을 욕되지 않게 함은 바로 형체를 실천하는 일이요, 형체가 훼손되지 않게 하고 몸을 욕되지 않게 함은 본성을 다하는 것이니, 형체와 본성을 모두 온전히 하여야 옳습니다.

그러나 요(堯) 임금은 수척해지고 순(舜) 임금은 얼굴이 검어지고 대우(大禹)는 살에 못이 박히고[25] 주자는 실명(失明)[26]한 것으로 말하면, 어찌 혹시라도 '형체를 실천하여 몸을 온전히 해서 돌아감'에 흠이 되겠습니까.

질병이 오는 것은 성인도 면치 못하신 것이니, 어찌 효(孝)의 도(道)를 잊었다고 말할 수 있겠습니까. 두려움으로 죽고 담장이나 바위에 깔려 죽고 물에 빠져 죽는 것과 같은 따위[27]와 생명을 해쳐서 욕심을

24 형체를……다하여야 : 형체를 실천한다는 것은 《맹자》 〈진심 상(盡心上)〉의 "형(形)과 색(色)은 천성이니, 오직 성인인 뒤에야 이를 실천할 수 있다.〔形色天性也, 惟聖人然後, 可以踐形.〕라는 구절을 원용한 것이며, 본성을 다한다는 것은 《중용장구(中庸章句)》 제22장의 "오직 천하의 지극히 성실한 분이라야 능히 그 본성을 다할 수 있다.〔唯天下至誠, 爲能盡其性.〕"라는 구절을 원용한 것이다.

25 요(堯) 임금은……박히고 : 이 내용은 《회남자(淮南子)》 〈수무훈(脩務訓)〉편에 "신농(神農)은 초췌해지고, 요 임금은 수척해지고, 순 임금은 얼굴이 검어지고, 대우는 살에 못이 박혔다.〔神農憔悴, 堯瘦臞, 舜黴黑, 禹胼胝.〕"라고 보인다.

26 주자는 실명(失明) : 주자가 말년에 실명한 것은 〈답이계장서(答李季章書)〉 등의 편지글에 보인다. 《晦庵集 卷29 書》

27 두려움으로……따위 : 이 내용은 《예기》 〈단궁 상(檀弓上)〉에 "죽어도 조문하지 않는 경우가 셋이니, 두려움으로 죽거나 깔려죽거나 물에 빠져 죽는 경우이다.〔死而不弔者三, 畏, 壓, 溺.〕"라고 보인다.

따르는 경우가 바로 효를 잊은 것입니다.

사대(四大)[28]가 건장하고 온몸이 온전한 채로 죽는 자가 많으나, 이와 같은 자들을 형체를 소유하고 이치를 다했다고 말할 수 있겠습니까. 형체가 비록 훼손되었더라도 몸이 욕되지 않으면 온전함이 됨에 무방합니다.

바라건대 애시(哀侍)[29]께서는 부모에게 아름다운 명성이 돌아갈 것을 생각하여 선한 일을 과감하게 행해서[30] 본성을 다하고 천명에 이르러야 비로소 형체를 가득 채워서 부족함이 없을 것이니, 이것을 일러 '몸을 온전히 하여 돌아갔다.'라고 하고, 이것을 일러 '효도가 지극했다.'라고 하는 것입니다.

우연히 발을 다치시어 문밖을 나가지 않는 근심[31]을 이루셨으나, 이것이 '위태로움을 행하지 말라.'는 경계에 무슨 어긋날 것이 있겠습니까. 혹시라도 감정에 따라 지나치게 슬퍼해서 몸을 너무 훼손하여 병이 되면 참으로 효를 손상하는 것이니, 애시께서는 공경히 생각하시기

28 사대(四大) : 사람의 육신을 이른다. 사람의 몸이 지(地)·수(水)·화(火)·풍(風)의 네 가지 원소(元素)로 이루어졌다고 하여 이렇게 이른다.

29 애시(哀侍) : 서간(書簡)에서 주로 쓰이는 어휘로, 양친(兩親) 중 한 분이 돌아가셔서 삼년상을 치르는 상주를 호칭하는 말이다.

30 부모에게……행해서 : 이 내용은 《예기》 〈내칙(內則)〉편의 "부모가 비록 별세하였으나 장차 선한 일을 하려 할 적에는 부모에게 좋은 명예가 돌아갈 것을 생각하여 반드시 결행하며, 장차 선하지 못한 일을 하려 할 적에는 부모에게 수치와 욕이 돌아갈 것을 생각하여 반드시 결행하지 말아야 된다.〔父母雖沒, 將爲善, 思貽父母令名, 必果; 將爲不善, 思貽父母羞辱, 必不果.〕"라는 구절의 일부를 원용한 것이다.

31 발을……근심: 앞의 주23에 보이는바, 악정자춘이 발을 다치고 몇 달을 문밖에 나가지 않으며 근심하였다 하였으므로 이렇게 말한 것이다.

바랍니다.

《의례(儀禮)》 〈상복(喪服)〉편에, 사(士)는 서모(庶母)를 위하여 시마복(緦麻服)을 입는데, 이는 어머니라는 명칭 때문이라고 하였으니, 자식이 있고 없고를 막론하고 모두 시마복을 입는 것입니다. 그러다가 《주자가례》에 이르러, 오직 아버지의 첩 가운데 자식이 있는 자에게만 복을 입는 것을 허락하였으니, 이는 《예기》 〈상복소기(喪服小記)〉편의 "사(士)는 자식이 있는 첩을 위하여 시마복을 입고, 자식이 없으면 입지 않는다."는 내용에 근거한 것입니다.

지금 감히 주자를 버리고 주(周)나라의 예(禮)를 따를 수 없습니다. 그러나 비록 자식이 없더라도, 서모가 생전에 자기를 사랑하였고 혹 소군(小君)[32]을 대리하였다면 적자(嫡子)가 그를 위하여 소공복(小功服)을 입어야 하고, 그렇지 않더라도 혹 죽을 때까지 부지런히 일하여 공로가 한집안에 기록되어 있으면, 어찌 차마 복을 입지 않을 수 있겠습니까. 이는 마땅히 함께 한집에서 밥을 지어먹으면 시마복을 입는 예[33]를 따라야 하니, 《주자가례》에 기재되지 않다고 하여 그만두어서는 안 될 것입니다.

32 소군(小君) : 친족이 아닌 어른의 처첩(妻妾)에 대한 존칭이다. 《춘추곡량전(春秋穀梁傳)》 장공(莊公) 22년 조에 "소군은 임금이 아닌데도 군(君)이라고 말하는 것은 어째서인가? 공(公)의 배필이 되었기 때문에 소군이라 부를 수 있는 것이다.〔小君非君也, 其曰君何也? 以其爲公配, 可以言小君也.〕"라고 보인다.

33 한집……예 : 이 내용은 《예기》 〈단궁 상(檀弓上)〉에 "종모(從母)의 남편인 이모부(姨母夫)와 외삼촌의 아내인 외숙모(外叔母) 이 두 사람이 서로를 위하여 복을 입는 것에 대해 군자가 말하지 않았는데, 혹자는 말하기를 '함께 한 집에서 밥을 지어 먹고 살았으면 시마복을 입는다.' 하였다.〔從母之夫, 舅之妻, 二夫人相爲服, 君子未之言也. 或曰: 同爨, 緦.〕"라고 보인다.

《주자가례》에 통용하지 않는 것을 《의례》로써 참고한 뒤에야 주자의 본뜻에 위배되지 않으니, 어찌 《주자가례》를 융통성 없이 지킬 뿐이겠습니까.

이자강에게 답함 기사년 10월 26일

答李子岡 己巳十月二十六日

영서장(潁西丈)[34]이 견복(牽復)[35]한 것은 바로 예상 밖의 일인데, 낮은 순위의 의망(擬望)[36]을 특별히 낙점하신 것은 각별한 은혜입니다. 나이 드신 어머니께서 울며 권하시어 장차 억지로 벼슬하러 나간다 하니, 서글프고 서글픕니다. 진실로 동강(東岡)에 높이 누워서[37] 제일의 의리를 차지하는 것만 못하나, 몸이 자신의 소유가 아니라서 자유롭게

34 영서장(潁西丈) : 임로(任魯, 1755~1828)로 호가 영서거사(潁西居士)이므로 이렇게 칭한 것이다. 자는 득여(得汝), 본관은 풍천(豊川)이다. 1777년(정조1) 아버지인 임종주(任宗周)가 홍국영(洪國榮)에 의해 단천(端川)에 유배되었다가 별세하자, 과거를 포기하고 학문에만 전념하였다. 학문이 높아지자 나라의 부름이 이어져서 1809년(순조9) 제용감 부봉사(濟用監副奉事)로 출사하고 외직으로 충원 현감(忠原縣監) 등을 지냈다.

35 견복(牽復) : 원래 견인하여 정도(正道)를 회복시킴을 이르는 말로, 《주역》〈소축(小畜)〉의 "구이(九二)는 연결하여 회복함이니, 길(吉)하다.〔九二, 牽復, 吉.〕"라는 구절에서 나왔는데, 여기서는 다시 관직에 복귀한다는 의미로 쓰였다.

36 낮은 순위의 의망(擬望) : 의망은 관리 임명에 앞서 전조(銓曹)인 이조와 병조가 그 벼슬에 합당한 후보자를 임금에게 천거하는 것을 이르는데, 통상 세 명을 천거하는 삼망(三望)이 상례이다. 원문의 '저망(低望)'은 삼망 중에 그 순위가 낮음을 이른다.

37 동강(東岡)에 높이 누워서 : 높은 절조를 지키며 한가하게 은거함을 말하는바, 동강은 동쪽 산등성이란 뜻으로 은거지를 가리킨다. 후한(後漢) 때 은사인 주섭(周燮)이 조정에서 여러 번 불러도 나아가지 않자, 그의 종족들이 "선대로부터 훈총(勳寵)이 계속 이어져 왔는데 그대는 어찌하여 동강의 비탈만 지키는가?"라고 한 말에서 유래하였다. 《後漢書 卷53 周黃徐姜申屠列傳》

운신할 수 없으니, 또한 다시 어찌하겠습니까.

영서장께서 처음에 벼슬하지 않은 것은, 선친의 뜻을 드러내지 못하기 때문에 이로써 자정(自靖)의 뜻을 부친 것입니다.[38] 그런데 지금 생각을 바꾼 것은 콩과 물의 봉양[39]조차 계속하지 못하다가 절로 격문(檄文)을 받드는 기쁨[40]이 있어서이니, 얼핏 보면 처음과 크게 어긋난 듯하나, 실제를 살펴보면 또한 나름의 이유가 있습니다.

어리석은 저는 처음에는 지조를 변치 마실 것을 권하다가, 어머니의 마음을 돌이키기 어렵다는 말을 듣고, 이를 받들어 순종하시도록 권하였으니, 알지 못하겠습니다. 고명(高明)께서는 어떻게 생각하십니까?

38 선친의……것입니다 : 선친의 뜻을 드러내지 못한다는 것은, 임로의 부친인 임종주가 1777년(정조1) 대사간의 직책에 있으면서 역모에 연루되었다고 지목되어 단천(端川)에 유배되었다가 별세하였으므로, 이렇게 말한 것이다. 자정(自靖)은 스스로 분의(分義)에 맞게 처신하여 지조를 지킨다는 뜻으로, 《서경(書經)》 〈미자(微子)〉 편에 "스스로 의리에 편안하여 사람마다 스스로 자신의 지조를 선왕에게 바친다.〔自靖, 人自獻于先王.〕"라고 보인다.

39 콩과 물의 봉양 : 콩과 맹물밖에 없는 가난한 생활 속에서 어버이를 정성껏 봉양하는 것을 말한다. 공자의 제자 자로(子路)가 집안이 가난해서 효도를 제대로 하지 못한다고 탄식하자, 공자가 "콩을 삶아 먹고 맹물을 마시더라도 어버이의 즐거움을 다하는 것이 바로 효이다.〔啜菽飮水盡其歡, 斯之謂孝.〕"라고 한 데에서 나온 말이다. 《禮記 檀弓下》

40 격문(檄文)을 받드는 기쁨 : 은자가 어버이 봉양을 위하여 잠시 자신의 지조를 꺾고 지방 수령에 임명됨을 기뻐함을 이른다. 후한(後漢) 말엽 여강(廬江)의 은사인 모의(毛義)가 안양(安陽) 수령에 임명하는 격문을 받고는 매우 기뻐하였는데, 마침 방문했던 장봉(張奉)이 이것을 보고 비속하게 여겼으나, 모의가 모친이 세상을 떠난 뒤에는 일체 벼슬자리에 나아가지 않자, 비로소 그가 벼슬길에 나아간 것이 모친의 봉양을 위해서였음을 알았다 한다. 《後漢書 卷69 劉趙淳于江劉周趙列傳 毛義》

백발에 오사모(烏紗帽)를 쓰고 동화문(東華門)의 뿌연 먼지 가운데에서 세력을 따라 부침〔乾沒〕하는 것[41]이 어찌 평소의 행함〔素履〕[42]에 편안한 바이겠습니까. 충분히 사람(나)으로 하여금 대신하여 근심하게 합니다. 추위와 굶주림이 사람의 뜻을 빼앗음이 이와 같으니, 옛날 가난을 쫓고 곤궁함을 보낸 것[43]이 참으로 진심에서 나온 것임을 비로소 믿게 되었습니다.

41 동화문(東華門)의……것 : 이 내용은 북송의 문장가인 동파(東坡) 소식(蘇軾)의 〈차운장영숙전목부종가경령궁(次韻蔣穎叔錢穆父從駕景靈宮)〉 시의 자주(自註)에 보이는 "서호의 풍월이 동화문의 뿌연 먼지만 못하다.〔西湖風月, 不如東華軟紅土.〕"라는 구절을 원용한 것이다.《東坡全集 卷20》 동화문은 옛날 백관(百官)이 입조(入朝)할 때 드나들던 궁문의 이름이며, 원문의 '간몰(乾沒)'은 남조(南朝) 송(宋)나라의 학자인 배인(裴駰)이 지은《사기집해(史記集解)》 권122 〈혹리열전(酷吏列傳)〉의 주석에 "세력을 따라 부침하는 것이다.〔隨世沈浮〕"라고 보인다.

42 평소의 행함 : 원문의 '소리(素履)'는 평소에 본분대로 행하는 것으로,《주역》〈이괘(履卦) 초구(初九)〉에 "본래의 행함으로 가면 허물이 없으리라.〔素履, 往无咎.〕"라고 보인다.

43 가난을……것 : 가난을 쫓은 것은 전한 말기의 학자인 양웅(揚雄, 기원전 53~기원후 18)의 〈축빈부(逐貧賦)〉를, 곤궁함을 보낸 것은 당나라의 문장가인 한유(韓愈)의 〈송궁문(送窮文)〉을 가리킨 것이다.

이자강에게 답함 경오년[44] 정월

答李子岡 庚午正月

우암(尤菴)은 자사(子思)가 '개장(改葬)할 적에 복(服)이 없으면 조문하는 복장에 가마(加麻)한다.'라고 말씀한 것을 가지고, 오로지 기년복(朞年服)의 친족만을 가리킨 것이라고 하였는데, 이는 사도문자(司徒文子)가 개장(改葬)할 적에 그의 숙부가 질문한 것에 자사가 답한 것을 가지고 말씀하신 듯합니다.[45] 그러나 가만히 생각해보건대, 자사의 본지(本旨)는 반드시 이와 같지는 않을 듯합니다.

'나머지 복이 있다.〔餘有服〕'는 글[46]을 가지고 미루어보면 친소(親

44 경오년(庚午年) : 1810년(순조10)으로, 매산의 나이 35세 되던 해이다.

45 우암은……듯합니다 : 이 내용은 《송자대전(宋子大全)》 권36 〈답윤여망길보(答尹汝望吉甫)〉에 "'조문하는 복장에 가마(加麻)한다.'는 것은 '나머지 복이 있다.〔餘有服〕'라는 글로 보면 아마도 친소의 구별이 없는 듯한데, 자사께서 답하신 것은 오로지 기년복의 친족을 가리켜 말씀하신 듯하다.〔弔服加麻, 以餘有服之文觀之, 則恐無親疏之別, 而子思所答, 則似專指期親爾.〕"라고 보인다. 자사의 대답은 《자사자전서(子思子全書)》 〈외편(外篇) 상복(喪服)〉에 "사도문자(司徒文子)가 개장할 적에, 그의 숙부가 자사에게 복을 묻자, 자사가 말씀하기를 '예(禮)에 부모의 개장에는 시마(緦麻)를 입는다고 하였는데, 이는 이미 장례를 지내고 상복을 벗어서 차마 상복을 입지 않은 채로 지친(至親)을 장송(葬送)하지 못해서이다. 부모가 아니면 복이 없으니, 복이 없으면 조문하는 복장에 가마한다.〔司徒文子改葬, 其叔父問服於子思. 子思曰: 禮, 父母改葬緦. 旣葬而除, 不忍無服送至親也. 非父母無服, 無服則弔服而加麻.〕"라고 보인다. 가마는 머리에 삼끈을 가하는 것으로, 친족이 아닌 사람의 상에 조문하는 복식이다.

46 '나머지 복이 있다.〔餘有服〕'는 글 : 《오례(五禮)》 〈흉례의식(凶禮儀式)〉역복불식(易服不食) 조에 "나머지 복이 있는 자는 모두 화려한 복식을 제거한다.〔餘有服者,

疏)의 구별이 없는 듯하니, 비록 시마복(緦麻服)과 소공복(小功服)의 먼 친족이라 하더라도 망자를 위하여 가마해서 후(厚)한 쪽을 따르는 것이 옳을 것입니다. 더구나 외조부모는 은혜와 의(義)가 막중하여 다른 소공복의 친족들과 똑같이 대할 수 없음에 있어서이겠습니까. 다만 상주(당신)께서 현재 참최복(斬衰服)[47]을 입고 계시기 때문에 이처럼 풀지 못하는 의심이 생기게 된 것입니다.

고례(古禮)로 보면 삼년상이 있는 자는 소공복 이하의 상에 대해서는 상복을 바꿔 입지 않으나, 《주자가례》에 의거하면, 중한 상의 복을 벗기 전에 가벼운 상을 만났으면, 망자를 위하여 가벼운 상의 복을 만들어 입으니, 이 뜻을 미루어 보면 가마해서는 안 되는 의리가 없습니다.

다만 참최의 복에 아직 장례하지 않았을 경우 감히 복을 바꾸지 않을 뿐이요, 이미 장례를 했으면 또한 마땅히 중한 복을 바꾸어 가벼운 복을 입습니다.

또 장례에 모일 적에 이미 자최복(齊衰服)을 가지고 갈 수 없다면, 다만 효건(孝巾)에 직령(直領)으로써 하관(下棺)에 임할 것이요, 다만 효건에다가 수질(首絰)을 두르면 곧 조복(弔服)이 되는 것이니, 어찌 중한 복을 벗었다는 혐의를 받을 것이 있겠습니까.

皆去華飾.]"라고 한 것을 가리킨다.

47 참최복(斬衰服) : 오복(五服)의 하나에 해당하는 참최친(斬衰親)인 아버지와 남편, 맏아들, 시아버지의 상사(喪事)에 3년 동안 입는 복이며, 상복은 거친 베로 짓되 아랫단을 꿰매지 않고 접는다.

이자강에게 답함 경오년 3월 13일

答李子岡 庚午三月十三日

왕륜(王倫)이 오랑캐(금(金)나라)의 사신을 데리고 와서 조칙으로 강남에 효유(曉諭)한다는 명목을 내걸고, 고종(高宗)으로 하여금 무릎을 꿇고 신(臣)이라고 칭하게 하였으니,[48] 이것은 온 천하를 이끌고 오랑캐에게 귀복(歸服)한 것으로, 다만 나라의 사명(使命)을 욕되게 했을 뿐만이 아니니, 마땅히 만세에 명분과 의리의 죄인이 되어야 할 것입니다.

그러나 왕륜이 재차 금나라에 사신으로 가서는 오랑캐의 거짓 관작을 받지 않고 남향하여 재배하고 송나라의 관복을 입고 교수형에 나아갔으니, 또한 기이하다고 이를 만합니다.

마땅히 '병들었다가 뒤에 병이 나았다.'고 인정해 주어야 합니까? 또한 '조물주가 이마에 가해진 묵형(墨刑)의 흔적을 지우고 베어진 코를 다시 붙여 주었다.'[49]라고 말해도 되겠습니까? 그 죽음의 분명하고

48 왕륜(王倫)이……하였으니 : 왕륜(1084~1144)은 남송(南宋) 때의 관리로 자는 정도(正道), 시호는 민절(愍節)이다. 흠종(欽宗)에게 자천하여 병부 시랑(兵部侍郎)에 임명되었고, 고종(高宗) 건염(建炎) 원년(1127)에 금나라에 사신으로 가서 억류되었다가, 고종 소흥(紹興) 2년(1132)에 석방되어 돌아와 우문전 수찬(右文殿修撰)에 제수되었다. 소흥 7년에 영봉재궁사(迎奉梓宮使)로 금나라에 가서 화의(和議)의 조약을 체결하였으며, 소흥 9년에 다시 금나라에 사신으로 갔다가 억류되었는데, 끝내 금나라에 굴복하지 않다가 피살당하였다. 원문의 '조유강남(詔諭江南)'은 금나라가 남송에 보내는 국서(國書)에 쓴 말로, 천자국의 입장에서 신하인 남송에게 조칙을 내려 효유한다는 뜻이다.

결백함이 송나라 조정에 광채를 드리웠다 하여 화의(和議)를 주장한 죄를 속죄할 수 있습니까? 죽음은 진실로 태산보다 더 무거웠으나 또한 화의를 주장한 죄를 가릴 수가 없으니, 어떨지 모르겠습니다.

그의 죽음이 한 발 늦은 것이 참으로 애석합니다. 만약 오랑캐가 조칙으로 강남에 효유하던 때에 이들과 싸우다가 끝내 죽었으면 남송과 금나라는 대등한 나라끼리의 예로 바로잡을 수 있었고, 만일 이것이 될 수 없었다면 그대로 죽는 것이 옳았는데, 학문을 강론하지 않고 식견이 지극하지 못해서 이 지경에 이르렀으니, 거듭 그를 위해 애석해 합니다.

주 선생(朱先生 주자)은 절의를 붙들어 세움에 급급하여 마치 미치지 못할 듯이 하여서, 의진(義眞)은 불자(佛者)이고 위사(衛士)는 미천한 병졸이었는데도 이들의 죽음을 표창하여 그 이름이 매몰되어 알려지지 못할까 염려하였고,[50] 또 중흥(中興)의 명신 중에 의리에 죽은 신하들을 모두 논하여 빠뜨리지 않았는데, 유독 악 무목(岳武穆)[51]을

49 조물주가……주었다 : 사람이 잘못을 저질러 형벌을 받았다가 개과천선을 하면 하늘이 가엾게 여겨 형벌 받은 흔적을 깨끗이 없애줌을 이른다. 원문의 '식경보의(息黥補劓)'는 《장자》 〈대종사(大宗師)〉의 허유(許由)와 의이자(意而子)의 문답 중에 "조물주가 내 이마에 가해진 묵형의 흔적을 지우고 베어진 코를 다시 붙여서 온전한 몸으로 선생을 따르게 하지 않으리라고 확신할 수 있겠습니까?〔庸詎知夫造物者之不息我黥而補我劓, 使我乘成以隨先生耶?〕"라는 구절의 일부를 원용한 것이다.

50 의진(義眞)은……염려하였고 : 이 내용은 《주자어류》 권133 〈본조(本朝)7〉에 보인다.

51 악 무목(岳武穆) : 남송의 명장인 악비(岳飛, 1103~1141)로, 무목은 그의 시호이고 자는 붕거(鵬擧)이다. 뛰어난 전략으로 금나라의 침략을 막았으나, 당시 화의를

기술하지 않았으니, 이 때문에 의혹이 더욱 불어납니다.

다시 《주자어류》를 살펴보건대, 서너 곳에 악 무목에 대해 언급한 부분이 있으니, 혹은 이르기를 "재주가 있는 자는 병통이 있다." 하였고, 또 "재주를 믿고 스스로 감추지 않았다."라고 하였으니, 이는 그에게 완비하기를 책망한 것이요, 또 이르기를 "추밀원 부사(樞密院副使)가 되었을 적에 곧바로 가서 일을 하려고 하였다." 하였고, 또 "이와 같은 용심(用心)은 참으로 충성스럽고 용맹하다." 하였습니다.

또 악 무목이 고종에게 황태자를 데리고 대궐을 나가 민심을 안정시킬 것을 청한 일은 바로 큰 식견이라고 하였고, 이 일을 조정에 올려 그 후손에게 관직을 주어서 드러나게 하지 못함을 한탄하였으니, 이는 그의 충성심을 인정한 것입니다.

그리고 절동(浙東)에 부임했을 적에 이문(移文)하여 진회(秦檜)의 사당을 없애면서 그의 죄를 열거할 적에, 제일 먼저 악후(岳侯 악비)의 죽음을 말하고 "여러 정직한 사람들을 은폐하여 모두 죽였다."라고 말하였으니,[52] 이것은 악 무목의 원통함을 민망히 여긴 것입니다.

주도하던 간신 진회(秦檜)의 모함을 받고 살해되었다. 효종(孝宗) 때 무목이란 시호가 내려졌고, 영종(寧宗) 때 악왕(鄂王)에 추봉되었다.

52 절동(浙東)에……말하였으니 : 주자는 52세인 1181년(효종 순희(淳熙)8)에 제거양절동로상평다염공사(提擧兩浙東路常平茶鹽公事)에 제수되어 부임하였으며, 이듬해에 당시 온주(溫州) 영가현(永嘉縣)에 이문하여 이곳에 있던 진회의 사당을 훼철시켰다.《朱子年譜》 이문은 동등한 등급의 관아에 행정적 협조를 위해 보내는 공문서, 또는 이를 보내는 일을 이르는데, 주자가 보낸 이문은 제목이 〈제진회사이문(除秦檜祠移文)〉으로 《회암집(晦菴集)》 권99 〈공이(公移)〉에 실려 있다. 진회(秦檜, 1090~1155)는 남송 초기의 재상으로, 자가 회지(會之)이다. 중국의 대표적인 간신으로 꼽히는 인물로, 정강(靖康)의 변 이후 남송에서 재상으로 19년 동안 집정하면서 금나라와의

그렇다면 주자가 악 무목을 논하고 기재하지 않았다고 말할 수는 없는데, 다만 여 성공(呂成公)[53]이 지극한 마음으로 서글퍼하여 그 심정이 저절로 말씀에 드러난 것만은 못하였습니다.

악 무목은 장 위공(張魏公)[54]의 편장(編將)이었습니다. 장 위공이 용병할 적에 번번이 먼저 악공을 천거하였고, 심지어는 기복(起復)[55]을 청하기까지 하였으나, 그가 '너무 침지(음침하고 사나움)하다.'고 한 것은 폄하한 것입니다.

동래(東萊 여조겸)가 말하기를,

"진회의 마음이 오랑캐와 야합하였고 장준(張浚)의 마음이 또 진회

화친을 주장하고 북벌을 주장하던 악비 등을 제거하고 권력을 누렸다. 죽은 뒤 신왕(申王)에 추증되고, 충헌(忠獻)이란 시호를 받았으나, 1206년(영종(寧宗) 개희(開禧)2년)에 작위를 추탈당하고, 시호도 유추(謬醜)로 고쳐졌다.

53 여 성공(呂成公) : 남송의 학자인 여조겸(呂祖謙, 1137~1181)로 성공(成公)은 그의 시호이다. 자는 백공(伯恭), 호는 동래 선생(東萊先生)이다. 1163년(효종 융흥(隆興)1) 진사에 급제하고 비서성 비서랑(秘書省秘書郎) 등의 벼슬을 역임하였다. 학문이 높아 주희(朱熹), 장식(張栻)과 함께 동남삼현(東南三賢)으로 불렸으며, 《동래박의(東萊博議)》 등 많은 저술을 남겼는데 주희와 공동으로 저술한 《근사록(近思錄)》이 유명하다.

54 장 위공(張魏公) : 남송의 명상인 장준(張浚, 1094~1164)으로 사후에 위국공(魏國公)에 봉해졌으므로 이렇게 칭한다. 자는 덕원(德遠), 시호는 충헌(忠獻)이다. 1118년(휘종(徽宗) 정화(政和)8)에 진사에 급제하고 상서우복야 등의 벼슬을 역임하였다. 묘류(苗劉)의 변(變)으로 강제로 퇴위한 고종을 다시 제위에 오르게 하는 공을 세워 두터운 신임을 받았다. 금나라에 빼앗긴 송나라 본토 회복에 뜻을 두고 여러 차례 금나라와 싸우다가, 주화파인 진회가 집권하자 배척되어 영주(永州)로 좌천되었다.

55 기복(起復) : '기복출사(起復出仕)'의 줄임말로, 상중에는 벼슬하지 않는 것이 관례이나, 국가의 필요에 의하여 벼슬자리에 나오게 하는 일을 말한다.

와 야합해서 악 무목을 모함하여 죄를 씌우기를 멋대로 해서〔媒櫱〕[56] 악 무목을 사지(死地)에 두었다."

하였으니, 만일 이러한 사실이 있었다면, 장준 또한 지극한 소인입니다. '침지(沈鷙)'라는 말은 바로 이러한 의사가 있는 것이 아니겠습니까.

이 충정공(李忠定公)[57]이 장준과 연합하지 않아서 장준의 배척을 받고 축출되었는데도 주자는 장준 때문에 이공을 폄하하지 않았으니, 이공의 주의(奏議) 서문[58]에서 이것을 살펴볼 수 있습니다. 이런 의리를 미루어 보면, 장준이 진실로 악공을 살해할 것을 도모했다 하더라도, 주자께서 결코 장준 때문에 악공을 하찮게 여기지는 않았을 것입니다.

성현의 마음은 어느 한 가지를 오로지 주장함도 없고 주장하지 않음도 없어서[59] 하늘과 땅처럼 지극히 공정하니, 어찌 구차히 인정을 따라

56 모함하여……해서〔媒櫱〕 : 원문의 '매얼(媒櫱)'은 본디 누룩 또는 술밑을 말하는데, 여기서는 누룩을 가지고 술을 빚듯이 무고한 사람을 모함하여 죄를 빚어 만드는 것을 비유하였다.

57 이 충정공(李忠定公) : 이강(李綱, 1083~1140)으로 충정은 그의 시호이며, 자는 백기(伯紀), 호는 양계(梁溪)이다. 1112년(휘종 정화(政和)2)에 진사에 급제하고, 추밀사(樞密使) 등을 역임하였으나, 금나라에 대한 항전을 강력히 주장하다가 파직되었다.

58 이공의 주의(奏議) 서문 : 이공의 주의는 이강이 올린 주의를 모은 책인 《이충정주의(李忠定奏議)》를 이르고, 서문은 주자가 지은 〈승상이공주의후서(丞相李公奏議後序)〉라는 글로 《회암집(晦庵集)》 권76 〈서(序)〉에 실려 있다.

59 성현의……없어서 : 이 내용은 《논어(論語)》 〈이인(里仁)〉의 "군자는 천하의 일에 있어서 오로지 주장함도 없으며, 그렇게 하지 않는다는 것도 없어서 의를 따를 뿐이다.〔君子之於天下也, 無適也, 無莫也, 義之與比.〕"라는 공자의 말씀을 원용한 것이다.

서 사람을 포폄(褒貶)함[60]에 기준이 없을 수 있겠습니까.

장 위공의 행장(行狀)[61]으로 말하면, 혹은 실제보다 너무 지나치다는 혐의를 받는데, 이는 진실로 그렇습니다. 주자도 스스로 말씀하기를,

> "장 위공의 일을 갑자기 기록하게 되었는데, 그 집안의 문자를 근거하여 초고를 만들었으나, 뒤에 다른 책에 기록된 것을 보니, 똑같지 않은 부분이 많아서, 항상 이를 한스럽게 여긴다."[62]

라고 하였습니다.

주 선생은 장남헌(張南軒)[63]을 돈독히 믿었기 때문에 그의 말씀이 너무 지나침을 의심하지 않았던 것이니, 이는 또한 군자의 마음 씀입

60 사람을 포폄(褒貶)함 : 원문의 '곤월(袞鉞)'은 포폄(褒貶)과 같은 뜻으로 화곤(華袞)과 부월(鈇鉞)의 약칭인데, 범녕(范寧)이 지은 《춘추전(春秋傳)》 서(序)에서 공자가 《춘추(春秋)》를 지어 포폄한 것을 두고 "화곤보다 영광스런 것은 곧 한 글자의 포양(褒揚)이요, 부월보다 엄한 것은 바로 한 글자의 폄척(貶斥)이다.〔榮於華袞, 乃一字之褒; 嚴於斧鉞, 乃一字之貶.〕"라고 한 데서 온 말이다.

61 장 위공의 행장(行狀) : 이 행장은 '소사보 신군절도사위국공 치사증태보장공행장(少師保信軍節度使魏國公致仕贈太保張公行狀)'이란 제목으로 회암집(晦庵集) 권95 〈행장(行狀)〉 편에 실려 있다.

62 장 위공의……여긴다 : 주자의 이 말씀은, 청(淸)나라의 시인이자 문신인 왕사정(王士禎, 1634~1711)이 지은 《지북우담(池北偶談)》 권9 〈이충정공(李忠定公)〉 편에 실려 있다.

63 장남헌(張南軒) : 남송의 도학자이자 문신인 장식(張栻, 1133~1180)으로 남헌은 그의 호이다. 자는 경부(敬夫), 흠부(欽夫), 시호는 선(宣)이다. 음보(蔭補)로 출사하여 우문전 수찬(右文殿修撰) 등의 벼슬을 역임하였다. 호굉(胡宏)으로부터 명도(明道) 정호(程顥), 이천(伊川) 정이(程頤)의 학문을 전수받아 높은 경지를 이루어 주희(朱熹), 여조겸(呂祖謙)과 함께 동남삼현(東南三賢)으로 불렸는데, 주자와 친분이 매우 두터웠다.

니다.

《예기》〈상복소기(喪服小記)〉에 "종복(從服)[64]의 경우에는 따라서 입

64 종복(從服) : 상복 제도 가운데 다른 사람을 따라 상복을 입는 것을 이른다. 《예기》〈대전(大傳)〉에 "종복이 여섯 가지가 있으니, 친족으로 따라 입는 경우가 있으며, 공연히 따라 입는 경우가 있으며, 복이 있음을 따라 복이 없는 경우가 있으며, 복이 없음을 따라 복이 있는 경우가 있으며, 무거움을 따라 가볍게 하는 경우가 있으며, 가벼움을 따라 무겁게 하는 경우가 있다.〔從服有六, 有屬從, 有徒從, 有從有服而無服, 有從無服而有服, 有從重而輕, 有從輕而重.〕" 하였는데, 《예기집설대전(禮記集說大全)》의 주에 "속은 친속이니 아들은 어머니를 따라 모당(母黨)에 복을 입고, 아내는 남편을 따라 부당(夫黨)에 복을 입으며, 남편은 아내를 따라 처당(妻黨)에 복을 입으니, 이것이 바로 친족을 따라 입는 것이다. 도는 공연함이니, 친속이 아니면서 공연히 따라서 그 당에게 복을 입는 것이니, 예컨대 신하가 군주를 따라 군주의 당에게 복을 입고, 아내가 남편을 따라 남편의 군주에게 복을 입고, 첩이 여군(女君 적처)의 당에 복을 입고, 서자가 군모(君母)의 부모에게 복을 입고, 자식이 어머니의 군모(君母)에게 복을 입으니, 이것이 도종이다. 공자(公子)의 아내는 부모를 위하여 기년복을 입으나 공자는 군주에게 눌리는 바가 되어서 외구(外舅 장인)와 외고(外姑 장모)에 복을 입으니 이것은 아내는 복이 있으나 공자는 복이 없는 것이니 예컨대 형은 복이 있으나 형수는 복이 없는 것과 같으니, 이것은 복이 있음을 따라 복이 없는 것이다. 공자는 군주에게 눌리는 바가 되어서 외형제(外兄弟)의 복을 입을 수 없으나 공자의 아내는 외형제에게 복을 입고, 아내는 남편의 형제를 위하여 복이 없으나 동서에게는 복을 입으니, 이것은 복이 없음을 따라 복이 있는 것이다. 아내가 그 부모를 위하여 기년복을 입는 것은 중함이고, 남편이 아내를 따라 3개월 복을 입는 것은 가벼움이 되며, 어머니가 형제의 자식을 위하여 대공복을 입는 것은 중함이고, 자식이 어머니를 따라 3개월 복을 입는 것은 가벼움이 되니, 이것은 중함을 따라 가볍게 하는 것이다. 공자가 군주에게 눌리는 바가 되어서 자연 그 어머니를 위하여 연관(練冠)을 쓰니 이는 가벼운 것이고, 공자의 아내는 시어머니를 위하여 기년복을 입으니 이것은 가벼움을 따라 무겁게 하는 것이다.〔屬, 親屬也, 子從母而服母黨, 妻從夫而服夫黨, 夫從妻而服妻黨, 是屬從也. 徒空也, 非親屬而空從之, 服其黨, 如臣從君而服君之黨, 妻從夫而服夫之君, 妾服女君之黨, 庶子服君

는 사람이 죽으면 복을 입지 않는다."라고 하였는데, 소(疏)에는 "네 가지 도종(徒從)[65] 가운데 오직 여군(女君)[66]의 경우는 여군이 죽더라도 첩이 그대로 여군의 당(黨 친족)을 위해 복을 입는다."라고 하였으니, 이는 《예기》 〈잡기(雜記)〉의 글을 근거해서 말한 것입니다.

도종의 예는 산 사람에게는 시행할 수 있어도 죽은 사람에게는 시행할 수 없으니, 종복해야 될 대상이 이미 죽었으면 그만두고 복을 입지 않는 것은 인정에 당연한 것입니다.

예라는 것은 인정에 인연해서 마땅하게 만든 것이니, 죽은 여군의 친족을 위해서 복을 입는 것이 인정에 마땅합니까? 예에 마땅합니까? 그 의의가 없음을 분명하게 알 수 있으니, 〈상복소기〉를 따라야 하고 〈잡기〉를 따라서는 안 됩니다. 〈잡기〉를 따라서는 안 된다면 〈상복소기〉의 소를 따라서도 안 됨을 알 수 있습니다. 더구나 이미 주 선생의 감정(勘定)을 거쳤음에 있어서이겠습니까.

母之父母, 子服母之君母, 是徒從也. 如公子之妻, 爲父母期, 而公子, 爲君所厭, 不得服外舅外姑, 是妻有服而公子無服, 如兄有服而嫂無服, 是從有服而無服也. 公子爲君所厭, 不得爲外兄弟服, 而公子之妻則服之, 妻爲夫之昆弟, 無服, 而服娣姒, 是從無服而有服也. 妻爲其父母期, 重也, 夫從妻而服之三月則爲輕, 母爲其兄弟之子大功, 重也, 子從母而服之三月則爲輕, 此從重而輕也. 公子, 爲君所厭, 自爲其母練冠, 輕矣, 而公子之妻, 爲之服期, 此從輕而重也.〕" 하였다.

65 네 가지 도종(徒從) : 도종은 종복의 하나로 그냥 남을 따라 입는 복으로 모두 네 가지가 있는바, 첫 번째는 첩이 여군의 친족을 위하여 복 입는 경우이고, 두 번째는 자식이 어머니를 따라 어머니의 군모(君母 아버지의 정실부인)에게 복 입는 경우이고, 세 번째는 첩의 아들이 군모의 친족을 위하여 복 입는 경우이고, 네 번째는 신하가 군주를 따라 군주의 친족을 위하여 복 입는 경우이다. 《禮記 喪服小記》

66 여군(女君) : 첩실이 정실부인을 부르는 호칭이다.

다만 《주자가례》를 따라서 여군의 생사(生死)를 논하지 말고 복을 입지 않을 뿐입니다. 편지에서, 삼가 《주자가례》와 《상례비요(喪禮備要)》를 따라서 상례(常禮)로 삼아야 한다고 하교(下敎)하신 것은 이미 예에 맞으니, 어찌 다시 헤아릴 필요가 있겠습니까.

형이 아우에게 절하는 한 조항은, 《주자어류》의 본지(本旨)를 삼가 자세히 살펴보건대, '비록 형이라도 답배(答拜)한다.'라고 말한 것은 평상시를 가지고 말한 것이니, 윗글에 다만 '옛사람은 가만히 앉아서 절을 받는 예가 없다.'라고 한 것과, 아래 글에 '군주 또한 그렇다.'라는 내용을 보면, 이것이 가관(加冠)하는 시초를 가지고 말하지 않은 것임을 알 수 있습니다.

관례(冠禮) 때에 '어머니가 자식에게 절한다.'는 글이 있어[67] 이로 인하여 평일에 형 또한 답배해야 함을 미루어 말했을 뿐입니다.

예에, 관례한 자가 어머니와 형을 뵈면 어머니와 형이 모두 먼저 절하니,[68] 그렇다면 이것을 '답배'라고 말해서는 안 될 것이니, 평일에 답배하는 것과 관례에 먼저 절하는 것은 두 조목의 일이 됨이 분명합니다. 그러나 관례에 어머니와 형을 뵐 때에는 진실로 고례(古禮)를 따라 먼저 절하지만, 평상시에는 이렇게 할 수가 없습니다. 그러므로 이것을 '아직 정하지 못한 의논'이라고 한 것입니다.

67 관례(冠禮)……있어 : 이 내용은 《예기》 〈관의(冠義)〉의 "옛날 관례에……어머니를 뵙거든 어머니가 그에게 절하고 형제를 보거든 형제가 그에게 절하는 것은 성인이 되었다 하여 더불어 예를 행하는 것이다.〔古者, 冠禮……見於母, 母拜之, 見於兄弟, 兄弟拜之, 成人而與爲禮也.〕"라는 구절을 말한 것이다.

68 예에……절하니 : 이 내용은 《주자어류》 권85 〈예(禮)2 의례(儀禮)〉에 보인다.

또 주자의 뜻은 옛사람은 가만히 앉아서 타인의 절을 받는 일이 없어서 비록 아우가 절하더라도 형 또한 답배한다고 개략적으로 말씀했을 뿐이요, 이것을 반드시 따르라고 말씀한 것은 아닙니다.

삼연옹(三淵翁) 또한 《주자어류》를 근거하여 말씀하였는데, 관례 때 행하는 예를 가지고 사당이나 묘소에서 행해도 된다고 말씀한 것인지는 알지 못하겠습니다. 삼연옹의 뜻은 아우의 관례에 형이 아우에게 절을 하는 것을 인정하지 않고, 다만 형이 또한 답배한다는 글을 원용하여 근거로 삼았을 뿐입니다.

그러나 삼연옹의 말씀을 따르기는 어렵습니다. 살아있을 때에 베풀어서는 안 되는 것을 어찌 죽은 뒤에 베풀 수가 있겠습니까.[69] 다만 읍하는 예를 행하는 것이 옳으니, 어떨지 모르겠습니다.

《의례(儀禮)》 〈사상례(士喪禮)〉에는 다만 "포건(布巾)[70]은 너비와 길

69 삼연옹(三淵翁)……있겠습니까 : 이 내용은 《삼연집(三淵集)》 권33 〈일록(日錄) 3월조〉의 "주자가 말씀하기를 '옛사람은 가만히 앉아서 절을 받는 예가 없어서 비록 형이라도 또한 답배하며 군주 또한 그렇다.'고 하였는데, 절을 받는 자는 앉아서 그 절을 받고 자기는 움직이지 않는다. 형은 평일에 답배하는 도리가 있으니, 아우가 죽은 뒤에 사당에 들어가거나 묘에 오를 경우 아우에게 절을 해도 괜찮다. 그런데 지금 사람들은 무심하여 아우의 사당이나 묘에서 정을 펴지 않아서 아우에게 절하는 것을 어렵게 여긴다.〔朱子曰: 古人無受拜禮, 雖兄亦答拜, 君亦然. 受拜者坐受他拜, 自己不動也. 兄於平日, 有答拜之道, 則弟死後入廟, 或上墓, 拜之亦可. 今人恝然不伸情, 於弟之祠墓, 蓋以拜見爲難也.〕"라는 구절을 두고 말한 것이다.

70 포건(布巾) : 삼베 수건으로, 상례에 반함(飯含)을 하기 위하여 시신의 얼굴을 덮는데 사용한다. 반함은 시신을 염할 때 쌀이나 구슬, 돈 등을 죽은 사람의 입에 넣어 머금게 하는 일을 이른다.

이가 같게 하고 구멍을 뚫지 않는다."라고 하였을 뿐이고, 《예기》〈잡기(雜記)〉에는 다만 "포건에 구멍을 뚫어서 반함(飯含)한다."라고 하였을 뿐인데, 주소가(註疏家)들이 구멍을 뚫는다는 것과 뚫지 않는다는 것의 문세가 똑같지 않은 것을 보고 대부(大夫)와 사(士)의 차이라고 처음 말하였으니,[71] 이것은 추측하여 말한 것입니다.

사(士)는 직접 반함을 하고 대부는 직접 반함하지 않는다는 내용이 예에 조금도 보이지 않고, 다만 정현(鄭玄)과 가공언(賈公彦) 등이 제 스스로 해설했을 뿐입니다. 반함은 본래 효자가 차마 어버이의 입을 비우게 할 수 없는 의의에서 나온 것이니, 그렇다면 어찌 손님을 시킬 수가 있겠습니까. 또 대부의 귀함을 어찌 이때에 베풀 수 있겠습니까. 주소를 결코 따라서는 안 됩니다.

공손가(公孫賈)가 포건에 구멍을 뚫어서 어버이에게 반함한 것은, 이는 죽은 어버이를 혐오한 것이니, 어찌 불효의 형벌을 면할 수 있겠습니까.[72] 우암(尤菴)이 '빈(賓)을 시킨다.'고 말씀한 것[73] 또한 주소를

71 주소가(註疏家)들이……말하였으니 : 주소가들이 〈사상례〉와 〈잡기〉의 글이 다른 것을 대부(大夫)와 사(士)의 신분의 차이로 해석함을 말한 것이다. 대부 이상은 신분이 귀하여 빈(賓)으로 하여금 시신을 반함하게 하는데, 이때 빈이 시신을 꺼리고 더러워할까 염려하여 포건에 구멍을 뚫어서 반함하고, 사는 신분이 천하여 빈을 시키지 못하고 자식이 직접 반함하므로 구멍을 뚫지 않은 채 포건을 걷고 반함하는 것이라고 해석한 것이다.

72 공손가(公孫賈)가……있겠습니까 : 이 내용은 《예기》〈잡기〉의 "포건을 오려내고 반함하는 것은 공양가(公羊賈)가 한 것이다.〔鑿巾以飯, 公羊賈爲之也.〕"라는 구절에 대한, 《예기집설(禮記集說)》의 진호(陳澔)의 주를 원용하여 말한 것인바, 주의 내용은 아래와 같다. "대부 이상은 귀하여 빈으로 하여금 그 어버이를 위하여 반함하게 하니, 빈이 시신을 꺼리고 더러워할까 염려되므로 포건으로 시신의 얼굴을 덮고 입이 있는

인습한 것이니, 감히 그 말씀을 믿을 수가 없습니다. 마땅히 한결같이 《의례》와 《주자가례》의 본문을 따라 주인이 직접 반함하는 것이 옳을 것이요, 축관(祝官)을 시켜서는 안 되니, 축관을 시킨다면 축관이 시신을 혐오하게 될까 염려됩니다. 진주(眞珠)를 축관에게 주어 도와서 반함하게 하는 것은 빈을 시키는 것과 무엇이 다르겠습니까.

포건을 들치고 직접 반함하는 것은 비록 차마 못하는 마음이 있어서, 억제하기가 지극히 어려운 점이 있지만, 이로 인해서 한번 어버이의 얼굴을 뵙는 것이 또한 천리(天理)와 인정(人情)에 당연하기 때문입니다.

폐백을 올리는 것을 《주자가례》에 또한 "주인이 받들어 관 옆에 둔다."라고 말하였고, 축관을 시킨다는 글이 없습니다. 반함과 폐백을 올리는 것은 모두 주인에 관계되는 예이므로, 결코 남을 대신 시켜서는 안 되니, 이는 귀천(貴賤)에 상관없이 똑같습니다. 더구나 《주자가례》

곳을 뚫어서 함옥(含玉)이 입에 들어갈 수 있게 하는 것이요, 사(士)는 신분이 천하여 빈을 시키지 못하고 자식이 직접 반함하여 꺼리고 더럽게 여기는 마음이 없으므로 포건으로 얼굴을 덮지 않는 것이다. 공양가(公羊賈)는 사였는데 구멍을 뚫고 반함하였으니, 이는 그 어버이를 꺼리고 더럽게 여긴 것이다.〔大夫以上貴, 使賓爲其親含, 恐尸爲賓所憎穢, 故以巾覆尸面, 而當口處鑿穿之, 令含玉得以入口; 士賤, 不得使賓, 子自含, 無憎穢之心, 故不以巾覆面. 公羊賈士也, 而鑿以飯, 是憎穢其親矣.〕" 원문의 공손가(公孫賈)는 공양가(公羊賈)의 전사(轉寫)의 오류이다.

73 우암(尤菴)이……것 : 이 내용은 《송자대전(宋子大全)》 권103 〈답윤이화(答尹爾和)〉에 보인다. 윤이화의 "큰 아들이 병들면 반함 등의 일은 마땅히 둘째 아들이 대신합니까? 큰 아들의 자식이 합니까?〔長子病則飯含等事, 當代以次子乎? 長子之子乎?〕"라는 질문에, 우암이 "고례(古禮)에, '빈으로 하여금 반함하게 하였다.'라는 글이 있으니, 이 글을 인용하면 혹 근거가 될 듯합니다.〔古禮有使客爲之之文, 引用此文, 或爲有據矣.〕"라고 대답하였다.

이후에 대부와 사의 분별이 없음에 있어서이겠습니까.

부모의 상이 끝난 뒤에, 남의 양자가 된 자는 신주(神主)를 고쳐 쓰고 체천(遞遷)할 때가 되면 중월(仲月)[74]을 기다려서 성대한 제사를 거행하는 것이 옳습니다. 천옹(泉翁)[75]께서 "길제(吉祭)와 이름은 다르나 뜻이 같다."라고 하신 말씀이 정밀한 의리에 맞습니다.

양자가 된 사정을 신주를 고쳐 쓸 때에 이미 고유했다면 굳이 축문에 중첩하여 아뢸 필요가 없고, '죄역을 저지르고도 죽지 않고 세월이 흘러 상을 벗는데 이르렀다.〔罪逆不滅, 歲及免喪.〕'는 여덟 자를 '공경히 종사를 받들어 비로소 협향을 거행한다.〔祇奉宗事, 始擧祫享.〕'라고 바꾸고, 세차(世次) 이하의 열여섯 자[76]는 옛 글을 그대로 인습하는 것이

74 중월(仲月) : 춘·하·추·동의 사시에 있어 두 번째 달에 해당하는 달로 중춘(仲春)인 2월, 중하(仲夏)인 5월, 중추(仲秋)인 8월, 중동(仲冬)인 11월을 이른다. 첫 번째를 맹월(孟月), 세 번째를 계월(季月)이라고 한다.

75 천옹(泉翁) : 이재(李縡, 1680~1746)로 호가 한천(寒泉)이기 때문에 이렇게 높인 것이다. 자는 희경(熙卿), 또 다른 호는 도암(陶菴), 본관은 우봉(牛峰), 시호는 문정(文正)이며, 농암(農巖) 김창협(金昌協)의 문인이다. 1702년(숙종28) 알성 문과에 급제하여 출사하였으나 1721년(경종1) 도승지로 재임 중 소론의 집권으로 삭직되고, 1722년 임인옥사가 발발하자 인제(麟蹄)에 들어가서 성리학 연구에 전념하였다. 1725년 영조가 즉위한 뒤 복직되어 대제학·이조 참판을 지냈으나, 1727년 정미환국 때 문외출송되자 용인(龍仁)의 한천(寒泉)에 은거하면서 많은 학자를 길러냈다. 호락논쟁(湖洛論爭)에서, 이간(李柬)과 함께 한원진(韓元震) 등의 심성설(心性說)을 반박하는 낙론(洛論)의 입장에 섰다.

76 세차(世次)……자 : "세대의 순서가 바뀌고 소목의 차례를 계승함에, 선왕이 제정한 예에 감히 맞추지 않을 수 없습니다.〔世次迭遷, 昭穆繼序, 先王制禮, 不敢不至.〕"라는 구절을 이른다.

마땅할 듯합니다.

매안(埋安)할 신주와 새 신주를 합제(合祭)하는 두 축문에는 '상기가 이미 다했다.〔喪期已盡〕'와 '상례의 제도에 기한이 있다.〔喪制有期〕'의 네 글자를 '상이 끝난 것이 이미 오래다.〔喪畢已久〕'로 바꾸고, 이외에는 모두 본문을 따르는 것이 어떠할지 모르겠습니다.

이자강에게 줌 신미년 2월 11일

與李子岡 辛未二月十一日

왜노(倭奴)들은 우리에게 있어 한 하늘을 같이 이고 살 수 없는 사이[77]로, 만세에 걸쳐 반드시 보복해야 할 대상이니, 비록 풍신수길(豊臣秀吉)[78]을 베어 백 토막을 내더라도, 우리의 치욕을 씻고 우리의 마음을 통쾌하게 할 수가 없습니다.

흉악한 적의 남은 종자들이 비록 스스로 풍신수길의 삼족을 멸하였다고 하면서 우리의 변방에 찾아와 화평을 청하나, 의리상 차마 허락할 수가 없습니다. 이는 깊게 쌓인 원한이 왜국 전체에 있고, 다만 풍신수길 한 사람에게 있는 것이 아니기 때문입니다. 그렇다면 풍신수길의 삼족이 멸족되었다고 하여 원수를 잊을 수 없음이 분명합니다.

애석하게도 오성(鰲城)과 한음(漢陰)[79] 등 여러 분들의 견해가 여기

77 한……사이 : '불공대천(不共戴天)'을 풀어 쓴 것으로, 이 세상에서 같이 살 수 없을 만큼 큰 원한을 가진 원수 사이를 이르는 말이다.

78 풍신수길(豊臣秀吉) : 1537~1598. 도요토미 히데요시를 가리킨 것으로 임진왜란을 일으킨 일본의 지도자이다. 빈농 출신으로 오다 노부나가[織田信長]를 섬기다가 노부나가가 죽자 그의 세력을 장악하여 관백(關白), 태정대신(太政大臣)이 되어 일본을 통일하였다. 1592년(선조25)에는 명(明)나라를 친다는 구실을 내세워 조선에 침공하여 임진왜란을 일으켰다. 전황이 지지부진하자 1593년에 명나라의 심유경(沈惟敬)과 강화교섭을 추진하여 화의(和議)를 맺고 철군을 하였다가, 최종 화의가 결렬되자 1597년에 침공을 재개하여 정유재란(丁酉再亂)을 일으켰으나, 병이 들자 조선에서 철군하라는 유언을 남기고 사망하였다.

79 오성(鰲城)과 한음(漢陰) : 오성은 이항복(李恒福)의 봉호이고 한음은 이덕형(李

에 미치지 못하였습니다. 그리하여 영남(嶺南) 전 지역의 반을 떼어 주어서 원수인 왜적의 몸을 살찌우면서도[80] 편안히 여기고 부끄러워할 줄을 몰랐으니, 윤안성 공(尹安性公)의 '두 능(陵)의 송백(松柏)이 반은 가지가 없네.'라는 구절[81]을 읽을 때마다, 사람으로 하여금 분기(憤氣)가 산처럼 치솟아 오르게 합니다.

德馨)의 호로, 모두 임진왜란 때에 활약하여 국난을 극복한 명신들로 서로 절친한 사이였다. 이항복(1556~1618)은 자가 자상(子常), 호가 백사(白沙), 본관이 경주(慶州), 시호가 문충(文忠)이다. 1580년(선조13)에 알성 문과에 급제하고, 벼슬이 영의정에 이르렀다. 이덕형(1561~1613)은 자가 명보(明甫), 호가 한음(漢陰), 본관이 광주(廣州)이며, 시호가 문익(文翼)이다. 1580년 별시 문과에 급제하고 벼슬이 영의정에 이르렀다.

80 영남(嶺南)……살찌우면서도 : 1598년(선조31) 조선 침략의 원흉인 풍신수길이 죽고 정유재란이 끝나자, 풍신수길을 이어 정권을 장악한 덕천가강(德川家康 도쿠가와 이에야스)의 강호막부(江戶幕府)가 대마도주에게 외교의 전권을 주어 조선과의 통교를 간청하였다. 이에 조선도 응하여 1609년(광해군1)에 양국이 기유약조(己酉約條)를 체결하고 외교와 무역을 재개하였는데, 여기에 1백 석의 세사미두(歲賜米豆)를 일본에 보내주기로 하였으므로 이렇게 말한 것이다.

81 윤안성 공(尹安性公)의……구절 : 이는 1607년(선조40) 조정에서 일본의 국교 재개 요청을 받아들여 회답사(回答使)를 보낼 적에, 윤안성(尹安性)이 지은 전별시에 있는 구절로 전문은 다음과 같다. "회답사라 명칭하고 어디를 향해 가는가. 오늘에 와서 교린이라니 나는 그 뜻을 모르겠네. 그대 한강에 가서 강가를 바라보게, 두 능의 송백이 가지를 뻗지 못한다네.〔使名回答向何之? 今日交隣我不知. 君去漢江江上望, 二陵松柏不生枝.〕" 두 능은 임진왜란 때 왜군에 의해 도굴된 선릉(宣陵)과 정릉(靖陵)을 가리키며, 송백(松柏)은 두 능에 있는 소나무와 측백나무로, 두 능이 훼손된 사실을 차마 말하지 못하고 송백이 가지를 뻗지 못한다고 에둘러 표현한 것이다. 윤안성(1542~1615)은 자가 계초(季初), 호가 의관(宜觀), 본관이 파평(坡平)이다. 1572년(선조5) 별시 문과에 급제하고 벼슬이 형조 참판에 이르렀다. 1613(광해군5)년에 익사공신(翼社功臣)으로 책록되고 파양군(坡陽君)에 봉해졌다.

왜노와 통하는 것이 무슨 신의의 문제이기에,[82] 지금 영남의 물자와 재물을 다 고갈시켜 저들에게 공급하며, 남자는 밭일을 폐하고 여자는 길쌈을 폐한 채 도로에서 분주히 오가는 데도 오히려 부족하다고 여기고 있습니다. 그리하여 역관(譯官)들의 말을 받아들이도록 아첨하여 한쪽의 뜻을 이롭게 하기만을 힘쓰고 왜적과 우리의 실정을 참작하지 않으니[83], 한 도(道)에 화를 끼치고 백성들에게 모진 고통을 안김이 거의 병란보다도 더 심합니다.

위로는 군대를 일으켜서 죄를 묻지 못하고, 다음으로는 관문(關門)을 닫고 화친하는 약속(和約)을 끊지 못하여, 우리 관리들이 우리 백성들을 해쳐서 마치 스스로 해치는 듯하니, 천하에 어찌 이런 일이 있을 수 있습니까.

처음에는 강화(講和)를 허락한 것이 잘못되었고, 또 뒤에는 통신(通信)한 것이 잘못되었으니, 이 때문에 말류의 폐해가 이처럼 지극한 지경에 이른 것입니다. 비록 혹 통신을 하더라도 국가를 잘 도모하는 자에게 이 일을 담당하게 하였더라면 반드시 좋은 방편의 계책이 있었을 것이니, 어찌 한 도의 힘이 고갈되고 나서야 그만두었겠습니까.

82 왜노와……문제이기에 : 조선에서 일본의 막부에 파견한 공식적인 외교사절을 두 나라가 서로 신의(信義)를 통하여 교류한다는 의미로 통신사(通信使)라고 하였으므로 이렇게 말한 것이다.

83 역관(譯官)들의……않으니 : 이 내용은 《사기》 〈흉노열전(匈奴列傳)〉의 "지금 세상에 흉노에 대해 말하는 자들은, 요행으로 한때의 권세를 얻을 것만을 생각하여 저들의 주장에 아첨하여 한쪽의 뜻을 이롭게 하기만을 애쓰고, 흉노와 한(漢)나라의 실정은 고려하지 않고 있다.〔世俗之言匈奴者, 患其徼一時之權, 而務諂其說以便偏指, 不參彼己.〕"라는 구절을 원용한 것이다.

그렇지 않다면, 이것은 고지식한 유자(儒者)가 시무(時務)를 알지 못하고 한갓 말로써 큰소리치는 것입니까?

형께서는 상중에 있으면서 근래 《주역》을 읽고 계시다 하니, 정자(程子)께서 "때를 알고 형세를 아는 것은, 《주역》을 배우는 큰 방법이다."[84]라고 말씀하지 않았습니까. 명론(名論)을 받들어 듣기를 원합니다.

유구국(琉球國)의 태자가 탐라(耽羅)에서 살해된 뒤로부터 유구국의 내빙(來聘)이 끊겼습니다.[85] 임진년에 능묘(陵墓)를 파헤친 원수가 어

84 정자(程子)께서……방법이다 : 이 내용은 《주역(周易)》〈쾌괘(夬卦) 구이(九二) 상(象)〉에 대한, 정이천의 《역전(易傳)》에 보인다.

85 유구국(琉球國)의……끊겼습니다 : 이 내용은 연암 박지원의 《열하일기》〈피서록(避暑錄)〉에 자세히 보인다. "세상에서 전하는 말에, '명(明)나라 천계(天啓) 연간에 왜국이 유구를 쳐서 그 임금을 사로잡았는데, 유구의 태자가 나라의 세보(世寶)를 싣고 가서 그 아버지를 속죄하려 하다가, 배가 풍파에 휩쓸려서 제주(濟州)에 닿았다. 목사 아무개가 배에 무슨 물건이 실렸느냐고 물으니, 태자가 주천석(酒泉石)과 만산장(漫山帳)이 있다고 답하였다. 주천석은 모양이 마뇌(瑪瑙)처럼 생겼는데 가운데가 오목하게 파이고 물 한 잔이 들 정도로, 맑은 물을 채우면 곧 아름다운 술이 된다. 만산장은 바닷거미의 실에다 약으로 물빛을 들여서 뜬 것인데, 적게 펼치면 집 하나를 덮을 정도이고 넓게 펼치면 산 하나를 덮을 수 있으며, 작은 놈으로는 모기나 파리, 큰 놈으로는 뱀이나 이무기 따위가 모두 그 속에 들어가지 못한다. 목사가 이것을 얻고자 청하였으나 태자가 허락하지 않으므로, 마침내 군사를 출동시켜 배를 에워싸니, 태자가 돌과 장을 모두 바다 속에 던졌다. 목사가 배에 실은 물건을 다 몰수하고는 태자를 죽였다. 태자가 죽기에 임박하여, 「걸왕의 옷 입은 몸 요 임금의 말씀 밝히기 어려우니, 형벌에 임하여 어느 겨를에 하늘에 호소하랴. 삼량이 죽게 되어 누가 대신 죽어 주랴. 두 아들 배 타고 가니 이들을 해친 적은 참으로 잔인하네. 백골은 모래벌판 거친 풀에 뒹굴고, 영혼이 고국에 간들 슬퍼할 이 누구인가. 죽서루 밑 저 물 소리 처량도 하니, 만고의 유한을 분명히 울어대리.〔堯語難明桀服身, 臨刑何暇訴蒼旻? 三良臨穴人

찌 다만 죽서루(竹西樓)에서 유구국의 태자가 살해된 유한(遺恨)에 그칠 뿐이겠습니까.

그런데 유구국 사람이 우리에게 베푼 것을 우리는 감히 왜노들에게 베풀지 못하니, 이러고도 나라에 훌륭한 사람이 있다고 말할 수 있겠습니까.

우리나라 사대부들은 입을 열면 번번이 인의와 도덕을 말하나, 한 가지 계책을 조처하여 외적의 침략을 막지 못하고, 가서 부역하는 것을 마음에 달게 여겨서 온 나라가 원수와 함께 살아가는 수치를 잊고, 오직 창을 잡고서 담 안에서 싸우는 것을 힘쓰고 있으니,[86] 이치를 통달한 사람이 크게 본다면 어떻다고 여기겠습니까? 진실로 이것을 천하와 후세에 알려지게 해서는 안 될 것입니다.

誰贖? 二子乘舟賊不仁. 骨暴沙場纏有草, 魂歸故國弔無親? 竹西樓下滔滔水, 遺恨分明咽萬春.]」라는 시 한 편을 읊었다.'라고 한다. 이 사실은 이중환(李重煥)의 《택리지(擇里志)》에 실렸다." 한편 《인조실록》 인조 3년(1625) 1월 8일 함경북도 절도사 이기빈(李箕賓)의 졸기(卒記)에도 "지난 광해조 때 뇌물을 궁중에 바치고 제주 목사에 제수되려 하였으며, 부임한 뒤에는 오로지 자기 한 몸 살찌우기만을 힘썼다. 하루는 유구국의 왕자가 보물을 가득 싣고 제주 경내에 정박했는데, 이는 대개 바람 때문에 표류하여 오게 된 것이었다. 그런데 이기빈이 판관 문희현(文希賢)과 포위하고 모조리 죽인 뒤 그 재화를 몰수해 들였는데, 왕자가 정절(旌節)을 진열해 놓고는 안색을 변하지 않고 조용히 살해를 당했으므로, 이 소식을 들은 사람들이 애처롭게 여겼다."라고 보인다.

86 오직……있으니 : 원문의 '조과(操戈)'는 서로 공격함을 비유하는 말이고 '혁장(鬩墻)'은 원래 형제간의 다툼을 의미하는데, 여기서는 우리나라 선비들이 당쟁을 일삼는 것을 비유한 것이다.

이자강에게 답함 신미년 10월 6일

答李子岡 辛未十月六日

중주 장인(中洲丈人)[87]께서 또 홀연히 조화(造化)를 타고 이 세상을 떠나셨습니다.[88] 어른께서는 삼달존(三達尊)[89]을 구비하여 한 가지 일도 유감이 없으니, 당신에게 있어서는 또한 무슨 여한이 있겠습니까마는, 다만 덕망이 있는 원로들이 모두 별세하여 후생들이 우러를 곳이 없으니, 세교(世敎)와 사문(斯文)을 위하여 한탄하지 않을 수 없습니다.

엎드려 생각하건대, 존형께서는 동당(同堂)[90] 안에서 이 어른께 힘

87 중주 장인(中洲丈人) : 이직보(李直輔, 1738~1811)로 중주는 호이고, 자는 유종(維宗), 본관은 연안(延安), 시호는 문경(文敬)이다. 1784년(정조8) 유일(遺逸)로 천거되고 벼슬이 이조 판서에 이르렀다. 경사(經史)에 두루 밝아 사림의 중망을 받았고 평생을 청렴하게 살았다. 이 편지의 수신인인 자강(子岡) 이봉수(李鳳秀)의 종조부인데, 이봉수는 어린 시절 이직보에게 수학하였다.

88 조화(造化)를……떠나셨습니다 : '조화를 탄다'는 것은 사람의 죽음을 비유한 말로, 도연명(陶淵明)의 〈귀거래사(歸去來辭)〉에 "애오라지 조화를 타고 일생을 마치려 하니, 천명을 즐기니 다시 무엇을 의심하겠는가.〔聊乘化以歸盡, 樂夫天命, 復奚疑?〕"라고 보인다.

89 삼달존(三達尊) : 사람들이 공통적으로 높이는 세 가지로, 즉 관작〔爵〕, 연치〔齒〕, 덕망을 가리킨다. 《맹자》〈공손추 하(公孫丑下)〉에 "천하에 공통으로 높이는 것이 세 가지가 있으니, 관작이 하나요 연치가 하나요 덕망이 하나이다. 조정에서는 관작보다 더 높은 것이 없고, 거주하는 지방에서는 연치보다 더 높은 것이 없고, 세상을 돕고 백성을 다스림에는 덕망보다 더 높은 것이 없다.〔天下有達尊三, 爵一, 齒一, 德一. 朝廷莫如爵, 鄕黨莫如齒, 輔世長民莫如德.〕"라고 보인다.

입어 성취한 것이 각별한데, 감싸 주던 장막〔帡幪〕[91]이 영원히 사라졌으니, 가슴 아프고 허전함이 얼마나 지극하십니까?

상여는 이미 고향 산으로 돌아가 장례하였고, 상인〔棘人〕[92]들 또한 그런대로 몸을 지탱하고 있습니까? 초상이 여관에서 나와[93] 또한 변례(變禮)가 많았을 것이니, 예를 다하는 처지에 유감이 없지 못했을 것입니다.

돌아보건대 이 몸은 어른을 뵌 지가 일천(日淺)하고 시간이 촉박하여 잠시 동안에 뜻을 다 말씀드릴 수 없었으나, 또한 가르침을 입지 않았다고 말할 수가 없습니다.

삼가 살펴보건대, 타고난 자품이 매우 높고 담박한 흉금이 비어있는 듯하여, 내(內)와 외(外)를 합치고 남과 나를 공평히 하는[94] 의사가

90 동당(同堂) : 함께 거처하는 한 집안을 이르는데, 이직보는 이자강의 종조부였으므로 말한 것이다.

91 감싸 주던 장막〔帡幪〕 : 원문의 '병몽(帡幪)'은 비바람을 가리고 덮어 주는 장막으로, 둘러치는 것을 병(帡), 위를 가리는 것을 몽(幪)이라 한다. 한(漢)나라 양웅(揚雄)의 《법언(法言)》에 "우레와 바람, 세찬 폭우가 온 뒤에야 큰 집이 감싸 주는 장막이 됨을 안다.〔震風陵雨, 然後知廈屋之爲帡幪也.〕"라고 보이는데, 후세에서는 비호해주는 스승을 가리키는 말로 쓰인다.

92 상인〔棘人〕 : 원문의 '극인(棘人)'은 부모의 상을 당한 사람을 가리킨다. 《시경》〈회풍(檜風) 소관(素冠)〉에 "행여 흰 관을 쓴 극인의 수척함을 볼 수 있을까.〔庶見素冠兮, 棘人欒欒兮.〕" 하였는데, 주자는 《집전(集傳)》에서 "극(棘)은 급함이다. 상사는 그 총총히 하고자 하니, 슬프고 급한 모양이다."라고 주하였다.

93 초상이 여관에서 나와 : 망자인 이직보가 객지에서 별세한 것을 이른다. 《순조실록》 순조 11년(1811) 9월 13일 기사에 "전라 감사 이상황(李相璜)이, 대사헌 이직보가 그 아들의 임소(任所)인 무주부(茂朱府)에서 졸(卒)하였음을 아뢰었다."라고 보인다.

94 내(內)와……하는 : '내와 외(外)를 합한다'는 것은 자기 자신의 표리(表裏)가 일

있으시니, 이른바 '대인(大人)은 적자(赤子)의 마음을 잃지 않는 자이다.'[95]라는 것이 거의 이분에 가깝습니다. 이 세상에 어찌 다시 이런 분이 있겠습니까.

평생 동안 하신 일이 모두 남에게 배척을 받아서 사도(斯道)로 자임하지 않으신 것은, 항상 제가 민망해 하고 답답하게 여기는 바이나, 또한 깨끗하게 수행하여 욕심이 적은 한 단면을 볼 수 있습니다. 또한 일찍이 문학에 뛰어나셨으나 저술을 일삼지 않으셔서 간찰로 문답하는 것까지 아울러 폐기하셨으니, 이는 참으로 애석합니다.

듣자하니, 경서의 차의(箚疑)를 지은 것이 있다 하는데, 자못 체계가 잘 이루어져서 불후(不朽)의 훌륭한 자료가 될 만합니까? 문도(門徒)를 받아들이지 않고 칭호를 내세우지 않으신 것에서도 그 높은 점을 볼 수 있습니다. 제자 중에 가마(加麻)[96]한 자가 몇 분이며, 또한 일컬을 만한 칭호가 있습니까?

이 어른이 별세한 뒤로부터 우리의 도(道)가 더욱 고단해져서 고명한 형에게 촉망하는 것이 더욱더 무거우니, 형께서는 도를 자임하기를

치됨을 말하고, 남과 나를 공평히 한다는 것은 자기와 남을 일체로 여김을 말하는 것으로, 《장자전서(張子全書)》 권6 〈의리(義理)〉에 나온다.

95 대인(大人)은……자이다 : 적자(赤子)는 지각이 없는 어린아이로, 적자의 마음은 티 없이 순수하여 천진난만한 마음을 가리킨다. 이 내용은 《맹자》 〈이루 하(離婁下)〉에 그대로 보이는데, 주자는 《집주》에서 "대인의 마음은 온갖 변화를 통달하고, 적자의 마음은 순일(純一)하여 거짓이 없을 뿐이다. 그러나 대인이 대인이 된 까닭은 바로 외물에 유인되지 않아서 순일하여 거짓이 없는 본연의 마음을 온전히 할 수 있기 때문이다."라고 주하였다.

96 가마(加麻) : 머리에 삼끈으로 만든 수질(首絰)을 두르는 것을 이른다. 스승의 상에는 원래 복이 없기 때문에 3월, 혹은 3년을 가마하여 애도의 뜻을 표하였다.

더욱 용감하게 하고 공부를 더욱 전일하게 하시어, 온 세상이 덕을 상고하고 학업을 묻는 지위가 되십시오. 이 어른이 하지 못하신 것을 고명하신 형께서 해 주시길 바랍니다.

형은 이른바 《퇴계서초(退溪書抄)》라는 것이 있다는 말을 들었습니까? 왜인(倭人) 중에 옥수옹(玉水翁)[97]이라는 자가 《퇴계집》 전질을 산삭(刪削)하여 10권으로 만들었는데, 스스로 퇴계가 찬하신 《주자서절요(朱子書節要)》의 범례에 의탁하였습니다.

강호(江戶)[98]의 사자(使者)가 이것을 가져다가 통신사(通信使)에게 주어서, 통신사가 이와 같이 전하여 보여 주게 된 것입니다. 지금 이 책이 김이교(金履喬)[99] 대감의 처소에 있으므로 서문을 등서하여 올리니, 부디 받아서 잘 살펴보시기 바랍니다.

우리나라는 이른바 '동방의 군자의 나라'입니다. 그러나 풍기(風氣)가 쇠퇴하고 유교가 땅에 떨어져서 퇴계 선생의 훌륭함을 거의 알지 못하는데, 도리어 먼 바다의 오랑캐 종놈들이 능히 퇴계를 존경하고

97 옥수옹(玉水翁) : 일본 중세의 유학자인 촌사옥수(村士玉水 스구리 쿄쿠스이)로, 삼택상재(三宅尙齋 미야케 쇼사이, 1662~1741)와 도엽우재(稻葉迂齋 이나바 목사이, 1684~1760)의 문하에서 수학하였으며, 퇴계 이황을 크게 존경하여 그의 학문을 연구하였는데, 특히 퇴계의 《주자서절요》를 깊이 연구하였다.

98 강호(江戶) : 일본 동경(東京)의 옛 이름으로, 여기서는 당시 일본을 지배하던 에도 막부를 가리킨 것이다.

99 김이교(金履喬) : 1764~1832. 자는 공세(公世), 호는 죽리(竹里), 본관은 안동(安東), 시호는 문정(文貞)이다. 1789년(정조13) 식년 문과에 급제하고 벼슬이 우의정에 이르렀다. 1811년(순조11) 통신사가 되어 대마도(對馬島)에 가서 강호(江戶)에서 온 동무 상사(東武上使) 원충강(源忠岡 미나모토)과 만나 국서를 전달하고 돌아왔다.

친애하기를 이와 같이 하니, 부끄러워할 만하지 않습니까.

만약 저 교활한 왜노(倭奴)들이 대현(大賢)의 책을 읽어 군자의 도를 듣고서 마음을 고치고 얼굴을 바꾸어, 중화(中華)의 도로써 오랑캐의 풍속을 고친다면, 퇴계 선생의 도가 오랑캐 나라에까지 미쳐서 우리나라가 이로 인해 은혜를 받을 것이니, 훌륭하지 않습니까.

석담(石潭)의 주의(奏議)[100]는 계속 보아서 한 세상을 미륜(彌綸)하는 뜻을 깊이 체득하셨습니까? 이 어른의 일편(一片)의 공정한 마음은 하늘과 같이 크시니, 참으로 자신의 몸 속에 하늘의 뜻을 포용하고 있다는 것입니다.

백성을 사랑으로 품어 주고 보호하여 나라의 근본을 견고히 하려 하고, 붕당을 융화시켜 크게 화합하게 해서 국가의 맥을 무궁하게 이어가도록 한 것은, 바로 가슴속에 가득한 혈성(血誠)으로 천 년이 지나도 없어지지 않을 것이니, 참으로 우리나라의 한 분의 명도 선생(明道先生)[101]입니다.

비단 군주에게 아뢴 것이 이와 같았을 뿐이 아니요, 군신 간에 함께

100 석담(石潭)의 주의(奏議) : 석담은 율곡 이이의 또 다른 호이고, 주의는 신하가 임금에게 올리는 상소와 차자(箚子) 등의 글을 이른다.

101 명도 선생(明道先生) : 북송의 대학자인 정호(程顥, 1032~1085)로 명도는 호이고 자는 백순(伯淳), 시호는 순(純)이다. 아우인 이천(伊川) 정이(程頤)와 함께 이정(二程)으로 일컬어지며 존경 받았다. 26세 때인 인종(仁宗) 가우(嘉祐) 연간에 진사시에 급제하고 벼슬이 저작좌랑(著作佐郎)에 이르렀다. 이기일원론(理氣一元論), 성즉리설(性則理說) 등을 주창한바, 그의 사상은 주자에게 전해져 성리학의 정초(定礎)가 되었다.

조심하고 합심으로 공경해서〔同寅協恭〕[102] 넘어지는 것을 붙들어주고 위태로운 것을 잡아주는 뜻을 신명이 보증할 수 있었으니, 만약 그 말씀이 시행될 수 있었더라면 임진년과 계사년〔龍蛇〕에 능(陵)이 불타는 변고[103]를 막을 수 있었고, 동서 분당(東西分黨)의 화[104]를 없앨 수 있었을 것입니다. 그런데 살아서는 한 조정에 있는 사람들에게 비방과 조롱을 당하고 죽어서는 밝은 군주의 반신반의를 받았으니, 김숙부(金肅夫)[105]와 유이현(柳而見)[106] 등 제공(諸公)들이 어진 이를 방해하고

102 군신 간에……공경해서 : 원문의 '동인협공(同寅協恭)'은 《서경》 〈고요모(皐陶謨)〉에 보이는데, 주자는 《집전(集傳)》에서 "군주와 신하가 마땅히 함께 조심하고 합심하여 공경한다.〔君臣當同其寅畏, 協其恭敬.〕"라고 주하였다.

103 임진년과……변고 : 원문의 '용사(龍蛇)'는 임진왜란이 발발한 해인 임진년과 그 이듬해인 계사년으로, 간지(干支) 상 진(辰)은 용(龍), 사(巳)는 사(蛇)에 해당 된다. 불에 탄 능은 지금의 강남구 삼성동에 있는 성종(成宗)의 선릉(宣陵)과 중종(中宗)의 정릉(靖陵)을 이른다.

104 동서 분당(東西分黨)의 화(禍) : 선조 8년(1575)에 일어난 사류(士類) 간의 분열 사건으로, 후대 당쟁의 기원이 되었다. 당시 신진 사류 사이에 평판이 높았던 김효원(金孝元)을 지지하는 일파와 명종의 왕후의 아우로서 노장 사류들의 인정을 받고 있던 심의겸(沈義謙)을 지지하는 일파 사이의 반목과 대립에 기인하였는바, 김효원의 집이 서울의 동쪽인 건천동(乾川洞)에 있었기 때문에 그를 지지하는 일파를 동인(東人)이라 하였고, 심의겸의 집은 서울의 서쪽인 정동(貞洞)에 있었기 때문에 그를 지지하는 파를 서인(西人)으로 부르게 되었다. 율곡은 당시 동서 분당을 조정하기 위해 노력하였다.

105 김숙부(金肅夫) : 김우옹(金宇顒, 1540~1603)으로 숙부는 그의 자이다. 호는 동강(東岡), 본관은 의성(義城), 시호는 문정(文貞)이며, 남명(南溟) 조식(曺植)의 제자이다. 1567년(선조 즉위년) 식년 문과에 급제하고 벼슬이 이조 참판에 이르렀다. 동인(東人) 계열로 유성룡(柳成龍)과 가까웠다. 서인인 정철(鄭澈) 등이 쟁단을 일으키려 한다 하여 파직을 주장하기도 했으나, 1579년에는 율곡 이이를 비난하는 정언(正言) 송응형(宋應泂)에 맞서 이이의 입장을 두둔하기도 하였다.

바른 사람을 해쳤다는 죄를 어찌 면할 수 있을 것이며, 또한 목릉(穆陵 선조의 묘호)의 성스러움에도 유감이 없지 못합니다.

그러나 이 어른이 복이 없었던 것은 천운이니, 또한 어찌 사람이 이렇게 만든 것이겠습니까.

106 유이현(柳而見) : 유성룡(柳成龍, 1542~1607)으로 이현은 그의 자이고, 호는 서애(西厓), 본관은 풍산(豊山), 시호는 문충(文忠)이며 퇴계 이황의 제자이다. 1566년(명종21) 별시 문과에 급제하고 벼슬이 대제학을 거쳐 영의정에 이르렀다. 동인계 인물로 임진왜란에 많은 공을 세웠다.

이자강에게 답함 임신년[107] 2월 25일

答李子岡 壬申二月二十五日

영윤(令胤)의 관례(冠禮)[108]하는 날을 이달 안으로 정하셨다면, 저의 발걸음이 기일에 미치지 못할 것이 분명합니다. 설령 기일에 미친다 할지라도 진실로 백 번 절하여 사양해야 하니, 의리를 가지고 말하면 진실로 감히 사양할 수 없으나, 분수로 보면 반드시 감히 감당할 수가 없기 때문입니다. 벗의 아들은 바로 나의 아들이니, 어찌 감히 전례에 따라 가식으로 사양해서 스스로 불성실함에 돌아가겠습니까. 진실로 이치가 그러해서입니다.

세상에는 어질면서 예를 좋아하는 분이 따로 있는데, 무능하고 녹록하기로 견줄 만한 것이 없는 이 사람에게 무엇을 취할 것이 있기에 멀리까지 애써 편지를 보내셔서 거듭 이처럼 당부하십니까? 관례는 성인(成人)이 되는 예를 중하게 하기 위한 것입니다. 그런데 저로 말미암아 도리어 가벼워질까 삼가 염려되니, 이것이 어찌 작은 일이겠습니까.

세상에 비록 인물이 없다 한들, 어찌 천한 이 몸보다 나은 분이 없겠습니까. 천곡(泉谷) 이 승지(李承旨) 어른[109] 같은 분이 바로 적임자이

107 임신년(壬申年) : 1812년(순조12)으로, 매산의 나이 37세 되던 해이다.

108 영윤(令胤)의 관례(冠禮) : 영윤은 상대방 아들에 대한 경칭(敬稱)이며, 관례는 옛날 성인식(成人式)으로 삼가(三加)의 예(禮)를 행하였는바, 당시 이봉수 아들의 관례에 매산이 빈(賓)이 되어줄 것을 당부한 것으로 보인다. 빈은 관례를 주관하는 주례자(主禮者)이다.

니, 미리 초대하면 반드시 오실 것입니다. 또 도암(陶庵)[110]께서 관례할 적에 문간 선생(文簡先生)[111]이 빈(賓)이 되었는데, 이 또한 세의(世誼)를 다지는 한 가지 일이니, 엎드려 생각하건대 이분이 아니면 적임자가 없습니다.

또 사계(沙溪)의 종손인 충주장(忠州丈) 기헌(箕憲)씨[112] 또한 이보다 앞설 분이 없으니, 이 어른이 형의 집안일에 무슨 말로 사양할 수 있겠습니까? 의중이 어떠신지 모르겠습니다. 만일 영옹(潁翁)[113]이 서

109 천곡(泉谷) 이 승지(李承旨) 어른 : 자세하지 않으나 아래 문장에 '도암이 관례할 적에 문간 선생이 빈이 되었다.' 하고, 세의(世誼)를 말한 것으로 보아, 도암 이재의 손자인 화천(華泉) 이채(李采)를 가리킨 것으로 보인다.

110 도암(陶庵) : 이재(李縡, 1680~1746)의 호이다. 자는 희경(熙卿), 본관은 우봉(牛峰), 시호는 문정(文正)이다. 1702년(숙종28) 식년 문과에 급제하고 벼슬이 대제학을 거쳐 의정부 좌참찬에 이르렀다. 신임사화(辛壬士禍)에 숙부 이만성(李晩成)이 처형되자, 벼슬을 버리고 인제(麟蹄)의 설악(雪岳)에 들어가 성리학(性理學)을 닦는 데 힘썼다. 1725년(영조1) 여러 차례 소명(召命)을 받자 소를 올려 소론(少論) 세력을 몰아낼 것을 청했으나, 영조가 받아들이지 않자, 용인(龍仁)으로 퇴거하여 후진들에게 학문을 가르쳤다.

111 문간 선생(文簡先生) : 이희조(李喜朝, 1655~1724)로 시호가 문간이므로 이렇게 칭한 것이다. 자는 동보(同甫), 호는 지촌(芝村), 본관은 연안(延安)이며 송시열(宋時烈)의 문인이다. 1680년(숙종6) 유일로 천거되고 벼슬이 이조 참판에 이르렀다. 1721년(경종1) 신임사화로 김창집(金昌集) 등 노론 4대신이 유배당할 때 영암으로 유배되었고, 철산으로 이배 도중 죽었다. 자강 이봉수의 고조(高祖)이다.

112 충주장(忠州丈) 기헌(箕憲)씨 : 김기헌(金箕憲)으로 충주 목사를 지냈기 때문에 이렇게 칭한 것이다. 본관이 광산(光山)으로 사계(沙溪) 김장생(金長生)의 7세손이다.

113 영옹(潁翁) : 임로(任魯, 1755~1828)를 높여 칭한 것으로, 자세한 내용은 25쪽 주34 참조. 이때 임로는 전 해인 1811년(순조11)에 경상도 신령 현감(新寧縣監)에 제수되어 그대로 재임 중이었다.

울에 계시다면 진실로 이분을 버리고 달리 구해서는 안 되나, 큰 산과 고개에 막혀있으니, 어찌하겠습니까.

저는 성품이 졸렬하고 고집불통이어서 진실로 일찍이 남의 관부(官府)에 달려간 적이 없었으나, 영옹(潁翁)에게조차 이럴 수가 없어서 찾아뵙고 현재(縣齋 고을의 관사(官舍))에서 이틀 밤을 묵고 촛불을 돋우면서 회포를 푸니, 이미 물에 떠도는 부평초(浮萍草)가 우연히 만나는 기이한 인연이었습니다.

또다시 손을 잡고 팔공산(八公山)의 은해사(銀海寺)로 가니, 골짝이 깊고 그윽하며 언 눈이 쌓인 산이 우뚝이 높아서, 마음과 경치가 모두 깨끗하여 몸과 세상을 모두 다 잊었습니다. 집으로 돌아오자 바로 하나의 꿈과 환상이었으니, 비록 다시 하고자 하나 어찌 가능하겠습니까. 생각하건대 형께서도 내심 함께 가고 싶으셨을 것입니다.

영옹은 부임한 지 며칠이 안 되었는데도 정사하는 규모와 법도를 얻어서, 크면서도 소활(疏闊)함에 돌아가지 않고 세밀하면서도 번거로움에 이르지 아니하여, 온화함과 엄격함이 서로 조화를 이루고 너그러움과 위엄이 마땅함을 얻어서, 관리가 되자마자 능히 이와 같이 하시니, 이는 넉넉한 학문의 소치(所致)입니다.

또 학교의 진흥(振興)에 유념해서 부임한 지 반달이 못되어 고을의 자제들을 이끌고 사서(四書)를 강독하였습니다. 이와 같은 일을 계속하고 그치지 않는다면 한 지방이 스스로 감화되어서 거의 문옹(文翁)의 교화[114]를 기대할 수 있을 것이니, 유자(儒者)가 세교(世教)에 보탬

114 문옹(文翁)의 교화 : 문옹(기원전 179~기원전 101)은 이름은 당(黨), 자는 중옹(仲翁)으로 서한(西漢) 경제(景帝) 때에 촉군 태수(蜀郡太守)로 나가서 교화를 펼치고

이 됨이 이와 같습니다.

사무에 오활해서 세상에 써먹지 못한다면 어찌 참된 유자라 하겠습니까? 영옹 같은 분은 바로 유용한 학문을 갖고 계신데, 다만 처한 곳이 마땅한 자리가 아닌 것이 한스럽습니다. 그러나 영재가 하급 관료로 침체되어 있는 것은 예로부터 탄식했던 바이니, 어찌하겠습니까.

관서(關西) 지방의 일[115]은 오히려 무슨 말을 하겠습니까. 탄환과 같이 작은 하나의 성을 일찍이 쳐부수지 못하고, 서로 3개월 동안이나 버티면서 감히 손을 쓰지 못하니, 어찌 그 성이 높고 해자가 깊으며 병기가 예리하고 갑옷이 견고하기 때문이겠습니까. 다만 병사들이 사력(死力)을 다하지 않아서일 뿐입니다.

문신들이 돈을 탐내지 않고 무신이 몸을 아끼지 않았다면[116] 어찌 이 지경에 이르렀겠습니까. 어찌 이 지경에 이르렀겠습니까. 하찮은 한 토적(土賊)이 이미 가마솥 안의 물고기가 되었는데도 감히 덤벼들지 못하고 그들이 남은 숨을 쉬도록 내버려두고 있습니다.

학교를 일으켜 문풍(文風)을 크게 떨친 인물이다. 무제(武帝) 때 온 천하에 학교를 설립한 것은 문옹으로부터 비롯되었다고 한다. 《漢書 卷89 循吏傳 文翁》

115 관서(關西) 지방의 일 : 1811년(순조11) 12월 18일 평안도 일대인 관서 지방에서 발발한 홍경래(洪景來)의 난을 이른다. 홍경래와 우군칙(禹君則) 등이 중심이 되어 일으킨 대규모 농민반란으로, 이해 12월 29일 박천(博川)에서 관군에게 패하자 정주성(靜州城)으로 퇴각해 농성하였는데, 이듬해 4월 19일이 되어서야 진압되었다

116 문신들이……않았다면 : 이 내용은 남송(南宋)의 충신인 악비(岳飛)가, 천하가 언제나 태평해지냐는 혹자의 물음에 "문신들이 돈을 탐내지 않고 무신들이 죽음을 아끼지 않으면 천하가 태평해질 것이다.〔文臣不愛錢, 武臣不惜死, 天下平矣.〕"라고 대답한 말을 원용한 것이다. 《宋史 卷365 岳飛列傳》

만일 바다의 고래가 물결을 일으키고 변방의 봉새가 바람을 타고 쳐들어온다면[117] 장차 속수무책일 뿐이니, 이것이 어찌 천하와 후세에 알려지게 할 수 있는 일이겠습니까.

나라에 인물이 없게 된 것이 이처럼 지극한 지경에 이른 것은 또한 무슨 연유입니까? 가령 임 충민(林忠愍)[118]과 박숙야(朴叔夜)[119]가 살아 있었다면 반드시 난이 발발하기 전에 난을 제지하였을 것이요 또한 난이 일어난 뒤에는 마땅히 난을 평정하였을 것이니, 도적을 불러들이고 도적을 보고만 있는 것이 어찌 이 지경에 이르렀겠습니까?

영남의 풍속은 질박함을 숭상하기 때문에, 유언비어를 일으켜서 스스로 동요하는 호서(湖西)와 호남(湖南)과는 견줄 수가 없었는데, 관

117 바다의……쳐들어온다면 : 바다의 고래는 왜적(倭賊)을, 변방의 봉새는 북방의 오랑캐를 가리킨 것으로 보인다.

118 임 충민(林忠愍) : 임경업(林慶業, 1594~1646)으로 충민은 시호이고, 자는 영백(英伯), 호는 고송(孤松), 본관은 평택(平澤)이다. 1618년(광해군10) 무과에 급제하고 청북방어사(淸北防禦使), 동지중추부사 등의 벼슬을 역임하였다. 조선을 대표하는 명장으로 이괄(李适)의 난을 진압하면서 두각을 나타냈으며, 청북방어사로 백마산성과 의주성을 수축하는 등 국방에 힘써 백성의 신망을 받았고 명군과 청군에도 명성이 높았다. 명나라에 망명하여 청나라와 싸우다가 생포되었으며, 인조(仁祖)의 요청으로 조선으로 압송되어 형틀에서 장살되었다.

119 박숙야(朴叔夜) : 박엽(朴燁, 1570~1623)으로 숙야는 자이고, 호는 국창(菊窓), 본관은 반남(潘南)이다. 1597년(선조30) 별시 문과에 급제하여 벼슬이 평안도 관찰사에 이르렀다. 광해군 때에 당시의 권신 이이첨(李爾瞻)을 모욕하고도 무사하리만큼 광해군의 신임을 받았으나, 1623년 인조반정 뒤 부인이 세자빈의 인척이라는 이유로 그를 두려워하는 훈신(勳臣)들에 의하여 정사를 포악하게 하였다는 죄로 평양 임지에서 처형되었다. 성품이 급하고 사나워 백성들에게 포악하게 대했다는 기록이 여러 글에 보이나 또한 관방을 잘 지키고 강직하였다는 평가도 보인다.

서 지방에 경보(警報)가 있은 이후로는 영남 지방 또한 이러한 분위기가 심해져서 거의 진정시킬 수가 없으니, 이를 어찌하면 좋습니까?

회옹(晦翁)께서 지은 시에 "동쪽으로 가면 양곡을 근심하고 서쪽으로 유람하면 양장을 두려워하네. 남쪽으로 수레를 타고 가면 장독(瘴毒)을 범하고 북쪽으로 말을 타고 가면 바람이 치마를 찢네."라고 하셨으니,[120] 이 시는 참으로 귀신을 흐느끼게 할 수 있습니다.

기년복에 장례를 지낸 다음 거행하는 시제(時祭)에는 성복(盛服)을 입어서는 안 되니, 무슨 복을 입어야 합니까? 마땅히 율옹(栗翁)의 말씀을 따라서 검은 관과 흰 옷과 검은 띠를 착용하고 제사를 거행해야 합니까? 이미 옷이 희다면 띠도 또한 흰색을 사용하여야 할 것이니, 어찌해야 할지 모르겠습니다.

면례(緬禮, 이장(移葬))를 치르고 시마복(緦麻服)을 입는 중에 마땅히 시제와 예제(禰祭)[121]를 거행해야 합니까? 비록 면례의 시마복이 다른 시마복과는 같지 않으나 이 또한 시마복이니, 성대한 제사를 거행할 수 없는 의리가 없습니다. 제복의 색깔은 마땅히 기년복을 입는

120 회옹(晦翁)께서……하셨으니 : 주자의 이 시는 '원유편(遠遊篇)'이라는 제목으로《회암집(晦菴集)》권1에 실려 있다. 양곡은 해가 뜨는 곳으로,《서경(書經)》〈요전(堯典)〉에 "희중에게 나누어 명하여 우이에 머물게 하시니 이곳을 양곡이라 한다. 나오는 해를 공경히 맞이하게 하셨다.〔分命羲仲, 宅嵎夷, 曰暘谷, 寅賓出日.〕"라고 보인다. 양장(羊腸)은 산서성(山西省)에 위치한 양장판(羊腸坂)을 가리키는데, 비탈길이 마치 양의 창자처럼 꼬불꼬불하여 매우 험난하므로 붙여진 이름으로, 흔히 험난한 세로(世路)를 비유한다.

121 예제(禰祭) : 음력 9월 중에 길일을 택하여 돌아가신 부모를 위해 올리는 계절 제사를 이른다. 아버지를 모신 가묘를 예(禰)라고 하는데, 가깝다는 뜻을 가지고 있다.

중간에 제사를 거행할 때의 예(例)를 따라야 합니까?

예제에는 마땅히 시마복에 도포와 대(帶)를 착용하여야, 제대로 된 복을 입고 제대로 된 제사를 행하는 것에 혐의가 없을 것입니다.

시제와 예제 두 제사는 모두 수조(受胙)[122]를 해서는 안 되는데, 이것은 변(變)을 보이기 위한 것이니, 가르침을 내려주시기 바랍니다.

122 수조(受胙) : 제사를 마치고서 제육(祭肉)을 나누어 받는 것으로 음복(飮福)이라고도 한다.

이자강에게 답함 임신년 가을이 다하는 날
答李子岡 壬申秋盡日

보내 주신 편지에 "반계(磻溪)의 문자[123]를 보아서 3일 동안에 다 끝냈다."라고 하시니, 더욱 사람(나)으로 하여금 귀가 번쩍 뜨이게 합니다. 저 또한 이 책을 독실하게 믿으니, 예악(禮樂)과 형정(刑政), 관방(關防 국경의 수비)의 제도들이 모두 큰 강령이 갖춰지고 작은 조목들이 이에 따라 제대로 펼쳐져서 찬란하게 한 왕자(王者)의 법을 이루어, 넓게 적용하면 천하를 다스릴 수 있기 때문입니다. 이와 같은 책은 《주례(周禮)》 이후에 처음 있는 것입니다.

만일 학문에 안으로 닦은 실제가 없다면 정치하는 방도를 논한 것이 응당 이와 같이 순수하지 못할 것이니, 천덕(天德)과 왕도(王道)가 애당초 두 일이 아니라는 것을 참으로 알겠습니다.[124]

123 반계(磻溪)의 문자 : 《반계수록(磻溪隧錄)》을 말한 것으로, 실학의 비조로 꼽히는 유형원(柳馨遠)이 통치 제도에 관한 개혁안을 중심으로 저술한 책이다. 수록은 책을 읽다가 수시로 베껴 둔 것이라는 뜻으로 겸사이다. 유형원(1622~1673)은 자가 덕부(德夫), 호가 반계, 본관이 문화(文化)이다. 1654년(효종5)에 진사시에 합격하였으나 이후 문과에 떨어지자 벼슬하려는 뜻을 버리고 전라도 부안군(扶安郡) 우반동(愚磻洞)으로 이거하여 평생 학문에 전력하고 거의 20년에 걸쳐 《반계수록》을 완성하여 후대 학자들의 흠모를 받았다.

124 천덕(天德)과……알겠습니다 : 천덕은 자신을 닦는 공부로 명명덕(明明德)에 해당하고 왕도(王道)는 백성을 다스리는 것으로 신민(新民)에 해당하는바, 유형원이 《반계수록》에서 자신이 주장한 모든 제도의 개혁이 이루어지면 천덕과 왕도가 일치되어 이상국가가 실현될 수 있다고 하였으므로 이렇게 말한 것이다.

듣자하니, 반계의 전집(全集)에는 경서의 뜻을 말씀한 것이 많은데 한결같이 정자(程子)와 주자(朱子)가 이루어 놓은 가르침을 따랐으며, 이기(理氣)를 논함에 있어서는 석담(石潭 율곡)을 따르고, 복수하여 설욕할 것을 생각함은 화양(華陽 우암)과 같다 하니, 참으로 체(體)에 밝고 용(用)에 적절하여 한 세상에 드문 호걸스러운 선비입니다.

애석합니다. 나라를 경륜할 수 있는 솜씨를 소매 속에 감춰둔 채 바다 귀퉁이에서 고사(枯死)하고 말았습니다. 이분은 비록 멀리 저승에 계시나 이 책은 아직 남아 있으니, 이 책의 내용을 들어 정사에 시행하면 바로 이분을 등용하는 것이 될 터인데, 한결같이 이 책을 서가(書架) 위에 방치하여, 끝내 옛날 성왕(聖王)의 정치를 펼치려던 뜻을 조금도 세상에서 볼 수 없게 되었으니, 이는 후인들의 책임입니다.

듣자하니, 운호 임공(雲湖任公)[125]이 궁료(宮僚)로서 이 책을 연구하고 정조(正祖)를 위해 외워서 장차 후일에 한 번 다스릴 자료가 될 수 있을 듯하다고 하였는데, 끝내 조용하니 더욱 애석합니다.

노형이 오늘날 해야 할 일은 바로 운옹(雲翁)의 남은 법을 전승하는 것이 아니겠습니까. 오직 손 모아 기다립니다.

균전제(均田制)[126]는 과연 이 《반계수록》을 펼치면 나오는 제일의

125 운호 임공(雲湖任公) : 임정주(任靖周, 1727~1796)로, 운호는 그의 호이고 자는 치공(穉恭), 본관은 풍천(豐川), 시호는 문경(文敬)이다. 1762년(영조38) 진사시에 합격하고 서연관이 되어 당시 세손(世孫)이던 정조를 보필하며 학문을 강론하여 신임을 받았으나, 홍국영(洪國榮)의 견제를 받고 외직으로 나가 청산 현감(靑山縣監) 등을 역임하였다.

126 균전제(均田制) : 백성들에게 토지를 골고루 나누어 주는 토지 제도로 균전법이라고도 한다. 토지의 소유를 국가가 통제하여 대지주의 출현을 막고 농토가 농민들에게

의리가 되니, 그 허다한 조처들이 모두 여기로부터 나왔습니다. 평상시에는 진실로 이것을 시행하기 어려우나, 먼저 청북(淸北) 지방[127]에 행한다면, 오늘날에 있어서 못할 것이 없습니다. 그러나 누가 형을 위하여 이것을 도와 이룬단 말입니까?

나라를 살리고 백성들을 오래 살게 하는 신단(神丹)과 선약(仙藥)[128]이 실로 여기에 있는데, 수천백 년 사이에 이것을 막고 행하지 않으니, 상앙(商鞅)의 가르침이 장차 만세에 베풀어진단 말입니까?[129]

골고루 돌아가게 해서 농민 생활을 안정시켜 이로써 부국강병을 도모하려는 제도이다. 485년 북위(北魏)의 효문제 때 시작되어 당나라 때에 완성되었다. 우리나라에서는 조선 후기에 유형원이 자작농의 육성을 위해 그 실시를 주장하였으나 채택되지 않았다.

127 청북(淸北) 지방 : 평안도(平安道)의 청천강 이북에 있는 지방을 이른다.

128 신단(神丹)과 선약(仙藥) : 모두 장생불사하는 약으로, 특히 도가(道家)에서는 단사(丹砂)와 수은을 합성하여 황금을 만들고 이 황금을 불에 단련하여 단약을 만드는데, 이 단약을 먹으면 몸이 가벼워져 신선이 된다 한다.

129 상앙(商鞅)의……말입니까 : 유학을 기반으로 한 반계 유형원의 개혁안이 쓰이지 않으니, 결국 정전법(井田法)을 폐지하고 길거리의 공한지까지 모두 개간한 상앙의 제도가 만세에 걸쳐 시행될 것이라고 탄식한 것이다. 상앙은 전국 시대 위(衛)나라 공족(公族) 출신의 정치가인 공손앙(公孫鞅)으로, 진(秦)나라에서 상오(商於)라는 땅에 봉해져 상앙 또는 상군(商君)이라고도 칭해진다. 법가(法家)의 대표적 인물인데, 진나라 효공(孝公)에게 등용되자 많은 반대파들을 무력으로 탄압하며 국가의 법령과 제도를 대대적으로 변혁하여 부국강병을 이루었다.

이자강에게 답함 계유년[130] 4월
答李子岡 癸酉四月

편지의 수많은 말씀을 보고 고심(苦心)이 어디에 계신지를 우러러 알 수 있었으니, 사람으로 하여금 공경히 칭송하게 합니다. 이 아우 또한 어디에서 이 일에 대한 상세한 내용을 알 수 있었겠습니까. 어떤 사람이 서울에서 내려오면 자못 진실하고 분명하게 말을 전해주었는데, 이와 같이 한 것이 여러 번이었습니다. 이 때문에 형이 반드시 소명(召命)을 면치 못하실 줄을 안 것입니다. 그러나 그의 말을 또한 어찌 기준으로 삼아 확신할 수 있겠습니까? 오고 가는 것을 저 저 광활한 창공의 뜬 구름과 같이 보아야 하니, 우리들이 어찌 그 사이에 마음을 쓸 것이 있겠습니까.

성인은 일찍이 사람들에게 명예를 구하라고 가르치지 않으셨고, 또한 일찍이 사람들에게 명예를 피하라고 가르치지도 않으셨으니, 어찌 하루아침에 유교의 법문(法門)[131]을 어그러뜨려서 30년 동안의 공부를 무너뜨릴 수 있겠습니까.

말음(末蔭)[132]으로 출사하여 도로에서 큰소리로 벽제(辟除)하는 일

130 계유년(癸酉年) : 1813년(순조13)으로, 매산의 나이 38세 되던 해이다.

131 법문(法門) : 원래 불가(佛家)의 말로, 여러 부처님의 말씀은 세상의 법칙이 된다고 하여 법이라 하고, 이 법은 여러 성인이 도에 들어가는 문이 된다 하여 붙여진 이름인데, 후세에는 유가에서도 그대로 사용하였다.

132 말음(末蔭) : 하찮은 음직을 줄여 말한 것이다. 음직은 과거에 의하지 않고 조상의 공덕으로 받아 지내는 벼슬을 말한다.

은 할 만한 일이 아닐 듯한데, 이유가 있어서 한다면 더욱 소명을 면치 못할 것임을 알 수 있습니다. 우리는 우리 몸의 지조를 지킬 뿐이니, 밖에서 이르는 영화와 치욕, 득과 실은 우리들이 관여하여 알 바가 아닙니다. 이와 같이 단정하신다면 어찌 마음이 쾌활해지지 않겠습니까.

벼슬을 하지 않기 위해 담장을 뛰어넘어 피하며 문을 닫고 거절하여 만나보지 않는 것[133]은 전혀 중정(中正)한 도리가 아닙니다. 근세의 김미암(金迷庵)[134]과 박사형(朴師亨)[135] 같은 분은 소명을 면하기는 했으나, 이 일은 올바르지 못하니 후세의 법이 될 수 없습니다.

어찌 시집가지 않은 처녀가 자기 몸을 허락하는 것을 싫어해서, 규문에서 나와 추태를 부리면서 신랑감이 오기 전에 거절하는 일이 있겠습니까. 형은 이치에 밝으시니, 응당 제가 우러러 권면하기를 기다리지

133 담장을……것 : 전국 시대에 단간목(段干木)은 위(魏)나라 문후(文侯)가 만나려 하자 담장을 뛰어넘어 피하였고, 춘추 시대에 설류(泄柳)는 노(魯)나라 목공(繆公)이 만나려 하자 문을 닫고 받아들이지 않았다. 《孟子 滕文公下》

134 김미암(金迷庵) : 김위재(金偉材)로 미암은 그의 호이고 자는 사홍(士弘), 본관은 광산이며, 사계(沙溪) 김장생(金長生)의 6세손이다. 1721년(경종1) 발발한 신임사화(辛壬士禍) 때 부친 김운택(金雲澤)이 장살(杖殺)되고 자신은 완도로 유배되었는데, 영조 즉위 후 사면되자 낙향하였다. 신임사화 때 화를 당한 피해자의 자손들이 대부분 음직을 받아 한양으로 갔으나, 김위재는 억울하게 죽은 아버지를 생각하여 평생 한강을 건너지 않았다.

135 박사형(朴師亨) : 1712~1782. 자는 성행(聖行), 본관은 반남(潘南)이다. 1750년(영조26) 세자익위사 세마(世子翊衛司洗馬)에 천거되었고, 1752년 부솔(副率)에 전보되었다. 가주서, 정언, 지평, 단양 현감 등에 제수되었으나, 1771년 2월 25일 정언에 제수하는 패초를 어겼다는 이유로 북관(北關)에 귀양되었다.

않고도 자유롭게 대처하실 것입니다.

어제의 모임은 잔치하기 위해서 모인 것이 아니요, 귀문(貴門)의 형제들과 한 번 만나려는 것에 불과하였습니다. 그런데 어찌 이것을 수연(壽筵) 잔치라고 생각하여 찾아 주시지 않는단 말입니까? 제가 비록 불초하나 어찌 감히 우리 형을 의롭지 못한 일로 이끌겠습니까.

지극한 마음을 우러러 살피고 헤아려서 감히 청하지 못하였으니, 어찌 게으르고 노둔함으로 핑계를 댈 수 있겠습니까.

이자강에게 답함 계유년 4월 6일

答李子岡 癸酉四月六日

시절이 좋고 날씨가 화창한데, 진저(震邸)의 상견례[136]가 순히 이루어졌습니까? 동궁 저하의 예도(睿度)가 천연적으로 이루어져서 모든 행동이 법도에 맞는다는 소문을 듣고는, 병과 근심에 깊이 빠져 있는 저와 같이 천한 자도 기뻐하여 생기를 갖게 되었으나, 여전히 그 자세한 내용을 듣지 못하여 답답하였습니다.

그러다가 형께서 보내 주신 편지를 받들어 읽고 듣지 못했던 것들을 두루 듣고서는 벌떡 일어나서 금방 죽지 말고 세상에 오래도록 살면서 몸소 태평성세를 보기를 원하였으니, 형께서 하신 말씀은 저의 마음을 먼저 아신 것입니다.

서연(書筵)[137]을 이미 열어 진접(晉接)[138]이 시작되었으니, 이것이 바로 일찍 세자를 가르치는 시기입니다. 가르치는 방법이 도리에 맞고

136 진저(震邸)의 상견례 : 진저는 동궁(세자)과 같은 말로 진은 팔괘에서 동쪽 방위를 가리키는바, 동궁이 사부나 빈객(賓客) 등의 궁료(宮僚)를 처음으로 만나 보는 예(禮)를 이른다. 이봉수(李鳳秀)는 1812년 세자익위사의 정9품직인 세마에 제수되어 효명세자(孝明世子)를 보필하였다.

137 서연(書筵) : 세자에게 경사(經史)를 강의하고 교육하는 자리를 이른다. 임금의 경연(經筵)과 구별하기 위해 서연이라 칭하는데, 이연(离筵) 또는 주연(胄筵)이라 칭하기도 하였다.

138 진접(晉接) : 임금에게 나아가 뵘을 이른다. 《주역》 〈진괘(晉卦)〉의 "진은 나라를 편안히 하는 제후에게 말을 많이 하사하고 낮에 세 번 접견하도다.〔晉, 康侯用錫馬蕃庶, 晝日三接.〕"라는 구절에서 연유하였다.

좌우에 있는 신하들이 올바른 뒤에야 성인이 되는 방도를 바랄 수 있으니, 오동나무 잎을 베는 장난[139]이 있으면 일을 따라 타일러 간(諫)하고, 몸을 잡아 지키고 기르는 방법을 어기면 때에 따라 간해서 그치게 해야 하니, 이것은 이미 노형의 직분 안의 일입니다.

노형께서 평생 독서한 공효는 오늘날 거두어 쓰기에 딱 좋으니, 이것이 바로 도를 행할 수 있는 자리입니다. 제가 기대하고 우러러 바라는 것이 어찌 다만 한 궁료(宮僚)로서의 일뿐이겠습니까. 모름지기 이 직책을 오랫동안 맡아야 세자를 도와 덕을 성취시키기를 기대할 수 있는데, 반드시 핍박하는 일이 닥칠 것이니, 이 때문에 우러러 염려됩니다.

미호(渼湖)께서 일찍이 찬선(贊善)을 사양하면서 말씀하시기를, "찬선이 도리어 실용이 있는 보덕(輔德)만 못하다"라고 하셨으니,[140] 이 말씀이 참으로 옳습니다. 저와 같은 자는 병석에 누워 근근이 이어

139 오동나무……장난 : 주(周)나라 성왕(成王)이 어린 나이로 등극하여, 아우 숙우(叔虞)와 놀면서 오동나무 잎을 오려 규(圭)의 모양을 만들고서 장난으로 제후에 봉해 주었는데, 사일(史佚)이 이 말을 듣고는 천자는 농담을 하지 않는 법이라고 상주하여 숙우를 당(唐)나라에 봉하도록 한 고사를 가리킨다. 《史記 晉世家》

140 미호(渼湖)께서……하셨으니 : 미호는 김원행(金元行, 1702～1772)의 호이다. 자는 백춘(伯春), 본관은 안동(安東)으로 당숙인 김숭겸(金崇謙)에게 입양되어 종조부 농암(農巖) 김창협(金昌協)의 손자가 되었으며, 도암(陶庵) 이재(李縡)의 문인이다. 1719년(숙종45) 진사가 되었으나, 신임사화로 집안이 화를 입자 벼슬할 뜻을 버리고 학문에 전념하였다. 학문이 높아 조정에서 계속 불러 공조 참의, 찬선 등의 벼슬에 제수하였으나 모두 사양하였다. 찬선은 세자시강원(世子侍講院)을 책임지는 정3품 당상관으로, 재야의 유현(儒賢)들을 많이 등용하였다. 보덕(輔德)은 세자시강원에서 경사(經史)와 도의를 가르치던 벼슬인데, 처음에는 종3품이었으나 영조 때에 정3품 당상관으로 승격하였다.

가는 목숨으로 죽음을 구원하기에도 부족하니, 당대에 대한 희망을 끊은 지가 오래되었습니다.

다만 노두(老杜)의 '사방 이웃들이 쟁기를 잡고 나온다.〔四隣耒耟出〕'는 시 구절[141]을 외울 뿐이었는데, 지금 저더러 '훌륭한 보배를 품고만 있다.'[142]고 하시니, 이 무슨 말씀입니까? 어찌 출처의 존엄함을 생각하지 않고 함부로 베풀겠습니까. 스스로 돌아보건대 저는 일찍이 저 거름흙만도 못한 인물이니, 어찌 베풀고 베풀지 않는 것을 말할 만한 것이 있어서 이렇게 말씀하십니까?

141 노두(老杜)의……구절 : 노두는 당나라의 시성(詩聖)인 두보(杜甫)를 칭하는바, 만당(晩唐)의 시인 두목(杜牧)과 구별하기 위한 것으로, 두목은 소두(少杜)라 칭한다. 위의 내용은 〈대우(大雨)〉 시의 "사방 이웃들이 쟁기를 잡고 나오니, 구태여 우리 집까지 잡을 필요 있겠는가.〔四隣耒耟出, 何必吾家操?〕"라는 구절을 이르는바, 여기서는 이미 다른 이들이 훌륭하게 세자를 보필하고 있으니 자신까지 나설 것은 없다는 의미로 사용하였다.

142 훌륭한……있다 : 원문의 '회보(懷寶)'는 나라를 구할 만한 훌륭한 재주를 가지고 있으면서 벼슬하지 않음을 비유하는 말로, 노(魯)나라의 대부 양화(陽貨)가 공자에게 "훌륭한 보배를 품고서 나라를 혼미하게 하는 것을 인(仁)이라고 할 수 있겠는가?〔懷其寶而迷其邦, 可謂仁乎?〕"라고 한 말의 앞 절을 원용한 것이다. 《論語 陽貨》

이자강에게 줌 갑술년[143] 윤월 16일

與李子岡 甲戌閏月十六日

일전에 올린 답장은, 출발에 앞서 시간이 없는 까닭에 제 마음을 다 말씀드리지 못하여, 아직도 허전한 생각이 가슴속에 남아 있습니다. 봄철이 겨울처럼 추운데,[144] 벼슬하는 몸이 도(道)를 체행하심에 있어 만 번 마땅하시리라 여겨집니다. 우러러 축원하고 우러러 축원합니다.

아우는 병든 몸을 이끌고 억지로 말을 채찍질하여 길에 올라서 어제 저녁에야 비로소 도성(都城)에 들어왔습니다. 영해(嶺海)에 숨어서 사는 사람[145]으로 하여금 자유롭게 지내지 못하게 하니, 이것이 무슨 일입니까?

도중에 영서장(潁西丈)의 편지를 받았는데, 말씀하기를 '자신의 거취를 결단함은 마땅히 전후가 달라서는 안 된다.'라고 하셨고, 심지어는 '포의(布衣)의 선비는 밤낮으로 봉직하는 현자와 다르고, 자신의

143 갑술년 : 1814년(순조14)으로, 매산의 나이 39세 되던 해이다. 본집의 〈연보〉에 의하면, 이해에 매산은 2월에 세자익위사 세마에 제수되자, 윤2월에 서울에 올라와 사은숙배하고 8일 동안 입직(入直)하여 당시 동궁이었던 효명세자(孝明世子)의 서연에 다섯 차례 오르고는 상소하여 체직되었다.

144 봄철이 겨울처럼 추운데 : 원문은 '춘행동령(春行冬令)'으로 봄에 동령을 행할 만큼 춥다는 뜻이다. 동령은 겨울에 행하도록 내려지는 정령(政令)으로, 《예기》〈월령(月令)〉에 자세히 보인다.

145 영해(嶺海)에……사람 : 영해는 원래 도성에서 멀리 떨어진 변방의 의미인데, 여기서는 경주(慶州)를 가리킨 것이다. 본집의 〈연보〉에 의하면, 매산은 이해에 경주부윤(慶州府尹)인 아버지의 임소에 머물렀다. 원래 매산이 1810년(순조10)에 돈녕부 참봉에 제수되었으나 나아가지 않았으므로 이렇게 말한 것으로 보인다.

지조를 지키는 의리가 군주의 명령에 달려가는 공손함보다 크다. 그러나 신민(臣民)이 군주를 사랑하고 받드는 정성으로 말하면, 출사와 은둔의 사이에 관계되지 않는다.'라고 하셨으니, 이 말씀은 참으로 천한 이 몸의 마음을 잘 나타내 주신 것입니다.

노형께서는 출사를 권면하고 영서장께서는 출사하지 말 것을 권면하시니, 이는 똑같이 저를 사랑한 것인데, 노형은 고식(姑息)에 가깝고 영서장은 참으로 덕으로써 사랑한 것입니다. 가만히 생각해보건대, 노형이 나를 아끼는 것이 영서장에게 미치지 못하는 듯합니다.

덕으로써 나를 아껴주시는 영서장의 사랑을 서둘러 따르고 싶으나, 이번에 제가 서울에 올라온 것은, 집을 떠나오는 날에 부친의 명령에 쫓겨서 한 번 이광(离光)[146]을 뵙겠다고 말씀드렸으니, 지금에 와서 생각을 바꿀 수가 없습니다.

형편상 장차 며칠 동안 조식(調息)을 하면 나아가서 사은숙배할 수 있을 것이나, 40년 동안 병으로 버려졌던 사람이 하루아침에 몸을 드러내는 것은 참으로 스스로를 잘못되게 하는 것이니, 얼굴을 들고 다니기 부끄러워서 스스로 용납하기 어려울 듯합니다. 그러나 또한 어찌할 방법이 없습니다.

빨리 형의 집에 찾아가 뵙고서 가르침을 청하고 싶으나, 천 리 먼 길을 말을 몰고 와서 피곤하여 한 걸음도 움직이기 어려우니, 저의 처소에 왕림하시어 가르침을 내려주실 수 있겠습니까? 천만번 먼 곳을 바라보며 우두커니 기다립니다.

146 이광(离光) : 이명(离明)과 같은 말로 원래 밝은 해를 가리키나, 여기서는 효명세자(孝明世子)를 가리킨 것이다. 매산은 이때, 세자익위사 세마에 제수되었다.

이자강에게 줌 갑술년 4월 그믐날

與李子岡 甲戌四月晦日

형은 처사(處士) 한계증(韓啓增)의 일을 매우 자세히 알고 계십니까? 한공은 천옹(泉翁)[147] 문하의 고제(高弟)로 파평산(坡平山)에 은둔하여 종신토록 출사하지 않았으니, 실로 한 세상의 명망을 받은 분입니다.

기억하건대 저 기해년(1779년)에 홍낙순(洪樂純)의 천거로 성담(性潭) 송공(宋公)과 함께 유선(儒選)에 올랐는데,[148] 그 뒤에 홍낙순이 실각하자, 대간(臺諫)에서는 상소하여 홍낙선이 초선(抄選)한 두 분의 이력이 부족하다 하여 파직할 것을 청했습니다.[149]

근재옹(近齋翁)께서 일찍이 이 일을 탄식하며 말씀하기를,

147 천옹(泉翁) : 도암(陶菴) 이재(李縡, 1680~1746)로, 또 다른 호가 한천(寒泉)이기 때문에 이렇게 칭한 것이다.

148 저……올랐는데 : 이 내용은 《정조실록》 기해년 10월 3일 기사에 보인다. 홍낙순(洪樂純, 1723~?)은 자가 백효(伯孝), 호가 대릉(大陵), 본관이 풍산(豊山), 시호가 문헌(文憲)이다. 권신 홍국영(洪國榮)의 백부로 1757년(영조33) 정시 문과에 급제하고 벼슬이 좌의정에 이르렀으나 홍국영의 실각과 함께 파직되었다. 성담(性潭) 송공(宋公)은 송환기(宋煥箕, 1728~1807)로 성담은 호이고 자가 자동(子東), 본관이 은진(恩津), 시호가 문경(文敬)이다. 송시열(宋時烈)의 5대손으로, 1766년 진사시에 합격하고 음보(蔭補)로 출사하여 벼슬이 우찬성에 이르렀다. 학덕을 겸비하여 문하에 많은 제자를 두었으며, 호락논쟁(湖洛論爭)에 있어서는 호파로 인물성이론(人物性異論)을 지지하였다. 유선(儒選)은 유학자로 천거되어 관직에 선용됨을 이른다.

149 대간(臺諫)에서는……청했습니다 : 이 내용은 《정조실록》 기해년 12월 18일 기사에 보인다.

"부열(傅說)이 판축(版築)의 일을 하다가 등용되어 마침내 정승이 되었으니,[150] 유자(儒者)에게 어찌 이력을 따진단 말인가."

라고 하셨으니, 저는 일찍이 이 말씀에 탄복하였습니다.

한공(韓公 한계증)이 도에 나아간 실제는 제가 진실로 자세히 알 수 없으니, 유고(遺稿) 중에 영원히 후세에 남길 만한 것이 있습니까? 형은 이미 살펴보셨습니까?

제가 완산(完山)에 있을 적에 일찍이 형의 종씨(從氏 사촌형제)께서 형을 위해서 《주서차보(朱書箚補)》를 등사하는 것을 보고는, 질문하여 이것이 한공이 저술한 것임을 알았는데, 알지 못하겠습니다, 과연 책을 완성하였습니까? 참으로 원차(原箚)의 빠지고 소략한 부분을 보충할 만합니까?

150 부열(傅說)이……되었으니 : 부열은 은(殷)나라 고종(高宗) 때의 재상이다. 처음 부암(傅巖)에 숨어 살면서 판축(版築)의 일을 하고 있었는데, 고종이 꿈에서 보고 초상을 그려 찾아 재상으로 발탁하고 스승으로 섬겼다.《書經 說命》

이자강에게 답함 을해년[151] 국월(9월) 2일

答李子岡 乙亥菊月二日

제가 삼가 생각하건대, 정자(程子)의 뜻[152]은, 선왕이 예(禮)를 제정할 적에 출계(出繼)한 자로 하여금 본생가(本生家)의 상에 강복(降服)하게 하여 이로써 가문의 종통을 바로잡았고, 본생가의 세숙부모(世叔父母)[153]를 위해서는 또한 대공복(大功服)으로 낮춰 입지만, 본생 부모를 위해서는 정통의 친소를 따지지 않고 모두 자최기년복(齊衰期年服)을

151 을해년 : 1815년(순조15)으로, 매산의 나이 40세 되던 해이다.

152 정자(程子)의 뜻 : 상대방인 이봉수가 쓴 편지의 내용을 확인할 수가 없어 정자의 뜻이 무슨 내용인지 분명하지 않으나, 문맥으로 짐작하건대 본생부모의 상복에 대한 정자의 말씀에 대해, 이봉수가 송나라 영종(英宗, 재위 1063~1067) 때의 복의(濮議)를 들어 자신의 주장에 대한 한 근거로 말하니, 매산이 이에 대해 반박한 듯하다. 복의는 영종의 친부인 복안의왕(濮安懿王)의 추숭(追崇) 문제를 둘러싸고 일어난 조정의 논쟁을 말한다. 영종은 인종(仁宗)의 종형인 복안의왕 윤양(允讓)의 아들로, 인종의 양자가 되어 즉위하였는데, 즉위 다음 해에 조칙을 내려 생부인 복안의왕의 추숭 문제를 의논하게 하니, 구양수(歐陽脩)와 한기(韓琦) 등이, "예로부터 생부를 백(伯)이라고 칭한 경우가 없으니, 황고(皇考)라고 칭해야 한다."라고 하자, 범순인(范純仁), 여회(呂誨) 등이 "황제는 사친(私親)을 돌아볼 수가 없으니, 황백(皇伯)이라고 칭해야 한다."라고 반대하여 일대 논쟁이 일어났다. 이때 이천(伊川) 정이(程頤)는 〈대팽사영 상영종황제논복왕전례소(代彭思永上英宗皇帝論濮王典禮疏)〉에서 인종을 황고라 부르고 복안의왕을 황백이라 불러야 한다고 주장하였다. 이 논쟁은 영종이 황고를 주장한 구양수 등의 주장을 받아들이고 반대하는 자들을 파직하거나 좌천시킴으로써 일단락되었다. 《宋史 卷13 英宗本紀》

153 세숙부모(世叔父母) : 세부모와 숙부모의 병칭이다. 세부모는 백부모를 달리 이르는 말로, 세(世)는 대를 잇는다는 뜻이다.

입어서 구별하였으니, 이는 본생 부모가 지극히 중하여 세숙부모와는 같지 않음을 밝힌 것입니다.

비록 복왕(濮王)을 백부라고 칭하더라도, 그 은혜와 정의의 분별은 존자 일체(尊者一體)와 구별되니,[154] 이것을 일러 지극히 중하다고 하고 똑같지 않다고 하는 것일 것입니다. 정자의 본 뜻은《의례》〈상복(喪服)〉에 쓰인 글의 의미가 이와 같음을 말씀했을 뿐이요, 복왕을 위한 복을 이렇게 하라고 하신 것인지는 알 수 없습니다.

천자와 제후는 방친(傍親)의 기년복은 입지 않고[155] 기년상은 대부에게까지만 이르니,[156] 이것이 예의 큰 줄거리입니다. 가령 영종(英宗)이 복왕을 위해서 복을 입는다 하더라도 예에 기준하여 삼년복을 입지 말고 반드시 심상(心喪) 삼년을 해야 하니, 그렇게 해야 진실로 예의 뜻에 부합할 것입니다.

만약 "본생 부모는 방친의 기년복과는 다르니, 높임의 같고 같지 않음을 베풀 수 없다."라고 한다면, 이 일은 정(情)이 지나친 것이 아니라 바로 의리로 일으키는 것[157]입니다. 정이 지나친 것은 예의 바름을

154 복왕(濮王)을……구별되니 : 영종의 생부인 복왕을 황백(皇伯)이라고 칭하더라도 백부와 숙부와는 엄연히 구별된다는 뜻이다. 원문의 '존자 일체(尊者一體)'는 세부와 숙부는 아버지와 일체라는 뜻으로, 존자는 아버지를 가리킨다. 이 내용은《의례주소》〈상복〉에 "전에 이르기를 '세부와 숙부는 왜 기년복을 입는가? 존자와 일체이기 때문이다.〔傳曰: 世父叔父, 何以期也. 與尊者一體也.〕"라고 보인다.

155 천자와……않고 : 이 내용은《의례(儀禮)》의〈천자제후정통방기복(天子諸侯正統旁期服)〉에 보인다.

156 기년상(期年喪)은……이르니 : 이 내용은《중용장구》제18장에 "기년상은 대부에까지 이르고 삼년상은 천자에까지 이르니, 부모의 삼년상은 신분의 귀천에 관계없이 똑같다.〔期之喪達乎大夫, 三年之喪達乎天子, 父母之喪無貴賤一也.〕"라고 보인다.

잃고, 의리로 일으키는 것은 성인이 아니면 불가능합니다.

또 예라는 것은 혐의를 분별하고 은미한 것을 밝혀서 인륜의 조리를 세우는 것[158]이니, 마땅히 끊어야 하는데 끊지 않고 마땅히 복을 낮추어야 하는데 낮추지 않는다면, 절문(節文)하는 뜻이 어디에 있겠습니까. '예가 의심스러우면 후한 쪽을 따른다.'[159]는 것은 허물을 적게 하는 방도이니, 이는 의심할 만한 것이 아닙니다. 그러나 후함을 따름이 지나쳐서 차등하여 줄이는 바가 없게 된다면, 어찌 비루함에 이르지 않겠습니까. 이것은 마땅히 조심하고 조심해야 할 것입니다.

이천(伊川)이 복왕의 아들에게 복왕이라는 작위를 세습하게 하고 제사를 받들게 할 것을 청하니, 그 뒤에 한결같이 이 말씀을 따랐습니다. 또 주자가 이르기를 "복왕의 나라로 제사를 주관하게 한 것은 천리(天理)에 자연스러워서 사람의 안배를 따르지 않았다는 것을 볼 수

157 의리로 일으키는 것 : 원문의 '의기(義起)'는 기존의 예제(禮制)에 없더라도 의리에 맞추어서 새로운 예를 만드는 것을 말한다. 《예기》 〈예운(禮運)〉에 "예라는 것은 의(義)의 실제이니, 의리에 맞추어 보아 맞으면 이 예가 비록 선왕이 예를 만들던 때에 있지 않더라도 의로써 일으킬 수 있는 것이다.〔禮也者, 義之實也, 協諸義而協, 則禮雖先王未之有, 可以義起.〕"라고 보인다.

158 예라는……것 : 원문의 '별혐명미(別嫌明微)'는 《예기》 〈예운〉에 "예라는 것은 임금이 통치할 때의 중요한 수단이 되니, 혐의를 분별하고 은미한 일을 밝히는 것이다.〔禮者君之大柄也, 所以別嫌明微.〕"라고 보인다. '경기인륜(經紀人倫)'은 인륜의 조리(條理)를 세우는 것으로 《사기》 권130 〈태사공자서(太史公自序)〉 에 "예는 인륜의 조리를 세우는 것이다. 그러므로 행함에 장점이 있다.〔禮經紀人倫, 故長於行.〕"라고 보인다.

159 예가……따른다 : 이 내용은 《주자어류》 권89 〈예(禮) 관혼상(冠昏喪)〉에 보인다.

있다."라고 지극히 칭찬하셨는데, 형께서는 "이천이 복왕의 예를 의논함에 이르러는 이치에 십분 합당하지 않다."[160]라고 하셨으니, '합당하지 않다.'는 것은 바로 무슨 일을 가리킨 것입니까? 가르쳐주시기 바랍니다.

160 주자께서는……않다 : 《주자어류》에 "이천이 팽중승을 대신하여 올린 주의는 또한 십분 합당하지 못한 듯하였으나, 그 뒤에 달리 수습함이 없고 다만 복왕의 나라로 하여금 그 제사를 주관하게 하였으니, 천리에 자연스러워서 사람의 안배를 따르지 않음을 볼 수 있다.〔伊川代彭中丞奏議, 似亦未爲允當, 其後無收殺, 只以濮國主其祀, 可見天理自然, 不由人安排.〕"라고 보인다.

이자강에게 줌 병자년[161] 8월 24일

與李子岡 丙子八月卄四日

지난번 편지에 "문왕(文王)이 주왕(紂王)을 섬겼다."라고 말씀한 것은, 그 분석이 명쾌하니 어찌 다른 말을 용납할 수 있겠습니까. "문왕으로 하여금 은(殷)나라로 귀의하게 해도 귀의하지 않고 주(周)나라를 떠나가게 해도 떠나가지 않고서, 그 땅을 소유하고 그 백성을 소유하여 이로써 주왕을 섬겼으니, 지극한 덕에 어찌 해로움이 되겠는가."라고 하신 말씀에 이르러서는, 그 당시의 면모를 잘 그려내어 문왕의 심사(心事)를 다 말씀하였으니, 여러 번 반복하여 읽음에 여운이 있었습니다.

'태왕(太王)이 상(商)나라를 정벌하였다.'라고 한 것[162]은 바로 시인(詩人)이 왕업(王業)의 자취가 처음 터전을 잡은 것을 찬미한 것이나, 다만 태왕의 잘못을 드러냈을 뿐입니다. 상나라의 도가 비록 쇠하였으나, 은왕(殷王) 수(受)[163]가 아직 즉위하지 않았고 천명이 아직 바뀌지

161 병자년 : 1816년(순조16)으로, 매산의 나이 41세 되던 해이다.

162 태왕(太王)이 상(商)나라를 정벌하였다 : 이 내용은 《시경》 〈노송(魯頌) 비궁(閟宮)〉의 "후직의 손자가 실로 태왕이시니, 기산(岐山)의 남쪽에 거하여 진실로 상나라를 정벌하는 일이 시작되었다.〔后稷之孫, 實維大王, 居岐之陽, 實始翦商.〕"라는 구절을 말한 것이다.

163 은왕(殷王) 수(受) : 주왕(紂王)으로 수는 주왕의 이름이다. 《서경》 〈태서 상(泰誓上)〉에 "수(受)는 신하 억만 명이 있으나 마음이 억만으로 다르거니와, 나는 신하 3천 명이 있는데 한마음이다.〔受有臣億萬, 惟億萬心, 予有臣三千, 惟一心.〕"라고

않았으니, 태왕이 어떻게 상나라를 정벌할 수 있었겠습니까.

태왕이 만일 이러한 뜻을 갖고 있었다면 자손에게 법이 될 수가 없으니, 이 때문에 태백(太白)이 자기 아버지의 명령을 따르지 않고 세상에 은둔한 것입니다.[164]

문왕이 태백의 입장에 처했더라도 또한 따르지 않았을 것이니, 천하를 셋으로 나눔에 그 둘을 소유하고서도 복종하여 부지런히 은나라를 섬긴 것을 통해 반드시 그러했을 것임을 아는 것입니다.

또 태백과 문왕은 그 법도가 똑같으니, 이 때문에 똑같이 지덕(至德)이라는 찬미를 받은 것입니다.[165] 그렇다면 주자가 어찌하여 "태백이

보인다.

164 태백(太伯)이……것입니다 : 태백은 주나라 태왕의 장남으로 '泰伯'으로도 표기한다. 이 내용은 《논어집주》 〈태백(泰伯)〉 편에 "태왕의 때에 상(商)나라의 도가 점차 쇠약해지고 주(周)나라는 날로 강대해졌으며, 또 계력(季歷)이 아들 창(昌)을 낳았는데, 성덕(聖德)이 있었다. 태왕은 이로 인하여 상나라를 칠 생각이 있었는데 태백이 따르지 않으니, 태왕은 마침내 왕위를 계력에게 전하여 창에게 미치고자 하였다. 태백은 이것을 알고 곧 중옹과 함께 형만으로 도망하였다.〔大王之時, 商道浸衰, 而周日强大, 季歷又生子昌, 有聖德. 大王因有翦商之志, 而泰伯不從, 大王遂欲傳位季歷, 以及昌, 泰伯知之, 卽與仲雍, 逃之荊蠻.〕"라고 한 주자의 주를 근거하여 말한 것이다. 계력은 뒤에 왕계(王季)로 추존되었고 창(昌)은 바로 문왕의 이름인바, 문왕은 천하의 3분의 2를 소유하고도 은나라의 주왕을 섬기다가 아들 무왕(武王)에 이르러 은나라를 정벌해서 천하를 통일하였다.

165 지덕(至德)이라는……것입니다 : 지덕은 지극한 덕이라는 뜻으로 공자가 태백과 문왕을 두고 찬미한 말씀이다. 태백에 관한 찬미는 《논어》 〈태백〉편에 "태백은 지극한 덕이라고 이를 만하다. 세 번 천하를 사양하였으나 백성들이 그 덕을 칭송할 수 없게 하였구나.〔泰伯, 其可謂至德也已矣! 三以天下讓, 民無得而稱焉.〕"라고 보이고, 문왕에 관한 찬미는 같은 〈태백〉 편에 "문왕은, 천하를 셋으로 나눔에 그 둘을 소유하시고도 복종하여 은나라를 섬기셨으니, 주나라 문왕의 덕은 지극한 덕이라고 이를 만하다.〔三

처한 바가 문왕보다 더욱 높다."라고 말씀하셨습니까? 그리고 또 어찌 하여 "태백이 홀로 자기 마음을 온전히 해서 겉마음과 속마음에 모두 유감이 없다."[166]라고 말씀하셨습니까?

태백은 무왕에 견주면 진실로 높으니, 또한 겉마음과 속마음에 모두 유감이 없다고 말할 수 있지만, 태백을 문왕에 비교한다면 문왕이 더욱 어려운 처지에 있었습니다.

태백은 은나라의 국운이 아직 끝나기 전에 있어서 미연(未然 앞일이 아직 정해지지 않은 때)에 처하였고, 문왕은 주왕(紂王)의 악행이 이미 가득 쌓인 뒤에 있어서 이연(已然 앞일이 이미 정해진 때)에 처하였으니, 미연인 경우에는 힘쓰기가 어렵고, 이연인 경우에는 공을 세우기가 쉽습니다. 그런데도 문왕은 군신 간의 윤리를 다하여 본심의 덕을 온전히 해서 겉마음과 속마음을 고찰해 보면 천리(天理)에 순수하니, 이 때문에 더욱 어려운 처지가 되는 것입니다. 그런데도 주자가 오직 태백에게만 '홀로 그 마음을 온전히 했다.'고 허여한 것은 어째서입니까?

지덕이라는 찬미는 태백과 문왕이 똑같지만, 유독 태백에게 '백성들이 그 덕을 칭송할 수 없게 하였다'라고 한 것은, 사양한 것이 은미해서 자취를 볼 수가 없었기 때문이니, 이것이 바로 문왕보다 높은 이유일 것입니다. 이른바 '문왕보다 높다'는 것은 그 마음을 가지고 논한 것이니, 만약 그 행한 일을 가지고 논한다면 문왕이 어찌 태백보다 아래이겠습니까.

分天下, 有其二, 以服事殷, 周之德, 其可謂至德也已矣.]"라고 보인다.

166 주자가……말씀하셨습니까 : 이 내용들은 모두 《회암집(晦菴集)》 권58 〈답양지인(答楊志仁)〉에 보인다.

이자강에게 줌 병자년 12월 12일
與李子岡 丙子臘月十二日

지난번에 질문하신 〈사물잠(四勿箴)〉[167]의 의문점에 대해, 《논어》의 소주(小註)를 미처 검색해보지 못하고 이렇게 말씀드렸었는데 즉시 분석하여 알려주시니, 마치 가슴이 탁 트이는 듯합니다.

눈을 뜨면 곧 잘못되기 때문에 시(視)에서 마음을 말하였고, 외면이 와서 유혹하기 때문에 청(聽)에서 성(性)을 말했으니,[168] 이것은 세세

167 사물잠 : 이천(伊川) 정이(程頤)가 지은 시잠(視箴)·청잠(聽箴)·언잠(言箴)·동잠(動箴)을 이른다. 안연(顔淵)이 '극기복례(克己復禮)'의 조목을 묻자, 공자께서 "예가 아니면 보지 말며, 예가 아니면 듣지 말며, 예가 아니면 말하지 말며, 예가 아니면 움직이지 말라.〔非禮勿視, 非禮勿聽, 非禮勿言, 非禮勿動.〕"라고 사물(四勿)을 말씀했는데, 정이가 이 말씀은 성인을 배우는 데 마땅히 명심해야 할 것이라고 하여 스스로 경계하는 뜻으로 이〈사물잠〉을 지었는데, 주자가 특별히 이 전문(全文)을《논어집주(論語集註)》에 실었다.《論語 顔淵》

168 눈을……말했으니 : 이 내용은 영락대전본(永樂大典本)《논어집주(論語集註)》〈안연(顔淵)〉편 소주(小註)에 "물었다. '시잠에서 어이하여 특별히 심(心)을 말하였고 청잠에서 어이하여 특별히 성(性)을 말하였습니까?' 답하기를 '서로 바꾸어 말해도 된다. 그러나 속담에 「눈을 뜨면 곧 잘못된다.」 하였으니, 보는 것을 이 때문에 심(心)을 가지고 말한 것이요, 「사람이 병이(秉彝)의 양심(良心)이 있는 것은 천성에 근본한다.」 하였으니, 도리가 본래 저절로 여기에 있지만 외면의 언어가 섞임으로 인하여 유혹된다. 이 때문에 듣는 것을 성(性)에 나아가 말한 것이다.'라고 하였다.〔問: 視箴何以特說心? 聽箴何以特說性? 曰: 互換說也得. 然諺云: 開眼便錯. 視所以就心上說, 人有秉彝, 本乎天性. 道理本自好在這裏, 却因雜得外面言語來誘之, 聽所以就性上說.〕"라고 보이는바, 본래《주자어류(朱子語類)》권41〈논어23 안연편 상(顔淵篇上) 안연문인장(顔淵問仁章)〉에 실려 있는 내용이다.

히 나눈 것이나, 서로 바꾸어서 말하는 것이 올바른 뜻이 됩니다.

〈언잠(言箴)〉과 〈동잠(動箴)〉에서 심(心)과 성(性)을 나누어 말한 것은,[169] 이 또한 서로 바꾸어 말한 것입니다. 그런데 말은 마음의 소리이고 말은 마음에서 나오니, 이 때문에 마음을 말한 것이고, 동(動)은 시(視), 청(聽), 언(言) 세 가지를 다 겸하는데 근본은 성(性)이니, 이 때문에 성을 말한 것입니다.

천하의 이치가 모두 성(性)에서 말미암아 나오니, 사물(四勿)의 공부 또한 지례성성(知禮成性)[170]을 요할 뿐입니다. 그러므로 〈사물잠〉의 끝 구절에서 통합하여 "습관이 천성과 더불어 이루어지면 성현과 함께 돌아간다."라고 한 것입니다. 이것이 지극한 경지가 되는 것인데, 어떨지 모르겠습니다.

169 언잠(言箴)과……것은 : 이 내용은 〈언잠〉의 "인심의 동함은 말로 인하여 베풀어지니, 말을 낼 때에 조급함과 경망함을 금하여야 중심이 고요하고 전일해지는 것이다.〔人心之動, 因言以宣, 發禁躁妄, 內斯靜專.〕"라는 구절과 〈동잠〉의 "습관이 천성과 더불어 이루어지면 성현과 함께 돌아갈 것이다.〔習與性成, 聖賢同歸.〕"라는 구절을 말한 것이다.

170 지례성성(知禮成性) : 지혜와 예로써 천성(天性)을 이룬다는 뜻으로, 《장자전서(張子全書)》 권3 〈정몽(正蒙) 지당편(至當篇)〉에 보인다.

이자강에게 답함 무인년[171] 9월 12일

答李子岡 戊寅九月十二日

연옹(淵翁)[172]께서 이(理)에 대해 말씀한 것을 진선진미(盡善盡美)하다고 말한 것이 아니고, 바로 세유(世儒)의 견해보다 높음을 탄복한 것입니다. 높은 곳이 도리어 병통이 되었으나, 병통인들 또한 어찌 우리들이 조금이나마 미칠 수 있겠습니까.

이 어른은 설악산에 높이 누워 마음을 고명(高明)하게 가져서, 온 천하의 만물이 그 마음을 얽맬 수가 없었으니, 그 일을 상상할 때마다 마치 무더운 여름철에 얼음물을 마시는 것처럼 상쾌합니다. 이 어른이야말로 거의 맹자가 말씀하신 '대장부'[173]에 해당됩니다. 이 때문에 제

171 무인년 : 1818년(순조18)으로, 매산의 나이 43세 되던 해이다.

172 연옹(淵翁) : 김창흡(金昌翕, 1653~1722)으로 그의 호가 삼연(三淵)이므로 이렇게 칭한 것이다. 자는 자익(子益), 본관은 안동, 시호는 문강(文康)이다. 영의정 김수항(金壽恒)의 셋째 아들로, 벼슬에 나아가지 않고 산수를 즐기다가 기사환국 때 아버지가 사사(賜死)되자 지금의 포천시 일대인 영평(永平)에 은거하면서 학문에 전념하여 형 김창협(金昌協)과 함께 당대의 가장 뛰어난 성리학자로 꼽혔다. 형 김창집(金昌集)이 신임사화로 외딴 섬에 유배되었다가 사사되자, 그도 지병이 악화되어 별세하였다.

173 맹자가 말씀하신 대장부 : 《맹자》〈등문공 하(滕文公下)〉에 "천하의 넓은 집에 거하며 천하의 바른 자리에 서며 천하의 대도를 행하여, 뜻을 얻으면 백성과 함께 도를 행하고 뜻을 얻지 못하면 홀로 그 도를 행해서, 부귀가 마음을 방탕하게 하지 못하며 빈천이 절개를 옮겨놓지 못하며 위엄과 무력이 지조를 굽히지 못하는 것, 이것을 대장부라 이른다.〔居天下之廣居, 立天下之正位, 行天下之大道, 得志與民由之, 不得志獨行其道, 富貴不能淫, 貧賤不能移, 威武不能屈, 此之謂大丈夫.〕"라고 보이는데, 주자는 《집주》에서 "넓은 집은 인(仁)이고 바른 자리는 예(禮)이고 대도는 의(義)이다."라고 풀이

가 진심으로 높은 산처럼 우러러보아[174] 매번 천 리 밖의 영해(嶺海)로 유집(遺集)을 가지고 가서 광세(曠世)의 감회를 붙였고, 때때로 한 번 이 책을 펼쳐 연구하면 마치 설악산 백연(百淵)[175]의 차가운 시냇물 사이에서 옷을 걷어잡고 가르침을 받드는 듯[176]하였습니다.

소재(疎齋)[177]는 삼연(三淵)과 동시대 인물인데도 말씀하기를 "이와 같은 분은 백 년 이내에는 쉽게 볼 수 없다."라고 하였으니, 하물며 후생인 우리들에게 있어서이겠습니까.

농암(農巖)의 사칠설(四七說)[178]은 젊었을 때에 대략 한번 보았는데

하였다.

174 높은 산처럼 우러러보아 : 원문의 '앙지(仰止)'는 '고산앙지(高山仰止)'를 줄여 쓴 것으로, 《시경》〈소아(小雅) 거할(車舝)〉에 "높은 산봉우리 우러러보며, 큰길을 향해 나아가노라.〔高山仰止, 景行行止.〕"라고 한 말을 원용한 것이다.

175 백연(百淵) : 설악산의 백담계곡(百潭溪谷)에 있었던 백연정사(百淵精舍)로 삼연이 은거했던 곳인바, 백연은 백담(百潭)과 같다.

176 옷을……듯 : 원문의 '구의(摳衣)'는 옷자락을 걷어잡는다는 뜻으로, 스승 앞에 나아가 강론을 듣는 것을 말한다. 《예기》〈곡례 상(曲禮上)〉의 "스승에게 나아갈 적에는 옷자락을 걷어잡고 구석을 향해 종종걸음으로 가서 앉고, 반드시 응대를 삼가야 한다.〔摳衣趨隅, 必愼唯諾.〕"라는 구절에서 유래하였다.

177 소재(疎齋) : 이이명(李頤命, 1658~1722)의 호로 자는 지인(智仁), 본관은 전주(全州), 시호는 충문(忠文)이다. 1680년(숙종6) 별시 문과에 급제하고 벼슬이 좌의정에 이르렀다. 경종(景宗) 때 정권을 장악하여 후일의 영조인 왕세제(王世弟)의 대리청정을 추진하다가 소론의 반대로 일이 좌절되자 탄핵을 받아 유배되었다. 신임사화(辛壬士禍) 때 사사된 노론 사대신(老論四大臣) 중의 한 명이다.

178 농암(農巖)의 사칠설(四七說) : 농암은 삼연의 형인 김창협(金昌協, 1651~1708)의 호이다. 자는 중화(仲和), 시호는 문간(文簡)으로 1682년(숙종8) 증광 문과에 장원으로 급제하여 대사간 등의 벼슬을 역임하였다. 청풍 부사로 있을 적에 기사환국으로 부친 김수항(金壽恒)이 진도(珍島)에서 사사되자, 벼슬을 사퇴하고 영평(永平)에

지금 또다시 자세히 살펴보니, 의논을 세운 진정(眞正)함과 글을 쓴 치밀함이 물을 담아도 새지 않을 정도로 이론이 엄밀하여 석담(石潭 율곡)의 미진한 부분을 다 발휘했다고 할 수 있습니다.

단지 미진한 부분을 다 발휘했을 뿐만 아니라, 마치 석담이 채 보지 못한 것을 보고 말씀하지 못한 것을 말씀한 듯하니, 율옹(栗翁 율곡)의 말씀을 계승하여 답습하지 않은 것을 병통으로 여기는 자들은 안목이 짧고 품은 뜻이 협소하다고 이를 만합니다. 이 글이 본집에서 삭제된 것이 애석합니다.

이 글은 문장이 고아하고 기운이 온화하여 버릴 만한 것이 없어서 가려 뽑을 필요가 없으니, 그렇다면 삼연옹이 중씨(仲氏)인 농암에게 미치지 못합니다. 그러나 영준한 마음과 준걸스러운 기운, 고상한 기풍과 높은 절개가 천고를 크게 경동(驚動)시키는 것으로 말하면, 삼연옹

은거하였다. 문장과 시가 모두 뛰어났으며 특히 당대에 성리학의 대가로 꼽혔다. 사칠설은 농암이 지은 〈사단칠정변(四端七情辨)〉을 이른다. 사단은 측은지심(惻隱之心)·수오지심(羞惡之心)·사양지심(辭讓之心)·시비지심(是非之心)의 네 가지 마음을 이르고 칠정은 희(喜)·노(怒)·애(哀)·구(懼)·애(愛)·오(惡)·욕(欲)의 일곱 가지 감정을 이르는데, 사단과 칠정의 발현에 대해 퇴계(退溪)는 '사단은 이(理)가 발하는데 기(氣)가 여기에 따르는 것이고 칠정은 기가 발하는데 이가 여기에 타는 것이다.〔四端理發而氣隨之, 七情氣發而理乘之.〕'라는 이기호발설(理氣互發說)을 주장하였고, 율곡(栗谷)은 '칠정은 사단을 내포한 것이며 사단도 기(氣)가 발하면 이(理)가 타는 것이다.〔氣發而理乘之〕'라는 기발이승일도설(氣發理乘一途說)을 주장하여 퇴계의 이발설(理發說)을 부정하였다. 농암은 퇴계의 학설을 부분적으로 수용하고 율곡의 견해를 비판적으로 보완하고자 하였다. 율곡의 기발이승일도설과 이(理)의 무위성론(無爲性論)을 따랐으나 동시에 이의 지위를 강화하고자 했던 퇴계의 입장을 따라 이의 주재성(主宰性)을 강조하여 사단과 같은 도덕적 마음을 기의 실제 영향력이 배제된 상태에서 찾으려고 하였다.

의 장점입니다.

망령된 의논이 여기에 이르렀으니, 자기 아버지와 할아버지의 연갑(年甲)을 계산함[179]에 가깝지 않겠습니까. 일찍이 생각하건대 두 현자는 모두 세상에 드문 정기를 타고난 인물이어서 동시대 인물 중에 으뜸이라고 여기니, 고견은 어떠신지 모르겠습니다.

179 자기……계산함 : 주자가 매우 심한 어리석음을 비유한 표현으로, 《회암집(晦庵集)》 권58 〈답장경지(答張敬之)〉에 "성현의 우열을 논하는 것은, 이 또한 어리석은 사람이 자신의 아버지와 할아버지의 나이가 높고 낮음을 비교하는 말과 같다.〔論聖賢優劣, 此亦是癡人比較父祖年甲高下之說.〕"라고 보인다.

이자강에게 줌 무인년 9월 26일

與李子岡 戊寅九月二十六日

지난번 하교하신 것 중에, 농암과 삼연 두 선생을 말씀해주신 부분은 덕을 알아보는 의논으로 극진하게 형용하였으니, 어찌 한 마디의 말씀인들 그 사이에 덧붙일 수가 있겠습니까. 두 현자가 이른 경지는 얕은 마음과 거친 식견으로 감히 의논할 수 있는 것이 아니나, 옥색 금성(玉色金聲)[180]과 추권 대척(麤拳大踢)[181]이란 말을 가지고 살펴보면, 본래 정(精)하고 거친 것과 엉성하고 치밀한 구분이 있으니, 그렇다면 도를 구하는 선비는 마땅히 따라야 할 바에 혼미하지 않아야 하는 것입니다.

이 아우가 삼연옹에 대해 특별히 광세(曠世)의 감회를 갖는 것은 또한 때가 그러하기 때문입니다. 세상의 속된 선비들은 성현의 울타리를 엿보지 못하고서 곧바로 문호를 세워 명성만 좇고 실제를 잊으며 악착스럽고 구구하게 얽매여서 고개를 들어도 눈을 뜨고 바라볼 만한 곳이 없습니다.

180 옥색 금성(玉色金聲) : 옥빛과 쇳소리란 뜻으로 행위가 온화하고 인자하며 인품이 고결하고 지조가 굳음을 비유하는 말인데, 주자가 정명도(程明道)의 화상찬(畫像讚)에 쓴 내용이다.

181 추권 대척(麤拳大踢) : 이단을 배척하고 유학을 진흥시기 위한 노력을 비유한 말로, 주자가 진량(陳亮)에게 준 편지에 "공자가 어찌 지극히 공정하고 지극히 정성스럽지 않았으며, 맹자가 어찌 거친 주먹을 휘두르고 크게 발길질하지 않았겠는가.〔孔子豈不是至公至誠? 孟子豈不是麤拳大踢?〕"라고 한 데서 온 말이다. 《晦庵集 卷28 答陳同夫書》

그런데 이 삼연옹은 이러한 폐습을 통렬하게 다스리고 추로(鄒魯)[182]의 나쁜 태도를 한 번 씻어내어 마음을 밝고 드넓은 근원에 두어서, 비록 평소에 무심하게 읊조린 문자〔尋常咳唾〕[183]라도 진부한 기미가 없으니, 참으로 한 시대의 호걸이요 천고의 뛰어난 선비입니다. 이 어른의 풍모를 들으면, 완악한 자가 청렴해지고 나약한 자가 뜻을 세우게 되니〔廉頑立懦〕,[184] 이에 어리석은 제가 곧바로 옷깃을 걷어잡고 가르침을 받고자 하나, 할 수가 없습니다.

다만 이 노인이 폐습을 바로잡는 과정에는, 아마도 굽은 것을 바로잡으려다가 지나쳐 너무 곧게 하는 폐단이 있는 듯합니다. 장수(莊叟)를 높여 소자(邵子)의 반열에 놓은 것[185]은 인물을 감별하여 평가함에

182 추로(鄒魯) : 공자의 모국인 노나라와 맹자의 모국인 추나라를 병칭한 것으로 원래 예교(禮敎)가 유행하는 좋은 지방을 말하나, 여기서는 유교(儒敎)라는 의미로 쓰였다.

183 평소에……문자 : 원문의 '심상(尋常)'은 평상시라는 의미이며, '해타(咳唾)'는 기침과 침이란 뜻으로 문자나 시문을 비유하는 말이다. 참고로 '해타성주(咳唾成珠)'는 말을 뱉으면 그대로 훌륭한 시문이 된다는 의미로 상대방의 시문을 매우 칭찬하는 말인바, 이백(李白)이 지은 〈첩박명(妾薄命)〉 시의 "하늘 위에서 뱉은 침과 기침, 바람 따라 모두가 옥구슬을 이루었네.〔咳唾落九天, 隨風生珠玉.〕"라는 구절에서 온 것이다.

184 완악한……되니 : 원문의 '염완입나(廉頑立懦)'는 《맹자》 〈진심 하(盡心下)〉의 "백이의 풍도를 들은 자는 완악한 지아비가 청렴해지고 나약한 지아비가 뜻을 세우게 된다.〔聞伯夷之風者, 頑夫廉, 懦夫有立志.〕" 한 말을 축약한 것이다.

185 장수(莊叟)를……것 : 장수는 전국 시대 도가의 사상가인 장주(莊周)를 높여 칭한 것이며, 소자(邵子)는 북송의 학자인 소옹(邵雍, 1011~1077)으로 자는 요부, 시호는 강절(康節)이다. 이지재(李之才)로부터 하도 낙서(河圖洛書)의 설과 천문(天文), 역수(易數)를 배우고 평생 벼슬하지 않으면서 도가의 도서선천상수학(圖書先天象數學)을 바탕으로 상수(象數)를 원리로 하는 관념론적 철학을 수립하여 후일 주자의 성리

있어 공정함을 잃은 듯하고, 또 사람들에게 《장자》를 읽도록 권유한 것 또한 한쪽으로 치우쳐 얽매여 있음을 면치 못하였으니, 이것은 사람들을 너무 무겁게 격동시킨 것이 아니겠습니까.

그러나 이 때문에 삼연옹이 혹시라도 이단을 물리치는데 소홀했다고 말한다면 어찌 삼연옹을 안다고 말할 수 있겠습니까.

보내주신 편지에 문(門)에 이르는 자들에게 먼저 농옹(農翁 농암)의 문자를 가르쳐주라고 말씀하셨는데, 말씀은 좋습니다만, 저와 같은 자에게 어찌 이른바 '문에 이르는 자들'이 있겠습니까. 다만 저 혼자 좋아할 뿐입니다.

학에 많은 영향을 주었다. 성리학의 입장에서 바라보면 장자는 이단에 가깝고 소자는 성리학 성립에 기여한 바가 크므로 이렇게 말한 것이다.

이자강에게 답함 무인년 동짓달 29일

答李子岡 戊寅至月少晦

하문하신 "고운 갈포(葛布)와 굵은 갈포와 모시〔紵布〕는 염습(斂襲)하는 데에 들이지 않는다."[186]는 말씀을 삼가 다시 생각해보니, 갈포는 우리나라 풍속에 사용하지 않는 것이며, 모시를 사용하지 않는 것은 바로 세속에서 꺼리는 일일 뿐, 근거가 있는 것이 아닙니다.

그런데도 하나의 증거를 얻지 못하여 답답했었는데, 이제 〈상대기(喪大記)〉의 주(註)를 상고해 보니, 여기에 "고운 갈포와 굵은 갈포와 모시는 설의(褻衣)이다. 시신을 염습함에 있어서는 형체를 소중히 여기니, 겨울과 여름 모두 포의(袍衣 긴 옷)를 사용하고, 염습할 때에는 정복(正服)을 입힌다."라고 하였습니다.[187]

고운 갈포와 굵은 갈포와 모시는 설의이기 때문에 염습하는 의복을 진열하는 데에 들이지 않는다고 운운한 것은, 아마도 옛 사람들은 고운

186 고운……않는다 : 이 내용은 《예기》 〈상대기(喪大記)〉에 "무릇 염습하는 옷을 진열할 때에는 접지 않으며, 정식으로 나열된 오채가 아니면 들이지 않으며, 가는 갈포와 굵은 갈포와 모시를 염습하는 데에 들이지 않는다.〔凡陳衣不詘, 非列采不入, 絺綌紵不入.〕"라고 보인다.

187 상대기(喪大記)에……하였습니다 : 주는 정현(鄭玄)의 주로 원문과 약간의 차이가 있는바, 정확한 내용은 아래와 같다. "고운 갈포와 굵은 갈포와 모시는 더울 때에 입는 설의(褻衣)이다. 시신을 염습함에 있어서는 형체를 소중히 여기니, 겨울과 여름 모두 포의(袍衣)를 사용하고, 염습할 때에는 정복(正服)을 입힌다.〔絺綌紵, 當暑之褻衣也. 襲尸重形, 冬夏用袍, 及斂則用正服.〕" 《禮記注疏 卷45 喪大記》 설의(褻衣)는 속옷을 이른다.

갈포와 굵은 갈포를 가지고 설의를 만들어서 마치 우리 동방의 홑바지나 홑적삼처럼 사용하고 겉옷으로 삼지 않아서 그런 듯합니다. 그러므로 염습하는 옷을 진열하는 데에 들이지 않은 것입니다. 만약 우리 동방의 청모시와 백모시와 같이 겉옷을 만든다면, 어찌 모시라고 해서 염습에 쓰지 않을 것이 있겠습니까.

염습에 쓰고 쓰지 않는 것은 옷이 정복인지 설의인지에 관계되는 것이지, 갈포인지 모시인지에 관계되지 않습니다. 예(禮)의 뜻이 바로 이러한데, 지금 세속에서는 이런 뜻을 알지 못하고 무릇 모시 등속에 해당되면 정복이라도 염습에 넣지 않으니, 참으로 탄식할 만합니다, 참으로 탄식할 만합니다.

형으로부터 법도로 삼아서 비루한 풍속을 깨끗이 개혁하신다면, 거실(巨室)이 사모하는 바를 온 나라가 사모할 것이니,[188] 이것을 기대하는 바입니다.

188 거실(巨室)이……것이니 : 이 내용은 《맹자》 〈이루 상(離婁上)〉의 "정사를 하기가 어렵지 않으니, 거실에게 죄를 짓지 말아야 한다. 거실이 사모하는 바를 한 나라가 사모하고, 한 나라가 사모하는 바를 천하가 사모한다. 그러므로 패연히 덕교가 사해에 넘치는 것이다.〔爲政不難, 不得罪於巨室, 巨室之所慕, 一國慕之; 一國之所慕, 天下慕之, 故沛然德教溢乎四海.〕"라는 구절을 일부 원용한 것이다. 거실은 대를 이어 유지해 온 명문세족(名門世族)을 이른다.

이자강에게 줌 무인년 섣달 14일

與李子岡 戊寅臘月少望

소문에 듣자하니, 오랑캐 땅에서 4개월 동안 한낮이 칠흑처럼 깜깜해져서 지척(咫尺)을 분별하지 못하자, 연경(燕京) 사람들이 이를 두려워하면서 모두 말하기를,

"나라를 주관하는 자가 흉할 것이다."

라고 했다 하니, 짐작컨대 응당 이 말을 들으셨을 것입니다. 오랑캐들의 운이 장차 다하려는 것입니까? 황하가 맑아질 시기가 된 것입니까?[189]

천하가 이로부터 일이 많아질 것이니, 시작을 근원하고 종말을 돌이켜 궁구해보면〔原始反終〕[190] 우리 동방에 근심을 끼칠 것이 틀림없습니

189 황하가……것입니까 : '황하가 맑아진다'는 것은 오랑캐의 세상이 종식되고 태평성대가 온다는 뜻이다. 삼국 시대 위(魏)나라 이강(李康)의 〈운명론(運命論)〉에 "황하가 맑아지면 성인이 출현한다.〔夫黃河淸而聖人生〕"라는 말이 나오는데, 그 주(註)에 "황하는 천 년에 한 번 맑아지는데, 그 상서에 응하여 성인이 나온다고 세상에 전한다.〔世傳黃河千年一淸, 淸則聖人生於此時也.〕"라고 하였는바, 성인이 나오면 태평성대가 되므로 이렇게 말한 것이다.

190 시작을……궁구해보면〔原始反終〕 : 원문의 '원시반종(原始反終)'은 사물의 시작과 종말을 궁구하여 그 원리와 상황을 자세히 아는 것이다. 《주역》 〈계사전 상(繫辭傳上)〉에 "시작을 근원하고 종말을 돌이켜 궁구한다. 그러므로 사(死)와 생(生)의 이론을 아는 것이다.〔原始反終, 故知死生之說.〕"라고 하였는데, 주자는 《주역본의(周易本義)》에서 "원(原)은 앞에 미룸이요 반(反)은 뒤에 맞춰보는 것이다.〔原者推之於前, 反者要之於後.〕"라고 주하였다.

다. 앞으로 근심스러운 일이 어찌 끝이 있겠습니까. 누가 일에 앞서 우려하여 주무(綢繆)의 도모[191]를 강구한단 말입니까?

이 마음의 걱정스러움은 저 혼자만의 것이 아닐 것이므로 받들어 아뢰니, 삼가 짐작컨대 이러한 마음은 똑같을 것입니다. 그런데 모르는 자들은 기(杞)나라 사람이 하늘이 무너지는 것을 걱정한다[192]고 생각할 것입니다.

191 주무(綢繆)의 도모 : 주무는 이리저리 얽어매는 것으로, 유사시를 미리 대비하여 국방을 튼튼히 하는 계책을 말한다. 《시경》 〈빈풍(豳風) 치효(鴟鴞)〉에 "비 오기 전 날씨가 좋을 적에 저 뽕나무 뿌리를 거두어다가 창문을 칭칭 감는다면, 지금 이 아래에 있는 사람들이 혹시라도 감히 나를 업신여기겠는가.〔迨天之未陰雨, 徹彼桑土, 綢繆牖戶, 今此下民, 或敢侮予?〕"라는 구절에서 유래하였다.

192 기(杞)나라……걱정한다 : 앞일에 대해 근거 없이 걱정하는 것을 말한다. 기나라는 춘추 시대에 있었던 나라로, 《열자(列子)》 〈천서(天瑞)〉편에 기나라 사람이 천지가 무너져 의탁할 곳이 없을 것을 걱정해서 침식(寢食)을 폐한 고사가 있으므로 이렇게 말한 것이다.

이자강에게 줌 기묘년[193] 2월 6일

與李子岡 己卯二月六日

《독례통고(讀禮通考)》[194]는 성태(城台)[195]의 맏아드님에게 주어서 즉시 형에게 올리라고 하였는데, 그가 형을 평상 아래에서 배알한 적이 없다 하여 저에게 갖다 드릴 것을 청하므로 이렇게 올리니, 엎드려 바라건대 부디 받아주십시오.

서건학(徐乾學)은 명나라 세신(世臣)의 후손으로서 자정(自靖)[196]의 의리를 생각하지 않아 지조를 잃고 오랑캐 조정〔龍庭〕[197]에서 근신

193 기묘년 : 1819년(순조19)으로, 매산의 나이 44세 되던 해이다.

194 독례통고(讀禮通考) : 청나라 강희제(康熙帝) 때의 문신이자 학자인 서건학(徐乾學, 1631~1694)이 지은 예서(禮書)로 역대 상례(喪禮)의 경설(經說)과 제유(諸儒)들의 학설을 모으고 자신이 안설(按說)을 덧붙인 책이다. 상기(喪期), 상복(喪服), 상의절(喪儀節), 장고(葬考), 상구(喪具), 변례(變禮), 상제(喪制), 묘제(墓制)의 8가지 강(綱)을 세우고 그 아래 여러 세목(細目)을 두었는데, 특히 표(表)와 도록(圖錄)을 활용하여 역대 예제(禮制)의 이동(異同)과 상복과 상구 등을 해설하였다. 서건학은 자(字)가 원일(原一), 호가 건암(健菴)으로 1670년(강희9) 진사가 되고 벼슬이 형부상서(刑部尙書)에 이르렀다. 강희제에게 문재를 인정받아《명사(明史)》등 여러 사책의 편찬에 참여하였고 많은 저술을 남겼다. 장서가로도 이름이 높아 그의 서고 전시루(傳是樓)는 방대한 장서로 유명하였다.

195 성태(城台) : 누구인지 미상(未詳)이다.

196 자정(自靖) : 스스로 지조를 지키며 의리에 맞게 처신하여 편안하게 여김을 이른다. 자세한 내용은 26쪽 주38 참조.

197 오랑캐 조정〔龍庭〕 : 원문의 '용정(龍庭)'은 본래 중국의 북방 민족인 흉노(匈奴)의 선우(單于)가 천지의 귀신에게 제사 지내는 장소인데, 여기서는 청나라 조정을 말한 것이다.

(近臣)이 된 것을 달갑게 여겨서, 심지어는 말하기를

"군주가 효도로 천하를 다스려서 선(善)을 물려주고〔錫類〕[198] 인(仁)을 일으켜서, 만세에 단 한 번 있는 이처럼 좋은 때를 만났으니, 이 글을 지어서 사해를 풍교(風敎)한다."

라고 하였으니, 참으로 인간의 수치스러운 일이 무엇인지 알지 못하는 자입니다.

비록 스스로 '이 책이 세상에 읽혀짐으로써 민심이 후한 데로 돌아가서 풍속이 바뀔 것이다.'라고 생각하였더라도, 이미 그 몸으로 큰 예법을 무너뜨리고 천하 사람들을 이끌고 오랑캐로 돌아갔으니, 민심이 이로 말미암아 더욱 야박해지고 풍속이 이로 말미암아 더욱 구차해질 것이니, 어찌 풍속이 바뀜을 말할 수 있겠습니까. 비록 예서(禮書)를 편집했다 하더라도 예가 쓰이지 않을 것이니, 거의 창녀의 집에서 예서를 읽는 것과 다름이 없습니다.

또 그가 지은 책은 분류를 잘하였고, 예의 연혁과 폐지되고 흥행한 이유를 참으로 자세히 서술하였으나, 스스로 단안(斷案)을 내린 것은 전혀 기준[199]이 없어서 어지러이 잘못을 저질러서 의리에 맞지 않으니, 따를 수 없는 것이 십중팔구입니다.

198 군주가……물려주고〔錫類〕: 앞부분은 《효경(孝經)》〈효치장(孝治章)〉의 "옛날, 밝은 임금은 효도로써 천하를 다스렸다.〔昔者, 明王之以孝治天下也.〕"라는 구절을 원용한 것이다. 원문 '석류(錫類)'의 류(類)는 선(善)을 가리키는바, 《시경(詩經)》〈대아(大雅) 기취(旣醉)〉에 "효자의 효성이 다하지 않으니, 길이 너에게 선(善)을 물려주겠다.〔孝子不匱, 永錫爾類.〕"라고 하였다.

199 기준 : 원문의 '권형(權衡)'은 저울추와 저울대로, 사물의 가치를 헤아리는 척도(尺度)나 기준을 뜻한다.

형께서 독서하는 여가[200]에 하나하나 이해하여서 통렬히 논변을 가하여 후인들로 하여금 행할 바를 의심하지 않게 해주시기를, 간절히 바라고 간절히 바랍니다.

일찍이 듣건대, 이른바 그가 지은 《건암집(健菴集)》에서 우리나라 군신 간을 말하면서 "신하가 강성하다."라고 하였는데, 다른 무리들이 혹 이 말을 근거로 삼아서 오시수(吳始壽)가 말한 신하가 강성하다는 거짓말[201]을 실증한다고 하니, 가증스럽지 않습니까. 다만 아직 본문을 보지 못해서 그가 말한 것이 어떠한지를 자세히 알지는 못합니다.

200 독서하는 여가 : 원문의 '점필(佔畢)'은 본래 스승이 경의(經義)를 풀어 가르치지 않고 단지 책만을 읊는 것을 가리켰는데, 뒤에는 독서 또는 송독(誦讀)을 두루 가리키게 되었다. 《예기》 〈학기(學記)〉에 "지금 가르치는 자들은 그 보는 간독(簡牘)만을 읊을 뿐이다.〔今之教者, 呻其佔畢.〕" 하였는데, 진호(陳澔)는 《예기집설(禮記集說)》에서 "신(呻)은 읊는 소리이고 점(佔)은 봄이고 필(畢)은 간독이다.〔呻, 吟諷之聲也, 佔, 視也, 畢, 簡也.〕"라고 주하였다.

201 오시수(吳始壽)가……거짓말 : 현종(顯宗)의 승하를 조문하기 위해 청나라에서 두 번에 걸쳐 조제칙사(弔祭勅使)를 보냈는데, 두 번째 조제칙사를 오시수가 원접사(遠接使)가 되어 맞이하고는, 임금에게 복명하는 자리에서 "청나라 황제가 특별히 두 번 치제(致祭)하는 은전을 내린 것에 대해, 청나라 사신 장효례(張孝禮)가 현종이 몇 년 동안 고질병을 앓으면서도 사대(事大)의 정성을 폐하지 아니하였고, 또 강성한 신하들에게 제재받은 일이 있어서 일이 자유스럽지 못한 것이 있었으므로 승하한 뒤에 측은히 여겨 두 번 치제한 것이라고 말했습니다."라고 복명하였다. 이 말이 무례하다 하여 뒤에 장효례에게 이 사실 여부를 조사하였는데 장효례가 이를 부인하자 계속 국문하여 이 말이 오시수로부터 나온 거짓말이라는 결론을 내리고 오시수를 사사(賜死)하였다. 《숙종실록 7년 6월 12일 기사》 오시수(1632~1680)는 자(字)가 덕이(德而), 호가 수촌(水邨), 본관은 동복(同福)이다. 1656년(효종7)에 문과에 급제하고 벼슬이 우의정에 이르렀다. 1680년 경신대출척(庚申大黜陟) 때 유배되었다가 위의 일로 탄핵을 받고 사사되었다.

이자강에게 줌 기묘년 2월 24일
與李子岡 己卯二月二十四日

편지에서 말씀하신 웅사리(熊賜履)[202]의 학행과 사실은 저 또한 자세히 알지 못합니다. 십수 년 전에 그가 지은 《우재집(愚齋集)》과 《학통(學統)》을 얼핏 보았으나, 또한 기억이 잘 나지 않습니다.

이 사람은 강희제 때에 태학사(太學士)가 되어서 이광지(李光地)[203]와 함께 명을 받들어 《주자전서(朱子全書)》를 편수하였으니, 강희제가 말한 '평소에 이학(理學)에 마음을 두었다'는 자입니다. 이 일이 《주자전서》 서문 가운데에 기재되어 있어서 상고하여 알 수 있습니다.

웅사리는 주자를 독실하게 믿어 부정한 학설을 막고 바른 학문을 높여서 세도(世道)를 만회하는 것을 자신의 임무로 삼았습니다.

그리고 원나라 학자들의 출처를 논함에 이르러서는, 오징(吳澄)[204]

202 웅사리(熊賜履) : 1635~1709. 청나라 강희제 때의 문신이자 학자로, 자는 경수(敬修), 호는 우재(愚齋), 시호는 문단(文端)이다. 순치(順治) 15년(1658)에 진사가 되고, 무영전 태학사(武英殿大學士) 등의 벼슬을 역임하였다. 공자의 계통과 염락(濂洛)의 학문을 오직 주자만이 얻어 집대성했다고 주장하고 육상산(陸象山)과 왕양명(王陽明)의 심학(心學)을 배척하였다.

203 이광지(李光地) : 1642~1718. 강희제 때의 문신이자 학자로, 자는 진경(晉卿), 호는 용촌(榕村), 시호는 문정(文貞)이다. 강희 9년(1670) 진사가 되고, 문연각 태학사(文淵閣太學士) 등의 벼슬을 역임하였다. 정주학(程朱學)을 추숭하여 청나라 초기 주자학의 대표적 인물이 되었지만, 절충적인 태도를 취하여 육왕학(陸王學)도 배척하지 않았다.

204 오징(吳澄) : 1249~1333. 원나라 초기의 학자이자 문신으로, 자는 유청(幼淸),

과 허형(許衡)[205]과 유인(劉因)[206] 등은 굳이 말할 것이 못되고, 김인산(金仁山)[207]과 허백운(許白雲)[208]은 미칠 수 없다고 하였으니, 그가 인물을 높이고 낮춤에 있어 중화와 오랑캐의 분변을 엄격히 했음을 알

시호는 문정(文正)이다. 송나라 때 과거에 낙방한 이후 벼슬하지 않다가, 원나라 무종(武宗)의 명으로 국자감 승(國子監丞)이 되고, 이후 한림학사(翰林學士) 등의 벼슬을 역임하였다. 주자의 사전제자(四傳弟子)로, 이학(理學)을 위주로 하면서 심학(心學)을 아울러 취하여 주륙이가(朱陸二家)의 사상을 조화시켰다. 허형(許衡), 유인(劉因)과 더불어 원나라의 3대 학자로 꼽힌다.

205 허형(許衡) : 1209~1281. 원나라 초기의 학자이자 문신으로, 자는 중평(仲平), 호는 노재(魯齋), 시호는 문정(文正)이다. 원나라 세조(世祖) 때 국자좨주(國子祭酒) 등의 벼슬을 역임하였다. 병으로 벼슬을 물러난 뒤 순수한 주자학자로서 도학을 실천하는 것으로 임무를 삼았으며, 원나라 초기 학계에 주자학의 기초를 닦았으며 주자와 육상산(陸象山)의 학문을 조화시키려 노력했고, 공리공담만을 일삼는 이학(理學)을 비판하였다.

206 유인(劉因) : 1249~1293. 원나라 초기의 학자이자 문신으로, 자는 몽길(夢吉), 호는 정수(靜修), 시호는 문정(文靖)이다. 세조 때 학행으로 천거되어 우찬선대부(右贊善大夫) 등의 벼슬을 지냈다. 정주(程朱)의 이학을 익혀 송나라 이학을 계승했지만, 육상산의 학설도 수용하였다.

207 김인산(金仁山) : 송말원초의 학자인 김이상(金履祥, 1232~1303)으로, 만년에 인산(仁山)에 은거하여 이렇게 칭한다. 자는 길보(吉甫), 호는 차농(次農), 시호는 문안(文安)이다. 하기(何基)와 왕백(王柏)에게 정주학을 배워 주자의 학통을 이었다. 송나라가 멸망하자 벼슬하지 않고 금화산(金華山)에서 후학을 양성하다가 인산으로 옮겨 살았다.

208 허백운(許白雲) : 송말원초의 학자인 허겸(許謙, 1270~1337)으로, 백운은 그의 호이고, 자는 익지(益之), 시호는 문의(文懿)이다. 김이상(金履祥)의 문하에서 수업하여 정주학의 맥을 이었다. 과거에 응시하지 않고 팔화산(八華山)에 은거하여 강학하였는데, 문인이 1천여 명에 달했다. 하기(何基)에서 왕백(王柏), 김이상으로 이어지는 주자 학맥을 계승하여 '금화사선생(金華四先生)'으로 일컬어졌고, 북방의 허형(許衡)과 함께 '남북이허(南北二許)'로 불렸다.

수 있습니다.

그러나 자신은 이미 변하여 오랑캐가 되어서 홍두(紅兜)와 마제수(馬蹄袖)[209]를 착용하고 궁려(穹廬)[210]의 가운데에서 몸을 굽히고 기어 다니면서도 부끄러운 줄을 몰랐으니, 어찌 남을 책망한 것을 가지고 자신을 책망하지 않았단 말입니까.

그가 옳고 그름을 살피고 같고 다름을 분별한 것이 과연 무슨 일입니까? 스스로 학문이 하늘과 인간의 이치를 연구하여 사도(斯道 유학)를 주장했다고 말하더라도, 창녀의 집에서 예서(禮書)를 읽는 것과 푸줏간에서 부처에게 기원하는 것과 무엇이 다르겠습니까.

출처(出處)는 유자(儒者)의 큰 절개가 되니, 만일 여기에 잘못이 있다면, 비록 행실이 허유(許由)와 백이(伯夷)[211]처럼 깨끗하고 재주가

209 홍두(紅兜)와 마제수(馬蹄袖) : 홍두는 위를 두꺼운 진홍색 융사(絨絲)로 만든 청나라 벼슬아치의 모자를 이른다. 마제수는 청나라 예복(禮服)의 소매로, 소맷부리에 모피를 달아 추우면 펴서 손을 덮고 춥지 않으면 걷어 올리게 되어 있는데, 생김새가 말굽과 같아 붙여진 이름이다.

210 궁려(穹廬) : 오랑캐들이 거주하는 위가 둥근 이동식 천막을 이르는바, 여기서는 여진족인 청나라 조정을 비유하는 말로 쓰였다.

211 허유(許由)와 백이(伯夷) : 허유는 요(堯) 임금 때의 은사로 요 임금이 천하를 물려주려고 했지만 받지 않고 영수(潁水) 북쪽 기산(箕山) 아래로 숨었는데, 요 임금이 다시 불러 구주장(九州長)으로 삼으려고 하자, 더러운 소리를 들었다면서 영수에서 귀를 씻었다고 전해지는 인물이다.《高士傳 許由》 백이(伯夷)는 은(殷)나라 때 고죽군(孤竹君)의 아들로, 부왕이 별세할 적에 유명으로 아우인 숙제(叔齊)를 군주로 세우게 하였으나, 숙제가 백이에게 자리를 사양하자 백이가 "이는 아버지의 유명이다." 하고 도망가니, 숙제 또한 즉위하지 않고 도망하였다. 주 무왕(周武王)이 은나라를 치려고 할 때 두 사람이 간하였는데 듣지 않으므로, 주나라의 녹봉을 먹기를 부끄럽게 여기고 수양산(首陽山)에 숨어서 고사리를 캐어 먹다가 굶어 죽었다고 한다.《史記 卷61 伯夷傳》

여상(呂尙)과 제갈량(諸葛亮)[212]의 경륜을 품고 있다고 하더라도 끝내 말할 것이 못되고, 다만 이로써 스스로를 욕되게 할 뿐입니다.

비록 불행히 건주(建州) 오랑캐의 세상[213]에 태어나서 머리를 풀어헤치고 옷깃을 왼쪽으로 하여, 서로 빠져 오랑캐가 되었다 하더라도, 마땅히 궁벽한 산중에서 일생을 마쳐서 스스로 지조를 지키는 의리를 다했어야 할 터인데, 과거에 응시하여 벼슬을 바라면서 이를 편안히 여겨 정상적인 것처럼 생각한 것은 참으로 한인(漢人)의 얼굴에 오랑캐의 창자를 가진 것이니, 바로 서건학[214]과 웅사리와 같은 무리가 그러

212 여상(呂尙)과 제갈량(諸葛亮) : 여상은 주나라 재상인 태공망(太公望) 강태공(姜太公)으로, 위수(渭水)의 반계(磻溪)에서 낚시질로 세월을 보내다가 주나라 문왕(文王)을 만나 국사(國師)가 되고, 무왕(武王)을 도와 은나라의 폭군인 주왕(紂王)을 멸망시켜 도탄에 빠진 백성을 구제하고 제(齊)나라에 봉해졌다.《史記 卷32 齊太公世家》 제갈량(諸葛亮)은 삼국 시대 촉한(蜀漢)의 승상으로 자가 공명(孔明)이다. 융중(隆中)에 은거하고 있다가 유비(劉備)의 삼고초려(三顧草廬)의 예에 감격하여 유비의 군사(軍師)가 되어, 조조(曹操)의 대군을 오(吳)나라와 연합하여 적벽(赤壁)의 싸움에서 대파하였으며, 곧바로 파촉(巴蜀)을 점령하여 촉한을 세우고 성도(成都)에서 도읍하여 삼분천하의 대업을 달성하여 후대에 무후(武侯)로 추앙받은 인물이다.《三國志 卷35 蜀書 諸葛亮傳》

213 건주(建州) 오랑캐의 세상 : 청나라의 시대를 가리킨다. 건주는 지금의 중국 흑룡강(黑龍江) 남동부 수분하(綏芬河) 부근의 옛 지명으로, 후금(後金) 때 추장 누르하치의 거점이었다.

214 서건학(徐乾學) : 1631~1694. 청나라 강희제 때의 문신이자 학자로, 자는 원일(原一), 호는 건암(健庵), 시호는 문공(文恭)이다. 강희(康熙) 9년(1670) 진사(進士)가 되고 벼슬이 형부 상서(刑部尙書)에 이르렀다. 박학다식하여 경학은 물론 사학(史學), 여지(輿地), 예제(禮制) 등에 정통했으나 욕심이 많아 자주 뇌물을 받고 사익(私益)을 추구하여 여러 차례 탄핵을 받았다. 학문에 있어서는 정주학(程朱學)을 존숭하고 육왕학(陸王學)을 배척했다.

한 사람입니다.

우리들이 오늘날의 중국에서 태어나지 않고 한쪽 정결한 땅에서 태어난 것은 매우 기이한 일입니다. 만일 하늘의 중(中)을 받아[215] 사람의 도를 세우지 않는다면, 이는 상제(上帝)를 저버리는 것이고 의관(衣冠)의 문물을 저버리는 것이니, 중화와 오랑캐의 분별에 더욱 엄격하여 만세의 큰 예법을 보존하는 것이 시의에 적절한 조치가 될 것입니다.

215 하늘의 중(中)을 받아 : 이 내용은 《춘추좌씨전》 성공(成公) 13년 조에 성 숙공(成肅公)이 제사에서 제육을 받는 데 공손치 않으니, 유강공(劉康公)이 말하기를 "사람은 천지의 중을 받아서 태어나니, 이른바 명이다.〔民受天地之中以生, 所謂命也.〕"라고 한 말을 원용한 것이다. 중은 하늘이 사람과 물건에게 내린 이치로 본성을 가리킨다.

이자강에게 줌 기묘년 3월 4일

與李子岡 己卯三月四日

형은 근일에 석실서원(石室書院)의 유생들이 농암(農巖)을 문묘에 종향(從享)하자는 의논을 내었다는 말을 들으셨습니까? 이 의논은 한 터럭만큼의 협잡이 없이 순수하게 공정한 마음에서 나왔으니, 누가 그 사이에 이의를 제기하겠습니까.

삼가 일찍이 생각해 보니, 이 농암 어른은 타고난 자질의 밝고 지혜로움이 석담(石潭 율곡)에 버금가고, 문리밀찰(文理密察)[216]에 있어서는 도리어 더 뛰어나서, 도의 오묘함을 발휘하여 육경(六經)을 지켰으니, 그 공로가 이보다 더 클 수가 없습니다.

삼연옹(三淵翁)의 이른바 '한 글자의 밝은 가르침으로 한 세상의 훌륭한 정치를 얻고자 하지 않았으니, 차라리 성조(聖朝)에서 어진 보필을 잃을지언정, 주자에게 충신이 없게 할 수는 없다.'[217]라고 한 말씀이 지나친 것이 아닐 듯합니다.

세상에 종향하는 전례(典禮)가 없다면 그만이지만, 만일 있다면 현자들을 차례로 선발해보건대 누가 그 앞을 차지하겠습니까? 지금 이

216 문리밀찰(文理密察) : 《중용장구(中庸章句)》 제31장에 보이는 구절로, 주자의 주석에 따르면 문(文)은 문장이고, 이(理)는 조리이고, 밀(密)은 상세함이고, 찰(察)은 밝게 분변함이다.

217 삼연옹(三淵翁)이……없다 : 이 내용은 《삼연집(三淵集)》 권32 〈제중씨농암선생문(祭仲氏農巖先生文)〉에 그대로 보이는데, 본 서간에는 '以一字明訓'로 되어 있으나, 《삼연집》의 제문에는 '以' 자 앞에 '不' 자가 있는바, 《삼연집》을 따라 번역하였다.

의논은 다시 헤아릴 필요가 없으나, 다만 시절이 적당하지 않을 듯합니다. 오장(吳丈)[218]의 견해도 또한 그러하여 지난번 편지에, "자강(子岡)의 의견도 우리들과 같은가?"라고 물으셨습니다. 오장의 편지에 바로 이어서 질문하지 못한 것이 답답하니, 스스로 마음을 편안히 하고 가르침을 받기를 원합니다.

석실서원의 유생들이 오장에게 상소문을 지어줄 것을 청하였으나 아직 승낙을 받지는 못하였습니다.

218 오장(吳丈) : 오희상(吳熙常, 1763~1833)으로 자는 사경(士敬), 호는 노주(老洲), 본관은 해주(海州), 시호는 문원(文元)이다. 1800년(정조24) 천거로 세자익위사 세마에 제수되었다. 황해도 도사 등을 지낸 뒤, 벼슬에서 물러나 광주(廣州)의 징악산(徵嶽山)에 은거하고 이후 찬선(贊善) 등 여러 관직에 제수되었으나 모두 사양하고 나아가지 않았다. 성리학에 조예가 깊어 퇴계와 율곡의 설을 절충하였다.

이자강에게 줌 기묘년 3월 7일
與李子岡 己卯三月七日

새로 벼슬을 제수받은 마음이 어떠하십니까? 먼지 낀 상자 속의 조복(朝服)을 꺼내어 먼지를 털어내고 동궁[219]의 옛 걸음을 다시 찾으시니, 가만히 생각해보건대 고상한 회포가 더욱더 괴로우실 것입니다.

목공(繆公)의 곁에 훌륭한 사람이 없은 지가 오래되자, 실로 몸을 편안히 할 수 없다는 탄식이 있었는데,[220] 지금 노형을 얻어 소중함으로 삼았으니, 단지 동궁의 학습을 유지하고 돌볼 뿐만이 아닐 것이나, 다만 한 명의 설거주(薛居州)가 되지 않을까 염려됩니다.[221]

219 동궁 : 원문의 '동룡(銅龍)'은 세자가 거처하는 동궁으로, 한(漢)나라 때 태자궁의 궁문 문루 위에 구리로 만든 용의 장식이 있어서 붙여진 이름이다.

220 목공(繆公)의……있었는데 : 이 내용은 《맹자》〈등문공 하(滕文公下)〉의 "옛날에 노나라 목공은 자사의 곁에 자신의 성의를 전달해 줄 사람이 없으면 자사를 편안히 여기지 못하였고, 설류(泄柳)와 신상(申詳)은 목공의 곁에 보좌할 만한 사람이 없으면 그 몸을 편안하게 하지 못하였다.〔昔者, 魯繆公無人乎子思之側, 則不能安子思, 泄柳、申詳無人乎繆公之側, 則不能安其身.〕"라는 구절을 원용하여, 오랫동안 세자의 곁에 제대로 보필할 만한 인재가 없었음을 비유한 것이다. 목공은 춘추 시대 노나라의 군주인데, 자사는 목공의 스승이었고, 설류와 신상은 목공의 신하였다.

221 한……염려됩니다 : 이자강 혼자서는 역부족이 되지 않을까 염려된다는 말이다. 설거주(薛居州)는 전국 시대 송(宋)나라의 선(善)한 선비인바, 《맹자》〈등문공 하(滕文公下)〉에 "그대가 설거주를 선한 선비라 하여 그로 하여금 왕의 처소에 거처하게 하는데, 왕의 처소에 있는 자가 장유(長幼)와 비존(卑尊)이 모두 설거주와 같은 사람이라면 왕이 누구와 더불어 불선(不善)을 하며, 왕의 처소에 있는 자가 장유와 비존이 모두 설거주와 같은 사람이 아니라면 왕이 누구와 더불어 선(善)을 하겠는가? 한 명의

이미 이불을 가지고 입직(入直)하셨습니까? 또 서연(書筵)에 오르셨습니까? 만일 그렇다면 동궁마마의 학문이 날로 진전되는 것과 동궁마마의 밝으신 법도가 자연스레 이루어지는 것이 다시는 예전에 비할 바가 아닐 것이니, 생각하건대 얼마나 기쁘고 흔쾌하십니까? 한두 가지 강설(講說)한 것을 저에게 보여주실 수 있겠습니까?

주 선생(朱先生)이 일찍이 태자의 보양(輔養)이 소략함을 탄식하며 말씀하시기를, "집에 명월주(明月珠)와 야광벽(夜光璧)이 있는데 이것을 길거리에 버린다."[222] 하셨으니, 이 뜻이 참으로 간절합니다. 세 번 반복해서 읽어봄에 참으로 고통스러우니, 짐작건대 응당 제 심정과 똑같으실 것입니다.

설거주가 홀로 송왕(宋王)에게 어찌하겠는가?〔子謂薛居州, 善士也, 使之居於王所, 在於王所者, 長幼卑尊皆薛居州也, 王誰與爲不善, 在王所者, 長幼卑尊皆非薛居州也, 王誰與爲善? 一薛居州, 獨如宋王何?〕"라는 구절이 있으므로 이렇게 말한 것이다.

222 주 선생(朱先生)이……버린다 : 주 선생은 주자를 가리킨 것이고, 이 내용은 《회암집(晦庵集)》 권12 〈기유의상봉사(己酉擬上封事)〉에 보인다.

이자강에게 줌 기묘년 3월 27일

與李子岡 己卯三月廿七日

우리 형께서 계방(桂坊 세자익위사(世子翊衛司))에 들어가신 뒤로부터 항상 기뻐서 잠을 이루지 못하였는데, 엊그제에 온 징악(澄岳) 오장(吳丈)[223]의 편지에서도 말씀하기를 "주연(胄筵)[224]을 위하여 훌륭한 인재를 얻은 것을 축하하노니, 기존의 계방을 따르지 말아서 근세의 규례(規例)에 글 뜻만 풀이하는 데에 빠지지 말고, 자신의 성의를 쌓아 글을 통하여 가르침을 올려서 세신(世臣)이 충성을 원하고 의리를 다하는 방도를 바치기를, 이 친구에게 깊이 바란다." 하셨으니, 그 말씀이 참되고 간절하므로 노형을 위하여 외웁니다.

이 어른은 종국(宗國)을 깊이 생각하여 온 가슴속에 열혈(熱血)의 충정이 가득 차있어, 그간의 장주(章奏 임금에게 올리는 글)에서 정자(程子)와 조정암(趙靜庵) 두 선생의 세자를 일찍 교유(教諭)해야 한다는 의논[225]을 거듭 거론하셨으니, 자신이 출사(出仕)하지 않아서 진정(眞

223 징악(澄岳) 오장(吳丈) : 노주(老洲) 오희상(吳熙常)을 가리킨 것으로, 광주(廣州)의 징악산(徵嶽山)에 은거하였기 때문에 이렇게 칭한 듯하다.

224 주연(胄筵) : 서연(書筵)의 이칭으로, 왕세자에게 학문을 강하는 자리를 가리킨다.

225 정자(程子)와……의논 : 이 내용은 오희상(吳熙常)이 올린 〈사찬선겸사공조참의상전소(辭贊善兼辭工曹參議賞典疏)〉에 "선정(先正) 조광조 또한 일찍이 조정에 건의하여 아뢰기를 '옛 분들도 태교(胎教)가 있었는데 하물며 이미 지각(知覺)을 갖춘 때에 있어서겠습니까.……그렇다면 교유를 일찍 하지 않을 수 없고, 바른 사람을 고르

情)을 다하여 말씀하지는 못하셨으나, 평소 가슴속에 간직하고 있는 것은 볼 수 있습니다.

오장(吳丈)의 부주(附奏 임금의 유지(諭旨)에 대한 답변) 가운데에 또한 '나라를 위해 한번 죽겠다.'는 말씀이 있었는데, 혹자들은 "초야에 있는 선비가 마땅히 말할 바가 아니다."라고 하나, 목숨을 바쳐 뜻을 이루는 것[226]이 어찌 조정과 초야의 구별이 있겠습니까. 세상 사람들이 식견이 없음이 이와 같단 말입니까? 지난번에 받은 별지(別紙)가 있으므로 삼가 올리니, 보시면 다 알 것입니다.

저 또한 오장에게 "지나친 우려를 하지 마시고 빨리 석실서원(石室書院) 유생들의 간청에 부응하십시오."라고 권하였습니다. 그런데 석실서원의 유생들이 다시 청하여 끝내 허락을 받았으니, 상소문이 이루어지면 마땅히 노형에게 보여드려 동리(東里)의 유익함[227]을 취할 수 있

지 않을 수 없습니다. 지금 세자의 보령(寶齡)이 바로 가르침을 받을 나이가 되어서야 비로소 강관(講官)을 접하니, 그렇다면 정자(程子)가 말씀한 '먹고 말할 수 있는 나이'와 비교한다면 이미 늦었습니다."〔先正臣趙光祖, 亦常建言于朝曰: 古人尙有胎教, 況已有知覺之時乎.……然則敎諭不可不早, 正人不可不擇, 今睿齡恰爲敎數之歲, 而肇接講官, 則視程子所謂能食能言之時, 已失之晩矣.〕"라고 보인다. 《老洲集 卷1 疏》

226 목숨을……것 : 이 내용은 《주역》 〈곤괘(困卦) 상(象)〉의 "못에 물이 없음이 곤(困)이니, 군자가 보고서 목숨을 바쳐 뜻을 이룬다.〔澤无水困, 君子以, 致命遂志.〕"라는 구절에서 단장취구(斷章取句)하여 말한 것이다.

227 동리(東里)의 유익함 : 좋은 글을 보아 글을 윤색함을 이른다. 동리는 춘추 시대 정(鄭)나라 대부 자산(子産)이 살던 곳인데, 바로 자산을 가리키기도 한다. 춘추 시대에 정나라는 소국(小國)이었으나 뛰어난 외교를 펼쳤는바, 외교 문서를 만들 적에 마지막으로 동리의 자산이 잘 윤색하여 훌륭한 문서를 만들었으므로 이렇게 말한 것이다. 《論語 憲問》

게 할 것입니다.

지금 이 일은 굳이 고집하고 기필할 것이 없으니, 한번 대궐에 상소하여 단지 후일의 공안(公案)으로 삼는 것이 옳을 것입니다. 세도(世道)가 갈수록 낮아져서 덕을 아는 자가 더욱 드무니, 요컨대 이 어른의 문자를 얻어서 처음에 발휘하는 자료로 삼고 인하여 석실서원 유생들이 문묘에 배향할 것을 요청하는 장본(張本)으로 삼아야 하니, 또한 그만 둘 수 없는 것입니다.

이자강에게 줌 기묘년 5월 27일

與李子岡 己卯五月二十七日

근일에 별의 광채가 또다시 경고(警告)를 알렸으니, 연경(燕京) 사람들의 두려움이 어찌 다함이 있겠습니까. 옛날 조중봉(趙重峯)[228]이 김포(金浦)의 병사(丙舍 묘막(墓幕))에서 시묘살이 할 적에 토정(土亭)[229]이 찾아가서 조문하셨는데, 이날 밤에 요망한 혜성(彗星)의 광채가 하늘에 뻗쳐있었습니다.

중봉이 이 조짐이 어떠한 것인가를 묻자, 토정이 말씀하시기를 "혜성의 광채가 길면 응험이 느리게 나타나고 짧으면 빨리 나타나니,

228 중봉(重峯) : 조헌(趙憲, 1544~1592)으로 중봉은 그의 호이고, 자는 여식(汝式), 본관은 배천(白川), 시호는 문열(文烈)이며, 율곡(栗谷) 이이(李珥)의 문인이다. 1567년(명종22) 식년 문과에 급제하고 예조 좌랑 등의 벼슬을 역임하였다. 1586년 공주제독관(公州提督官)이 되어 동인(東人)이 이이와 성혼(成渾)을 추죄(追罪)하려는 것을 반대하고 고향에 내려가, 임지를 이탈한 죄로 파직되었다. 임진왜란이 일어나자 옥천(沃川)에서 의병을 일으켜 영규(靈圭)가 거느린 승병(僧兵)과 합세하여 청주를 탈환하였으며, 이어 전라도로 향하는 왜군을 막기 위해 금산(錦山)으로 향했으나 전공을 시기하는 관군의 방해로 의병이 대부분 흩어지자, 남은 7백 명의 의병과 함께 금산전투에서 분전하다가 모두 전사하였다. 문묘에 종향되었다.

229 토정(土亭) : 이지함(李之菡, 1517~1578)의 호로, 자는 형백(馨伯), 본관은 한산(韓山), 시호는 문강(文康)이고 화담(花潭) 서경덕(徐敬德)의 문인이다. 생애의 대부분을 마포 강변의 흙으로 만든 움막집에서 청빈하게 지내 토정이라는 호가 붙었다. 1573년(선조6) 유일(遺逸)로 천거되고 아산 현감 등을 역임하였다. 율곡 등 당대의 명사들과 교유하였으며 역학(易學)과 천문(天文)・지리(地理) 등에 해박하여 많은 기행(奇行)을 남겼다.

지금부터 십수 년 뒤에 천하가 반드시 크게 혼란하여 생민(生民)들이 어육(魚肉)이 되는 지경에 빠질 것이다. 세상에 이 일을 감당할 사람이 없으니, 원컨대 공(公)은 더욱 성현의 책을 열심히 읽어서 국가에 보답하라."

라고 하였습니다. 임진년에 이르러 그 말씀이 크게 증험되었으니, 두 현자가 앞을 미리 내다본 충성은 실로 제가 감히 미칠 수 없으나, 두 현자를 독실하게 믿기 때문에 매양 깊고 장구한 염려가 간절합니다.

그 징험은 비록 더디고 빠름이 있으나 일찍이 응험이 없었던 적이 없으니, 성조(聖朝)에서 덕을 닦고 성찰하여 재앙을 사라지게 하고 그치게 하는 방도를 다한다면, 하늘이 무너질까 두려워한 기(杞)나라 사람의 우려[230] 또한 지나친 생각이 될 것입니다. 다만 토정이 중봉에게 바란 것을 노형에게 바라니, 덕을 진전시키고 학업을 닦는 데에 더욱 부지런히 힘쓰신다면, 후일 큰 임무가 여기에 내리지 않을 것이라고 어찌 장담하겠습니까. 노형은 부지런히 노력하십시오.

230 기(杞)나라 사람의 우려 : 일어날 가능성이 없는 일에 대한 공연한 근심을 이른다. 자세한 내용은 95쪽 주192 참조.

이자강에게 줌 기묘년 6월 5일

與李子岡 己卯六月五日

지난번 보내 주신 편지에서 《서경》 〈순전(舜典)〉의 첫 번째 절(節)에 대한 진위(眞僞) 여부[231]를 분변하기 어렵다고 말씀하신 것은 다시 한 번 생각해 보셨습니까? 옛날 〈요전(堯典)〉과 〈순전〉이 합쳐져 하나였던 것은 《맹자》에 원용된 글을 가지고 알 수 있으니,[232] 이것이 복생

231 서경……여부 : 〈순전(舜典)〉의 첫 번째 절(節)은 "옛 제순(帝舜)을 상고하건대 중화(重華 거듭 빛남)가 제요(帝堯)에게 합하시니, 깊고 명철하고 문채나고 밝으시며 온화하고 공손하고 성실하고 독실하시어 그윽한 덕이 올라가 알려지시니, 제요가 마침내 직위를 명하셨다.〔曰若稽古帝舜, 曰重華協于帝, 濬哲文明, 溫恭允塞, 玄德升聞, 乃命以位.〕"의 28자로 《금문상서(今文尙書)》에는 없고 《고문상서(古文尙書)》에만 있는데, 이 절의 진위 여부란 바로 《고문상서》의 진위 여부를 이른다. 《금문상서》는 한(漢)나라 문제(文帝) 때에 진(秦)나라의 박사였던 복생(伏生)의 구술을 받아 당시의 글자인 예서(隸書)로 기록한 것이며, 《고문상서》는 과두문자(蝌蚪文字)로 기록된 원래의 《상서》로 진 시황(秦始皇)의 분서갱유(焚書坑儒) 때 타서 없어졌는데, 한(漢)나라 무제(武帝) 때 노(魯)나라 공왕(恭王)이 공자(孔子)의 구택(舊宅)을 헐다가 벽 속에서 이를 찾아내었다. 이에 칙명으로 공안국(孔安國)으로 하여금 전(傳)을 짓게 하였는데, 이 또한 모두 유실되었다가 동진(東晉) 때 매색(梅賾)이 이를 찾아 조정에 올렸고, 남북조 시대 제(齊)나라 명제(明帝) 건무(建武) 4년(497)에 요방흥(姚方興)이 대항두(大航頭)에서 공안국이 전주(傳註)한 《고문상서》 〈순전〉을 얻었는데, 이를 올리기 전에 요방흥이 죄를 받아 죽임을 당하였다. 그러다가 수(隋)나라 개황(開皇) 초기에 이르러 유전(遺典)을 찾아 비로소 세상에 전해지게 되었는데, 후대에 이르러 많은 학자들이 이를 위서(僞書)로 판단하였다.

232 요전(堯典)과……있으니 : 《맹자》 〈만장 상(萬章上)〉 함구몽장(咸丘蒙章)에 "〈요전(堯典)〉에 '방훈(放勳 요 임금)은 순(舜) 임금이 섭정한 지 28년에 마침내 조락

(伏生)[233]에게서 나온 것이 아님이 분명합니다.

그러나 〈대우모(大禹謨)〉와 〈고요모(皐陶謨)〉의 첫 번째 절의 예(例)를 가지고 기준해보면, 어찌 〈순전〉이라고 해서 유독 '왈약계고(曰若稽古)'라는 글을 빼버렸겠습니까. 이는 문자의 체제상 당연한 것입니다. 그러나 바로 이 한 절이 양한(兩漢)과 위(魏)·진(晉)을 지나면서도 전해지지 않다가, 소제(蕭齊)[234] 때에 이르러 대항두(大航頭)[235]에서 얻었다고 하니, 진실로 믿음이 가지 않아서 매번 이 장을 읽을 때마다 의혹이 더욱더 생겨납니다. 비단 녹문(鹿門)만이 세상을 속였다고 단정한 것이 아닙니다.[236]

(徂落 승하)하셨다.'라고 했다." 하였는데, 주자는 《집주(集註)》에서 "〈요전〉은 〈우서(虞書)〉의 편명(篇名)이다. 지금 이 글은 바로 〈순전〉에 보이니, 옛 《서경》은 두 편이 혹 합하여 하나였던 듯하다.〔堯典, 虞書篇名. 今此文, 乃見於舜典, 蓋古書, 二篇或合爲一耳.〕"라고 풀이하였다.

233 복생(伏生) : 한(漢)나라의 제남(濟南) 사람으로 자는 자천(子賤)이다. 진(秦)나라 때 《상서(尙書)》를 전공하여 박사를 지냈다. 한나라 문제(文帝) 때 《상서》를 구하였는데, 책은 이미 사라지고, 당시 90여 세인 복생만이 《상서》를 기억하고 있었으나 늙어서 거동할 수 없었으므로 조조(鼂錯)를 보내어 구전(口傳)한 29편을 전수받아 오게 하니, 이것이 바로 《금문상서(今文尙書)》이다. 《史記 卷121 儒林列傳》

234 소제(蕭齊) : 중국(中國) 남북조(南北朝) 시대 소도성(蕭道成)이 송(宋)나라를 이어 세운 나라로, 7대 23년(479~502) 만에 양(梁)나라에게 멸망하였다.

235 대항두(大航頭) : 대항의 머리 부분으로, 대항은 당시 제(齊)나라 수도인 건강(建康) 주작문(朱雀門) 밖에 있던 배다리를 가리킨다.

236 비단……아닙니다 : 녹문(鹿門)은 임성주(任聖周, 1711~1788)의 호이다. 이 내용은 《녹문집(鹿門集)》 권15 〈잡저(雜著) 상서(尙書)〉의 "그 뒤에 또 이 28자와 전문을 위조하여 보완한 자가 있어서 세상을 속인 것이다.〔其後又有人僞補此二十八字及傳文, 以欺世耳.〕"라는 내용을 가리켜 말한 것이다. 임성주는 자가 중사(仲思), 본관이 풍천(豐川)으로 도암(陶庵) 이재(李縡)의 문인이다. 1733년(영조9) 사마시에 합격하

또 '현덕(玄德)'의 '현(玄)' 자[237]는 〈순전〉 전편(全篇)의 요점이 되는데, 경전 가운데에 조금도 보이는 바가 없으니, 또한 지극히 의심스럽습니다. 다만 촉한(蜀漢) 소열제(昭烈帝)의 자(字)가 현덕이니 이 글에서 취한 듯한데, 또한 이것을 가지고 증거로 삼을 수 없으니, 노형께서는 일찍이 어떻게 보셨습니까?

〈요전〉·〈순전〉의 두 전(典)과 〈대우모(大禹謨)〉는 주(朱) 선생이 일찍이 시정(是正)하셨으나, 바로 이 28자(字)는 일찍이 곧바로 위작(僞作)이라고 단정하지 않으셨으니, 마땅히 자신을 믿지 않고 스승(주자)을 믿는다는 뜻으로 대처할 뿐입니다.

또 성경(聖經)은 매우 존엄하니, 만약 구구절절 의심을 일으킨다면 거의 한 구(句)도 그대로 남아 있는 것이 없을 것입니다. 어찌 함부로 손을 대는 행위가 되지 않겠습니까. 이미 명백한 증거가 없다면 다만 마땅히 의심스러운 것을 전하여 후세의 주자를 기다리는 것이 허물을 적게 하는 방도가 될 것이니, 고견은 어떠신지 모르겠습니다.

고, 1750년 세자익위사 세마(洗馬)가 되고 시직(侍直)으로 승진하였으나 곧 사직하고, 1758년 공주의 녹문(鹿門)에 은거하였다. 1776년 정조가 즉위한 뒤에 동궁을 보도(輔導)하고 지방관을 지내다가 다시 녹문에 은거하여 학문 연구로 여생을 보냈다. 처음 스승을 따라 낙론(洛論)을 주장하다가 중년에 이르러 낙론과 호론(湖論)을 모두 비판하고, 화담(花潭) 서경덕(徐敬德)의 기일원론(氣一元論)을 계승 발전시켜 기일분수설(氣一分殊說)을 주장하여 한 학맥을 이루었다.

237 현덕(玄德)의 현(玄) 자 : 현덕은 《고문상서》 〈순전(舜典)〉에 보이는 '현덕승문(玄德升聞)'의 현덕으로 심오한 덕이란 뜻이다.

이자강에게 줌 기묘년 9월

與李子岡 己卯九月

중양절(重陽節)[238] 다음 날 징악 장인(澄岳丈人)[239]의 초청을 받아 함께 도봉산(道峯山)에 들어가 소광정(昭曠亭) 위에서 밤을 새우니, 가을색이 비록 저물었으나 그래도 그윽하게 감상할 만하였습니다. 밝은 달빛이 비추는 높은 누대에 모여 앉아 가르침을 받았는데, 훌륭한 말씀과 오묘한 의논이 물소리와 함께 서로 오르내리니, 자못 사람(나)으로 하여금 형체와 정신을 초월하게 하였습니다.

다음 날 아침에 마주 대하여 조(趙) 선생과 송(宋) 선생[240]의 유서(遺書)를 읽어보니, 또한 건궤(巾几)에 질문하려던 소원[241]을 충분히 위로

238 중양절(重陽節) : 세시 명절의 하나로, 음력 9월 9일을 이른다. 이날 남자들은 산에 올라 시를 짓고 국화주를 마셨으며, 가정에서는 국화전을 만들어 먹는 풍속이 있었다.

239 징악 장인(澄岳丈人) : 노주(老洲) 오희상(吳熙常)으로, 자세한 내용은 105쪽 주218 참조.

240 조(趙) 선생과 송(宋) 선생 : 조 선생은 정암(靜菴) 조광조(趙光祖)를, 송 선생은 우암(尤菴) 송시열(宋時烈)을 이른다.

241 건궤(巾几)에 질문하려던 소원 : 건궤는 원래 수건과 궤안(几案)으로 일상에 쓰이는 가재도구를 가리키는 말인데, 여기서는 스승이란 뜻으로 쓰였다. 이 내용은 주자가 염계(濂溪) 주돈이(周敦頤)를 추모한 시의 "도상의 뜻을 가지고 건궤의 곁에서 질문하기 원하였으나, 선생은 조용하여 말씀이 없으시니 천한 이 사람 눈물만 줄줄 흘리노라.〔願以圖象意, 質之巾几傍, 先生寂無言, 賤子涕泗滂.〕"라는 구절을 원용한 것이다. 도상은 주돈이가 지은 태극설(太極說)에 붙인 태극도(太極圖)를 가리킨다.

할 수 있었습니다. 이어서 발걸음을 돌려 서계(西溪)로 들어가서 청절사(淸節祠)에 배알하니,[242] 천석(泉石)과 형국(形局)이 도봉산보다 나은 듯하였는데, 취향이 다른 사람들[243]에게 맡겨져 있는 것이 애석하였습니다. 그러나 예전 그대로 청절사는 매월옹(梅月翁)에게 속해 있었습니다.

말하는 차에 절반은 노형 이야기를 하였으니, 단지 한 사람이 적은 것이 한스러울 뿐만이 아니었습니다. 산의 구름과 골짝의 새들도 또한 서글픈 마음을 품는 듯하였으니, 짐작컨대 노형께서도 응당 감통(感通)하는 것이 있었을 것입니다.

한 가지 받들어 질문할 것이 있으니, 《주자어류(朱子語類)》 제1편의 〈이기(理氣)〉 권(卷)에 이르기를 "만약 태극이 없으면 곧 천지가 번(翻)하지 못한다.〔若無太極, 便不翻了天地.〕" 하였는데, 이 '번(飜)' 자를 마땅히 어떻게 해석해야 합니까? 나는 속으로 생각하기를, 번은

242 서계(西溪)로……배알하니 : 서계는 수락산(水落山) 서쪽에 있는 계곡 이름이며, 청절사(淸節祠)는 생육신의 한 분으로 수락산에서 수도한 매월당(梅月堂) 김시습(金時習)을 위해 서계 박세당(朴世堂, 1629~1703)이 세운 사당이다. 당시 홍산(鴻山)의 무량사(無量寺)에 있던 매월당의 진영(眞影)을 모사하여 모셨으며, 1701년(숙종27) 청절사라는 편액을 하사받았다. 현재는 존재하지 않고 그 자리에 노강서원(鷺江書院)이 들어서 있다. 박세당은 자가 계긍(季肯), 호가 서계(西溪), 본관이 반남(潘南)으로, 일찍이 사서(四書)와 《서경》, 《시경》에 대해 《사변록(思辨錄)》이라는 주해서(註解書)를 저술하여 주자(朱子)의 주해를 반박하였으며, 삼전도비(三田渡碑)의 비문을 썼던 이경석(李景奭)의 신도비명을 지으면서 이경석을 비난한 송시열(宋時烈)을 소인이라고 폄하하여, 노론의 거센 반발을 불러 1703년(숙종29) 4월에 성균관 유생 홍계적(洪啓迪) 등 180명의 상소로 탄핵을 받았다. 《肅宗實錄 29年 4月 17日》

243 취향이 다른 사람들 : 노론(老論) 계열인 매산과 달리 청절사를 지은 서계 박세당과 그의 후손들이 소론(少論) 계열이므로 이렇게 말한 것이다.

번동(飜動)한다는 뜻이니, 만약 이(理)가 없으면 천지의 기(氣)를 동할 수가 없어서 사시(四時)를 운행하여 백물(百物)을 낳을 수 없다는 말이라고 여겼습니다.

남당(南塘)[244]은 번복(飜覆)이라는 뜻으로 인식하고 '불(不)' 자를 오자(誤字)라 하여 '이(已)' 자로 보고자 하였으며, 오장(吳丈)은 말씀하기를 "'불(不)' 자 위에 거불(詎不)의 뜻을 띠고 있는 것으로 보아 《시경》의 '유주불현(有周不顯)'의 불(不)과 같이 보면 통한다."[245] 하였는데, 모두 옳지 않을 듯합니다. '번(飜)' 자를 태극이 동하여 양을 낳는다는 '동(動)' 자로 보면 문장이 순하여 알기 어렵지 않을 듯하니, 고견을 받들어 듣기를 원합니다.

244 남당(南塘) : 한원진(韓元震, 1682~1751)의 호로, 자는 덕소(德昭), 본관은 청주(淸州), 시호는 문순(文純)이다. 권상하(權尙夏)의 문인으로 강문팔학사(江門八學士)의 한 사람이다. 1717년(숙종43) 학행으로 천거되어 영릉 참봉이 되었고, 세자익위사 부솔(世子翊衛司副率) 등의 벼슬을 역임하였다. 성리학에 정통하여 호락논쟁(湖洛論爭)에서 호론(湖論)의 좌장이 되어 이간(李柬)을 중심으로 한 낙론(洛論)의 인물성동론(人物性同論)의 주장에 반대하여 인성(人性)과 물성(物性)이 다르다고 주장하였다.

245 불(不) 자……통한다 : '유주불현(有周不顯)'은 《시경》 〈대아(大雅) 문왕(文王)〉 편의 구절인데, 주자가 《집전(集傳)》에서 "불현(不顯)은 기불현(豈不顯)이라는 말과 같다.〔不顯, 猶言豈不顯也.〕"라고 주하였는바, '곧 천지를 번복하지 않겠는가.'로 해석한 것이다.

이자강에게 줌 기묘년 섣달 보름

與李子岡 己卯臘月望日

지난 번 만났을 적에, '장자(長子)를 위해 담제(禫祭)를 지낸다.'는 한 조항에 논의가 미쳤었는데, 담제를 지내지 않는 것을 정론(定論)으로 삼는다는 가르침을 받았습니다. 돌아와서 《예기》〈상복소기(喪服小記)〉를 상고해보니, 여기에 이르기를 "부모와 처와 장자를 위하여 담제를 지낸다." 하였는데, 여기의 장자는 바로 참최복(斬衰服)을 입는 경우[246]를 말합니다.

장자를 위하여 참최복을 입으면 장자를 위하여 담제를 지내는 것이 당연하지만, 만약 참최복을 입지 않고 기년복(朞年服)을 입는다면, 아내의 상에 장기(杖朞)를 하고 삼년의 체제를 구비하는 것[247]과는 차이가 있으니, 진실로 연제(練祭)와 대상(大祥)과 담제를 말할 만한 것이

246 여기의……경우 : 참최복(斬衰服)은 모두 삼년복이다. 자신이 장자여서 부모 이상을 모시는데, 그의 장자가 죽으면 이는 적장자(嫡長子)라 참최 삼년복을 입고, 그 나머지 아들은 기년복을 입으며, 자신이 차자이면 아들이 비록 장자라도 참최복을 입지 않고 기년복을 입는다. 그 이유는 자신이 장자로서 부모나 조부모를 모시다가 먼저 죽을 경우 그의 적장자가 승중(承重)이라 하여 아버지를 대신해 조부모와 증조부모의 상에 삼년복을 입기 때문이다.

247 아내의……구비하는 것 : 장기(杖朞)는 상장(喪杖)을 짚는 기년복을 이른다. 기년복은 장기와 불장기(不杖朞)로 나뉘는데, 장기는 아버지가 살아계시고 어머니가 별세했을 경우 압존(壓尊)이 되어 부득이 어머니를 위해 입거나 아내의 상에만 입는바, 이 경우 죽은 지 11개월 되는 달에 소상제를 지내고 13개월 되는 첫 기일(忌日)에 대상제를 지내고 한 달을 건너 담제를 지낸다.

없으니, 담제를 지내지 않는 것이 또한 마땅합니다.

노형께서는 비록 기년복을 입더라도 삼년복을 입는 자가 있으므로, 아들을 위하여 두 번 제사하여 이미 소상과 대상을 지냈으면 또 담제를 행해야 합니다. 그러나 담제는 복을 벗는 제사인데, 노형에게는 벗을 복이 없으니, 그렇다면 담제는 진실로 의미가 없습니다.

그러나 마땅히 영자부(令子婦 남의 며느리에 대한 존칭)를 위하여 담제를 지내되, 자신이 주인이 되어서 슬픈 정을 다하는 것이 〈상복소기(喪服小記)〉에 '장자를 위하여 담제를 지낸다.'는 내용에 맞을 듯합니다.

〈소(疏)〉에 이르기를 "아내가 남편을 위해서도 또한 담제를 지낸다." 하였습니다. 이는 행할 만한 분명한 증거가 되는데, 의중(意中)이 어떠신지 모르겠습니다.

이자강에게 줌 경진년[248] 6월 28일

與李子岡 庚辰六月廿八日

맹하(孟夏)에 노주(老洲) 오장(吳丈)과 중주관(中州館)[249]에서 만나기로 약속하였는데, 오장은 노형도 반드시 올 것이라고 하셨고, 주인어른[250] 또한 이미 약속을 하여 단구(丹邱)[251]에서 만나기로 했다고 하므로, 서로 마주 앉은 채 우두커니 기다리며 장차 매우 좋은 소식이 올 것이라고 기대했었습니다. 주인어른이 마침 형의 편지를 받고서 보여주었는데, 이 가운데에 천한 저와 장차 서로 손을 잡고 선암(仙巖)과 옥병(玉屛)[252] 사이를 걷겠다는 말씀이 있었습니다.

한벽루(寒碧樓)[253]에 오르자 다시 중주장(中州丈)[254]이 쓴 편지를 받

248 경진년(庚辰年) : 1820년(순조20)으로, 매산의 나이 45세 되던 해이다.

249 중주관(中州館) : 충원현(忠原縣) 관아에 있는 객관(客館)으로 보인다. 이때 영서(穎西) 임로(任魯)가 충원 현감으로 있어서 매산이 이곳을 방문한 기록이 〈연보〉에 보인다. 중주와 충원은 모두 지금의 충주(忠州)를 이른다.

250 주인어른 : 영서(穎西) 임로(任魯)로, 당시 충원 현감으로 있었기 때문에 이렇게 칭한 것이다.

251 단구(丹邱) : 단구(丹丘)로도 표기하는데, 단양군 장회원(長會院)에 있는 협곡으로, 탁영(濯纓) 김일손(金馹孫, 1464~1498)이 이곳을 지나다가 절경(絶境)에 명칭이 없음을 안타깝게 여겨 처음으로 단구협(丹丘峽)이라고 이름하였다고 한다. 《국역 신증동국여지승람 제14권 충청도 단양군》

252 선암(仙巖)과 옥병(玉屛) : 단양팔경(丹陽八景)의 상선암·중선암·하선암과 옥순봉(玉筍峰)을 말한 것으로 보인다.

253 한벽루(寒碧樓) : 1317년(고려 충숙왕4)에 청풍현(淸風縣 지금의 제천시(堤川市))이 군(郡)으로 승격된 것을 기념하여 관아 옆에 세운 누각으로, 우암(尤庵) 송시열

았는데, 형의 일산(日傘)이 이미 조령(鳥嶺) 길을 따라 떠났다고 하셨습니다. 우리들은 서로 바라보며 어찌할 바를 몰라 가슴 속에 있는 뜻을 다 말하지 못하니, 골짝 하늘의 구름도 이 때문에 쓸쓸한 빛을 띠었습니다. 어찌 한 번 고삐를 우회(迂廻)하는 수고를 아끼셔서 두 번 얻기 어려운 좋은 기회를 잃으신단 말입니까.

두 어른은 당대 제일류의 인물들이고, 네 군(郡)[255]은 우리 해동(海東)에서 경치가 제일 좋은 구역이며, 또 청화(淸和)한 시절[256]을 만나서 적막한 산에 사람이 없는데 물이 흐르고 꽃이 피었으니, 네 아름다움을 갖추고 두 어려움을 함께 하였다[257]고 이를 만합니다. 우리 형께서 이 자리에 참여하셨더라면 참으로 불후(不朽)의 일이 될 만하니, 다만 아름다운 경치를 훌륭한 시로 읊으며 술잔을 주고받는 영광이 될 뿐만이 아니었습니다.[258] 사람의 일이 원만하기 어려움은 예로부터 일그러

(宋時烈), 곡운(谷雲) 김수증(金壽增)의 편액과 추사(秋史) 김정희(金正喜)가 쓴 액자가 있다. 1872년(고종9) 대홍수로 파괴되었던 것을 1875년 복원하였고, 1985년 충주댐 건설로 이 지역이 수몰되자 청풍문화재단지로 옮겨놓았다.

254 중주장(中州丈) : 위의 주249, 250 참조.

255 네 군(郡) : 매산이 당시 유람하였던 충원(忠原), 단양(丹陽), 청풍(淸風), 영월(寧越)을 이르는바, 이 내용은 본집의 〈연보〉 경진년 조에 보인다.

256 청화(淸和)한 시절 : 날씨가 청명하고 따뜻한 시절이란 뜻으로, 음력 4월을 말한다.

257 네……하였다 : 네 아름다움〔四美〕은 좋은 시절과 아름다운 경치, 그리고 이것을 감상하는 마음과 즐거운 일을 가리키며, 두 가지 어려움〔二難〕은 훌륭한 주인과 손님이 만나는 것인바, 왕발(王勃)의 〈등왕각 서(滕王閣序)〉에 "네 아름다움이 모두 갖추어지고 두 어려움이 함께 하였다.〔四美具, 二難幷.〕"라고 보인다.

258 아름다운……아니었습니다 : 원문의 '홍쟁(泓崢)'은 '홍쟁소슬(泓崢蕭瑟)'의 줄인 말로 빼어난 산천의 경치를 훌륭한 시문으로 형상화하는 것을 말한다. 진(晉)나라 완부(阮孚)가 '숲에는 조용히 있는 나무가 없고 내에는 정체한 물이 없다.〔林無靜樹,

진 세상에 늘 있는 일이지만, 그 모이기 어려운 이유로 연연한 마음이 더합니다.

이 모임에 다만 형이 오지 않았을 뿐인데, 어찌 구도(龜島)의 거령(巨靈)[259]이 형을 더럽다고 생각하여 받아주지 않았다고 말합니까? 지나고 나서 변명하심에 가깝지 않겠습니까. 저는 마땅히 단구(丹邱)의 신(神)을 위하여 해조(解嘲)의 글을 쓸 것이니,[260] 매우 우습고 매우 우습습니다.

유람한 일은 응당 두 현자의 편지를 통하여 들어서 아실 것이니, 번거롭게 덧붙여 말할 것이 없습니다.

한벽루에서 중주장과 헤어진 이후로 오장과 함께 영월(寧越)로 들어가 여러 명승지를 찾아다니니 진실로 크게 상쾌하였고, 자규루(子規

川無停流.]'라는 곽박(郭璞)의 시를 대하고, "홍생 소슬한 느낌을 어떻게 말로 표현할 수가 없는데, 이 글을 접할 때마다 나는 나의 정신이 형체를 떠나 멀리 비상(飛翔)하는 듯한 감회에 젖곤 한다."라고 평한 데에서 나온 것이다.《世說新語 文學》'준조(樽俎)'는 술동이와 고기를 써는 도마로 술자리를 이른다.

259 구도(龜島)의 거령(巨靈) : 구도는 단양팔경 중의 구담봉(龜潭峰)을 이른 것으로 보인다. 거령은 전설상의 하신(河神)의 이름으로, 먼 옛날 황하가 화산(華山)에 막혀 흐르지 못하자, 화산을 쪼개서 태화산(太華山), 소화산(少華山) 둘로 나누어 황하를 그 중간으로 흐르게 했다고 한다.

260 단구(丹邱)의……것이니 : 단구의 신은 바로 위의 구도의 거령을 달리 표현한 것이다. 해조(解嘲)는 세상의 조롱에 대해 해명함을 이른다. 전한(前漢) 말기의 학자인 양웅(揚雄, 기원전53~기원후18)이 빈한한 생활을 하며《주역》을 모방하여《태현경(太玄經)》을 저술하고 있을 적에 어떤 사람이 "당신의 도(道)가 아직 설익어서 이렇게 곤궁한 게 아닌가?"라고 조롱하자, 양웅이 〈해조〉를 지어 부귀영화를 초탈하여 담박하게 살아가려는 자신의 마음을 표현한 고사가 있다.《漢書 卷87 揚雄傳下》단구에 대해서는 앞의 주251 참조.

樓)[261]에 올라 청령포(淸泠浦)[262]를 굽어보며 지난날의 자취를 구경함에 마치 눈앞의 일처럼 역력하여 서로 함께 눈물을 흘리니, 사람으로 하여금 충의(忠義)의 마음이 크게 일어나게 하였습니다.

저 정난(靖難)한 여러분[263]들은 또한 무슨 마음이었을까요? 죽음은 혹 태산(泰山)보다 무겁기도 하고 혹 기러기 털보다 가볍기도 하니,[264] 똑같이 한 번 죽는 것인데, 어찌 굳이 이와 같은 일을 했단 말입니까.

261 자규루(子規樓) : 지금의 강원도 영월군(寧越郡) 영흥리(永興里)에 있는 누각으로 원래 1428년(세종10)에 영월 군수 신권근(申權近)이 창건하여 매죽루(梅竹樓)라고 부르던 건물이다. 청령포로 유배된 단종이 그 해 여름 홍수로 강물이 범람하자 당시 관아 건물이던 관풍헌(觀風軒)으로 거처를 옮겼는데, 단종은 관풍헌 바로 동쪽에 있는 매죽루에 자주 올라 자규시(子規詩)를 읊어 자신의 서글픈 심정을 토로하였으므로 후인들이 자규루로 개칭하였다고 한다.

262 청령포(淸泠浦) : 지금의 영월군 광천리(廣川里)의 남한강 상류에 있는 명승지로, 남쪽은 층암절벽으로 막혀 있고 동・북・서쪽은 남한강 상류의 지류인 서강(西江)이 곡류하고 있어 배로 강을 건너지 않으면 밖으로 나갈 수 없는 특수지형인바, 1457년(세조3) 세조에 의하여 노산군(魯山君)으로 강봉된 단종이 처음 유배되었던 곳이다.

263 정난(靖難)한 여러분 : 1453년(단종 원년) 계유년(癸酉年)에 세조가 정권을 장악하기 위해 일으킨 계유정난(癸酉靖難)의 주도 세력들을 이른다. 정난은 나라의 위난(危難)을 평정한다는 말이다.

264 죽음은……하니 : 이 내용은 한나라 사마천(司馬遷)이 지은 〈보임소경서(報任少卿書)〉의 "사람은 모두 한 번 죽게 마련인데, 사람의 죽음은 혹 태산보다 무겁기도 하고 혹 기러기 털보다 가볍기도 하다.〔人固有一死，或重於太山，或輕於鴻毛，用之所趨異也.〕"라는 구절을 원용한 것이다. 《文選 卷41》

이자강에게 줌 신사년[265] 6월 20일

與李子岡 辛巳六月二十日

병으로 신음한 뒤에 감히 책을 보지 못하다가, 우연히 삼연옹(三淵翁)이 지은 졸재(拙齋)의 지문(誌文)[266]을 보니, 여기에 이르기를

"이(理)를 논함에 있어 모름지기 네 가지 종류로 이론을 세워야 한다. 하나는 '본연의 이(理)를 물건에 명하는 것'이고, 또 하나는 '기(氣)를 타고 유행하는 것'이고, 또 하나는 '이(理)와 기(氣)가 혼융(渾融 섞여 있음)하여 하나로 합하는 것'이고, 또 하나는 '이와 기가 분개(分開 나뉘어 있음)되어 각각 주장하는 것'이다. 응당 이와 같이 보아야 하는데, 율곡(栗谷)의 견해는 유행과 혼융에만 편벽되었다."

하였으니, 노형은 이에 대해 어떻게 이해합니까?

'본연의 이(理)를 물건에 명하는 것'과 '기(氣)를 타고 유행하는 것'을 말하였다면, 이미 혼융하고 분개하는 묘(妙)를 다하였으니, 또다시 혼융과 분개를 말하는 것은 군더더기가 아니겠습니까.

265 신사년(辛巳年) : 1821년(순조21)으로, 매산의 나이 46세 되던 해이다.

266 삼연옹(三淵翁)이……지문(誌文) : 삼연옹은 김창흡(金昌翕, 1653~1722)으로 그의 호가 삼연(三淵)이므로 이렇게 존칭한 것인바, 자세한 내용은 85쪽 주172 참조. 졸재(拙齋)는 졸수재(拙修齋)를 줄여 말한 것으로 조성기(趙聖期, 1638~1689)의 호인바, 자는 성경(成卿), 본관은 임천(林川)이다. 어려서부터 학문에 힘써 일찍이 성리학을 깊이 연구하였는데, 아버지의 뜻에 따라 사마시에 응시하여 여러 번 합격하였으나, 몸에 병치레가 잦자 과거를 포기하고 학문에만 전심하여 성리학에 깊은 조예를 쌓아 농암 김창협, 삼연 김창흡의 예우(禮遇)를 받았다. 이 묘지명은《삼연집(三淵集)》권27에 '졸수재조공묘지명(拙修齋趙公墓誌銘)'이란 제목으로 실려 있다.

이른바 '본연의 이를 물건에 명한다'는 것은 바로 태극(太極)의 본체(本體)를 가리킨 것이고, '기를 타고 유행한다'는 것은 바로 동(動)하는 양(陽)과 정(靜)하는 음(陰)을 가리킨 것이며, '혼융하여 하나로 합하는 것'은 바로 통체(統體)의 태극을 가리킨 것이고, '분개되어 각각 주장하는 것'은 바로 물건에 각각 갖추어진〔各具〕 태극을 가리킨 것입니다. 이렇게 보는 것이 졸수재(拙修齋) 어른의 본뜻에 어긋나지나 않는지 모르겠습니다. 훌륭한 고견을 받들어 듣기 원합니다.

삼연옹은 이 어른에 대해서 너무 지나치게 추켜세워 자랑하고 칭찬하여 심지어는 우암(尤菴)과 나란히 들기까지 하였으니, 저는 속으로 월단평(月旦評)[267]에 기준이 없음을 염려합니다.

농옹(農翁 농암 김창협)께서 말씀하신 "수렴(收斂)하고 함양(涵養)하는 공부가 부족하여 그의 재능과 기개, 생각이 끝내 정당하지 못하였다."[268]는 것이 다시 평할 것이 없을 듯한데, 고견은 어떠신지 모르겠습니다.

267 월단평(月旦評) : 매달 초하루에 행해지는 인물에 대한 비평을 이른다. 후한(後漢) 영제(靈帝) 때 여남(汝南)의 명사인 허소(許劭)와 그의 종형제인 허정(許靖)은 매달 초하루에 지방 사람들의 인물을 평했는데, 이 인물평이 정확해서 사람들은 '여남의 월단평'이라고 부르며 높이 평가하였다.《後漢書 卷68 許劭列傳》

268 농옹(農翁)께서……못하였다 : 이 내용은《농암집》연보(年譜) 기사년(己巳年) 조의 일기(日記)에 보이는바, 전문은 아래와 같다. "이 공(公 조성기)은 학식이 깊고 넓다. 사색과 궁리에 지극한 심력(心力)을 기울이고 강설과 논변이 고금을 꿰뚫었으니, 보통 사람들은 미칠 수가 없었다. 그리고 높은 풍류와 인륜에 대한 애호는 더더욱 지금 세상에 보기 드문 것이었으니, 공과 종유한 5, 6년 동안 나 자신도 계발되는 유익함이 상당히 있었다. 다만 수렴하고 함양하는 공부가 부족하였으니, 처음 학문에 발을 들여놓기를 사학(史學)으로부터 했기 때문에 기본적인 틀과 생각이 아무래도 정당하지 못했던 것이다. 지난날 이 점에 대해 충고한 적도 꽤 있었지만 생각을 남김없이 다 개진하지 못했는데, 결국 유명(幽明)을 달리해 버렸으니 더욱 한스럽다."《농암집 제35권 연보》

이자강에게 답함 신사년 섣달 18일

答李子岡 辛巳臘月十八日

과거(科擧) 외에 다른 중요한 일이 있음을 알지 못하는 것은 도성(都城)부터 이미 그러하니, 하물며 남쪽 변방이겠습니까. 귀읍(貴邑)[269]은 장옥(場屋)의 학문에 깊이 빠진 자들이 있어서 그래도 정문(程文)[270]을 익힐 줄 아나, 이른바 경화(京華)의 사대부들은 백지(白地)에 맨손으로 한갓 과환(科宦)을 도둑질하는 것을 능사로 삼고 있어서, 작게는 깜깜한 밤중에 담을 뚫고 넘어가 도둑질을 하고 크게는 대낮에 강도질을 하여 빼앗으니, 이와 같은 자들에게 장차 어떻게 가르침을 베풀 수 있겠습니까.

대령(大嶺) 이남[271]은 풍기(風氣)가 쇠진하여 선정(先正)이 남긴 가르침이 이미 오래 전에 실추되고 사라져서 더 이상 추로(鄒魯)의 옛 풍속[272]이 없으나, 그래도 한양(漢陽)보다는 나으니, 이 지방 사람들을

269 귀읍(貴邑) : 이자강이 현감(縣監)으로 부임한 경상도 의성(義城)을 이른다. 이자강은 1820년(순조20) 1월에 의성 현감에 제수되었다. 《承政院日記 純祖 20年》

270 정문(程文) : 과장에서 쓰는 일정한 법식이 있는 문장, 즉 과문체(科文體)를 이른다.

271 대령(大嶺) 이남 : 경상도를 이른다. 대령은 큰 고개라는 일반 명사인데, 여기서는 새재〔鳥嶺〕와 죽령(竹嶺)을 가리킨 것이다.

272 추로(鄒魯)의 옛 풍속 : 예의(禮儀)와 문교(文敎)가 넘치는 아름다운 풍속을 이르는바, 추(鄒)나라는 맹자(孟子)의 출생지이고 노(魯)나라는 공자(孔子)의 출생지이므로 이렇게 말한다.

형편에 따라 잘 인도하면 거의 도(道)에 이르게 될 것인데, 이는 오직 위에 있는 자가 몸으로 솔선하여 어떻게 가르치느냐에 달려있을 뿐입니다.

서사(書社 선비들의 독서회)에 각각 강장(講長)을 두고서, 늘 준걸의 선비들을 향교(鄕校)에 모아서 스스로 강석(講席)을 주관하게 하여 진실한 마음으로 사람들을 고무하고 양성한다면, 정신이 높이 진작되는 곳에 응당 바람과 풀의 형세[273]가 있을 것입니다.

바라건대 처음이 있고 끝이 있어서, 권여(權輿)를 잇지 못한다는 한탄[274]이 없게 하는 것이 어떻겠습니까.

향약(鄕約)[275]은 더욱 시행하지 않을 수 없는 것이니, 우리 형이 아니

273 바람과 풀의 형세 : 백성을 다스리는 위정자를 바람에 비유하고 백성들을 풀에 비유하여, 풀이 바람 부는 대로 쏠리듯이 백성들 또한 위정자의 인도함에 순종함을 말한 것으로, 《논어》 〈안연(顔淵)〉의 "군자의 덕은 바람이요 소인의 덕은 풀이다. 풀에 바람이 가해지면 풀은 반드시 쓰러진다.〔君子之德, 風; 小人之德, 草, 草上之風, 必偃.〕"라는 구절을 원용한 것이다.

274 권여(權輿)를……한탄 : 뜻이 처음과 여일(如一)하게 하지 못하는 것을 한탄함을 이른다. 《시경》 〈진풍(秦風) 권여〉에 "나에게 큰 집이 깊고 넓더니, 지금에는 밥먹을 때마다 남음이 없도다. 아, 권여를 잇지 못함이여.〔於我乎, 夏屋渠渠, 今也, 每食無餘, 于嗟乎, 不承權輿.〕"라고 보이는바, 이는 군주가 현자를 초치해서 처음에는 큰 집을 하사하여 살게 하였으나 지금은 박대하여 식사조차 남는 것이 없어, 군주가 처음을 잇지 못함을 현자가 한탄한 시이다. 권여는 사물의 처음을 이르는바, 권(權)은 저울대이고 여(輿)는 수레의 깔판으로, '저울을 만들 때는 저울대부터 만들고 수레를 만들 때는 깔판부터 만든다'는 의미에서 유래하였다.

275 향약(鄕約) : '향촌규약(鄕村規約)'의 줄인 말이다. 조선 시대 양반들의 향촌 자치의 일환으로, 유교적 예절과 풍속을 향촌 사회에 보급하여 도덕적 질서를 확립하고 미풍양속을 진작시키며 각종 재난(災難)을 당했을 때 상부상조하기 위해 만들어진 규

면 어느 곳에서 이러한 조처를 볼 수 있겠습니까? 이 뒤에 사람들이 믿고 따르는 것은 진실로 기필하기 어려우나, 어찌 미리 장래를 헤아려서 마땅히 해야 할 일을 하지 않을 수 있겠습니까.

기묘년에 제공(諸公)들이 임금께 아뢰어 이 법을 시행할 적에,[276] 백성 중에 자기 아버지를 봉양하기 어렵다 하여 들 가운데에 버렸다가, 향약을 장차 시행하려 한다는 말을 듣고는 즉시 아버지를 다시 모신 자가 있었으니, 그 효험이 참으로 그림자와 메아리보다도 더 빠릅니다.

좋은 풍속이 온 영남 지방에 널리 유포되어서 백세(百世)가 되어도 없어지지 않을 것임을 이것을 가지고 점칠 수 있습니다. 이 아우가 늙었습니다만 행여 영남의 풍속이 크게 변했다는 말을 듣는다면, 이 어찌 수백 년 만에 오는 한 좋은 때가 아니겠습니까.

말세의 풍속이 도도(滔滔)하여 달리 말할 만한 것이 없으나, 이중에도 올바른 교화와 예법을 무익하다고 하는 것이 가장 나쁘니, 어찌 이런 이치가 있겠습니까. 이것은 바로 갓옷을 입어서 추위를 막으면

약이다. 고려 시대부터 지방 수령들의 가렴주구를 막고 향리의 풍속을 진작시키기 위해 설치한 유향소(留鄕所)가 조선 중기에 접어들면서 유명무실해졌는데, 중종반정 후 정계에 등장한 사림파 관료들이 유향소의 부진한 상태를 회복하기 위해, 1519년(중종14)에 《소학(小學)》에 기재된 〈여씨향약(呂氏鄕約)〉을 지방의 유향소와 한성의 5부, 각 동 약정(約正)에 공급하여 향약을 실시하도록 명하였다. 그러나 같은 해에 발발한 기묘사화(己卯士禍)로 조광조(趙光祖) 이하 70여 명의 신진 사류들이 참화를 당하자 향약은 폐지되었는데, 뒤에 명종(明宗) 때부터 강제로 시행하기보다는 각 지방의 특수성에 적합한 향약을 설정하자는 논의가 일어나, 이후 각 지방의 향약이 성립되어 널리 전파되었다.

276 기묘년에……시행할 적에 : 기묘년은 중종 14년(1519)이며, 제공(諸公)은 조광조(趙光祖)·김안국(金安國) 등의 사림파를 이른다.

곧 따뜻하게 되는 것과 같습니다. 어찌 자기 스스로 원기를 잘 보양하여 스스로 만족하다 하여, 여우 털과 담비 가죽을 어느 곳에 쓰겠느냐고 말할 수 있겠습니까.

이자강에게 답함 임오년[277] 윤3월 24일

答李子岡 壬午閏三月卄四日

구우(邱隅)의 귀신의 변고[278]는 변고 중에 큰 것입니다. 이는 요망한 재앙이니, 양(陽)이 쇠약해서 그렇게 된 것입니다. 옛날에 귀신이 가슴을 치면서 뛰고 머리를 산발하여 시끄럽게 떠든 일이 진실로 간혹 있었지만, 이런 일은 한밤중에 일어났으니, 귀신이 언제 일찍이 이번처럼 몸을 드러내놓고 서로 말하면서 못하는 짓이 없었던 적이 있었습니까. 사람과 귀신이 뒤섞임이 이처럼 지극한 지경에 이르렀으니, 좋은 소식이 아닐 듯합니다.

진실로 그의 말과 같아서 고려(高麗)를 위하여 충절을 다했다면, 반천 년 동안 잠잠하여 그림자와 메아리도 없이 조용하다가 갑자기 영혼이 나타나서 사람을 노예처럼 부리니, 이는 그 이유를 찾으려하나 찾을 수 없는 것입니다. 주인어른과 축문(祝文)을 지은 자[279]가 모두

277 임오년(壬午年) : 1822년(순조22)으로, 매산의 나이 47세 되던 해이다.

278 구우(邱隅)의 귀신의 변고 : 구우는 김기서(金基敍, 1765~?)의 호이다. 자는 정택(正宅), 본관은 청풍(淸風)이며 1803년(순조3) 증광 문과에 급제하고 벼슬이 정언에 이르렀는데, 1827년에 이조원(李肇源)과 함께 1814년 순조의 병환 때 순조를 해치려 하였다는 탄핵을 받고 추자도(楸子島)로 유배되었다가 1835년(헌종1)에 해배(解配)되고 신원되었다. 김기서에게 일어난 이 귀신의 변고는 당시 양주(楊州)의 평구리(平邱里)에 살던 김기서에게 고려 말엽의 청로 장군(淸虜將軍) 수월당(水月堂) 정득양(鄭得揚)이라고 자처한 혼령이 나타난 일로, 자세한 내용이 《국역조선왕조실록》 순조 22년 4월 8일자 기사에 보인다.

279 주인어른과……지은 자 : 주인어른은 김기서를 이르고, 축문을 지은 자는 김매순

높은 식견이 있는 분이므로 응당 공경으로써 이것을 이기고 바름으로써 복종시킬 것이니, 이른바 '망량(魍魎)의 간사함을 대비하고 이매(魑魅)의 미혹됨을 막는다'[280]는 것을 굳이 말할 것이 없는데, 지금 마침내 귀신의 지시를 따라 미치지 못할 듯이 하고 있으니, 이는 또한 '일곱 성인이 모두 혼미했다'[281]는 것입니까?

진실로 귀신이 들보에서 휘파람을 불면서 수수께끼 같은 말을 할 적에 곧바로 포은(圃隱)과 야은(冶隱)[282]을 함께 칭했다고 하니, 이는

(金邁淳, 1776～1840)으로, 자는 덕수(德叟), 호는 대산(臺山), 본관은 안동(安東), 시호는 문청(文淸)이다. 1795년(정조19) 정시 문과에 급제하고 벼슬이 예조 참판에 이르렀다. 《국역조선왕조실록 순조 22년 4월 8일》

280 망량(魍魎)의……막는다 : 망량은 고대의 전설에 나오는 목석(木石)이 변신한 요괴(妖怪)를 이르고 이매(魑魅)는 옛날 산택(山澤)에서 사람을 해치던 요괴를 이르는데, 모두 범연히 귀신과 요괴를 가리키기도 한다. 이 내용은 《연감류함(淵鑑類函)》 권320 〈영이부(靈異部)〉의 "솥을 주조하고 여기에 여러 가지 형상의 물건을 새겨 넣어 성인께서 망량의 간사함을 대비하시고, 거울을 매달고 여기에 형상을 비춰보아 도사들은 이매의 미혹을 막는다.〔鑄鼎象物, 聖人備罔兩之姦, 懸鏡鑒形, 道士防魑魅之惑.〕"라는 구절을 원용한 것이다.

281 일곱……혼미했다 : 일곱 성인은, 황제(黃帝)・방명(方明)・창우(昌寓)・장약(張若)・습붕(謵朋)・곤혼(昆閽)・골계(滑稽)를 이른다. 황제가 구자산(具茨山)에서 대괴(大隗)를 만나 보려고 여섯 사람을 데리고 길을 떠났는데, 양성(襄城) 들판에 이르러 방향을 잃고 말을 기르는 동자(童子)에게 길을 물은 고사를 말한 것이다. 《莊子 卷6 徐無鬼》

282 포은(圃隱)과 야은(冶隱) : 포은은 정몽주(鄭夢周, 1337～1392)의 호로, 자는 달가(達可), 본관은 영일(迎日), 호는 문충(文忠)이다. 1357년(공민왕6) 감시(監試)에 합격하고, 1360년 문과에 장원하여 벼슬이 문하시중에 이르렀다. 이성계(李成桂 태조)의 위망(威望)이 날로 높아지자 기회를 보아 이들을 제거하려 하였으나, 도리어 선죽교(善竹橋)에서 이방원(李芳遠 태종)의 부하인 조영규(趙英珪) 등에게 격살되었

보통 사람의 마음에서 나올 수 있는 것이 아닐 듯한데, 어찌하여 이런 짓을 한 것인지는 알 수가 없습니다.

한문공(韓文公)이 말씀하기를

“사람이 귀신을 두려워하는 이유는 귀신을 보지 못하기 때문이니, 만일 귀신을 볼 수 있다면 사람들이 귀신을 두려워하지 않을 것이다.”

라고 하였습니다.[283] 이 말이 이치를 통달하였으니, 어찌 나라를 위해 스스로 은둔하여 지조를 지켰던 선비가 죽어서 그 뼈가 이미 썩었는데, 백겁(百劫 오랜 세월)의 뒤에 몸을 드러내기를 이와 같이 할 수가 있겠습니까?

참으로 걸출한 인물이라면, 그 귀신이 매우 영험하다 하더라도 두려워할 것이 없을 텐데, 하물며 전혀 이러한 이치가 없음에 있어서이겠습니까. 이는 반드시 산의 요괴(妖怪)와 나무의 도깨비가 이름을 빌려 사람을 유혹하는 것일 것입니다.

요사한 음기(陰氣)가 왕성함에 재앙과 요망이 이와 같으니, 앞으로의 근심이 어디에 이를지를 알지 못하여 더욱 사람(나)으로 하여금 벽(壁)을 감돌며 서성이게 합니다. 노형께서는 유명(幽明)의 연고에 통달하고 사생(死生)의 이론을 아시는데,[284] 어찌 이러한 뜻을 가지고

다. 1517년(중종12) 문묘에 종향되었다. 야은은 길재(吉再, 1353~1419)의 호로 자는 재보(再父), 본관은 해평(海平)이다. 목은(牧隱) 이색(李穡), 포은 정몽주와 함께 ‘고려 삼은(三隱)’으로 불린다. 태조가 새로운 왕조를 세우려 하자, 고향인 선산 봉계(鳳溪)로 돌아와 조정의 부름에 나아가지 않고 여생을 마쳤다.

283 한문공(韓文公)이……하였습니다 : 한문공은 당나라의 문장가인 한유(韓愈, 768~824)로 시호가 문(文)이기 때문에 이렇게 칭한 것이다. 자는 퇴지(退之)이다. 이 내용은 《설부(說郛)》 권27 〈박댁편(泊宅編)〉에 그대로 보인다.

두 현자(賢者)에게 통렬히 말씀해 주시지 않습니까?

284 유명(幽明)의……아시는데 : 유명과 사생은 저승과 이승 또는 삶과 죽음을 이르는 말인바, 이 내용은 《주역》 〈계사전 상(繫辭傳上)〉의 "위로는 천문을 관찰하고 아래로는 지리를 살피므로 유(幽)·명(明)의 원인을 알며, 시작을 근원하여 종(終)에 돌이켜 연구하므로 사(死)·생(生)의 이론을 안다.〔仰以觀於天文, 俯以察於地理, 是故, 知幽明之故, 原始反終, 故知死生之說.〕"라는 구절을 원용한 것이다.

이자강에게 줌 임오년 5월 초하루

與李子岡 壬午午初吉

긴긴 해에 계속되는 공부가 현재 어느 책에 있습니까? 《진서산집(眞西山集)》[285] 또한 멈추지 않고 참고하고 연구하십니까? 이 문집의 뛰어난 점은 오로지 주의(奏議)에 있습니다. 크게는 일에 합당하고 작게는 얽매임이 없어서 사기(事機)에 간절하고 분수에 밝으니, 참으로 시무(時務)를 아는 준걸입니다.

그의 경세제민(經世濟民)하는 큰 솜씨는 마땅히 육경여(陸敬輿)[286]와 백중(伯仲)이 될 만한데, 천덕(天德)에 근본하고 경학(經學)으로 문장을 지어 그 뜻이 순수하여 한결같이 정도(正道)에서 나온 것은 육경여가 미칠 수 있는 것이 아닙니다. 애석한 것은 좋은 시절과 운명을 만나지 못해서 빈말이 되어 시행되지 못한 점입니다.

285 진서산집(眞西山集) : 남송(南宋)의 학자이자 문신인 진덕수(眞德秀, 1178~1235)의 문집으로, 보통 《서산문집(西山文集)》으로 칭해진다. 진덕수는 호가 서산, 자가 경원(景元)이다. 영종(寧宗) 경원(慶元) 5년(1199) 진사시에 급제하고 벼슬이 참지정사(參知政事)에 이르렀으며, 주자학(朱子學)의 대가로 경원(慶元) 연간에 한탁주(韓侂胄)에 의해 위학(僞學)으로 몰려 침체됐던 주자학의 부흥에 공헌한 바가 컸다.

286 육경여(陸敬輿) : 당나라 중기의 명신(名臣) 육지(陸贄, 754~805)로 경여는 그의 자이고 시호는 선공(宣公)이다. 대종(代宗) 대력(大曆) 연간에 진사시에 급제하고 벼슬이 중서평장사(中書平章事)에 이르렀는데 직간(直諫)을 잘하였다. 주의(奏議)는 신하가 임금에게 올리는 상소(上疏)와 차자(箚子) 등의 글을 이르는데, 육지의 주의는 매우 뛰어난 명문들로, 이를 모은 〈육선공주의(陸宣公奏議)〉는 주의의 모범으로 후대 문신들의 필독서가 되었다.

또 타고난 재분(才分)이 매우 순수하고 일찍부터 학문을 좋아하였으며,[287] 삼엄한 당고(黨錮)의 금령(禁令)[288]을 당하여 바른 길이 막힌 뒤에도, 의연히 사문(斯文)을 계승하는 일을 자임하고 창도하여 밝히고 진작해서, 자양(紫陽)[289]의 진전(眞傳)이 천하와 후세에 끊기지 않게 하였으니, 이것이 바로 진서산(眞西山)의 공로입니다.

다만 출처(出處)가 바르지 못해서 식자(識者)들의 비난을 받으니,[290] 이를 서글퍼하고 한스러워하는 것입니다. 제왕(濟王)은 사자(嗣

287 일찍부터 학문을 좋아하였으며 : 원문은 '호학결조(好學 缺 早)'인바, 이는 '호학(好學)' 자 다음에 빠진 글자가 있다는 표시인데, 의미상 큰 문제가 없으므로 그대로 번역하였다.

288 당고(黨錮)의 금령(禁令) : 경원당금(慶元黨禁)을 이른 것인바, 경원은 남송(南宋) 영종(寧宗)의 연호로 1195년부터 1200년까지이다. 경원 연간에 한탁주(韓侂胄)와 조여우(趙汝愚)가 권력을 다퉜는데, 주자는 조여우의 편을 들었으나 한탁주의 득세를 막지 못하였다. 정권을 잡은 한탁주는 경원 2년 8월에 승상 조여우 이하 59인을 모두 몰아내고 주자의 도학(道學)을 위학(僞學)으로 규정하여 주자의 학문을 일절 금지시키니, 이를 경원당금이라 하였다. 위학이란 거짓된 학문이라는 뜻으로, 한탁주 등은 욕망에 따라 자기 마음대로 사는 것이 인간의 진정한 속성인데, 이를 단속하여 굳이 수양하게 하려는 주자의 학문은 허위라고 주장하면서 도학을 배척하는 명분으로 삼았다. 《宋史 卷474 韓侂胄傳》, 《宋史 卷434 蔡元定傳》

289 자양(紫陽) : 주자(朱子)의 별호이다. 주자의 부친 주송(朱松)이 자양산에서 독서하였는데, 뒤에 주자가 복건(福建)의 숭안(崇安)에 살면서 정사(精舍)의 이름을 자양서실(紫陽書室)이라고 한 데서 붙여진 이름이다.

290 출처(出處)가……받으니 : 출처는 조정에 나가 벼슬하거나 집에 물러나 은거함을 이른다. 출처가 바르지 못하다는 것은, 진덕수가 영종(寧宗)의 황태자인 조횡(趙竑)의 교육을 담당한 사부로서, 조횡이 폐위되고 이종(理宗)이 즉위한 뒤에 벼슬에서 물러나야 했으나 이렇게 하지 못한 것을 이른다. 조횡은 당시 재상으로 권력을 전횡하고 있던 간신 사미원(史彌遠)을 공공연히 미워하였는데, 영종이 위독해지자 사미원이 조

子)이지만 아직 동궁(東宮)에서 지위를 바로잡지 못하였고,[291] 진서산이 궁중에서 가르침을 담당한 것은 빈사(賓師)로서이니, 또한 복종하여 섬기는 관료와는 다릅니다. 그렇다면 제왕과는 애당초 군신간의 분수가 없어서, 진실로 죽을 만한 의리가 없으니, 왕규(王珪)와 위징(魏徵)[292]에게 비교될 수 있는 것이 아니나, 다만 이종(理宗)을 섬겨서는 안 됩니다.

이종이 선제(先帝)의 명을 날조하여 제왕의 자리를 빼앗았으니, 이것이 비록 권세를 잡은 간흉(姦凶)[293]에게서 나왔으나, 이종이 신기(神

서를 위조하고 양황후(楊皇后)를 설득하여 조횡을 폐하고 조윤(趙昀)을 옹립하니, 이가 바로 이종이다.

291 제왕(濟王)은……못하였고 : 제왕은 황태자였던 조횡이 폐위된 뒤에 봉해진 봉호이다. 조횡은 황태자에 책봉되었으나 지위가 확고하지 못해 결국 간신 사미원에 의해 폐위되었으므로 말한 것이다.

292 왕규(王珪)와 위징(魏徵) : 두 사람 모두 당나라 개국공신이자 태종(太宗)을 도와 정관(貞觀)의 치(治)라는 태평시대를 연 명신들이다. 수(隋)나라 말기 당나라를 일으킨 고조(高祖) 이연(李淵)에게는 정실부인이 낳은 세 아들이 있었는데, 태자 이건성(李建成)과 진왕(秦王) 이세민(李世民), 제왕(齊王) 이원길(李元吉)이었다. 처음 봉기하여 당나라를 세운 것이 모두 이세민의 공로였으므로 고조는 이세민을 태자로 세우려 하였으나, 이세민이 형에게 사양하여 이건성이 태자가 되었다. 이에 고조는 왕규와 위징에게 태자를 보필하게 하였다. 그러나 당시 개국에 동참했던 인물들이 점점 이세민에게 붙으니, 이건성은 원길과 함께 이세민을 제거하려 하였으나 이세민의 역습을 받고 도리어 함께 죽임을 당하였다. 그리하여 이세민이 즉위하니, 이가 바로 태종이다. 이때 왕규와 위징은 태자인 이건성에게 충절을 지키지 못하고 태종에게 등용되었으므로 후세에서 이들을 실절(失節)한 자라고 비판하였다.

293 권세를 잡은 간흉(姦凶) : 당시 재상이던 사미원(史彌遠)을 이른다. 효종(孝宗) 순희(淳熙) 14년(1187)에 진사가 되어 출사하고 영종, 이종 때 재상을 지냈다. 영종 개희(開禧) 2년(1206) 금나라를 정벌하기 위해 북벌(北伐)을 강행한 재상 한탁주(韓侂

器)를 곁눈질하여 밤낮으로 빈틈없이 치밀하게 준비하여 끝내 그들에 의해 옹립되었으니,[294] 이 또한 찬탈(簒奪)입니다.

삼강(三綱)과 구법(九法)[295]이 이미 다 사라졌으니, 다만 명분과 의

冑)가 금나라에게 패하자, 이듬해 사미원이 영종의 묵인 아래 한탁주를 죽여 그의 수급(首級)을 금나라에 넘겨주고 강화를 성사시키고 이 공로로 재상이 되어 권력을 전횡하였다. 사후에 위왕(衛王)으로 봉해졌고, 충헌(忠獻)이란 시호를 받았다.

294 이종이……옹립되었으니 : 신기(神器)는 원래 왕위(王位) 계승에 따르는 보물인 옥새(玉璽)나 보정(寶鼎)을 이르는데, 곧바로 왕위를 가리키기도 한다. 원문의 '주무(綢繆)'는 유사시에 대비하여 미리 빈틈없이 치밀하게 준비함을 이르는 말로, 《시경》〈치효(鴟鴞)〉에 "비가 오기 전 날씨가 좋을 때에 저 뽕나무 뿌리를 거두어다가 창문을 칭칭 감는다면, 지금 이 아래에 있는 사람들이 혹시라도 감히 나를 업신여기겠는가.〔迨天之未陰雨, 徹彼桑土, 綢繆牖戶, 今此下民, 或敢侮予.〕"라는 구절에서 유래하였다.

295 삼강(三綱)과 구법(九法) : 삼강은 충(忠)·효(孝)·열(烈)을 의미하는 말로 오륜(五倫)과 함께 유교(儒教)의 기본 윤리가 된다. 강은 벼리로 그물 상단에 있는 큰 줄을 이르는바, 삼강은 군주는 신하의 벼리가 되고〔君爲臣綱〕 아버지는 자식의 벼리가 되고〔父爲子綱〕 남편은 부인의 벼리가 됨〔夫爲婦綱〕을 가리킨다. 구법은 곧 홍범(洪範)의 구주(九疇)를 가리킨다. 홍범은 《서경》의 편명으로 나라를 다스리는 큰 법이란 뜻이고 구주는 아홉 가지 무리란 뜻으로, 옛날 우(禹) 임금이 홍수를 다스릴 적에 낙수(洛水)에서 거북이가 나왔는데, 그 등에 1에서 9까지의 점이 그려져 있는 것을 보고 홍범 구주를 만들었다고 하는 바, 첫 번째는 금(金)·목(木)·수(水)·화(火)·토(土)의 오행(五行)이고, 두 번째는 모(貌)·언(言)·시(視)·청(聽)·사(思)의 오사(五事)이며, 세 번째는 식(食)·화(貨)·사(祀)·사공(司空)·사도(司徒)·사구(司寇)·빈(賓)·사(師)의 팔정(八政)이고, 네 번째는 세(歲)·월(月)·일(日)·성신(星辰)·역수(曆數)의 오기(五紀)이며, 다섯 번째는 황극(皇極)이고, 여섯 번째는 정직(正直)·강극(剛克)·유극(柔克)의 삼덕(三德)이며, 일곱 번째는 우(雨)·제(霽)·몽(蒙)·역(驛)·극(克)·정(貞)·회(悔)의 계의(稽疑)이고, 여덟 번째는 우(雨)·양(暘)·욱(燠)·한(寒)·풍(風)·시(時)의 서징(庶徵)이며, 아홉 번째는 수(壽)·부(富)·강녕(康寧)·유호덕(攸好德)·고종명(考終命)의 오복(五福)과 흉단절(凶短折)·병(病)·우(憂)·빈(貧)·악(惡)·약(弱)의 육극(六極)인데, 이 홍범구

리가 바르지 못할 뿐만이 아닙니다. 선비는 이러한 때를 당하면 오직 의관(衣冠)을 다 찢어버리고 떠나갈 뿐이니, 어찌 나와서 벼슬을 할 수 있단 말입니까.

진서산이 자기 몸을 굽혀서 섬긴 것은 비록 위엄을 두려워하고 이익에 유혹되어 그런 것이 아니지만, 식견이 높지 못해서 자신의 지조를 잃음에 이르렀으니, 율옹(栗翁)께서 허형(許衡)과 똑같이 책망하신 것[296]이 당연하며, 녹옹(鹿翁)이 실신(失身)했다고 단정한 것[297] 또한

주는 치국의 요체로 인식되어 왔다.

296 율옹(栗翁)께서……것 : 율옹은 율곡 이이를 높여 칭한 것이며, 허형(許衡, 1209~1281)은 원나라 세조(世祖) 때의 유학자로 자는 중평(仲平), 호는 노재(魯齋), 시호는 문정(文正)이다. 주자학자로서 원나라 초기, 주자학의 기초를 닦았다. 원나라 헌종(憲宗) 4년(1254)에 천거되어 경조 제학(京兆提學)과 국자좨주(國子祭酒) 등의 요직을 맡았으며 세조 때에 집현태학사 겸 영태사원사(集賢大學士兼領太史院事)가 되어 수시력(授時曆)의 편찬을 주도하였다. 율곡의 책망은《율곡전서(栗谷全書)》권26〈성학집요(聖學輯要) 성현도통(聖賢道統)〉의 "신이 살펴보건대, 주자의 뒤에 진덕수와 허형이 있어 유가(儒家)로써 세상에 이름이 났으나, 이들의 출처와 대절을 살펴봄에 의논의 여지가 있을 듯하여 감히 여기에 수록하지 않았습니다.〔臣按, 朱子之後, 有眞德秀、許衡, 以儒名世, 而考其出處大節, 似有可議, 故不敢收載.〕"라는 구절을 가리킨 것이다.

297 녹옹(鹿翁)이……것 : 녹옹은 호가 녹문(鹿門)인 임성주(任聖周)를 높여 칭한 것으로, 이 내용은《녹문집(鹿門集)》권21〈논(論) 진서산사이종론(眞西山事理宗論)〉의 "옛날 율곡 선생께서 허형과 오징(吳澄)을 논하면서 실신(失身)했다고 말할 수는 있지만 실절(失節)했다고 말할 수는 없다고 하셨으니, 또한 이것으로 판단한다면 거의 바른 뜻에 가까울 것이다.〔昔栗谷先生論許衡、吳澄, 以爲可謂之失身, 而不可謂之失節, 論西山者, 亦以是折之, 則庶乎其近之矣.〕"라는 구절을 가리켜서 말한 것이다. 실신은 선비가 나쁜 세상에 나가 벼슬하지 않아야 하는데 벼슬하여 지조를 잃는 것이고 실절은 자기가 섬기던 군주를 버리고 다른 사람을 섬기는 것으로, 실절을 더욱 나쁘게

가혹한 평이 아닙니다.

오직 제왕(濟王)에게 증휼(贈恤)의 은전을 내릴 것을 청하고, 이종에게 형제간의 윤리를 다할 것을 청하여 삼강(三綱)과 오상(五常)의 소중함을 간곡히 말한 것은, 이는 바로 남들이 말하기 어려운 것을 말한 것이고 옛 태자(제왕)를 위하여 신하의 직분도 다한 것이니, 그의 지극한 정성과 고심(苦心)은 천지에 세우고 신명에게 질정할 수가 있어서, 지금까지도 사람들로 하여금 가슴을 치고 길게 탄식하게 합니다.

매번 그를 위하여 정상(情狀)을 깊이 밝혀서 그가 허물이 없게 될 방도를 찾았으나, 출처는 바로 선비들의 큰 절개가 되므로 현자들이 완비하기를 요구합니다. 이 때문에 제가 수없이 생각했음에도 불구하고 끝내 용서할 만한 말을 얻지 못하여, 결국 율곡과 녹문 두 현자의 말씀을 정론(定論)으로 삼으니, 이는 제가 감히 남을 꾸짖기를 잘하려는 데에서 나온 것이 아닙니다. 훌륭하신 고견은 어떠신지 모르겠습니다.

보았다. 임성주에 대한 자세한 내용은 114쪽 주236 참조.

이자강에게 줌 임오년 6월 24일

與李子岡 壬午六月廿四日

신병(身病)으로 누워 한만하게 〈관영전(管寧傳)〉[298]을 읽어보았습니다. 이 사람은 시대를 분명하게 알고 처신을 제대로 하여 난세에 스스로 몸을 온전히 할 수 있었으니, 진실로 한 시대의 고사(高士)입니다. 바다를 항해하여 고향으로 돌아간 뒤에 조비(曹丕)가 불러서 등용하고자 하였으나, 굳이 사양하고 벼슬을 받지 않았으니, 저 순욱(荀彧)과 화흠(華歆) 등의 능사(能事)가 파벽(破壁)에 있었던 것[299]

298 관영전(管寧傳) : 《삼국지(三國志)》 권11에 있는 〈관영전〉을 이른다. 관영(158~241)은 자가 유안(幼安)으로, 영제(靈帝) 때 황건적(黃巾賊)의 난리를 피하여 요동(遼東)으로 건너가 40년 동안 생도들을 가르쳤는데, 평생 나무로 만든 평상에 무릎 꿇고 앉아 학문에 전심하여 평상 위의 무릎 닿는 곳이 모두 닳아 뚫렸을 정도로 곧고 청렴하였다. 위(魏)나라 문제(文帝)인 조비(曹丕)가 태중대부(太中大夫)의 벼슬을 내리고 명제(明帝)인 조예(曹叡)가 광록훈(光祿勳)의 벼슬을 내렸으나, 모두 나아가지 않았다.

299 순욱(荀彧)과……것 : 순욱(163~212)은 후한 말기 조조(曹操)의 책사로, 자는 문약(文若)이다. 천하가 혼란해지자 조조에게 귀의하여 군국(軍國)의 대사를 함께 의논하여, 조조로부터 자신의 장자방(張子房)이라는 칭찬을 받았다. 건안(建安) 17년(212) 조조가 헌제(獻帝)에게 구석(九錫)을 받으려 하자 이를 만류하며 천하를 위해 충절의 뜻을 갖고 겸양의 미덕을 지켜야 함을 충고하자, 조조가 그를 불편해 하니, 순욱은 고민 끝에 독약을 마시고 자살하였다. 《後漢書 卷70 荀彧傳》 화흠(華歆 157~231)은 자가 자어(子魚)로 후한 말에 효렴(孝廉)으로 천거되어 낭중(郎中)에 올랐는데, 뒤에 조조에게 귀의하여 시중(侍中)을 거쳐 순욱(荀彧)을 대신해 상서령(尙書令)을 지냈다. 건안(建安) 25년(220) 조조가 죽자, 헌제(獻帝)를 협박해 조비(曹丕)에게 제위를 선양하게 하는 데 앞장섰다. 조비가 칭제한 뒤 상국(相國)이 되고, 안락향후(安

과 비교하면, 이 사이에는 벌레와 고니의 현격한 차이가 있을 뿐만이 아닙니다.

다만 이른바 상소(上疏)하여 조비를 칭송한 글에 "큰 기업(基業)을 이어서 덕이 삼황(三皇)에 비견되고 교화가 유당(有唐)에 넘친다."[300] 하였으니, 백규(白圭)에 티가 되지 않겠습니까.[301]

만약 한(漢)나라 유민(遺民)으로서 스스로 의리에 맞게 처신하여 지조를 지켰다면 마땅히 공승(龔勝)의 죽음[302]을 맞았어야 할 터인데, 어찌하여 상소를 하며 또 어찌하여 조비의 공덕을 찬양하기를 이와

樂鄕侯)에 봉해졌다. '파벽(破壁)'은 '파벽비거(破壁飛去)'를 줄여 쓴 것으로 범인(凡人)이 갑자기 출세함을 비유한다. 남조(南朝) 양(梁)나라의 화가인 장승요(張僧繇)가 금릉(金陵)에 있는 안락사(安樂寺)의 벽에 눈동자가 없는 용 네 마리를 그리고는 눈동자를 그리면 날아가 버릴 것이라고 하였는데, 사람들이 믿지 않자 마침내 눈동자를 그렸더니, 천둥과 번개가 치면서 용들이 벽을 부수고 하늘로 날아가 버렸다는 고사에서 유래하였다.

300 삼황(三皇)에……넘친다 : 삼황은 고대의 신성(神聖)한 황제로 태호 복희씨(太昊 伏羲氏), 염제 신농씨(炎帝神農氏), 황제 헌원씨(黃帝軒轅氏)를 가리키며, 유당(有唐)은 제요(帝堯)의 당(唐)나라를 가리킨다.

301 백규(白圭)에……않겠습니까 : 말을 신중히 하라는 경계를 지키지 못함을 힐책한 것이다. 백규는 백옥(白玉)으로 만든 규(圭)로, 제후의 신표(信標)이다. 《시경》 〈대아(大雅) 억(抑)〉에 "백규의 티는 갈아서 없앨 수 있지만, 이 말의 결함은 어찌할 수가 없느니라.〔白圭之玷, 尙可磨也, 斯言之玷, 不可爲也.〕"라고 하였다. 〈억(抑)〉 편은 춘추 시대 위(衛)나라 무공(武公)이 스스로를 경계하기 위해 지은 시이다.

302 공승(龔勝)의 죽음 : 공승(기원전 68~기원후 11)은 전한(前漢)의 명신으로 자는 군실(君實)이다. 한 애제(漢哀帝) 때 광록대부(光祿大夫) 등의 벼슬을 지냈는데, 왕망(王莽)이 집정하자 물러났다. 왕망이 사람을 보내 태자사우(太子師友)와 좨주(祭酒)로 불렀지만 끝내 불응하고, 문인들에게 자신의 상(喪)을 준비하도록 명한 다음 곡기를 끊고 14일 만에 별세하였다. 《漢書 卷72 兩龔傳》

같이 지나치게 했단 말입니까? 그가 벼슬하지 않은 것은 다만 나이가 기애(耆艾)[303]를 넘어서 근력으로 신하의 예(禮)를 행하기 어려워서요, 역순(逆順)[304]을 잘 분변한 데에서 나온 것이 아닙니다.

소자유(蘇子由)가 관유안(管幼安)의 찬(贊)을 지어 말하기를,

"젊어서는 한(漢)나라 사람이 아니었고, 늙어서는 위(魏)나라 사람이 아니었네. 무어라고 명명(命名)해야 하는가? 하늘의 일민(逸民)이었네."

하였으니,[305] '일민' 두 글자는 거의 부끄러움이 없으나, '젊어서는 한나라 사람이 아니었다.'라는 말은 적이 생각건대 의(義)에 해로울 듯합니다.

젊어서 한나라의 세신(世臣)으로 한나라의 땅에서 생장했는데, 자기 몸이 출사하지 않았다고 핑계를 대면서 한나라 황실의 큰 도둑인

303 기애(耆艾) : 노인을 지칭하는 말로, 60세를 기(耆)라 하고, 50세를 애(艾)라 한다. 《예기》 〈곡례 상(曲禮上)〉에, "50을 애라 하니 관복을 입고 정사에 참여할 수 있으며, 60을 기라 하니 사람들을 부릴 수 있다〔五十曰艾, 服官政, 六十曰耆, 指使.〕"라고 보인다.

304 역순(逆順) : 도리에 위배됨을 역, 도리에 맞음을 순이라 하는바, 한나라를 찬탈한 조비를 역으로 보아 말한 것이다.

305 소자유(蘇子由)가……하였으니 : 자유는 북송(北宋)의 문장가인 소철(蘇轍, 1039~1112)의 자이고 호는 난성(欒城) 또는 영빈(穎濱), 시호는 문정(文定)이다. 당송팔대가(唐宋八大家) 중의 하나이자, 소순(蘇洵)의 아들이고 소식(蘇軾)의 동생으로 함께 '삼소(三蘇)'로 불렸다. 인종(仁宗) 가우(嘉祐) 2년(1057) 19세의 나이로 형 소식과 함께 진사시에 급제하고 벼슬이 문하시랑(門下侍郞)에 이르렀으며 많은 고전의 주석서와 문집 《난성집(欒城集)》을 남겼다. 본문의 찬은 《난성 제3집(欒城第三集)》 권5에 '관유안화찬(管幼安畫贊)'이란 제목으로 실려 있다. 유안은 관영의 자이다.

조비에게 아첨할 수 있단 말입니까? 이 정도 되는 사람에게는 완비하기를 책망할 수 있고 그가 아첨한 일에 대해서는 유감이 없지 못하니, 제가 감히 고인(古人)을 교묘하게 헐뜯어 기필코 남의 동조를 취하려는 것이 아닙니다. 노형께서는 이에 대하여 어떻게 생각하십니까? 월단평(月旦評)을 받들어 듣기를 원합니다.

이자강에게 답함 임오년 7월 6일

答李子岡 壬午七月六日

보내주신 편지에서, 삼연옹(三淵翁)이 누박(樓朴)의 처신을 논하면서 단장경(檀長卿)의 원숭이 춤으로 단정했다[306]고 하였는데, 이는 무슨 일을 가지고 말씀한 것인지 상고할 만한 문자가 있지 않습니다. 그러나 김씨(金氏)들에게 들어보면, 이 사람이 청성(淸城) 부자(父子)[307]

306 삼연옹(三淵翁)이……단정했다 : 삼연옹은 호가 삼연인 김창흡(金昌翕)을 이르고 누박(樓朴)은 서계(西溪) 박세당(朴世堂)을 이른다. 서계가 지금의 도봉구 도봉동인 양주(楊州) 석천동(石泉洞)의 누원(樓院 다락원)에 은거하였기 때문에 이렇게 부른 것이다. 박세당에 대한 자세한 내용은 117쪽 주242 참조. 이 내용은 삼연이 서계의 제자이면서 자신과도 가까웠던 서당(西堂) 이덕수(李德壽)에게 보낸 편지에 "그대가 빗자루를 잡고 서계의 집안을 출입한 지가 오래 되었으니, 또한 서계의 본말을 알겠지요? 지난날 원숭이가 되어 평은후의 집에서 춤을 추었으니, 이 사람은 이인이 아닙니다.〔左右之操篲出入久矣, 亦知夫西溪本末乎? 向者爲沐猴, 舞於平恩侯第者, 非異人也.〕"라고 한 구절을 가리킨다.《三淵集 券22 書》단장경(檀長卿)은 한나라 선제(宣帝) 때에 장신궁 소부(長信宮少府)의 벼슬을 지낸 인물로, 단장경이 원숭이 춤을 추었다는 것은, 선제 때 평은후(平恩侯) 허백(許伯)이 새 집으로 이사하면서 승상을 비롯한 요직의 인물들을 모두 초청하여 잔치를 벌였는데, 이때 단장경이 일어나 원숭이가 되어 개와 싸우는 춤을 추니, 모두가 웃었던 고사를 인용한 것으로, 여기서는 서계가 누군가에게 심하게 아첨하였다는 뜻으로 쓰인바, 아래의 글을 보아 당시 외척으로 세도가인 김석주(金錫胄)를 가리킨 듯하다.《漢書 卷77 蓋寬饒傳》

307 청성(淸城) 부자(父子) : 청성부원군(淸城府院君) 김석주(金錫胄, 1616~1671)와 그의 아버지인 김좌명(金佐明, 1664~1689)을 이른다. 김석주는 자가 사백(斯百), 호가 식암(息菴), 본관은 청풍(淸風), 시호는 문충(文忠)이다. 1662년(현종3) 증광문과에 장원하여, 벼슬이 우의정에 이르렀다. 1674년 갑인환국 때 남인의 허적(許積)

와 은밀히 교분을 맺고 복종하여 섬기면서 못하는 짓이 없어서, 청성이 귀계(歸溪)[308] 비의 명문(銘文)을 받기까지 하였습니다. 그가 이른바 '염퇴(恬退)'했다는 것 또한 청환(淸宦)에 있었던 후인(後人)의 분노로 인하여 그러한 것이라고 합니다.[309]

이 말이 사실인지 아닌지는 논할 것이 없으니, 삼연옹께서 '그(서계 박세당)가 몸을 깨끗이 한 것을 인정하고 그의 기왕의 잘못을 추궁하지 말아야 하니, 장점은 그의 장점으로 돌아가야 한다.'라고 한 평(評)[310]이 옳습니다.

등과 결탁하여 서인을 축출하는데 일익을 담당하였으나, 이후 남인 정권이 지나치게 강성하자 다시 서인과 제휴하여 경신대출척을 일으켜 남인 정권을 축출하였다. 김좌명은 자가 일정(一正), 시호가 충숙(忠肅)으로 영의정 김육(金堉)의 아들이다. 1644년(인조22) 별시 문과에 급제하고 벼슬이 병조 판서에 이르렀다.

308 귀계(歸溪) : 김석주의 부친인 김좌명(金佐明)의 호이다.

309 염퇴(恬退)했다는……합니다 : 염퇴는 명리(名利)에 뜻이 없어 벼슬을 버리고 물러감을 이른다. 청환(淸宦)에 있었던 후인(後人)은 민시중(閔蓍重)으로 보이는바, 관련된 사건이 《조선왕조실록》 현종 9년 8월 11일 기사에 다음과 같이 보인다. "박세당은 벼슬하지 않으려고 하다가 금부에 내려져서 곤장을 맞고 마지못해 행공(行公)하였는데, 사명을 받들게 되자 사직하여 체차되었다. 박세당이 애초에 전랑(銓郎)에 추천되었을 때에 민시중(閔蓍重)이 예전의 일을 가지고 비난을 했기 때문에, 박세당이 이것을 이유로 사직하여 인피(引避)하고 삼사(三司)의 직임에도 오래도록 나아가지 않았다." 청환은 깨끗한 벼슬로 삼사(三司)의 관원이나 이조의 낭관을 이르는바, 당시 민시중이 이조 좌랑으로 있었던 듯하다.

310 삼연옹께서……평(評) : 삼연의 평은 위의 주306에 언급한 이덕수(李德壽)에게 보낸 편지의 구절 바로 다음에 "지금 안석에 편안히 기댄 모습이 예전의 날뛰던 모습이 아니라면, 그가 몸을 깨끗이 한 것을 인정하고 그의 기왕의 잘못을 추궁하지 말아야 하니, 장점은 그의 장점으로 돌아가야 한다.〔今之隱几, 非昔之跳踉, 則與其潔, 不追其旣往, 長處還他長處.〕"라고 한 구절을 가리킨 것이다.

다만 여색(女色)을 탐한 한 가지 일[311]은 이분에게 있어 종신의 누(累)가 됩니다. 음탕하여 남녀 간에 분별이 없고 끝 간 데 없이 방탕하게 놀아 왕왕 의(義)를 무너뜨리고 예(禮)를 범(犯)하였으니, 작은 덕(德)의 출입[312]이라고 말할 수가 없습니다.

이 때문에 이윤(尼尹)이 그의 생질(甥姪)인 정재(定齋)에게 경계한 편지에 또한 이르기를 "정자(程子)가 주공숙(周恭叔)을 책망한 것이 엄하고 간절할 뿐만이 아니니, 자기 몸을 다스리는 자는 의당 이것을 소홀히 여기고 그냥 지나쳐서는 안 되는데, 공(公)의 집안은 이것을 작은 염치나 하찮은 근신(謹愼)으로 여겨서 그리 유념하지 않는다." 하였으니,[313] 그가 욕심을 멋대로 부리고 검속함이 없어서 인척들의

311 여색(女色)을……일 : 무엇을 가리키는지는 자세하지 않다. 원문의 '어색(漁色)'은 여색을 탐함을 이르는 말로, 《예기》 〈방기(坊記)〉의 "제후는 물고기를 잡듯 여색을 탐하여 취하지 않는다.〔諸侯不下漁色〕"라고 보이는데, 공영달(孔穎達)의 소(疏)에 "어색은 어부가 물고기를 잡을 적에 그물 안에 든 것을 모두 취함을 이른다. 비유하자면 미색을 취함에 마음에 드는 자를 모두 취하는 것이 마치 어부가 물고기를 구하듯이 하기 때문에, 어색이라고 말한 것이다.〔漁色, 謂漁人取魚, 中網者皆取之, 譬如取美色, 中意者皆取之, 若漁人求魚, 故云漁色.〕"라고 하였다.

312 작은 덕(德)의 출입 : 이 내용은 《논어》 〈자장(子張)〉의 "큰 덕이 한계를 넘지 않으면 작은 덕은 출입이 있어도 괜찮다.〔大德, 不踰閑, 小德出入, 可也.〕"라는 구절을 원용한 것이다. 출입은 때로는 도덕의 범주에 들고 때로는 도덕의 범주를 벗어남을 이른다.

313 이윤(尼尹)이……하였으니 : 이윤은 윤증(尹拯, 1629~1714)으로, 그가 거주하던 충청도의 노성(魯城)에 이구산(尼丘山)이 있어 노성을 이산(尼山)이라고도 부르기 때문에 이렇게 칭한 것이다. 자는 자인(子仁), 호는 명재(明齋), 본관은 파평(坡平)으로 학문에만 전념하여 여러 차례 천거되어 조정의 부름을 받았으나 나아가지 않았다. 원래 송시열(宋時烈)의 고제(高弟)였으나, 1674년(현종15)에 부친 윤선거(尹宣擧)의

걱정을 받은 것이 이와 같았으니, 여기에서 그의 인품을 볼 수 있습니다.

남녀 간에는 사람의 욕망(성욕)이 있는 것이니, 어찌 모든 사람에게 미혹되지 않는 양병(楊秉)과 절조가 있었던 안숙(顔叔)[314]처럼 여색을 가까이 하지 아니하여 스스로 방비하기를 바라겠습니까. 그러나 이 사람은 예법을 파괴하고 제멋대로 욕망을 따라서 말하기에 추악하니, 어찌 씻기 어려운 허물이 아니겠습니까.

응당 안산농(顔山農)과 허균(許筠)의 무리[315]와 함께 같은 길로 돌아

묘갈명을 짓는 문제로 사제 간의 의리가 끊어졌다. 이후로 서인은 송시열을 주축으로 한 노론과 윤증을 주축으로 한 소론으로 분열되었다. 정재(定齋)는 박세당의 아들인 박태보(朴泰輔 1654~1689)의 호로, 자는 사원(士元), 시호는 문열(文烈)이다. 1677년(숙종3) 알성 문과에 장원으로 급제하고 벼슬이 홍문관 응교(應敎)에 이르렀다. 1689년 기사환국 때 인현왕후(仁顯王后)의 폐위를 강력히 반대하여 소를 올렸다가 심한 고문을 받고 진도(珍島)로 유배 도중 옥독(獄毒)으로 노량진에서 별세하였다. 명재는 정재의 외삼촌이다. 이 편지는 《명재유고(明齋遺稿)》 권20에 '여박태보사원(與朴泰輔士元)'이란 제목으로 실려 있다. 주공숙(周恭叔)은 정자의 제자인 주행기(周行己)로 공숙은 그의 자이다. 주공숙을 책망한 일은 《근사록(近思錄)》 권6의 〈석의(釋疑)〉에 "사계가 말씀하였다. '주공숙이 일찍이 연회하는 자리에서 한 기생을 눈여겨보자, 이천이 말씀하기를 「부모의 유체(遺體)를 가지고 천한 창기(娼妓)와 짝하는 것이 되겠는가. 금수만도 못하다.」 하셨다.'〔沙溪曰: 周恭叔, 嘗於宴席, 有所矚目, 伊川曰: 以父母之遺體, 配賤娼, 可乎? 禽獸不若也.〕"라고 보인다.

314 미혹되지……안숙(顔叔) : 양병(楊秉, 91~165)은 후한(後漢) 초기의 문신으로 자는 숙절(叔節)이며 환제(桓帝) 때 태위(太尉)에 올랐다. 청백리로 명성이 높았는데, 스스로 삼불혹(三不惑)이라 하여, 술과 여자, 재물에 흔들리지 않는다고 자부하였다. 안숙은 전국 시대 노(魯)나라 사람으로 혼자 살고 있었는데, 어느 날 밤 폭풍우가 몰아닥쳐 이웃에 있는 과부의 집이 무너지자 과부가 와서 재워 주기를 부탁하니, 과부를 받아들이고 과부에게 촛불을 잡게 하고 밤을 새웠다고 한다. 《毛詩 小雅 巷伯傳》

315 안산농(顔山農)과 허균(許筠)의 무리 : 원문의 '농균(農筠)'은 안산농과 허균의

갈 것이니, 삼연옹께서 그를 경전(經典)을 훼손한 법률로 똑같이 단죄한 것이 마땅하지 않습니까. 그로 하여금 이 글을 읽게 하면, 어찌 등에 땀이 나서 옷을 적시지 않겠습니까. 만약 자신의 죄에 불복한다면, 이는 수오지심(羞惡之心)이 없는 것이니, 또한 응당 여기에까지 이르지는 않을 것입니다.

이 사람은 이미 척리(戚里)에게 지조를 잃었고,[316] 또 여색에 빠져 덕(德)을 상실하였으며, 끝내는 경전을 헐뜯고 성인을 업신여겨서[317]

병칭으로, 위의 주306에 언급한 삼연이 이덕수(李德壽)에게 보낸 편지에 보인다. 산농은 명(明)나라 말기의 양명학자인 안균(顏鈞)의 호이다. 안균은 인간의 마음은 그 자체가 뛰어난 것인 만큼 지식의 축적이나 개인적인 수양은 필요하지 않으며, 고인의 학설이나 규범은 장해가 될 뿐이라는 학설을 내세웠다. 허균(1569~1618)은 자가 단보(端甫), 호가 교산(蛟山), 본관이 양천(陽川)이다. 1594년(선조27) 정시 문과에 급제하고 벼슬이 좌참찬에 이르렀으나 1618년(광해군10) 반역을 도모한 죄로 죽임을 당하였다. 허균은 당시 예학(禮學)에 얽매인 주자학의 풍토를 비판하고 자유분방한 삶을 살아 당대에 이단으로 비난받았다. 이 두 사람을 병칭한 이유는, 위의 삼연이 이덕수에게 보낸 편지에서 살필 수 있는바, 그 내용은 아래와 같다. "왕양명의 제자로 안산농이라는 자가 있어 강호에서 도를 강론하였는데, 하나의 '욕(慾)' 자를 가지고 법문의 종지로 삼았다. 그 법이 우리 동방으로 흘러 들어왔는데 이를 허균이 얻어 마침내 그 뜻을 연역하여 말하기를, '남녀의 정욕은 하늘에서 온 것이고, 윤기(倫紀)를 분별하고 밝힘은 성인의 가르침이다. 하늘이 성인보다 한 등급 위에 있으니, 나는 하늘을 따르고 감히 성인을 따르지 않겠다.' 하였다.〔陽明之役, 有顏山農者, 講道江湖間, 以一慾字, 作爲法門宗旨. 其法有流來東土者, 筠也得之, 乃演其旨曰: 男女精慾, 天也; 倫紀分明, 聖人敎也. 天高聖人一等, 我則從天而不敢從聖人.〕"

316 척리(戚里)에게 지조를 잃었고 : 척리는 본래 한(漢)나라 때 장안(長安) 안에 있던 마을 이름인데, 왕의 인척들이 여기에서 살았으므로, 후세에는 왕의 외척 또는 처가를 가리키는 말이 되었다. 여기서는 현종(顯宗)의 왕비 명성왕후(明聖王后)의 사촌오라비인 청성부원군(淸城府院君) 김석주를 가리킨 것이다.

못하는 짓이 없었으니, 참으로 소인 중에 기탄(忌憚)이 없는 자입니다. 이와 같은 본령(本領)과 이와 같은 식견으로 우뚝이 당상(堂上)의 사람으로 자처하며,[318] 우암(尤菴)을 소정묘(少正卯)라고 지목하여 우암에게 거짓을 행하고 잘못을 합리화한다는 죄목을 가하였으니,[319] 그

317 경전을……업신여겨서 : 이 내용은 서계가 사서(四書)와 《서경》, 《시경》에 대해 《사변록(思辨錄)》이라는 주해서를 저술하여 주자의 주해를 반박한 일을 가리킨 것이다.

318 당상(堂上)의 사람으로 자처하며 : 당상의 사람이란 식견이 보통사람보다 크게 뛰어난 것으로, 명도(明道) 정호(程顥)가 "맹자의 지언(知言)은 바로 사람이 당상에 있어야 비로소 당하에 있는 사람의 곡직을 구별할 수 있는 것과 같으니, 만일 자신이 아직도 당하의 여러 사람 속에 섞여 있음을 면치 못한다면 곡직을 분별할 수 없는 것과 같다.〔孟子知言, 正如人在堂上, 方能辨堂下人曲直, 若自下去堂下, 則却辨不得.〕"라고 한 말씀을 원용한 것이다. 이 말은 《이정유서(二程遺書)》 권3에 실려 있으며, 《맹자》 〈공손추 상〉 지언장(知言章)의 주에 인용되었다.

319 우암(尤菴)을……가하였으니 : 원문의 '소정묘(小正卯)'는 소정묘(少正卯)의 전사의 오류로 보인다. 소정묘는 춘추 시대 노나라 대부로 소정(少正)은 관명(官名)이다. 노나라 정공(定公) 14년에 공자가 대사구(大司寇)가 되어 국정을 섭행(攝行)하면서 정사를 어지럽혔다는 죄목으로 소정묘를 처형하였다. 《史記 卷47 孔子世家》 공자가 소정묘를 처형한 이유는 《공자가어(孔子家語)》 〈시주(始誅)〉 편에 아래와 같이 보인다. "천하에 큰 죄악이 다섯 가지가 있는데 도적은 여기에 해당되지 않는다. 첫째는 마음속으로 거역하고 험악한 생각을 하는 것, 둘째는 행동이 편벽되고 끝까지 고집을 부리는 것, 셋째는 거짓을 말하며 말을 잘 둘러대는 것, 넷째는 의리가 아닌 추악한 것만 기억하면서 해박함을 자랑하는 것, 다섯째는 잘못을 합리화시키며 번지르르하게 꾸며대는 것이다. 다섯 가지 중 하나만 있어도 군자의 주벌을 면치 못할 것인데, 소정묘는 다섯을 모두 겸하였다.〔天下有大惡者五, 而竊盜不與焉, 一曰心逆而險, 二曰行僻而堅, 三曰言僞而辯, 四曰記醜而博, 五曰順非而澤. 此五者有一於人, 則不免君子之誅, 而少正卯皆兼有之.〕" 여기에서 매산은 서계가 〈영의정백헌이공신도비명(領議政白軒李公神道碑銘)〉에서 우암을 소정묘라고 지목하고 '거짓을 행하고 잘못을 합리화 한다〔行僞順非〕'는 죄목을 가하였다고 하였으나, 현재 이 신도비에는 이러한 내용이 보이지

누구를 속일 수 있으며, 그 누가 믿겠습니까.

"자기 몸에 선(善)이 있은 뒤에 남에게 선을 요구하고, 자기 몸에 악(惡)이 없은 뒤에 남의 악을 비난하는 것이다."[320]라는 말을 듣지 못했습니까. 자신의 몸에 간직한 것이 서(恕)하지 못하면서 사람을 깨우칠 수 있겠습니까. 삼연옹이 그의 죄를 성토(聲討)하지 않았다면 어찌 이와 같이 땅을 파서 묻어 죽일 수 있겠습니까.

우옹(尤翁)이 우옹이 되는 이유와 세당(世堂)이 세당이 되는 이유는 이 편지에 힘입은 것이 많으니, 말씀의 기세가 혹 거침이 없고 규각(圭角)[321]이 있어 혹 혼화(渾化)[322]함이 없는 것을 굳이 병통으로 삼을 것이

않고, 이 내용은 1703년(숙종29) 4월에 관학 유생(館學儒生) 홍계적(洪啓迪) 등이 올린 '송시열을 무욕한 전 판서 박세당을 배척하는 소'에 보인다. 신도비 명에 '함부로 거짓을 행하고 멋대로 속이면서 세상에 이름난 사람이 있다.〔恣僞肆誕, 世有聞人.〕'라는 구절이 있는데, 홍계적 등이 '이를 거짓을 행하고 잘못을 합리화시키면서 세상에 이름난 사람이 있다.〔行僞順非, 世有聞人.〕'라고 신도비에 적혀 있다고 하면서 이것이 바로 공자가 논죄한 오악 중의 일부를 가리킨 것으로 우암을 소정묘로 지목한 것이라는 주장을 펼쳤다. 매산이 자세한 전말을 알고 있었는지는 미상이나, 노론 중 대부분은 이 말을 의심하지 않고 기정사실로 여겼다.

320 자기……것이다 : 이 내용은《대학장구(大學章句)》전(傳) 9장의 "군자는 자기 몸에 선이 있은 뒤에 남에게 선을 요구하고, 자기 몸에 악이 없은 뒤에 남의 악을 비난하는 것이다. 자기 몸에 간직하고 있는 것을 서(恕)하지 못하면서 능히 남을 깨우치는 자는 있지 않다.〔君子有諸己而後, 求諸人; 無諸己而後, 非諸人. 所藏乎身不恕, 而能喩諸人者, 未之有也.〕"라는 구절을 원용한 것이다. 서(恕)는 자신의 마음을 미루어 남에게 미치는 것이다.

321 규각(圭角) : 규(圭)의 각진 부분이란 뜻으로 사람의 말이나 행동이 모가 나서 원만하지 못함을 비유한다. 규는 옛날 벼슬아치들의 신분을 나타내는 신표인데 위는 둥그나 아래는 네모졌으므로 이렇게 비유한 것이다.

322 혼화(渾化) : 혼연하게 조화되어 아주 자연스러운 상태를 이른다.

없습니다.

매번 세 편의 대찰(大札)[323]을 읽을 때마다 일찍이 옷깃을 여미고 통쾌해 하지 않은 적이 없습니다. 이 간찰들은 더욱 여름철에 읽기 좋으니, 더위를 물리칠 수 있습니다. 고상한 생각은 어떠신지 모르겠습니다.

할아버지를 이은 종자(宗子)는 아버지를 이은 종자와 똑같지 않습니다. 아버지의 신위(神位)를 부묘(祔廟)하여 감실(龕室)에 올려서 조묘(祖廟)에 차례대로 뒤이어 모시는 것 또한 세차(世次)가 번갈아 옮겨지고 소목(昭穆)이 순서를 이었다고 말할 수 있으니, 비록 체천(遞遷)하고 신주를 매안(埋安)하는 절차가 없으나, 이 두 구(句)[324]는 삭제해서는 안 될 듯한데, '질(迭)' 자를 '식(式)' 자로 고치는 것이 어떨지 모르겠습니다.

그렇다면 《상례비요(喪禮備要)》에 있는 할아버지 이상을 합제(合祭)하는 축문[325]을 마땅히 아버지의 신위에 사용하여야 하고, 굳이 아버지가 먼저 별세한 어머니의 상(喪)에 읽는 축문에 쓰여 있는 글을 사용할 것이 없습니다.

323 세 편의 대찰(大札) : 《삼연집》에 있는 간찰 중 중대한 의미를 담은 세 편을 이르는 말로 보인다. 이 간찰과 관련 된 '이덕수에게 보낸 편지'가 그 중 한 편인 듯한데, 나머지는 미상이다.

324 두 구(句) : '세차가 번갈아 옮겨지다.〔世次迭遷〕'와 '소목이 순서를 이었다.〔昭穆繼序〕'는 두 구를 이른다.

325 상례비요(喪禮備要)에……축문 : 이 축문은 《상변통고(常變通攷)》 제21권 〈상례(喪禮) 길제(吉祭)〉에 원문과 번역문이 보인다.

이자강에게 답함 임오년 9월 7일

答李子岡 壬午九月七日

상순(上旬)에 한 약속은 종산(鍾山)[326]의 새 집에서 만나기로 한 것인데, 이곳은 바로 연전에 우리들이 함께 모였던 장소입니다. 오고가기에 적당하여 다시 헤아릴 필요가 없었는데, 얼마 전에 죽리(竹里)[327]에서 보낸 편지를 받아보니, 이태(泥台)[328]의 별장으로 생각을 정했다고 하였습니다. 이에 제가 예전에 한 약속을 한결같이 따라서 종산으로 할 것을 우러러 아뢰었습니다.

죽리장(竹里丈)의 편지에 "유자(儒者)들은 진실로 고루하고 막혔다." 하였으니, 고루하고 막힌 것은 진실로 병통이 되기 쉬우나, 마땅히 고루하고 막혀야 할 때에 고루하고 막히지 않는 것도 역시 병통입니다.

소통함이 좋지 않은 것은 아니나 흐름(무절제)으로 돌아가기가 쉽고, 흐름의 폐해는 막힘에 병통이 되니, 막힘이 마땅함을 따르면 막힘

326 종산(鍾山) : 해주 오씨(海州吳氏)의 별장이 있던 지금의 고려대 뒷산 일대로, 여기에 종 모양의 큰 바위가 있어 종암이라고 불렸기 때문에 이곳을 종산이라고 칭한 것이다. 본집 권28 〈유도봉기(遊道峯記)〉에 "기묘년 여름 징악 장인이 종산에 은거하였다.〔己卯夏, 澄岳丈人, 移邁軸于鍾山.〕"라고 보인다. 징악 장인은 해주 오씨인 오희상(吳熙常)을 가리킨다.

327 죽리(竹里) : 김기풍(金基豐, 1754~1827)이 살던 지명이다. 김기풍은 자가 대백(大伯), 본관이 청풍(淸風)으로, 1783년(정조7) 진사에 합격한 후 음직으로 출사하여 돈녕부 판관(敦寧府判官) 등을 역임하고, 외직으로 충주 목사를 지냈는데 선정을 베풀어 명성이 높았다.

328 이태(泥台) : 무엇을 말하는지 자세하지 않다.

이 소통함이 되고, 소통함이 바름을 얻지 못하면 소통함이 막힘이 됩니다. 이 때문에 나의 불가(不可)함으로써 유하혜(柳下惠)의 가(可)함[329]을 배워야 하는 것입니다.

우리들은 한 걸음도 함부로 굽혀서는 안 되니, 어찌 반드시 척재(戚宰)의 별장[330]에서 모일 필요가 있겠습니까. 감히 가르침을 따르지 못함은 이 때문이요 오로지 유현(儒賢)만을 위한 것이 아닙니다. 이는 제가 미친 노예의 옛 태도를 하여 아직도 구속되고 막힘을 벗어나지 못한 것이 아니겠습니까. 한 번 웃으시기를 바라며 애오라지 아뢰는 바입니다.

329 나의……가(可)함 : 불가(不可)함은 무슨 일을 부정적으로 생각하여 하지 않는 것이고, 가함은 무슨 일을 긍정적으로 생각하여 그대로 함을 이른다. 유하혜(柳下惠)는 춘추 시대 노(魯)나라의 어진 대부인 전금(展禽)으로, 유하(柳下)를 식읍으로 하고 시호가 혜(惠)이므로 이렇게 칭하였다. 유하혜는 모든 일을 긍정적으로 생각하였다. 그리하여 《논어》 〈미자(微子)〉에는 "유하혜가 사사(士師)가 되어 세 번 쫓겨나자, 혹자가 말하기를 '그대는 떠나갈 만하지 않은가?' 하니, 유하혜는 대답하기를 '도를 곧게 하여 군주를 섬긴다면 어느 나라에 간들 세 번 쫓겨나지 않으며, 도를 굽혀 군주를 섬긴다면 하필 부모의 나라를 떠나가겠는가.〔柳下惠爲士師, 三黜, 人曰: 子未可以去乎? 曰: 直道而事人, 焉往而不三黜, 枉道而事人, 何必去父母之邦?〕' 했다."라고 보이며, 맹자는 유하혜를 칭하여 "성인 중에 화한 자〔聖之和者〕"라고 하였다. 이는 외척의 별장에서 선비들이 모이는 것을 반대하는 매산 자신의 생각으로, 이것을 나쁘게 보지 않는 일부의 의견을 배워야 한다는 말로 보이나, 실제는 이와 반대로 자신의 의견을 굽힐 수 없음을 말한 것이다.

330 척재(戚宰)의 별장 : 척재는 외척의 재상이란 뜻으로 판서 김기후(金基厚)를 가리킨 것으로 보인다. 김기후는 정조의 비 효의왕후(孝懿王后)의 아버지인 김시묵(金時默)의 조카이다.

이자강에게 줌 임오년 양월(陽月) 19일
與李子岡 壬午陽月十九日

구정(鷗亭)[331]의 놀이는 진실로 시기를 뒤로 물려서 여러 군자들이 모두 모이기를 기다려야 했습니다. 그러나 생각하건대 의논이 정해지지 못하여 편지의 왕래가 그치지 못하였고, 노주(老洲)의 행차가 이미 움직이셔서 제가 몸소 가서 맞이하지 않을 수가 없었으니, 이 때문에 좋은 기약을 다시 정하여 알릴 겨를이 없었던 것입니다.

홀로 성문의 길에서 말을 채찍질하여 달려가서 구정에 이르렀는데, 노주 어른의 노복에게 독촉을 받고서야 함께 정자에 오르니, 앞과 뒤가 모두 통창하고 산과 물이 옷깃과 띠처럼 빙 둘러있어, 진실로 사람으로 하여금 매우 좋고 쾌활한 마음을 갖게 하였습니다.

밤이 되자 바람이 잔잔하고 물결이 고요하여 온갖 동(動)함이 모두 그치니, 심원(深遠)하고 적막하여 하늘과 땅이 아직 나누어지지 않은 태초(太初)의 혼돈 속에 있는 듯한 마음을 갖게 하였습니다.

가장 좋았던 것은 밝은 달이 빛나 강물이 달빛을 머금으니, 위아래가 맑고 투명하여 참으로 밝은 거울과 같은 고요한 물이었는데, 난간에 기대어 마주하고 감상하자니, 마음과 몸[332]이 맑고 깨끗해져서 나도

331 구정(鷗亭) : 압구정(鴨鷗亭)을 줄여 말한 것으로 지금의 서울시 압구정동의 강변 언덕에 있었던 정자이다. 세조 때 영의정을 지낸 한명회(韓明澮)가 만년에 세상 욕심을 잊고 갈매기와 친하게 지내겠다는 뜻으로 이 정자를 짓고 압구(狎鷗)라고 이름하였는데, 한양을 둘러싸고 있는 명산들을 한눈에 조망할 수 있어 풍광이 좋기로 유명하였다.

모르게 정과 홍이 크게 일어났습니다. 닭이 울 때가 되어서야 방안에 들어오니, 방안에는 서책이 쌓여있는 것이 바로 하나의 묵장(墨莊)[333]이어서, 마치 파사(波斯)[334]의 시장에 들어온 듯하여 거의 정신이 없었습니다.

구정의 주인인 태장(台丈)[335]의 산림경제(山林經濟)[336]의 아름다움과 강호에 대한 풍류의 성대함을 여기에서 볼 수 있으니, 이와 같은 분은 참으로 좋은 일을 끝까지 다하고 청명한 시대를 즐긴다[337]고 이를 만하였습니다.

다음 날 아침, 고심정(古心亭)과 숙몽정(夙夢亭)[338] 등 여러 경관(景

332 마음과 몸 : 원문의 '신골(神骨)'은 여러 가지 해석이 가능한바, 한어대사전(漢語大詞典)에는 신운(神韻)과 풍골(風骨)로 풀이되어 있다.

333 묵장(墨莊) : 먹글씨로 된 집이란 뜻으로, 수장하고 있는 서책을 가리킨다. 북송의 문신인 유식(劉式)이 별세하자, 그 아내가 책 1천여 권을 모아 놓고 아들들에게 이르기를, "이것이 너희들의 아버지가 묵장이라고 부른 것인데, 지금 너희들에게 주니, 학문을 연마하는 도구로 삼아라."고 하였다. 《海錄碎事 券18 文學》

334 파사(波斯) : 지금의 이란〔Iran)인 고대 페르시아(Persia)의 음역이다.

335 태장(台丈) : 대감(大監) 어른이란 뜻이나 누구를 가리키는지 미상이다. 조선조에 있어 대감은 정2품 이상의 벼슬아치를 높여 부르던 말이다.

336 산림경제(山林經濟) : 이 뜻은, 숙종 때의 문신이자 실학자인 홍만선(洪萬選, 1643~1715)이 지은 《산림경제》 제1권 〈서〉에 "옛사람이 말하기를, '취향에 따라 꽃과 대나무를 심고 적성에 맞추어 새와 물고기를 기르는 것, 이것이 곧 산림경제이다.' 하였는데, 내가 그 말을 음미하고 뜻을 취해서 책 이름으로 삼는다."라고 보인다.

337 좋은……즐긴다 : 이 내용은 당나라의 문호인 한유(韓愈)가 지은 〈봉화복야배상공 감은언지(奉和僕射裴相公感恩言志)〉시의 "동산 숲 속에서 즐겁게 노니는 일을 끝까지 다하고, 종과 북 치며 청명한 시대를 한껏 즐긴다.〔林園窮勝事, 鍾鼓樂淸時.〕"라는 구절을 원용한 것이다. 《韓昌黎集 券10 律詩》

觀)을 일일이 찾았습니다. 이르는 곳마다 바람을 맞으며 술잔을 잡고서 높은 풍도를 우러러 흠모하니 왕왕 말로 형용할 수 없었으며, 노주(老洲) 어른께서도 이 때문에 흥겨워 마지않았습니다.

서로 어긋나기는 쉽고 서로 만나기는 어려우니, 이는 진실로 삼연옹(三淵翁)이 한탄하신 것인데,[339] 이 정자에서 만나지 못한 것 또한 운수가 있는 것이니, 사람의 일이 어긋나기 잘하는 것을 더욱 탄식합니다.

〈표기(表記)〉의 "인(仁)은 오른쪽이고 도(道)는 왼쪽이다."라는 구절의 좌와 우는 선후(先後)를 가지고 말한 것이니,[340] 의(義)가 뒤에 있는 것은 아니나, 인(仁)은 진실로 마땅히 앞에 있어야 합니다. 인(仁)은 은혜와 사랑을 오로지하고 의(義)는 결단과 제재를 오로지하니. 두 가지는 서로 의존하여 덕을 이루는 것입니다.

공영달(孔穎達)의 소(疏)에 "인과 의는 왼손과 오른손처럼 서로 의존한다."라고 한 것이 맞을 듯합니다. 《정의(正義)》에 이른바 '좌와 우를 음(陰)과 양(陽)으로 나누어 해석했다.'라고 한 것은, 반드시 인

338 고심정(古心亭)과 숙몽정(夙夢亭) : 영조 때의 문신인 홍상한(洪象漢, 1701~1769)이 압구정 동쪽에 지은 정자들이나, 지금은 사라지고 없다. 〈한국향토문화전자대전(韓國鄕土文化電子大典)〉

339 서로……것인데 : '서로 어긋나기는 쉽고 서로 만나기는 어렵다.〔齟齬之爲易, 際會之爲難.〕'라는 구절은 《삼연집(三淵集)》 권21 〈답어유봉(答魚有鳳)〉에 보인다.

340 표기(表記)의……것이니 : 〈표기〉는 《예기》의 한 편명이다. 여기에 "인은 오른쪽이요 도는 왼쪽이며, 인은 사람이요 도는 의이다.〔仁者右也, 道者左也, 仁者人也, 道者義也.〕"라고 보이는데, 여씨(呂氏)의 주에 "무릇 사람의 거동(擧動)은 반드시 오른쪽이 먼저 행동한 뒤에 왼쪽이 따른다. 그러므로 인이 오른쪽이요, 도가 왼쪽이라고 말한 것이다.〔凡人之擧動, 必右先而後左隨之. 故曰仁右道左.〕"라고 하였다.

(仁)은 오른쪽이라 하여 음에 소속시키고 도(道)는 왼쪽이라 하여 양에 소속시킨 것일 것입니다. 어찌 인이 음이 되고 의가 양이 되는 경우가 있겠습니까. 삼가 생각하건대 종류를 취하여 대체(大體)를 설명한 것이 이치에 가깝지 않은 듯합니다. '좌 · 우' 두 글자는 군이 깊이 주목할 필요가 없고, 경중(輕重)과 완급(緩急)의 뜻으로 보는 것이 옳을 것입니다.

향리(向裏)와 공유(共由)[341]의 분별은, 이에 대한 주자(朱子)의 말씀이 《주자대전(朱子大全)》의 어떤 사람의 물음에 답한 글에 실려 있었던 듯하나, 기억이 나지 않으니 감히 의논할 수가 없습니다.

《예기》는 진실로 순수하지 못한 부분이 많은데, 〈표기〉는 더더욱 의심할 만합니다. '장경(莊敬)'과 '안사(安肆)' 두 구(句)[342]와 '시지호인(詩之好仁)' 이하에 운운한 것[343] 외에는, 이른바 '자왈(子曰)'이라는 것들은 부자(夫子 공자)의 말씀의 풍격과 유사하지 않은 듯합니다. 여기에서 말한 인(仁)은 혹은 너무 공교로워 절박함에 잘못되고, 혹은

341 향리(向裏)와 공유(共由) : 향리는 내면 또는 안쪽을 향한다는 뜻으로 보이고 공유는 함께 간다는 뜻으로 보이는데, 여기서는 무엇을 말하는지 자세하지 않다

342 장경(莊敬)과……구(句) : 〈표기〉에 보이는 "군자가 장엄하고 공경하면 날로 강해지고 편안하고 방사하면 날로 경박해지니, 군자는 하루라도 자기 몸을 어긋나게 하지 아니하여 하루를 마치지 못할 것처럼 한다.〔君子莊敬日强, 安肆日偸, 君子不以一日使其躬儳焉, 如不終日.〕"라는 공자의 말씀을 가리킨다.

343 시지호인(詩之好仁)……것 : 〈표기〉에 보이는 "《시경》에 있어 인을 좋아하는 뜻이 이와 같구나. 도를 향하여 가다가 중도에 쓰러질지언정, 몸이 늙음도 잊고 정진할 햇수가 부족함도 알지 못한 채 날마다 부지런히 힘쓰다가 죽은 뒤에야 그만둔다.〔詩之好仁如此. 鄕道而行, 中道而廢, 忘身之老也, 不知年數之不足也, 俛焉日有孶孶, 斃而后已.〕"라는 공자의 말씀을 가리킨다.

너무 쓸데없이 많아 번잡함에 잘못되었으니, 한마디 말로 단정하면, 한(漢)나라 학자들이 견강부회한 것입니다. 훌륭한 견해는 어떻게 생각하시는지 모르겠습니다.

《곤지기(困知記)》[344]를 삼가 올리니, 받아보시기 바랍니다. 나정암(羅整庵)[345]의 이(理)와 기(氣), 인심(人心)과 도심(道心)의 의논은 비록 고정(考亭)[346]의 분명한 가르침과는 차이가 있으나, 다만 견해가 미치지 못했을 뿐이요 일부러 기치(旗幟)를 내세운 것[347]은 아닙니다.

이분의 학문의 종지(宗旨)는 하나로 합치는 것을 위주로 하였으므로, 모든 명리(名理)에 관계되는 것을, 만 가지를 통합하여 하나로 돌아가서 이일분수(理一分殊)를 가지고 이치를 논하는 제일의 의제(義諦)로 삼았으니, 이(理)와 기(氣)가 하나의 물(物)이라는 의논 또한 여기에서 나온 것입니다.

주자가 어찌 일찍이 "이와 기가 혼융(混融)하여 간격이 없다."라고 말씀한 적이 없으셨겠습니까마는, 나정암은 번번이 주자가 종신토록

344 곤지기(困知記) : 명나라 중기의 문신이자 성리학자인 나흠순(羅欽順, 1465~1547)이 지은 4권(卷)의 책으로, 그 내용은 대체적으로 주자학을 따르고 선학(禪學)을 배격하였으나 일원기론(一元氣論)을 주장하였다.

345 나정암(羅整庵) : 나흠순(羅欽順)으로 정암은 그의 호이고 자는 윤승(允升)이다. 효종(孝宗) 홍치(弘治) 6년(1493)에 진사시에 급제하여 세종 때 이부 상서에 발탁되었으나 이를 사양하고 향리에 은거한 채 성리학 연구에 전념하였다.

346 고정(考亭) : 주자(朱子)를 이른다. 고정은 원래 복건성(福建省) 건양현(建陽縣)에 있는 지명으로, 주자가 살았던 곳이기도 하다.

347 일부러……것 : 주자와 반대되는 의견을 내세움을 이른다.

이와 기를 두 가지의 물(物)로 인식했다고 생각하였으니, 이는 이분이 다만 이와 기가 서로 떨어지지 않는 것만을 보았고, 서로 뒤섞일 수 없는 것을 보지 못했기 때문입니다.

또 인심과 도심을 두 개의 마음으로 인식할까 염려하였으므로, 도심을 체(體)라 하고 인심을 용(用)이라 하였으니, 이 또한 하나로 합치는 병통에서 나온 것입니다.

요컨대 이는 말을 잘 이해하지 못한 것이요, 다투려는 마음과 이기려는 기운에서 나온 것은 아닙니다. 가장 중요한 것은 큰 본원(本源)에 있어 소견이 밝고 투철하였기 때문에 처음 진백사(陳白沙)와 왕양명(王陽明)[348] 등의 부정한 학설을 보자, 당장에 물리쳐서 조금도 용서하지 아니하여, 당세의 미치고 허탄한 무리들로 하여금 말문이 막혀서 감히 한 번도 입을 놀리지 못하게 하였던 것입니다. 그리하여 후대에 받들어 근거로 삼아서 정도(正道)를 높이고 편벽된 말을 막는 좌권(左券)[349]으로 삼았으니, 공로가 이보다 더 클 수가 없습니다. 어찌

348 진백사(陳白沙)와 왕양명(王陽明) : 진백사는 명나라 중기의 학자인 진헌장(陳獻章, 1428~1500)으로, 자는 공보(公甫), 호는 석재(石齋)이며, 백사에서 살았기 때문에 백사 선생(白沙先生)이라고도 한다. 그의 학풍은 상산(象山) 육구연(陸九淵)의 심성론(心性論)을 이어 정좌(靜坐)하여 마음을 깨끗이 함으로써 이치를 직관(直觀)해야 한다는 것으로, 주자의 학풍과는 대치되었다. 왕양명은 명나라 중기의 사상가인 왕수인(王守仁, 1472~1528)으로 양명은 그의 호이다. 자는 백안(伯安), 시호는 문성(文成)이며 홍치(弘治) 12년(1499)년 진사시에 급제하고 벼슬이 남경 병부 상서(南京兵部尙書)에 이르렀다. 당대의 주류 학문인 주자학을 비판하고 육구연의 심성론(心性論)을 계승하여 심즉리(心卽理), 지행합일(知行合一), 치량지(致良知)의 논리를 제창하여 양명학이란 새로운 유학을 창도하였는바, 이후 양명학은 동아시아 지성사에 심대한 영향을 끼쳤다.

다만 그저 순종하면서 정주(程朱)의 노예가 된 자들에 비견할 수 있겠습니까.

유자(儒者)가 불가(佛家)를 배척하는 것은 바로 일상적인 다반사(茶飯事)여서 발어사(發語辭)와 다름이 없으나 모두 짐작하여 상상했을 뿐이요, 평소에 그 실제를 상고해 보면 모호하니, 이 또한 말뿐입니다.

곧장 앞으로 나아가 적과 싸워 죽이며 그 본말을 끝까지 연구하고 그 득실을 통렬히 밝혀서, 진장(眞贓)[350]을 잡아내어 단안(斷案)하기를 마치 혹독한 관리가 옥사(獄事)를 다루듯이 하고, 주당(奏當)[351]이 이미 이루어진 뒤에는 비록 여래불(如來佛)이 다시 나와 공초(供招)[352]를 바치더라도 혀를 놀릴 곳이 없게 한 것은, 오직 나정암과 우리 동방의 삼주(三洲 김창협(金昌協))가 그러할 뿐이니, 참으로 성문(聖門)의 충신입니다.

나정암이 어떤 학문이 되는지를 알지 못하고서 모두 선학(禪學)이라고 지목하는데, 예로부터 월단평(月旦評)에 기준이 없었으니, 어찌 참으로 답답하지 않겠습니까. 이 때문에 삼주(三洲)께서 나정암을 선학이라고 비방하는 말이 잘못임을 통렬히 변론하여 성문에 큰 공이 있다고 인정하신 것이니, 참으로 이치를 아는 말씀입니다.

349 좌권(左券) : 증거라는 뜻으로, 옛날 부신(符信)을 좌권과 우권 둘로 나누어 우권은 갑(甲)이 갖고 좌권은 을(乙)이 갖고 있다가 이를 합쳐 증거로 삼았다.

350 진장(眞贓) : 어떤 죄를 저지른 증거나 자취를 말하는데, 장(贓)은 부정한 행위나 장물(贓物)을 이른다.

351 주당(奏當) : 옥사(獄事)의 심리를 마치고 임금에게 처벌에 대한 의견을 올려 판결을 구하는 일을 이른다.

352 공초(供招) : 범죄 사실에 대한 범인의 진술 또는 진술하는 행위를 이른다.

석담(石潭 율곡) 또한 말씀하시기를 "나공(羅公)은 빼어난 인물이니, 《곤지기》를 가볍게 보아서는 안 된다." 하였으니, 모름지기 석담과 삼주처럼 밝고 지혜로워야 비로소 옛날의 인물을 논하여 그 진실을 알 수 있는 것입니다. 알지 못하겠습니다, 고견은 어떠십니까?

이윤(尼尹 윤증(尹拯))의 별집(別集) 두 책을 아울러 올리니, 부디 변론하여 한 통의 문자를 지어서 답해 주시기 바랍니다. 최규서(崔奎瑞)[353]가 일찍이 신유 의서(辛酉擬書)[354]를 찬미하여 말하기를 "천지간에 없어서는 안 되는 문자이다."라고 하였는데, 이 말이 조리가 없으니 더욱 물리치지 않을 수 없습니다.

형께서 일찍이 《수곡집(睡谷集)》[355]을 책상 위에 높이 모셔 둔 것을

353 최규서(崔奎瑞) : 1650~1735. 자는 문숙(文叔), 호는 간재(艮齋), 본관은 해주(海州), 시호는 충정(忠貞)이다. 1680년(숙종6) 별시 문과에 급제하고 벼슬이 대제학을 거쳐 영의정에 이르렀다. 소론 중의 온건파인 완소(緩少)의 영수로 1728년(영조4) 소론과 남인의 일부 극력 세력이 일으킨 이인좌(李麟左)의 난 때 80세의 노구를 이끌고 제일 먼저 조정으로 달려와 알린 다음, '역정포고의(逆情布告議)'라는 토난책(討難策)을 건의하여, 난이 평정된 뒤 '일사부정(一絲扶鼎)'이라는 영조의 어필이 내려졌다.

354 신유 의서(擬書) : 1681년(숙종7) 신유년 여름에 윤증이 쓴 〈의여회천서(擬與懷川書)〉를 이른다. 회천은 우암(尤菴) 송시열(宋時烈)을 이르고, 의서는 보내지 않은 편지라는 뜻이다. 《명재유고》의 〈연보(年譜)〉에 편지의 내용이 보인다. 윤증이 편지를 신유년 6월에 써놓고 보낼까 말까 망설이다가, 이듬해 5월 개성의 감로사(甘露寺)에서 박세채(朴世采)를 만나 편지를 보여주며 상의하니, 박세채가 우암의 도량이 넓지 못하니 공연히 분란만을 일으킬 뿐이라고 만류하였다. 윤증이 이 충고를 받아들여 편지를 감추어 자손에게조차 보이지 않았다고 한다. 《명재유고 명재연보 제1권 신유》 그러나 이 편지의 내용은 송시열의 외손이고 윤증의 처조카인 권이정(權以鋌)과, 송시열의 손자이자 박세채의 사위인 송순석(宋淳錫)을 통해 송시열에게 전달된 것으로 보인다. 《숙종실록 3월 3일 송시열과 윤증이 절연하게 된 전말을 아뢰고 스승인 윤증을 옹호한 최석문 등의 상소문》

보았는데, 빌려주실 수 있는지요? 저는 일찍이 국조(國朝)의 유상(儒相)을 망령되이 논하면서, 사암(思菴)과 포저(浦渚)[356], 수곡(睡谷)을 이에 해당시켰습니다.

수곡은 경학(經學)에 근본하고 명절(名節)을 추중(推重)하였으며, 벼슬길에 나아가는 것을 어렵게 여기고 물러나는 것을 쉽게 여겨 조정에 있는 것을 여관에 머무는 것과 같이 생각하였으니, 진실로 사랑하고 소중히 여길 만한 인물입니다.

병신년(丙申年)에 올린 한 차자(箚子)가 가장 뛰어나니, 납약자유(納約自牖)의 뜻을 얻어 끝내 성상(聖上)의 바른 처분이 내려지게 하여[357] 사문(斯文)이 망하지 않게 하였으니, 그 공이 참으로 아름답습

355 수곡집(睡谷集) : 이여(李畬, 1645~1718)의 문집이다. 수곡은 그의 호이고 자는 치보(治甫), 본관은 덕수(德水), 시호는 문경(文敬)이다. 1680년(숙종6) 정시 문과에 급제하고 벼슬이 대제학을 거쳐 영의정에 이르렀다. 정책 전반에 대한 소를 자주 올렸으며, 당쟁(黨爭)의 화를 걱정했고, 과격하지 않았으며 청렴하였다.

356 국조(國朝)의……포저(浦渚) : 국조는 조선조를 가리키며 유상(儒相)은 학자인 정승을 이른다. 사암(思菴)은 박순(朴淳, 1523~1589)의 호로, 자는 화숙(和叔), 본관은 충주(忠州), 시호는 문충(文忠)이다. 1553년(명종8) 정시 문과에 장원으로 급제하고 벼슬이 대제학을 거쳐 영의정에 이르렀다. 중년에 퇴계(退溪)를 사사하였고 말년에 율곡, 우계(牛溪) 성혼(成渾)과 깊이 사귀었으며, 동향의 기대승(奇大升)과도 교분이 두터웠다. 관직에서 물러난 뒤에는 영평(永平)의 백운산(白雲山)에 은거하여 학문에 전념하였다. 포저는 조익(趙翼, 1579~1655)의 호로, 자는 비경(飛卿), 본관은 풍양(豊壤), 시호는 문효(文孝)이다. 1602년(선조35) 별시 문과에 급제하고 벼슬이 좌의정에 이르렀다. 상소하여 율곡과 우계의 문묘종사를 청원하였으나, 허락되지 않자 사직하였다. 김육(金堉)의 대동법(大同法) 시행을 적극 주장하였고, 성리학의 대가로서 예학(禮學)에 밝았다.

357 병신년(丙申年)에……하여 : 병신년에 올린 한 차자(箚子)는, 《숙종실록》 42년

니다.

다만 기미를 보고 미리 물러가서 정유년(丁酉年)의 독대(獨對)에 참여하지 아니하여[358] 다른 부류들(소론을 이름)로부터 칭찬을 받고 있으나, 저는 생각하건대 이 한 거조(擧措)는 끝내 편의를 따른 것이요, 국가를 다스리는 대신(大臣)이 생사를 돌아보지 않고 앞으로 향하는 도리가 아니니, 높은 평가를 받기에 부족할 듯합니다. 밝은 가르침을 받기 원합니다.

역사책은 쉬지 않고 두루 공부하고 계십니까? 옛날의 폐(廢)하고 흥(興)함에 징조가 있음을 살펴보고 선철(先哲)들이 변고에 대처한 여러 가지 방법을 거두어 보시어, 짐작컨대 응당 여러 가지 계책들을 환하게 깨달았을 것이니, 《통감(通鑑)》[359]을 보고 계시는 우리 형의 방안에

(1716) 2월 28일의 기사에 보이는 윤증이 송시열과 사제의 의리를 끊은 일에 대한 시말을 아뢴 이여(李畬)의 차자를 이른다. 납약자유(納約自牖)는 신하가 군주를 간하되, 반드시 군주가 잘 알 수 있는 것부터 시작하여 점진적으로 군주의 마음을 유도함을 이른다. 《주역》〈감괘(坎卦) 육사(六四)〉에 "맺음을 들이되 임금이 잘 아는 곳으로부터 하면 끝내 허물이 없으리라.〔納約自牖, 終无咎.〕"라고 보인다. 성상(聖上)의 바른 처분이 내려지게 하였다는 것은 《숙종실록》 42년(1716) 7월 6일의 기사에 "의서를 살펴보니, 이여가 차자로 논한 것이 옳다고 하교한다."라고 보인다

358 기미를……아니하여 : 기미를 보고 미리 물러갔다는 것은 판중추부사(判中樞府事)로 있던 이여가 1716년(숙종42) 8월 17일에 소(疏)를 남기고 시골로 돌아간 일을 가리킨 것으로 보인다. 숙종이 비답(批答)을 내려 위로하고 사관(史官)과 승지(承旨)를 잇따라 보내어 조정에 머물도록 권하였으나, 이여는 끝내 다시 출사하지 않았다. 《숙종실록》 정유년(丁酉年)의 독대(獨對)는 1717년(숙종43) 정유년 7월 19일에 숙종이 좌의정 이이명(李頤命)을 홀로 불러 면대한 일을 이르는데, 숙종의 뒤를 이을 후계자 문제를 부탁한 것으로 전해진다. 《숙종실록》

들어가서 함께 그 평설(評說)을 듣고자 하나, 그럴 수가 없습니다.

이 기회에 우러러 질문할 것이 있습니다. 한(漢)나라 헌제(獻帝)가 폐위되었을 적에, 이 사실이 촉한(蜀漢)에 천자가 이미 붕(崩)했다고 잘못 전해져서, 선주(先主)[360]가 효민(孝愍)이라는 시호를 올렸습니다. 《자치통감강목(資治通鑑綱目)》에서 이미 정통(正統)을 촉한에 주었는데,[361] 그렇다면 헌제의 시호를 촉한의 것을 따르지 않고 위(魏)나라의 것을 따른 것은 어째서입니까?

헌제의 생전에 촉한에서 시호를 올렸기 때문에 《자치통감》의 잘못을 그대로 인습한 것입니까? 이는 주자(朱子)가 검토를 잘못하신 부분인 듯한데, 의견이 어떠신지 모르겠습니다.

조조(曹操)가 한(漢)나라의 구정(九鼎) 옆에서 배회하였으나,[362] 스

359 통감(通鑑) : 우리나라에서는 대체로 강지(江贄)가 편찬한 《통감절요(通鑑節要)》를 가리켰으나, 학자들은 사마광(司馬光)이 지은 《자치통감(資治通鑑)》과 주자가 제자인 조사연(趙師淵)을 시켜 지은 《자치통감강목(資治通鑑綱目)》을 애독하였으며, 《자치통감》을 《통감》, 《자치통감강목》을 《강목》으로 약칭하였다.

360 선주(先主) : 삼국 시대 촉한(蜀漢)의 소열제(昭烈帝) 유비(劉備)를 칭하는 명칭으로, 그의 아들인 유선(劉禪)을 후주(後主)라 칭한데서 유래하였다.

361 자치통감강목(資治通鑑綱目)에서……주었는데 : 《자치통감강목》은 남송 때 공자의 춘추필법(春秋筆法)을 따라 지어진 편년체의 역사서로, 사마광의 《자치통감》을 토대로 하고 여러 책에서 보충하여 중요한 사항을 강(綱)으로, 세부 항목을 목(目)으로 엮은 책이다. 주자의 저서로 전해지지만, 주자는 대체적인 범례를 밝혔을 뿐이고 문인 조사연 등이 유언을 받들어 59권으로 지었다고 한다. 사마광(司馬光)의 《자치통감》에서는 삼국 시대의 정통을 조조(曹操)의 아들 조비(曹丕)의 위(魏)나라에 두었으나, 주자는 이를 비판하고 촉한의 유비에게 정통을 주었으므로 이렇게 말한 것이다.

362 조조(曹操)가……배회하였으나 : 구정(九鼎)은 나라의 국통(國統)을 이른다. 구정은 하(夏)나라의 우왕(禹王)이 구주(九州)의 쇠를 거두어 만든 아홉 개의 솥으로

스로 찬탈하지 않고 마침내 이르기를 "천명(天命)이 나에게 있으나, 나는 주(周)나라 문왕(文王)이 되겠다." 하였으니, 저 왕망(王莽)과 사마염(司馬炎)[363]이 몸소 찬탈한 것에 비하면 다소 차이가 있는 것입니까? 만약 조조가 죽고 조식(曹植)[364]이 즉위하여 아버지의 허물을 잘 덮고 신하의 절개를 온전히 보존해서 끝내 천하를 바로잡고 다시 한나라 황실을 일으켰다면, 명확한 의논을 펴는 자들이 조조에 대해 마땅히 오늘날과 다르게 평가해야 합니까?

조조의 한 터럭과 한 머리카락은 죄악 아닌 것이 없으나, 군부(君父)를 유폐하고 모후(母后)를 잔인하게 시해[365]한 한 가지 일은 더욱 큰

천하의 보물로 알려졌으며 또한 국가의 상징물로 인식되었는바, 조조가 이 옆에서 배회하였다는 것은 조조가 천자의 자리를 넘보았음을 비유한 것이다.

363 왕망(王莽)과 사마염(司馬炎) : 모두 전 왕조(前王朝)를 찬탈하고 새 왕조를 일으킨 인물이다. 왕망(기원전 45~기원후 23)은 전한(前漢) 유영(孺嬰)의 선양(禪讓)을 받아 신(新)나라 왕조를 건국하였으나 민심을 얻지 못하여 건국한 지 15년 만에 멸망되고, 자신은 부하들에게 죽임을 당하였다. 사마염(237~290)은 서진(西晉)을 건국한 무제(武帝)로, 265년에 위(魏)나라 원제(元帝)로부터 강제로 선위(禪位)를 받아 즉위하였으며, 280년에 오(吳)나라를 멸망시켜 천하를 통일한 인물이다.

364 조식(曹植) : 192~232. 조조(曹操)의 아들이며, 위(魏)나라 문제(文帝)인 조비(曹丕)의 아우이다. 뛰어난 문재(文才)로 조조의 사랑을 받아 한때 후계자의 물망에 올랐으나 분방한 성격 때문에 내쳐졌다. 형 조비가 황제가 되자 견성왕(鄄城王)에 봉해지고 다음 해 옹구왕(雍丘王)으로 옮겨 봉해졌지만, 조식의 재주와 인품을 시기한 문제가 해마다 새 봉지(封地)에 옮겨 살도록 강요하고 엄하게 감시하여, 신변의 위험을 느끼며 불우한 나날을 보내다가 별세하였다.

365 군부(君父)를……시해 : 군부는 후한의 마지막 황제인 헌제(獻帝)로, 정권을 전횡하는 조조를 제거하기 위해 자신의 후궁 동귀비(董貴妃)의 부친인 동승(董承)에게 밀서를 내렸으나, 일이 적발되어 관련자들이 모두 처형되고 헌제는 궁에 유폐되었다. 모후(母后)는 헌제의 정비(正妃)인 복황후(伏皇后)로, 동승이 처형된 이후 조조의 전

죄악의 단안(斷案)에 밀접히 연관됩니다. 용서하는 의논은 말이 되지 않으니, 밝은 가르침을 받기 원합니다.

횡이 너무 심해지자 부친인 복완(伏完)에게 편지를 보내 조조를 제거해줄 것을 요청하였다가, 복완이 죽은 뒤에 이 사실이 발각되어 장살(杖殺)되었다.

이자강에게 줌 계미년[366] 7월 19일
與李子岡 癸未七月十九日

경서(經書)를 경(經 날줄)으로 삼고 사서(史書)를 위(緯 씨줄)로 삼아서 120근짜리 저울추로 달 만큼 많은 분량[367]을 열심히 공부하고 있을 것이니, 응당 불을 끄듯이 하고 도망하는 자를 쫓듯이 하여 멈추려 해도 멈출 수가 없을 것이라고 생각됩니다. 항상 아침저녁으로 도서(圖書)를 곁에 두고서 함께 많은 의논을 듣고 싶었으나, 그렇게 하지 못하였습니다.

소원명(蘇源明)[368]이 말한 "불행히 쇠퇴한 세속에 태어났으나, 그래

366 계미년(癸未年) : 1823년(순조23)으로, 매산의 나이 48세 되던 해이다.

367 120근짜리……분량 : 원문의 '형석양균(衡石量均)'은 형석양서(衡石量書)의 고사를 원용하여 경서와 사서의 공부하는 분량이 많음을 말한 것으로 보인다. 형은 저울대이고 석은 120근짜리 저울추를 이른다. 《사기》 권6 〈진시황본기(秦始皇本紀)〉에 "천하의 일을 대소와 상관없이 모두 황상(皇上 진시황)이 결정하였다. 황상은 저울대와 120근짜리 저울추로 문서를 달아 낮과 밤에 처리해야 할 분량을 정하고, 기준에 도달하지 못하면 쉬지도 않았다.〔天下之事無小大, 皆決於上. 上至以衡石量書, 日夜有程, 不中程, 不得休息.〕"라고 보이는데, 진시황은 신하들을 믿지 못하여 거의 모든 서류를 자신이 직접 재결(裁決)하여 하루에 재결하는 양이 엄청나게 많았다 한다.

368 소원명(蘇源明) : 당나라 초기의 문신이자 시인으로 자는 약부(弱夫)이다. 현종(玄宗) 천보(天寶) 연간에 진사가 되고, 동평 태수(東平太守)와 국자 사업(國子司業) 등을 역임하였다. 안록산(安祿山)이 장안(長安)을 함락시키고 자신을 등용하려 하였으나 칭병하고 나아가지 않았다. 난이 평정된 뒤 숙종(肅宗)이 고공낭중 지제고(考功郎中知制誥)에 발탁하여 벼슬이 비서소감(秘書少監)에 이르렀다. 시문(詩文)에 뛰어나 두보(杜甫), 원결(元結) 등과 교유하였다.

도 다행히 자지(紫芝)[369]를 알았다."라는 한 구절을 외워 스스로 위로할 뿐입니다.

사서에 대한 연구는 이미 동한(東漢) 시대를 지났습니까? 엄부춘(嚴富春)[370]의 출처(出處)를 어떻게 보셨는지요? 예로부터 처사들은 모두 뜨거운 심장을 지녔고 영웅들은 냉철한 안목을 지니지 않은 자가 없었는데, 엄부춘은 이중에서도 더욱 뛰어난 자입니다.

광무제(光武帝)와 동학(同學)이었는데 문숙(文叔)[371]을 철없는 아이로 보았으니, 진실로 전혀 마음에 차지 않았던 것입니다. 광무제의 초빙에 응하여 조정에 이르러서는, 장차 빈사(賓師)와 같은 지위로 대하여 나라를 다스리는 방도를 물을 줄 알았는데, 광무제가 다만 관작과 녹봉을 주고 옛 정을 논할 뿐, 진실한 마음으로 도움을 구하지 않으니, 더욱 마음에 차지 않았던 것입니다. 그가 "폐하께서 예전보다 다소 나아졌다."라고 말한 것은 참으로 실제에 근거한 말이니, 한 번 떠나가서 다시는 광무제를 돌아보지 않은 것은 아마도 이 때문일 것입니다.

'인(仁)을 품고 의(義)를 보필한다.〔懷仁輔義〕'는 네 글자[372]에서, 그

369 자지(紫芝) : 당나라 초기의 은사(隱士)인 원덕수(元德秀, 696~754)의 자이다. 진사가 되어 노산 영(魯山令)의 벼슬을 지냈으나 이내 명리(名利)를 버리고 은거하여 산수(山水)를 즐겼으며, 천하 사람들이 그의 행적을 높이 평가해 원노산(元魯山)이라 불렀다. 시호는 문행 선생(文行先生)이다.

370 엄부춘(嚴富春) : 후한(後漢)의 고사(高士)인 엄광(嚴光)으로, 부춘산(富春山)에서 은거하였기 때문에 이렇게 칭한 것이다. 자는 자릉(子陵)으로 일찍이 광무제(光武帝) 유수(劉秀)와 동문수학하였다. 광무제가 등극한 뒤에 그를 물색하여 간의대부(諫議大夫)를 제수하였으나, 끝내 거절하고 부춘산에 들어가 농사를 짓고 동강(桐江)에서 낚시질하며 일생을 마쳤다. 《後漢書 卷113 嚴光傳》

371 문숙(文叔) : 후한을 세운 광무제 유수의 자이다.

가 배운 바가 바름을 볼 수 있는데, 한나라 조정의 군주와 신하들이 제대로 이해하고 묻지 못해서 그의 경륜과 사업이 감춰진 채 발현되지 못하였으며, 그의 방종(放縱)을 내버려두어서 자신과 세상을 모두 잊은 채 밭 갈고 낚시질하는 사이에서 일생을 늙게 하였으니, 애석합니다.

그러나 그 높은 풍도와 준엄한 절개는 완악한 자로 하여금 청렴하게 하고 나약한 자로 하여금 뜻을 세우게 하였으며, 세교(世敎)를 도와 바르게 세우고 명분(名分)과 절의(節義)를 창도(唱導)하여 일으켰습니다. 그리하여 마침내 당고(黨錮)의 여러 현자(賢者)[373]들로 하여금 죽음에 나아가기를 마치 집에 돌아가는 것처럼 편히 여기게 하였으니, 바로 이른바 '낚싯줄 하나로 한(漢)나라 구정(九鼎)을 붙들었다.'[374]는

372 인(仁)을……네 글자 : 위의 내용은 《후한서(後漢書)》 권113 〈엄광전(嚴光傳)〉에 보인다.

373 당고(黨錮)의 여러 현자(賢者) : 당고의 옥사에 죽음을 두려워하지 않았던 여러 현자들을 이른다. 당고는 붕당(朋黨)의 무리를 금고(禁錮)시킨다는 의미로, 이 옥사는 후한(後漢) 때 두 번에 걸쳐 일어났다. 환제(桓帝)가 친정하는 과정에서 공을 세우고 정권을 잡은 환관들이 정사를 농단하여 폐단이 심해지자, 이응(李膺)과 범방(范滂), 진번(陳蕃) 등이 태학생들과 함께 스스로 청류(淸流)라 칭하며 환관들에게 적극적으로 대항하니, 환관들이 황제를 선동하여 연희(延熹) 9년(166) 청류의 당인 2백여 명을 체포하고 다음 해에 금고령을 내려 이들을 종신토록 관리가 되지 못하게 하니, 이것이 제 1차 당고의 옥사이다. 환제가 후사 없이 죽고 영제(靈帝)가 12세의 어린 나이로 즉위하자, 외척인 두무(竇武)가 정권을 장악하고 진번과 함께 환관들을 모두 죽이려 하다가 도리어 반역죄로 몰려 멸족의 화를 당하였다. 환관들이 다시 득세하여 이응, 두밀(杜密) 등을 주륙하고 당인과 태학생들을 대거 체포하였으며 이들과 관련이 있는 자들을 모두 폐출하거나 금고하니, 이것이 제 2차 당고의 옥사이다. 《後漢書 黨錮列傳》

374 낚싯줄……붙들었다 : 원문의 '일사부정(一絲扶鼎)'은 "동강의 낚싯줄 하나로 한나라의 구정을 붙들었다.〔桐江一絲, 扶漢九鼎.〕"라는 구절을 줄여 말한 것으로, 엄광이 높고 깨끗한 풍도와 절개를 보였기 때문에 이후 후한에는 절의 있는 선비가 많았으므로,

것입니다.

이러한 공화(功化)의 영향을 철저하게 논한다면, 오히려 나아가 태평한 세상을 만들어 한 시대의 훌륭한 정치를 이룬 것보다 낫습니다. 마침 그의 본전(本傳)을 보다가 마음에 맞는 것이 있으므로 부질없이 써서 올리는 것이니, 훌륭한 견해는 어떠신지 모르겠습니다.

《홍서(鴻書)》[375] 한 질(帙)을 삼가 정중히 올리니, 이 책은 유취(類聚 유서(類書)) 가운데 가장 식견이 있는 것입니다. 사람들의 입에 오르내리는 이야깃거리와 고사, 명언(名言)과 아름다운 이야기 등 사책에서 빠진 내용을 보충하고 예문(藝文)의 채택을 위해 갖출 만한 것이 다 모여 있으니, 마땅히 《설부(說郛)》,[376] 《패해(稗海)》[377]와 함께 영원히 전해질 것입니다.

번거로운 것을 산삭하고 요점을 취하며 명교(名教 유교)에 관계되고 명리(名理 성리학)에 도움이 되는 것으로 말하면, 도리어 《설부》와 《패해》보다 더 낫습니다. 그런데 지금 사람들은 문장을 풍부하게 하고 문사를 아름답게 할 수 있는 자료로 삼을 줄을 모르니, 탄식할 만합니다.

당시 사람들이 이렇게 말하였다. 동강은 엄광이 은거하여 낚시질 한 강이다.

375 홍서(鴻書) : 《유씨홍서(劉氏鴻書)》로, 명나라 신종(神宗) 만력(萬曆) 연간에 유중달(劉仲達)이 편집한 일종의 유서(類書)인바, 유서는 오늘날의 백과사전과 같은 것이다.

376 설부(說郛) : 원말명초의 학자 도종의(陶宗儀)가 편찬한 총서(叢書)로, 야사(野史)·수필·경전(經典)·전기(傳記)·문집·소설 등 비정통적인 진기한 서적 1천여 종을 초록(抄錄)하여 편찬하였는데, 명나라의 욱문박(郁文博)이 더욱 보완하여 1백 권으로 정리하였으며, 뒤에 청나라의 도정(陶珽)이 120권으로 증보하였다.

377 패해(稗海) : 명나라 상준(商濬)이 엮은 일종의 총서이다.

이자강에게 답함 계미년 7월 25일

答李子岡 癸未七月二十五日

지난번에 논한 엄칠탄(嚴七灘)[378]의 출처에 대해 이미 다 생각해 보셨습니까? 예로부터 은사(隱士)들은 비록 온갖 인연에 대해 무관심하여 차갑게 대하지만, 그래도 잊지 않는 것은 바로 '세도 인물(世道人物)'이란 네 글자인데, 이 노인과 같은 분은 뜻과 소원이 지극히 크고 안목이 매우 넓어서, 마음에 차지 않으면 신하 노릇을 하지 않았습니다.

유문숙(劉文叔)을 어린아이로 보고, 오만하고 방종해서 자기 발을 광무제의 배에 올려놓아[379] 높고도 높은 신분을 무시할 뿐만이 아니었으니, 이는 선비의 법도로 따지기 어렵습니다. 만약 광무제가 훌륭한 일을 할 수 없는 인물임을 알았다면, 산 구멍에서 나오는 구름[380]이

378 엄칠탄(嚴七灘) : 후한의 고사인 엄광(嚴光)을 가리킨 것으로, 부춘산(富春山) 칠리탄(七里灘)에서 은거하였기 때문에 이렇게 칭한 것이다. 자세한 내용은 169쪽 주 370 참조.

379 유문숙(劉文叔)을……올려놓아 : 유문숙은 광무제 유수(劉秀)로, 문숙은 광무제의 자이다. 엄광은 광무제와 동학하였는데, 광무제가 왕망(王莽)을 토벌하고 황제에 등극하였으나 찾아가지 않았다. 한번은 광무제가 특별히 불러 함께 유숙하였는데, 엄광은 광무제를 예전의 친구처럼 생각하여 전혀 두려워하거나 조심해 하는 마음이 없었다. 그리하여 밤에 함께 자면서 자신의 발을 광무제의 배 위에 올려놓았는데, 다음 날 천문을 관찰하는 태사(太史)가 "어젯밤에 떠돌이 별인 객성(客星)이 황제의 별자리인 어좌(御座)를 침범하였으니, 황제의 신상에 위험이 있을 것입니다." 하고 아뢰자, 광무제는 "내 어젯밤 친구인 엄광과 함께 잠을 잤기 때문이다." 하였다. 《後漢書 卷113 嚴光傳》

380 산……구름 : 은거하다가 세상에 나와 벼슬함을 비유한 것이다. 동진(東晉)의

되지 않았어야 더욱 고상해질 수 있었을 것입니다.

예컨대 융중(隆中)의 처사[381]가 만약 누상(樓桑)의 천자[382]를 만나지 않았다면 반드시 와룡강(臥龍岡)에 높이 누운 채 종신토록 스스로 숨었을 것이니, 조조(曹操)와 손권(孫權)과 같은 무리가 어찌 그의 눈에 찼겠습니까.

안락옹(安樂翁)[383]은 베개에 기댄 채 놀이를 구경하면서 한 걸음도 벼슬에 나아가지 않았습니다. 부언국(富彦國)[384]이 장수와 정승을 모

처사인 도연명(陶淵明)이 팽택령(彭澤令)을 그만두고 시골로 돌아오면서 읊은 《귀거래사(歸去來辭)》에 "구름은 무심히 산 구멍에서 나오고, 새는 날기에 지쳐 돌아올 줄을 안다.〔雲無心以出岫, 鳥倦飛而知還.〕" 하였는바, 구름이 무심히 산 구멍에서 나온 것은 자신이 우연히 벼슬길에 나온 것을 비유하고, 새가 날기에 지쳐 돌아올 줄을 앎은 자신이 벼슬살이에 염증을 느끼고 고향으로 돌아옴을 비유한 것이라 한다.

381 융중(隆中)의 처사 : 삼국 시대 유비(劉備)를 보필하여 촉한(蜀漢)을 건국한 제갈량(諸葛亮)을 이른다. 융중은 양양(襄陽)에 있는 산의 이름으로, 제갈량이 유비를 만나기 전에 은거하던 곳이다.《三國志 卷35 蜀書 諸葛亮傳》

382 누상(樓桑)의 천자 : 삼국 시대 촉한의 소열제 유비를 이른 것으로, 누상은 유비의 고향인 하북성(河北省) 탁현(涿縣)의 누상리를 가리킨다.

383 안락옹(安樂翁) : 북송(北宋)의 학자인 소옹(邵雍, 1011~1077)으로, 자호가 안락 선생(安樂先生)이므로 이렇게 칭한 것이다. 낙양에 은거하여 부필(富弼)과 여공저(呂公著), 사마광(司馬光) 등 당대의 대정치인들과 교유하면서 벼슬하지 않고 평생을 마쳤다. 소옹에 대한 자세한 내용은 90쪽 주185 참조.

384 부언국(富彦國) : 북송 인종(仁宗) 때의 명신인 정국공(鄭國公) 부필(富弼, 1004~1083)로 언국은 그의 자이다. 젊어서부터 범중엄(范仲淹)·안수(晏殊) 등에게 뛰어난 자질을 인정받고 안수의 사위가 되었다. 특히 고을을 잘 다스려 유명하였으며, 외교에 뛰어나 거란(契丹)과의 협상에서 공을 세웠다. 문언박(文彦博)과 함께 재상에 올랐으나, 왕안석(王安石)의 신법에 반대하다가 관직에서 물러났다. 시호는 문충(文忠)이다.

두 겸하여 나라의 원로가 되었는데도, 안락옹은 그를 희롱하기를 아이들을 대하듯이 하였습니다. 이는 법문과 어긋나는 것이니,[385] 또한 엄자릉(嚴子陵)의 풍도를 들은 때문일 것입니다. 엄자릉과 소강절(邵康節) 두 현자는 진실로 천고의 뛰어난 선비들이나, 이들이 한 일은 끝내 중도(中道)를 잃었으니, 후인들이 법으로 삼기 어려울 듯합니다.

근래에 《의례(儀禮)》의 〈상복(喪服)〉편을 살펴보니, '부처반합(夫妻牉合)'이란 구절이 있는데, '반합' 두 글자를 어떻게 해석해야 마땅합니까? 반(牉)은 바로 반(半)이니, 그 반을 합쳐서 일체(一體)가 되었다고 말한 것과 같습니까? 반(牉)은 또 나눔이니, 서로 모르는 사람들이 배필이 되어 지친(至親)을 이루었기 때문에 반합이라고 한 것입니까? 주(註)와 소(疏) 모두에 해석한 것이 없으니,[386] 부디 가르쳐주시기 바랍니다.

385 법문(法門)과 어긋나는 것이니 : 원문의 '타괴(打乖)'는 어긋남을 이른다. 법문은 원래 불가(佛家)의 말로, 여러 부처님의 말씀은 세상의 법칙이 된다고 하여 법이라 하고, 이 법은 여러 성인이 도에 들어가는 문이 된다 하여 붙여진 이름인데, 후세에는 유가에서도 그대로 사용하였다. 소옹(邵雍)이 〈안락와중호타괴음(安樂窩中好打乖吟)〉라는 시를 지어 자신이 세상과 어긋나는 삶을 살면서 유유자적한다는 뜻을 읊었으므로 이렇게 말한 것이다.

386 주(註)와……없으니 : 주(註)는 《의례주소(儀禮注疏)》에 있는 정중(鄭衆)과 정현(鄭玄)의 주를 이르고, 소(疏)는 가공언(賈公彦)의 소(疏)를 이른다. 이 내용은 《의례주소》에 보이지 않고, 《예기》 〈교특생(郊特牲)〉의 "천지가 합한 뒤에 만물이 일어난다.〔天地合而后, 萬物興焉.〕"라는 구절에 대한 소에 "부부가 반합하여 대를 잇는 자식이 생겨나니, 이는 반이 합하여 일체가 되는 것이다.〔夫婦牉合, 子胤生焉, 是半合爲一體也.〕"라는 내용이 보인다.

이자강에게 줌 계미년 섣달 4일
與李子岡 癸未臘月四日

지난번 학서(鶴墅)[387]에 갔을 적에 형을 초청하여 세한(歲寒)[388]을 서로 위로하고자 하였는데, 주인이 돌아오지 않고 달성(達城)의 나그네가 갑자기 이르러서, 홀연히 떠나 낙봉(駱峯)[389]의 높은 곳에 올랐습니다. 온 산에 하얀 눈이 쌓여 눈에 들어오는 사방이 환하게 밝아서, 이 몸이 너울너울 허공에 떠오를 것처럼 느꼈으며, 가슴 속이 확 트인 채 하나의 외물(外物)도 없어서 마치 태허(太虛 허공)와 함께 노는 듯 하였습니다.

설령 난실(蘭室)에 들어가서 법도에 맞는 가르침을 받고[390] 날짜에

387 학서(鶴墅) : 매산의 처남인 이승달(李承達)이 거처하던 양주(楊州) 승학교(乘鶴橋) 주변에 있던 별서(別墅)를 이른 것으로 보이나, 분명하지 않다.

388 세한(歲寒) : 해가 저물어 가는 한 겨울의 매운 추위를 이르는 말인데, 곤궁한 지경에 처하였거나 노년의 지조를 비유하기도 하는바, 《논어》 〈자한(子罕)〉의 "해가 저물어 날씨가 추워진 뒤에야 소나무와 측백나무가 뒤늦게 시듦을 알 수 있다.〔歲寒然後, 知松柏之後雕.〕"라고 한 말에서 유래하였다.

389 낙봉(駱峯) : 자세하지 않으나 낙산(駱山)을 이른 것으로 보인다. 낙산은 지금의 서울특별시 종로구・동대문구・성북구에 걸쳐 있는 산으로 산의 모양이 낙타의 등과 같아 이름하였는데, 타락산(駝酪山)으로도 불리며 풍수상 한양의 좌청룡에 해당된다.

390 난실(蘭室)에……받고 : 어진 벗인 이자강과 함께 거처하며 법도에 맞는 가르침을 나누는 것을 이른다. 난실은 난초 향기가 가득한 방으로 현사(賢士)가 거처하는 곳을 비유한다. 《공자가어(孔子家語)》에 "선한 사람과 함께 거처하는 것은 마치 지란(芝蘭)의 방에 들어간 것과 같아서, 오랫동안 향기를 맡으면 그 향기를 느끼지 못하나, 더불어 동화된다.〔與善人居, 如入芝蘭之室, 久聞而不知其香, 卽與之化矣.〕"라고

미쳐 돌아오더라도, 이보다 더 빠르게 사람의 영기(靈機)를 발동시켜 밝고 통창(通暢)하게 가슴을 씻어내기는 어려울 듯하니, 시상옹(柴桑翁)이 "우리 스승인 장인(丈人)보다 낫다.'"고 한 것[391]은 진실로 먼저 저의 마음을 안 것입니다.

형께서는 여전히 《서경》을 쉬지 않고 열심히 송독(誦讀)하고 계십니까? 《서경》에 〈홍범(洪範)〉 편 이상을 상경(上經)이라 하고 〈여오(旅獒)〉 편 이하를 하경(下經)이라고 하는데, 《서경》을 상·하로 나눈 것은 무슨 뜻인지 알 수 없습니다. 이는 어느 때부터 시작된 것입니까?

주공(周公)이 동쪽에 거처하신 것을 혹은 비방을 피한 것이라고도 하고, 혹은 동쪽을 정벌한 것이라고도 하니,[392] 두 가지가 모두 있었던

보인다.

391 시상옹(柴桑翁)이……것 : 시상옹은 동진(東晉) 때의 은사인 도연명(陶淵明, 372~427)으로, 시상은 그가 살던 현(縣)의 이름이다. 자는 원량(元亮)인데 혹자는 연명도 그의 자라고 한다. 진나라 말기 팽택령(彭澤令)이 되었다가 벼슬을 버리고 돌아오면서 〈귀거래사(歸去來辭)〉를 지어 유명하다. '우리 스승인 장인(丈人)'은 나이 많은 승려를 가리킨 것으로 보인다. 《설부(說郛)》 권119 상 〈운선잡기2(雲仙雜記二)〉에 "도연명이 일찍이 흘러가는 물소리를 듣고 지팡이에 기대어 한동안 있다가 감탄하기를 '수수와 벼가 이삭이 이미 패고 산 색깔이 사람을 물들인다. 이때 가슴을 갈라 가시덤불 속에 있는 마음을 깨끗이 씻으니, 이 물이 우리 스승인 장인보다 낫다.' 하였다.〔淵明嘗聞田水聲, 倚杖久聽歎曰: 秫稻已秀, 翠色染人, 時剖胸襟, 一洗荊棘, 此水過吾師丈人矣.〕"라고 보인다.

392 주공(周公)이……하니 : 《서경》 〈금등(金縢)〉에 "주공이 동쪽에 거처한 지 2년에 죄인을 이에 잡았다.〔周公居東二年, 則罪人斯得.〕" 하였는데, 채침(蔡沈)의 《집전(集傳)》에 "정씨(鄭氏)가 '동도(東都)에 피하여 거처했다.' 한 것은 무엇을 근거하였는지 알 수 없다. 공씨(孔氏)는 동쪽에 거한 것을 '동쪽을 정벌한 것〔東征〕'이라 하였는데 이는 잘못이다."라고 하였으므로 이렇게 말한 것이다. 죄인은 당시 어린 성왕(成王)을

것입니까? 아니면 이중에 하나에만 해당되는 것입니까?

〈금등(金縢)〉 편의 '동쪽에 거처한 지 2년에 죄인을 이에 잡았다.〔居東二年, 罪人斯得.〕'라는 구절을 가지고 헤아려보면, 주공이 동쪽에 거처한 것은 바로 비방을 피한 것이요, 동쪽을 정벌한 것이 아닙니다. '죄인을 이에 잡았다.〔罪人斯得〕'는 것은 바로 성왕(成王)의 일로, 관숙(管叔)에게 사형을 내린 것이 이때에 있었던 듯하니,[393] '주공을 친히

보필하는 주공이 끝내 성왕을 해칠 것이라는 유언비어를 퍼뜨린 관숙선(管叔鮮) 등을 가리키며, 정씨는 한나라의 경학가인 정현(鄭玄)을, 공씨는 공안국(孔安國)을, 동도는 낙읍(洛邑)을 가리킨다.

393 금등(金縢)……듯하니 : 〈금등(金縢)〉은 《서경》의 한 편명이다. 《사기》〈주본기(周本記)〉와 〈금등〉편을 요약해 보면, 무왕(武王)의 병환이 위독하자, 주공은 이를 염려하여 태왕(太王)과 왕계(王季), 문왕(文王)에게 무왕 대신 자신을 잡아가 달라고 축원을 하고 이 글을 쇠사슬로 묶어 깊이 보관하였는데, 이것을 금등이라 한다. 그 후 무왕은 즉시 병환이 쾌차하였다. 주공은 무왕을 보필하여 은(殷)나라를 정벌하고 주왕(紂王)의 아들 무경(武庚)을 은나라에 봉한 다음, 서형인 관숙(管叔)과 채숙(蔡叔)·곽숙(霍叔)으로 하여금 은나라를 감시하게 하니, 이들을 삼감(三監) 또는 삼숙(三叔)이라 칭하였다. 그 후 무왕이 별세하고 어린 성왕이 즉위하여 주공이 섭정을 하자, 이에 불만을 품은 삼숙은 주공이 끝내 어린 성왕을 해치고 왕위를 찬탈할 것이라는 유언비어를 퍼뜨리고, 무경과 함께 반란을 일으키니, 주공이 동쪽을 정벌하여 관숙 등을 죽였다. 한편 성왕 역시 삼숙의 유언비어에 따라 주공에 대한 의심이 없지 못하니, 주공이 피하여 동쪽 낙읍에 있었는데, 2년에 죄인들을 잡아 처형하였다. 그 후 가을에 곡식이 크게 풍년이 들었는데, 갑자기 천둥벼락이 치고 큰 바람이 불어 벼가 모두 쓰러지고 큰 나무가 모두 뽑혔다. 성왕은 크게 두려워하여 대부들과 함께 관복을 입고 금등의 글을 열어, 주공이 예전에 무왕 대신 자신이 죽겠다고 기원한 글을 읽고는 주공에 대한 의심을 풀고 주공을 맞이해 오니, 역풍이 불어 쓰러졌던 벼가 다시 일어나 큰 풍년이 들었다 하였다. 이에 대해 이설이 분분한바, 주공은 동쪽 지방으로 피하였고 성왕과 태공(太公)·소공(召公)이 삼숙을 토벌하여 죄인을 처형한 것으로 보아야 한다고 주장한 것이다.

맞이하여 돌아온 이후에 주공에게 명하여 동쪽을 정벌하게 했다.'는 주장[394]이 반드시 옳다고 장담할 수 없습니다.

관숙을 죽인 것이 주공으로부터 나온 일이라 하여, 후세에 골육간에 서로 해치는 자들이 번번이 주공을 구실로 삼아서 만세에 무궁한 병폐를 계도하였으니, 이것이 어리석은 제가 늘 숨이 막힐 정도로 답답해하는 것입니다. 주공은 대성인입니다. 성인은 인륜을 다하니, 주공이 어찌 이런 짓을 하셨겠습니까. 어찌 이런 짓을 하셨겠습니까.

주공이 비방을 피해 동쪽에 거처하신 뒤에, 태공(太公)과 소공(召公) 등 여러 분이 죄인을 잡아 하늘의 토벌을 행한 것이니, 주공이 직접 토벌하신 것이 아님이 분명합니다. 후대에 옛사람의 말과 행실을 평론하는 자들이 모두 말하기를, "주공이 종국(宗國)을 위하여 한 몸의 이해를 돌아보지 않았다."라고 합니다. 그러나 이는 모두 인정을 소중히 여기고 아껴서 이리저리 말을 돌려 비호하다 보니, 감히 끝까지 다 말하지 못하고 또 감히 크게 입을 열어 설파하지도 못하여, 사람들의 가슴 속을 답답하게 하는 것이니, 형께서는 일찍이 어떻게 보셨는지 모르겠습니다.

채숙(蔡叔)을 곽린(郭隣)에 가두고 곽숙(霍叔)을 서인(庶人)으로

394 주공을……주장 : 이 내용은 〈금등〉 편의 "가을에 곡식이 크게 풍년이 들었는데……주공이 무왕을 대신하여 죽을 것을 청한 말씀을 얻었다.〔秋大熟……得周公所自以爲功, 代武王之說〕"라는 구절에 대해 채침(蔡沈)의 《집전(集傳)》에 "주공이 동쪽에 거처한 지 2년에 성왕(成王)이 풍뢰(風雷)의 변고로 인하여 친히 맞이해 돌아오자, 삼숙(三叔)이 유언을 퍼뜨린 죄를 품고 마침내 무경(武庚)을 위협하여 배반하므로, 성왕이 주공에게 명하여 정벌하게 하였다.〔周公居東二年, 成王因風雷之變, 旣親迎以歸, 三叔懷流言之罪, 遂脅武庚以叛, 成王命周公征之.〕"라고 한 내용을 가리킨 것이다.

강등시켰으면[395] 또한 충분히 죄를 심리하여 처벌한 것인데, 어찌 굳이 무경(武庚)[396]과 함께 사형에 처해야만 되겠습니까? 옛 사람이 이 일을 마간(馬肝)의 의논으로 대처하였으나,[397] 저는 주공이 한 일이 아님을 분명히 알고 있습니다.

일찍이 여러 설(說)을 한 번 깨끗이 쓸어내어서 원성(元聖)[398]을 순수하여 허물이 없는 자리에 올려놓아 먼 후세에 생겨날 인륜의 변고를 막고자 하였는데, 형께서는 저를 주제넘다고 여기지나 않으시는지요?

혹자는 말하기를 "주공이 관숙을 조처한 것이, 순(舜) 임금이 상(象)

395 채숙(蔡叔)을……강등시켰으면 : 이 내용은 《서경》 〈채중지명(蔡仲之命)〉에 "채숙을 곽린에 가두되 수레 일곱 대를 따르게 하고, 곽숙을 서인(庶人)으로 강등시켜 3년 동안 왕족에 끼지 못하게 하였다.〔囚蔡叔于郭隣, 以車七乘, 降霍叔于庶人, 三年不齒.〕"라고 보인다.

396 무경(武庚) : 은(殷)나라 주왕(紂王)의 아들로 '녹보(祿父)'라고도 한다. 무왕은 은나라를 멸망시킨 뒤에, 은나라의 도읍지인 조가(朝歌)에 무경을 봉해주고 탕왕(湯王)의 제사를 받들게 하였다. 자신의 세 아우인 관숙(管叔)·채숙·곽숙으로 무경을 감시하게 하였다. 무왕이 죽고 나이 어린 성왕이 즉위하여 주공이 섭정을 하자, 무경과 관숙 등은 주공을 음해하는 유언비어를 퍼뜨리고 반란을 도모하다가 토벌되었다.

397 옛……대처하였으나 : 옛 사람들이 이 일을 범인이 이해하기 어려운 성인(聖人)의 일로 여겨 우선 제쳐 두고 논하지 않았다는 뜻이다. 주자의 제자인 진안경(陳安卿)이, 무왕의 혁명(革命)에 있어 천명(天命)의 단절 여부를 인정을 기준으로 보는 견해에 대해 논하자, 주자가 "고기를 먹을 적에 말의 간을 먹지 않더라도 맛을 모르지는 않는다."고 답한 데에서 유래한 말이다. 말의 간(肝)은 원래 독이 있어서 먹지 못하는바, 이는 성인이 하는 일은 범인이 이해할 수 있는 것이 아니니, 우선 제쳐 두고 논하지 않더라도 의리를 모르는 것이 되지 않는다는 뜻이다. 《晦庵集 卷57 答陳安卿》

398 원성(元聖) : 대성인(大聖人)이란 뜻으로 여기서는 주공(周公)을 가리킨 말이다.

을 조처한 것과 똑같지 않다."라고 하는데,[399] 순 임금의 입장에 있어서는 그 폐해가 순 임금 한 몸에 그친다고 말할 것이나, 우(虞)나라 조정의 신하들 입장에서는 어찌 "종묘(宗廟)와 사직(社稷)을 위태롭게 하려고 도모하여 나라가 매우 위태로웠다."라고 말하지 않겠습니까. 그런데도 여러 신하들이 상을 주벌할 것을 청하지 않은 것은 어째서입니까? 아마도 동기간을 살해하는 것이 의리상 마땅히 해야 할 일이 아니기 때문이 아니겠습니까.

관숙과 채숙이 종묘와 사직을 위태롭게 하려고 도모한 죄는 용서할 수가 없으나, 주공은 마땅히 고요(皐陶)와 기(夔)[400]의 마음을 자신의 마음으로 삼았을 터이니, 어찌 성왕에게 숙부를 죽이라고 권할 수 있었겠습니까. 이 때문에, 관숙 등을 처형한 것은 주공이 동쪽에 거처하던 때에 일어난 일로, 주공이 관여하여 들은 바가 아님을 제가 아는 것입

399 혹자는……하는데 : 이 내용은 《맹자집주(孟子集註)》 〈공손추 하(公孫丑下)〉의 '종이위지사장(從而爲之辭章)'에 보이는 주자의 집주에 "혹자가 '주공이 관숙을 조처한 것이 순 임금이 상(象)을 조처한 것과 같지 않음은 어째서입니까?' 하고 묻자, 유씨(游氏 유작(游酢))가 대답하기를 '상의 악은 이미 드러났고 그의 뜻이 부귀를 탐함에 불과했을 뿐이다. 그러므로 순 임금이 이로써 그를 봉해 주어 온전히 할 수 있었고, 관숙의 악으로 말하면 아직 드러나지 않았고 그의 뜻과 그의 재주가 모두 상의 비교가 아니었으니, 주공이 어찌 차마 그 형의 악함을 미리 탐지하여 버릴 수 있었겠는가.' 하였다.〔或曰: 周公之處管叔, 不如舜之處象, 何也? 游氏曰: 象之惡已著, 而其志不過富貴而已, 故舜得以是而全之. 若管叔之惡則未著, 而其志其才皆非象比也, 周公詎忍逆探其兄之惡而棄之邪?〕"라는 구절을 원용한 것이다. 상(象)은 순 임금의 이복동생으로 부모와 함께 날마다 순 임금을 죽일 것을 도모하였으나, 순 임금이 천자가 되어 그를 처벌하지 않고 나라를 봉해 주었는바, 이 내용은 《맹자》 〈만장 상(萬章上)〉에 자세히 보인다.

400 고요(皐陶)와 기(夔) : 모두 요(堯) 임금과 순(舜) 임금 때의 명신(名臣)들로, 고요는 형법을 관장한 사(士), 기는 국자(國子)를 가르치는 전악(典樂)이었다.

니다. 바라건대 형께서는 하나의 문자를 지어서 천하와 만세에 알려주시기 바랍니다.

요(堯) 임금은 방제(放齊)가 단주(丹朱)를 천거하자 이에 답하면서 다만 은송(嚚訟)으로 끝마쳤습니다.[401] 은송은 오만하고 사나운 것이니, 바로 마음의 병통입니다. 다만 그 불가함을 말하면 될 터인데, 곧바로 그 마음을 지적한 것은 아버지가 자식을 위하여 숨겨주는 의리[402]에 해롭지 않겠습니까?

또 요 임금의 덕이 널리 베풀어져서 지나가는 곳에 교화가 되고 마음에 두고 있으면 신묘해져서〔過化存神〕 구족(九族)을 화목하게 하고 백성을 고르게 하여 아름답게 변함에 이르렀는데,[403] 큰 아들을 변화시

401 요(堯) 임금은……끝마쳤습니다 : 이 내용은 《서경》 〈요전(堯典)〉에 "제요(帝堯)가 말씀하기를 '누가 때를 순히 할 사람을 두루 물어서 등용할 수 있는가?' 하니, 방제가 말하기를 '맏아들인 단주(丹朱)가 계명(啓明)합니다.' 하였다. 제요가 말씀하기를 '아! 너의 말이 옳지 않다. 오만하고 사나우니, 가하겠는가.' 하였다.〔帝曰: 疇咨若時, 登庸? 放齊曰: 胤子朱啓明. 帝曰: 吁! 嚚訟, 可乎?〕"라고 보인다.

402 아버지가……의리 : 이 내용은 《논어》 〈자로(子路)〉에 "공자께서 '우리 당(黨)의 정직한 자는 이와 다르다. 아버지는 자식을 위하여 숨겨주고 자식은 아버지를 위하여 숨겨주니, 정직함이 이 가운데 있는 것이다.〔吾黨之直者, 異於是, 父爲子隱, 子爲父隱, 直在其中矣.〕' 하셨다."라는 구절을 원용한 것이다.

403 요 임금이……이르렀는데 : 원문의 '과화존신(過化存神)'은 《맹자》 〈진심 상(盡心上)〉의 "성인(聖人)은 지나가는 곳에 교화가 되며, 마음에 두고 있으면 신묘해진다.〔所過者化, 所存者神.〕"라는 구절을 줄여 쓴 것이며, 구족(九族)을 화목하게 하고 백성을 고르게 하여 아름답게 변함에 이르렀다는 구절은 《서경》 〈요전(堯典)〉의 "능히 큰 덕을 밝혀 구족을 친하게 하시니 구족이 이미 화목하거늘, 백성을 고루 밝히시니 백성이 덕을 밝히며, 만방을 화합하여 고르게 하시니 여민들이 아! 변하여 이에 화합하였다.

키지 못하여 대(왕조)가 끊김에 이르렀으니, 이는 또 무슨 이치입니까? 이것이 바로 염옹(濂翁)께서 말씀하신 '집안은 어렵고 천하는 쉽다.'는 것[404]입니까?

그리고 또 제후들과 덕으로 사양함에 미쳐서는 우빈(虞賓) 또한 이미 대순(大舜)의 교화에 들어 있어서 도덕의 화순(和順)함으로 돌아간 것이니,[405] 성인인 아버지가 교화시키지 못한 자가 순 임금에게 교화된 것은 또한 무슨 이치입니까?

〔克明俊德, 以親九族, 九族旣睦, 平章百姓, 百姓昭明, 協和萬邦, 黎民, 於變時雍.〕"라는 구절을 원용한 것이다.

404 염옹(濂翁)께서……것 : 염옹은 북송의 사상가인 염계(濂溪) 주돈이(周敦頤, 1017~1073)를 높여 부른 것으로, 자는 무숙(茂叔)이다. 정호(程顥), 정이(程頤)의 스승으로 이들 두 제자와 소옹(邵雍), 장재(張載)와 함께 '북송오자(北宋五子)'로 칭해진다. 이 내용은 《근사록(近思錄)》 권8 〈치본(治本)〉에 보인다.

405 제후들과……것이니 : 이 내용은 《서경》 〈익직(益稷)〉에 "명구를 치고 거문고와 비파를 타며 노래를 읊으니, 조고의 영혼이 와서 이르며, 우빈(虞賓)이 자리에 있으면서 제후들과 덕(德)으로 사양합니다.〔戛擊鳴球, 搏拊琴瑟, 以詠, 祖考來格, 虞賓在位, 群后德讓.〕"라는 구절을 말한 것인데, 채침(蔡沈)은 《집전(集傳)》에서 "우빈은 단주(丹朱)이다. 요의 후손이 우(虞)나라의 손님이 된 것이니, 미자(微子)가 주나라의 손님이 된 것과 같다. 단주가 자리에 있으면서 제사를 돕는 여러 제후들과 덕(德)으로 서로 사양하였으니, 사람들이 화합하지 않음이 없음을 알 수 있다."라고 풀이하였다.

이자강에게 줌 갑신년[406] 2월 23일

與李子剛 甲申二月廿三日

근일(近日)에 형께서는 어느 책을 열심히 공부하고 계십니까? 근래 아이들에게 《맹자》를 가르치는데, 맹자가 제(齊)나라와 양(梁)나라의 임금들에게 왕도(王道)를 행할 것을 권고하셨으니, 이른바 '주(周)나라를 높이지 않았다.'는 것입니다.

이러한 맹자의 의논을 따르면, 하늘이 백성들을 위하여 군주를 세운 것은, 백성들을 다스리고 편안히 하게 하려는 것이요, 군주 한 사람을 위하여 만승(萬乘)의 존귀한 지위에 군림하고 사해의 부유함을 소유하며 종묘에서 제향 받고 자손을 보존하여 대대로 끊어지지 않게 하려고 한 것이 아닙니다. 이 때문에 탕왕(湯王)과 무왕(武王)의 혁명이 하늘로부터 천명을 받은 것임을 알 수 있으니, 맹자는 천도(天道)를 따라 한 시대의 병폐를 구원한 것입니다.

공자(孔子)는 인도(人道)를 위하여 만세의 표준을 세워서, 문왕(文王)이 복종하여 은나라를 섬긴 것을 지덕(至德)이라고 하고, 무왕(武王)의 음악을 진선(盡善)하지 못하다고 하셨으니,[407] 공자는 문왕과

406 갑신년(甲申年) : 1824년(순조24)으로, 매산의 나이 49세 되던 해이다.

407 문왕(文王)이……하셨으니 : 지덕(至德)은 지극한 덕이다. '문왕(文王)이 복종하여 은나라를 섬긴 것을 지덕이라고 하였다'는 것은 《논어》 〈태백(泰伯)〉에 "문왕은 천하를 삼분함에 그 둘을 소유하시고도 복종하여 은나라를 섬기셨으니, 주나라 문왕의 덕은 지극한 덕이라고 이를 만하다.〔三分天下, 有其二, 以服事殷, 周之德, 其可謂至德也已矣.〕"라고 보이며, '무왕(武王)의 음악을 진선(盡善)하지 못하다'고 한 것은 《논어》

의사가 같고, 맹자는 무왕과 의사가 같습니다.

가령 문왕이 공자의 입장에 처했으면 마땅히 주나라를 높임을 의리로 삼았을 것이요, 무왕이 맹자의 입장에 처했으면 또한 마땅히 주나라를 높이지 않음을 의리로 삼았을 것입니다. 비록 "맹자는 천명이 옮겨 갔는가 옮겨 가지 않았는가를 보셨을 뿐이다."[408]라고 하나, 문왕은 설령 온 천하가 자신에게 귀복(歸服)하더라도 반드시 무왕처럼 상(商)나라 교외에서 군대를 열병하고 스스로 통일을 이루지 않아서[409] 그 사이에 마음을 쓰는 바가 없었을 것입니다. 이렇게 보는 것이 어떨지 모르겠습니다.

〈팔일(八佾)〉에 "공자께서 소악(韶樂)을 평하시되 '극진히 아름답고 극진히 좋다.' 하셨고, 무악(武樂)을 평하시되 '극진히 아름답지만 극진히 좋지는 못하다.' 하셨다.〔子謂韶, 盡美矣, 又盡善也. 謂武, 盡美矣, 未盡善也.〕"라고 보인다. 소악은 순 임금의 음악이고, 무악은 무왕의 음악이다.

408 맹자는……뿐이다 : 이 내용은 《맹자집주(孟子集註)》〈양혜왕 상(梁惠王上)〉 이속장(移粟章) 장하주(章下註)에 "맹자 때에 이르러서는 칠국이 패권을 다투어 천하가 다시는 주나라가 있음을 알지 못하였고 백성들이 도탄에 빠진 것이 이미 지극하였으니, 이때를 당하여 제후들이 능히 왕도를 행한다면 왕 노릇 할 수 있었으니, 이것이 맹자께서 제나라와 양나라의 군주에게 왕 노릇 행할 것을 권고하신 이유이다. 왕자는 천하의 의로운 군주이니, 성현께서는 무슨 마음이셨겠는가? 천명이 옮겨 갔는가 옮겨 가지 않았는가를 보셨을 뿐이다.〔至孟子時, 七國爭雄, 天下不復知有周, 而生民之塗炭已極, 當是時, 諸侯能行王道, 則可以王矣, 此孟子所以勸齊梁之君也. 蓋王者, 天下之義主也, 聖賢亦何心哉? 視天命之改與未改耳.〕"라는 이천(伊川) 정이(程頤)의 말씀을 원용한 것이다.

409 무왕처럼……않아서 : 상(商)나라 교외는 목야(牧野)를 이른다. 무왕이 이곳에서 군대를 사열하고 주왕(紂王)을 정벌해야 하는 당위성을 훈시하고는 주왕의 군대와 결전을 벌여 승리를 거두어 상나라를 멸망시켰으므로 이렇게 말한 것이다. 《書經 牧誓》

이자강에게 줌 갑신년 3월 18일

與李子岡 甲申三月十八日

근래에 정서(程書)[410]를 읽어보니, 불가에서 살생(殺生)을 경계하는 말에 대해 물은 자가 있었는데, 정(程) 선생이 대답하시기를 "힘으로 이길 수 있으면 모두 먹을 수 있으나, 다만 군자에게는 차마 못하는 마음이 있을 뿐이다." 하셨고, 우암(尤菴)께서 또한 이르시기를 "오행(五行)에 상극(相剋)하는 이치가 있기 때문에 사람과 물건이 서로 잡아먹는 도리가 있다." 하였으니,[411] 형의 고견으로는 이 두 가지 말씀에 대해 어떻게 생각하십니까?

마땅히 먹어야 하는지와 마땅히 먹어서는 안 되는지를 헤아리지 않고, 오직 힘으로 이긴다 하여 먹는다면 이것은 바로 약육강식(弱肉强食)이니, 어찌 옳겠습니까.

또 성인이 만물을 길러 그 본성을 다하게 한다면, 어찌 상극하는 이치가 있겠습니까. 사람은 만물의 영장(靈長)이라서 하늘과 땅도 사람으로 인하여 존재하니, 이 때문에 사람이 초목(草木)과 금수(禽獸)의 주인이 되는 것입니다.

사람은 만물의 벼리가 되기 때문에 만물의 목숨을 관장하여 만물의

410 정서(程書) : 《이정전서(二程全書)》를 가리킨 것으로, 명도(明道) 정이(程顥)와 이천(伊川) 정이(程頤) 형제의 글을 모은 문집이다.

411 불가에서……하였으니 : 혹자의 질문과 정자의 답변은 《이정외서(二程外書)》 권8 〈유씨본습유(游氏本拾遺)〉에 보이고, 우암의 말씀은 《송자대전(宋子大全)》 부록 권 16 〈어록(語錄) 박광일록(朴光一錄)〉에 보인다.

삶과 죽음을 제재합니다. 이 때문에 사람이 짐승을 먹는 것은 떳떳한 이치가 되나, 짐승이 사람을 먹는 것은 변고가 되니, 사람이 물건을 잡아먹는 것은 진실로 이치에 해(害)가 될 것이 없으나, 항상 나와 함께 살아가는 존재[412]라는 인(仁)의 마음을 미루어서 차마 못하는 마음을 보존하여 연고 없이는 죽이지 않는 것을 법도로 삼을 뿐입니다.

불자(佛者)들이 살생을 경계하여 고기를 먹지 않는 것은 바로 작은 인(仁)이니, 작은 인은 큰 인의 적입니다. 만약 살생하지 않는 것을 인이라 한다면, 요(堯)・순(舜)께서 반드시 살생을 하지 않으셨을 것입니다. 예컨대 양(梁)나라 무제(武帝)[413]와 같은 사람은 살생하지 말라는 불가의 경계에 빠져서 종신토록 고기를 먹지 않았고, 종묘에도 혈식(血食)을 올리지 않았으니,[414] 이것은 참으로 작은 것을 인이라 여긴 것입니다.

성인은 짐승을 잡을 적에 완전히 포위하여 잡지 않고 무리를 덮치지

412 나와 함께 살아가는 존재 : 원문의 '오여(吾與)'는 북송의 학자인 횡거(橫渠) 장재(張載)의 〈서명(西銘)〉에 "사람들은 나의 동포이고 물건은 나와 함께 살아가는 존재이다.〔民吾同胞, 物吾與也.〕"라고 보인다.

413 양(梁)나라 무제(武帝) : 남북조 시대 남조 양나라를 개국한 소연(蕭衍, 464~549)으로 무제는 시호이다. 말년에 불교를 좋아하여 불경에 통달하고 많은 절을 세웠으며, 육식을 금하고 국가의 제사나 잔치에 어떤 생명이든 죽이지 않도록 칙령을 내렸다. 549년 후경(侯景)의 난(亂)에 굶어 죽었다.

414 종묘에도……않았으니 : 혈식(血食)은 제사에 올리는 제물로 고대에 희생(犧牲)을 죽여 피를 취해 제사를 지낸 데에서 붙여진 이름인데, 후대에는 인신하여 서원이나 사우(祠宇)에 모셔진 현자의 제사를 뜻하게 되었다. 여기서는 생고기 제물을 이른 것인데, 양 무제는 살생을 금하여 모든 제사에 희생을 없애고 면(麪)으로 짐승의 모양을 만들어 사용하였기 때문에 이렇게 말한 것이다.

않았으며, 포위망의 삼면(三面)을 풀어 축원하였으니,[415] 이것이 바로 큰 인이 되는 것입니다. 정밀하게 분석하신 의리를 듣기 원합니다.

415 성인은……축원하였으니 : '완전히 포위하여 잡지 않고 무리를 덮치지 않았다'는 것은, 《예기》 〈곡례〉의 "국군이 봄 사냥을 할 적에 늪을 포위하지 않으며, 대부는 짐승의 무리를 덮치지 않는다.〔國君春田, 不圍澤, 大夫不掩群.〕"라는 구절을 원용한 것이다. '포위망의 삼면(三面)을 풀어 축원하였다'는 것은, 상(商)나라 탕왕(湯王)이 어떤 사람이 그물을 사면(四面)에 쳐 놓고서 천지 사방의 짐승들이 모두 자기 그물로 들어오라고 축원하는 것을 보고는, 그 그물의 삼면(三面)을 터 버리고 다시 축원하기를 "왼쪽으로 갈 놈은 왼쪽으로 가고, 오른쪽으로 갈 놈은 오른쪽으로 가고, 내 명을 따르지 않는 놈만 이 그물로 들어오라."라고 했던 개삼면망(開三面網)의 고사를 원용한 것이다. 《史記 卷3 殷本紀》

이자강에게 답함 갑신년 4월 23일

答李子岡 甲申四月二十三日

지난번 죽리 장인(竹里丈人)[416]이 오셔서, 형께서 근래에 《전목재집(錢牧齋集)》[417]을 본다고 말씀하셨는데, 사실입니까? 이 노인의 문장은 기초가 육경(六經)[418]에 근본하지 아니하고, 체재가 진실로 간략함과 엄격함이 부족하나, 무(無)에서 유(有)를 만들어 내고 진부한 것들 속에서 새로운 것을 만들어 내어서, 마치 삼협(三峽)[419]의 물을 쏟아내

416 죽리 장인(竹里丈人) : 김기풍(金基豐, 1754~1827)으로 자는 대백(大伯), 본관은 청풍(淸風)이다. 1783년(정조7) 진사에 합격한 후 음직으로 출사하여 돈녕부 판관(敦寧府判官) 등을 역임하고 외직으로 충주 목사를 지냈는데 선정을 베풀어 명성이 높았다. 죽리는 김기풍이 거처하던 동리 이름이다.

417 전목재집(錢牧齋集) : 명말 청초의 문인이자 문신인 전겸익(錢謙益, 1582~1664)의 문집으로, 목재는 호이고 자는 수지(受之)이다. 명나라 만력(萬曆) 38년(1610) 진사시에 급제하고 벼슬이 예부 시랑(禮部侍郎)에 올랐으며, 청나라가 강남을 평정하자 투항하여 청조의 예부 시랑이 되었다. 순치(順治) 3년(1646) 병을 칭탁하고 귀향하였으며, 순치 5년에 반청운동(反淸運動)에 연루되어 구속되었다가 출옥한 뒤에 반청복명(反淸復明)의 비밀결사에 참여하였다. 그는 처세에는 절조가 결여된 면이 있었으나 박학다재하며 시문에 뛰어나 문장에 막힘이 없었으며, 명대 문단의 주류인 전후칠자(前後七子)를 비판하고 송대의 문장을 높이 평가하였다.

418 육경(六經) : 유가(儒家)의 기본 경전인 《시경》·《서경》·《주역》·《춘추》·《예기》·《악경》을 이르는데 《악경》은 전해지지 않는다.

419 삼협(三峽) : 중국 사천성(四川省)과 호북성(湖北省)에 걸쳐있는 양자강 상류(上流)의 구당협(瞿塘峽)과 무협(巫峽), 서릉협(西陵峽)을 합하여 칭하는 말인바, 물살이 세기로 유명하다.

어 만상(萬象)을 고무시킬 듯하니, 이 사람은 바로 명(明)나라의 소자첨(蘇子瞻)[420]입니다.

그의 글을 읽어보면 사람으로 하여금 쉽게 혹하게 하여, 한 번 볼 때마다 자신도 모르게 마음이 고혹(蠱惑)되니, 마땅히 간사한 음악과 요염한 여색과 같이 여겨 멀리 해야 할 것입니다. 짐작하건대 말을 알고 이치에 밝은 노형께서는 응당 당장에 이것을 간파하셨을 것입니다.

이 사람은 당당한 천조(天朝 명나라)의 대신으로 연세와 지위가 모두 높았는데, 남은 인생에 무슨 미련이 있기에 끝내 죽기로 마음먹지 못하고 공문(空門)에 구차히 살았으며, 심지어 오랑캐 나라의 관작을 받기까지 하여 끝내 천만 번 화신(化身)함에 이르렀으니,[421] 어찌 법도와 의리에 의한 주벌을 면할 수 있겠습니까.

이 사람의 스승은 손고양(孫高陽)[422]이고 제자는 구가헌(瞿稼軒)[423]

420 소자첨(蘇子瞻) : 북송(北宋)의 대문호인 소식(蘇軾, 1036~1101)으로 자첨은 그의 자이며 호는 동파(東坡)이다. 미주(眉州) 출신으로 노천(老泉) 소순(蘇洵)의 아들인 바, 부친과 아우인 소철(蘇轍)과 함께 삼부자(三父子)가 당송팔대가(唐宋八大家)에 들어 문명(文名)을 떨친 인물이다.

421 공문(空門)에……이르렀으니 : 공문은 불문(佛門)을 이르며, 화신(化身)은 불가의 말로 몸을 변화하여 다른 사람이 됨을 이른다. 전겸익이 불교를 독실하게 믿어 불경을 깊이 연구하였으며, 명나라의 예부 시랑을 지낸 몸으로 다시 청나라에 복종하여 예부 시랑의 벼슬을 지냈으므로 이렇게 말한 것이다.

422 손고양(孫高陽) : 명나라 말기의 문신인 손승종(孫承宗, 1563~1638)으로 고양은 손승종이 살던 고을 이름이다. 명나라 희종(熹宗)의 사부로 청나라를 막기 위해 영금(寧錦) 2백 리에 방어선을 만들어 10만 명의 군대를 통솔했으며 혁혁한 공로를 세워 병부 상서(兵部尙書), 태부(太傅) 등의 벼슬을 지냈다. 환관 출신의 간신 위충현

인데, 두 분은 살신성인(殺身成仁)하여 그 이름이 해와 달과 광채를 다툽니다. 그런데 이 사람은 두 사람의 사이에 처하여 의리와 절개를 잃음이 이처럼 지극함에 이르렀으니, 어찌 스승과 제자에게 부끄럽지 않단 말입니까. 큰 바탕이 이미 훼손되었으니, 조충(雕蟲)의 작은 기예[424]를 또한 어찌 말할 것이 있겠습니까.

임 독우(林督郵)[425]가 방문하여 말하기를 "지나다가 우하(宇下)[426]에서 배알하였는데 책상 위에 있는 책을 물으니, 《송사(宋史)》라고 하였

(魏忠賢)의 시기를 받아 벼슬을 그만두고 귀향하였다가, 황태극(皇太極)이 경도(京都)를 포위 공격했을 때에 희종의 명을 받고 달려와 청군(淸軍)을 물리쳤으나 다시 대신들의 탄핵을 받고 귀향하였다. 숭정(崇禎) 11년(1638) 청군(淸軍)이 대거 공격할 적에 고양을 지키다가 전 가족이 전사하였다. 시호는 문충(文忠)이다.

423 구가헌(瞿稼軒) : 명나라 말기의 충신인 구식사(瞿式耜, 1590~1651)로 가헌은 호이다. 만력(萬歷) 44년(1616) 진사가 되고 의종(毅宗) 때 호부급사중(戶部給事中)의 벼슬을 지냈다. 의종이 자결한 후 복왕(福王) 때 우첨도어사(右僉都御史)에 등용되었으며 복왕이 명나라 재건에 실패하자 하등교(何騰蛟)와 함께 계왕(桂王)을 광동(廣東) 조경(肇慶)에서 황제로 옹립하고 계림(桂林)으로 천도하였다. 끝까지 청나라에 항거하다가 싸움에 져 잡혔는데, 절의를 지키며 의연하게 죽었다. 시호는 충선(忠宣)이다.

424 조충(雕蟲)의 작은 기예 : 조충(雕蟲)은 조충전각(雕蟲篆刻)을 줄인 말로, 벌레 모양이나 전서(篆書)를 새기는 것처럼, 미사여구(美辭麗句)로 문장을 꾸미는 작은 기예라는 뜻이다. 한(漢)나라 양웅(揚雄)의 《법언(法言)》 권2 〈오자(吾子)〉에, "부라는 것은 동자 시절에나 했던 조충전각과 같은 일로서, 장부가 되어서는 하지 않았다.〔賦者, 童子雕蟲篆刻, 壯夫不爲也.〕"라고 보인다.

425 임 독우(林督郵) : 임씨 성의 찰방(察訪)을 가리킨 것이나 누구인지 미상이다. 독우는 원래 한(漢)나라 때 설치한 관명으로 태수를 보좌하여 속현(屬縣)을 감찰하고 관리의 성적을 조사하는 일을 맡은 순찰관을 이르는데, 조선조에서는 각 도의 역참(驛站)을 관리하던 찰방으로 7품직이었다.

426 우하(宇下) : 처마 밑이란 뜻으로 집안을 이른다.

습니다." 하니, 지금 어느 편을 보시는지 모르겠습니다. 강왕(康王)이 남도(南渡)[427]하여 원수인 오랑캐에게 신하라고 칭하였으니, 일찍이 진(晉)나라 원제(元帝)[428]만도 못합니다. 그런데도 옛사람의 일을 평론하는 자들이 동진(東晉)과 비견하지 않는 것은 주자가 계셨기 때문입니다.

삼강(三綱)과 오상(五常)이 주자의 정돈에 힘입어 흥기되어 하늘과 땅, 해와 달에 허다한 광명을 더하게 하였습니다. 제갈무후(諸葛武侯)[429]가 촉한(蜀漢)에 있어서도 그러하였으니, 성현이 남의 나라에 유익함이 구정(九鼎)과 대려(大呂)[430]보다도 중하여, 다만 한 때에 그치지 않고 만세에 걸치는 것입니다.

남도한 뒤의 장수와 정승은 마땅히 이백기(李伯紀)와 악붕거(岳鵬

427 강왕(康王)이 남도(南渡) : 강왕은 북송 휘종(徽宗)의 아홉째 아들인 조구(趙構)로, 정강(靖康) 2년(1127) 금나라 태종(太宗)의 대군에 의해 수도 변경(汴京)이 함락되고 휘종과 흠종(欽宗) 부자가 잡혀간 정강의 변으로 북송이 멸망되자, 남쪽으로 도주하여 임안(臨安)에서 즉위하여 남송의 초대 황제인 고종(高宗)이 되었다. 남도는 남쪽으로 강을 건너가 도읍하였다는 뜻이다.

428 진(晉)나라 원제(元帝) : 동진(東晉)을 세운 사마예(司馬睿)로, 무제(武帝) 사마염(司馬炎)이 낙양(洛陽)에서 창건한 진(晉)나라가 호족(胡族)의 침략으로 316년에 멸망하자, 317년 사마예가 남쪽으로 내려가 건업(建業)을 국도로 삼고 원제(元帝)가 되어 왕조를 재건하였다.

429 제갈무후(諸葛武侯) : 삼국 시대 촉한의 명상인 제갈량(諸葛亮, 181~234)으로 시호가 충무후(忠武侯)이므로 이렇게 칭한 것이다. 자는 공명(孔明)으로 소열황제(昭烈皇帝) 유비(劉備)를 도와 촉한을 건국하고, 천하를 통일하기 위해 위(魏)나라를 정벌하다가 진중에서 병사하였다.

430 구정(九鼎)과 대려(大呂) : 나라를 상징하는 보물들로, 대려는 주나라 종묘에 있던 큰 종의 이름이다. 구정에 대한 자세한 내용은 165쪽 주362 참조.

擧)를 관면(冠冕)으로 삼아야 했는데,[431] 장덕원(張德遠)은 송제유(宋齊愈)를 위하여 이공(李公 이강(李綱))을 축출해서[432] 나라를 다스릴 수 있는 국수(國手)를 소매로 물리쳐 구학(丘壑)에서 그대로 죽게 하여, 송나라 국운이 끝내 반벽(半壁 반쪽)에 끝나게 하였습니다.

또 악공(岳公 악비)을 좋아하지 아니하여, 그가 살았을 때에는 한 마디도 칭찬하는 말이 없었고, 죽었을 때에는 한 마디도 서글퍼하는 말이 없었으니, 이는 모두 사사로운 마음에서 나온 것입니다. 또 일을

431 남도한……했는데 : 이백기(李伯紀)는 남송 때 재상 이강(李綱, 1085～1140)으로, 백기는 그의 자이다. 금나라와 타협하지 않은 대표적인 주전론자(主戰論者)인데, 그의 정책으로 송나라는 한때 거국적인 항전의 의지를 불태우기도 하였으나, 주화론자(主和論者)로 고종의 총애를 받던 황잠선(黃潛善)・왕백언(汪伯彦) 등에게 견제를 당하여 건염(建炎) 1년(1127)에 재상에 임명된 지 75일 만에 해임되었다. 악붕거(岳鵬擧)는 남송의 명장인 악비(岳飛, 1103～1142)로, 붕거는 그의 자이다. 뛰어난 전략가이자 애국지사로서 금나라에 대항하는 데 앞장섰으나, 당시 화의(和議)를 주도하던 간신 진회(秦檜)의 모함을 받고 살해되었다. 이후 효종(孝宗) 때 무목이란 시호가 내려졌고, 영종(寧宗) 때 악왕(鄂王)에 추봉되었다. 관면(冠冕)은 관과 면류관으로 머리에 쓰는 것인바, 으뜸의 뜻이다.

432 장덕원(張德遠)은……축출해서 : 장덕원은 남송의 명상인 장준(張浚, 1094～1164)으로, 덕원은 그의 자이고 시호는 충헌(忠獻)이다. 휘종 정화(政和) 8년(1118)에 진사가 되고 벼슬이 상서우복야(尙書右僕射)에 이르렀다. 주자의 친구인 남헌(南軒) 장식(張栻)의 아버지로 송나라의 본토 회복에 뜻을 두었고 여러 차례 금나라의 침략을 물리쳤으나 진회가 권력을 잡자 배척을 당하였다. 송제유(宋齊愈, ?～1127)는 자가 문연(文淵), 호가 지옹(遲翁)으로 정강 연간에 간의대부(諫議大夫)를 지냈다. 금나라가 장방창(張邦昌, 1081～1127)을 괴뢰 황제로 세울 적에 관여했는데, 남도한 뒤에 이강의 병력 증강책이 현실성이 없다고 비판하였다. 이강이 이를 괘씸하게 여겨 장방창과 그 관련자들을 논죄하여 주살하였는데, 당시 어사로 있던 장준이 이강의 처사는 사사로운 감정에서 나온 것이며 그의 병력 증강 계책도 잘못된 것이라고 탄핵하여, 결국 이강은 파직되었다.《宋史 卷117 李綱列傳, 卷120 張浚列傳》

전혀 알지 못해서 수많은 착오를 저질렀는데, 훌륭한 남헌(南軒)을 아들로 두었기 때문에 매번 회옹(晦翁)의 용서를 받아서, 그의 행장(行狀)을 지을 적에 칭찬이 모두 지극해서 감히 알 수 없는 내용도 있습니다.[433]

그러나 회옹이 어찌 오로지 남헌을 잘 아는 사사로운 정을 따라 그러하셨겠습니까. 이 사람이 비록 사리에 밝지 못한 점이 있으나 다른 마음은 없었기 때문이었을 것이니, 노형께서는 일찍이 어떻게 보셨습니까?

433 남헌(南軒)을……있습니다 : 남헌은 장덕원의 아들인 장식(張栻, 1133~1180)의 호로, 자는 경부(敬夫)·흠부(欽夫)이다. 오봉(五峰) 호굉(胡宏)으로 부터 이정(二程)의 학문을 이어받아 호상학파(湖湘學派)를 이끌었으며 주자와 도의지교(道義之交)를 맺었다. 회옹은 주자의 호가 회암(晦菴)이므로 높여 칭한 것이다. 주자는 장식의 부탁을 받고 장준의 행장을 지으면서 극구 칭찬하였는데, 뒤에 이러한 사실을 알고 "내가 남헌의 말을 믿고 너무 지나쳤다."고 자인하였다.

이자강에게 줌 갑신년 6월 27일

與李子岡 甲申六月卄七日

우연히 진사(晉史)의 〈사마부전(司馬孚傳)〉[434]을 읽었는데, 사마부는 사마의(司馬懿)와 사마염(司馬炎)의 지친(至親)인데도, 사마씨 일족이 위(魏)나라의 황제를 폐위하고 세우는 모의에 관여하지 않았을 뿐만 아니라, 황제의 시신[435]에 곡하고 손을 잡고 울면서 말하기를 "폐하께서 살해된 것은 신(臣)의 죄입니다." 하고, 또 "신은 죽는 날에 진실로 대위(大魏)의 순수한 신하가 될 것입니다." 하였고, 죽을 때에 유언을 하여 위(魏)나라의 정사(貞士)로 자처하면서 옛 군주를 간절히 생각하여 잊지 않았으니, 이는 또한 가상하게 여길 만한 일입니다. 그러나 명확하게 평론하는 선비들이 조금도 그를 인정해 주지 않은 것은 어째서입니까?

천고의 인물 중에서 난신(亂臣)과 역신(逆臣)의 집안에 태어나서

434 진사(晉史)의 사마부전(司馬孚傳) : 진사는 《진서(晉書)》를 이르고, 〈사마부전〉은 《진서》 권37 〈안평헌왕부열전(安平獻王孚列傳)〉을 이른다. 사마부(180~272)는 서진(西晉)의 황족으로 사마의(司馬懿)의 동생인데, 자는 숙달(叔達), 시호는 안평헌왕이다. 위나라에서 태부(太傅)에 오르고 관내후(關內侯)에 봉해졌으며 진나라가 창건되자 황실의 큰 어른이 되었으나 스스로 위나라의 구신(舊臣)으로 자처하며 일생을 마쳤다.

435 황제의 시신 : 황제는 위나라 4대 황제인 고귀향공(高貴鄕公) 조모(曹髦)를 이른다. 조모는 제3대 황제인 조방(曹芳)이 사마의의 아들인 사마사(司馬師)를 제거하려다가 실패하여 폐위된 뒤에 제위에 올랐으나, 사마사의 아우인 사마소(司馬昭)가 권력을 전횡하자 이를 제거하려다가 사마소의 심복인 가충(賈充) 등에 의해서 시해되었다.

능히 충심을 바꾸지 않은 자를 두루 살펴 뽑아보면, 오직 사마부와 무유서(武攸緖),[436] 주전욱(朱全昱)[437] 세 사람이 있을 뿐입니다. 무유서는 관작과 녹봉을 받지 않고 멀리 속세를 떠나가서 몸과 명성이 모두 완전하였는데, 사마부와 주전욱은 봉작(封爵)을 받고 사양하지 않았으니, 이는 사마염, 주전충(朱全忠)과 뜻을 같이 한 자들과 다른 것이 별로 없습니다.

사마부는 한(漢)나라 유민(遺民)으로 조만(曹瞞)[438]의 친신(親臣)이 되었으니, 진실로 이미 지조를 잃었습니다. 그렇다면, 위나라와 진나라에서 군주를 폐위하고 세우는 때에 비록 신하의 예(禮)를 잃지 않았더라도 말할 것이 못되는 것입니까?

사마소(司馬昭)와 사마염의 무리가 시역(弑逆)하기를 다반사(茶飯事)처럼 하였으니, 사마부는 강력히 간쟁하다가 뜻을 이루지 못하면 마땅히 죽음으로써 자신의 마음과 일을 밝혔어야 합니다. 그런데 이렇게 하지 않고 제후에 봉해지고 절월(節鉞)을 잡아서[439] 관속을 배치하

436 무유서(武攸緖) : 655~723. 당나라 측천무후(則天武后)의 친정 조카로, 평소 소탈하고 담박하였으며 《주역》과 《장자》를 좋아하였다. 측천무후가 정권을 잡자 벼슬을 버리고 숭산(嵩山)에 은거하여 일생을 보냈으므로, 측천무후가 죽은 뒤에 무씨 일가가 모두 패망하였으나 그에게는 화가 미치지 않았다.

437 주전욱(朱全昱) : ?~916. 당나라를 멸망시키고 양(梁)나라를 건국한 태조(太祖) 주전충(朱全忠)의 장형(長兄)으로, 광왕(廣王)에 봉해졌다. 주전충이 당나라를 멸망시키고 제위에 오르려 할 때 준절히 나무라고 낙향하여 살았다.

438 조만(曹瞞) : 위(魏)나라의 무황제(武皇帝)로 추존된 조조(曹操)로, 어릴 때의 이름이 아만(阿瞞)이었기 때문에 이렇게 불러 비하한 것이다.

439 제후에……잡아서 : 원문의 '분모(分茅)'는 제후로 분봉됨을 이른다. 고대에 제후들을 분봉할 적에 하얀 띠풀 안에다가 진흙을 붙여 주어 토지와 권력을 수여함을 상징한

고는 마치 본래 그랬던 것처럼 여겼으니, 비록 스스로 말하기를 "몸을 세우고 도(道)를 행함이 시종 한결같았다."라고 하나, 그 누가 이 말을 믿겠습니까.

질박한 관(棺)과 얇은 곽(槨)을 쓰고 평상복으로 염(斂)하여, 비록 통렬히 자신을 폄하하고 박대해서 자정(自靖)[440]하는 뜻을 보존하였으나, 이런다고 하여 그 허물을 속죄할 수는 없는 것입니다.

그러나 조씨(曹氏)의 신하들은 모두 가충(賈充)[441]의 부류이니, 참으로 큰 도적의 무리를 만난 것인데, 그래도 능히 비통해 하고 부끄러워하여 병이(秉彝)의 천성을 잃지 않은 자는 오직 사마부 한 사람 뿐이니, 차마 땅을 파서 묻어 없앨 수가 없습니다. 다만 한 조각의 양심을 인정하는 것이 어떨지 모르겠습니다. 평소 옛사람의 일을 평론하는 바를 받들어 듣기 원합니다.

데서 유래하였다. 절월(節鉞)은 고대에 장수들에게 권력을 더해주기 위한 표지로 수여하는 부절(符節)과 부월(斧鉞)을 이른다.

440 자정(自靖) : 스스로 분의(分義)에 알맞게 처신하여 편안하게 한다는 뜻으로, 자세한 내용은 26쪽 주38 참조.

441 가충(賈充) : 217~282. 위말 진초(魏末晉初)의 권신으로, 자는 공려(公閭)이다. 위나라에서 상서랑(尙書郎)을 지냈는데, 당시의 실권자인 사마소(司馬昭)의 심복이 되어 황제인 고귀향공(高貴鄕公) 조모(曹髦)를 시해하고 사마염(司馬炎)이 제위를 선양받는데 공을 세워 거기장군 상서복야(車騎將軍尙書僕射)가 되었으며, 노군공(魯郡公)에 봉해졌다. 오(吳)나라를 공격할 때 대도독(大都督)으로 6군(軍)을 총지휘하였다. 딸이 혜제(惠帝)의 황후가 되었는데, 심한 횡포를 부려 팔왕(八王)의 난을 촉발시켜 서진(西晉)이 망하는 계기가 되었다.

이자강에게 답함 갑신년 6월 그믐 전날

答李子岡 甲申六月少晦

꽃을 완상(玩賞)할 때에도 미발(未發)의 기상[442]을 보는 것이 좋으니, 동쪽 연못의 연꽃이 흐드러지게 피기를 굳이 기다릴 것이 있겠습니까? 안락옹(安樂翁)이 활짝 핀 꽃의 구경을 경계하신 것은 참으로 환중(環中)의 이치를 아신 것입니다.[443]

442 미발(未發)의 기상 : 미발의 기상은 성리학의 주요 개념 중의 하나로, 희(喜)·노(怒)·애(哀)·락(樂) 등의 감정이 아직 발하지 않은 고요한 마음의 상태로, 본성을 그대로 간직한 상태를 이르는 것이다. 《중용장구》 제1장에 "희·노·애·락이 아직 발하지 않은 것을 중(中)이라 하고, 발하여 모두 절도에 맞는 것을 화(和)라 한다.〔喜怒哀樂之未發, 謂之中, 發而皆中節, 謂之和.〕"라고 보이는데, 주자는 "희·노·애·락은 정(情)이니, 이것이 아직 발하지 않았으면 성(性)이다. 중(中)은 성(性)의 덕이고 화(和)는 정(情)의 덕이다."라고 풀이하였다. 꽃을 완상함에 있어 꽃이 피어난 다음 즉 이발(已發)의 상태를 구경하는 것보다, 꽃이 피기 전인 미발의 성(性)의 상태를 체인하는 것이 좋다는 뜻이다.

443 안락옹(安樂翁)이……것입니다 : 안락옹은 북송의 역학자인 강절(康節) 소옹(邵雍, 1011~1077)으로, 소옹은 몸소 농사를 지어 생활하면서 자기가 사는 집을 안락와(安樂窩)라 하고, 안락 선생(安樂先生)이라 자호(自號)하였으므로 이렇게 칭한 것이다. 활짝 핀 꽃의 구경을 경계한 것은 《주자어류(朱子語類)》 권73 〈역구(易九) 풍(豐)〉에 "이는 바로 소강절의 이른바 '술에 만취될 때와 꽃이 흐드러지게 만발하는 철'이란 것이니, 어찌 근심하고 위태롭게 여기고 삼가하고 두려워하지 않을 수 있겠는가.〔這便是康節所謂酩酊離披時候, 如何不憂危謹畏?〕"라고 보인다. 환중(環中)은 고리 가운데의 공허한 곳으로, 시비를 초월한 절대적인 경지를 이른다. 《장자》 〈제물론(齊物論)〉의 "피(彼)와 시(是)가 상대를 얻지 못하는 것을 도의 지도리라고 하는데, 지도리가 비로소 환중의 효용을 얻게 되면 무궁한 변화에 대응할 수 있다. 이렇게 되면 시(是)

우리들의 모임을 반드시 여름이 다하는 날에 하는 것도 때와 함께 소식하는 뜻이니,[444] 이 또한 이치를 통달한 사람이 이치를 잘 관찰한 것입니다. 감히 명령대로 따르지 않을 수 있겠습니까?

지난번에 자성(自成)과 자도(自道)[445]의 뜻을 하문하셨는데, 총총히 대강 대답해서 거의 무슨 말을 했는지 기억하지 못합니다. 친구란 자가 이 모양이니, 어떻게 의논을 주고받을 수 있겠습니까.

근래에 다시 생각해 보니, 《중용》의 '성은 스스로 이루는 것이요, 도는 스스로 행하여야 할 것이다.〔誠者自成也, 而道自道也.〕'라는 두 구(句)는 이 한 장(章)의 강령(綱領)이 되고, 성(誠)은 강령 가운데의 강령이 되어서 두 구를 관통합니다. 아래에 있는 제2절은 자성(自成)의 뜻을 거듭 말한 것이고, 제3절은 자도(自道)의 뜻을 거듭 말한 것입니다.[446]

도 하나의 무궁이 되고 비(非)도 하나의 무궁이 된다.〔彼是莫得其偶, 謂之道樞, 樞始得其環中, 而應無窮, 是一無窮, 非亦一窮.〕"라고 한 말에서 나온 것이다.

444 때와……뜻이니 : 원문의 '여시소식(與時消息)'은 《주역》〈풍괘(豐卦) 단(彖)〉에 "해는 중천에 오면 기울고 달은 차면 먹히니, 천지의 차고 빔도 때에 따라 소식하는데, 하물며 사람에 있어서이며, 하물며 귀신에 있어서랴.〔日中則昃, 月盈則食, 天地盈虛, 與時消息, 而況於人乎? 況於鬼神乎?〕"라고 보인다. 소식은 사라지고 불어나는 것으로, 양이 사라지면 음이 불어나고 음이 사라지면 양이 불어나는 음양의 이치를 말하는 바, 여기서는 '진퇴'라는 말과 같은 뜻이다.

445 자성(自成)과 자도(自道) : 자성은 성이 스스로 이룸을 이르고, 자도는 도는 스스로 행해야 함을 이른다. 《중용》 제25장에, "성은 스스로 이루는 것이요, 도는 스스로 행하여야 할 것이다.〔誠者自成也, 而道自道也.〕"라고 보인다.

446 제2절은……것입니다 : 제2절은 《중용》 제25장의 "성은 물의 종과 시이니, 성실

성은 진실로 하늘과 땅, 사람과 물(物 물건과 일)을 겸하여 말했으나, 도(道)는 모름지기 사람이 행해야 하고 물(物)이 관여할 수 있는 것이 아닙니다. 그러므로 전체 장의 뜻이 모두 사람을 위주로 하였으니, 《중용장구》에서 말한 '성(誠)은 마음으로써 말한 것이다.'라는 것이 이것입니다.

정자(程子)가 자성(自成)의 뜻을 논하여 이르시기를 "지성으로 군주를 섬기면 신하다운 신하가 되고, 지성으로 어버이를 섬기면 자식다운 자식이 된다."라고 한 것[447] 또한 그 뜻이 사람을 위주로 한 것입니다. 모든 '성' 자는 물건의 입장에서 말하면 이(理)가 중함이 되고, 사람의 입장에서 말하면 심(心)이 중함이 됩니다. 그러나 여기의 '성' 자는 이(理)와 심(心)을 겸한 것인데, 마음이 중함이 됩니다.

주자 또한 진실한 이(理)와 진실한 심(心)을 겸하여 말씀하였으나, 그 귀결은 요컨대 심에 있습니다. 이 장(章)의 세 '자(自)' 자는 자연(自

하지 않으면 사물이 없게 된다. 그러므로 군자는 성실히 함을 귀하게 여기는 것이다.〔誠者, 物之終始, 不誠, 無物. 是故, 君子誠之爲貴.〕"라는 구절을 이르고, 제3절은 그 다음 문장인 "성은 스스로 자신을 이룰 뿐만 아니라 남을 이루어 주니, 자신을 이룸은 인(仁)이요 남을 이루어 줌은 지(智)이다. 이는 성(性)의 덕이니, 내외를 합한 도이다. 그러므로 때로 조처함이 마땅한 것이다.〔誠者, 非自成己而已也, 所以成物也, 成己, 仁也, 成物, 知也, 性之德也, 合內外之道也, 故時措之宜也.〕"라는 구절을 이른다.

447 정자(程子)가 ……것 : 이 내용은 《이정유서(二程遺書)》 권18 〈유원승수편(劉元承手編)〉에 "성(誠)은 스스로 이루는 것이니, 지성으로 어버이를 섬기면 자식다운 자식이 되고, 지성으로 임금을 섬기면 신하다운 신하가 된다.〔誠者, 自成, 如至誠事親則成人子, 至誠事君則成人臣.〕"라고 보인다. 〈유원승수편(劉元承手編)〉은 유안절(劉安節)이 이천(伊川) 정이(程頤)를 스승으로 모시면서 문답한 내용을 기록해 놓은 글이다.

然)의 자(自)가 아니고, 바로 자기(自己)의 자(自)이니, 고견은 어떠신지 모르겠습니다.

이자강에게 줌 갑신년 오추(梧秋)[448] 18일

與李子岡 甲申梧秋十八日

지난번 보내 주신 답장에, 30년 동안 물가와 숲속에서 술동이를 놓고 강론했던 즐거움을 차례로 말씀하고, 이 가운데 한 번 동쪽 연못에서 만났던 모임이 최고라고 하셨습니다.

가장 마음에 맞는 부분은 형체를 잊고 말을 잊는 데에 있으니, 마음속에 외물이 없기 때문에 바로 간담(肝膽)이 막힘없이 환히 트여 아무런 간격이 없게 되기 때문입니다. 연잎에 구르는 물방울의 깨끗함을 보고 심체(心體)를 잃기 쉽다고 탄식한 일로 말하면, 형을 따라 삼야(三夜)[449]에 앉아서 마음을 편안히 하는 방법을 청하여 묻지 못한 것이 한스럽습니다.

어느덧 가을철이 왔는데도 늦더위가 더욱 기승을 부리는데, 귀하신 몸의 절선(節宣 철에 따라 몸을 잘 조섭함)은 더욱 소중하게 돌보고 계십니까? 탁 트인 초정(草亭) 위에서 바람을 맞으며 책을 펼치면, 짐작컨대 응당 퇴도(退陶 이황(李滉)) 선생이 더위를 잊은 흥취가 있으실 터인데, 어찌하여 공부의 과정을 묻지 말라고 말씀하셨습니까?

안락옹(安樂翁)이 겨울에 화롯불을 피우지 않고 여름에 부채질을

448 오추(梧秋) : 오동나무 잎이 떨어지는 계절이라는 뜻으로 음력 7월을 이르는 말로, 오월(梧月) 또는 동월(桐月)이라고도 한다.

449 삼야(三夜) : 삼일 밤, 혹은 하룻밤을 다섯으로 나누었을 때의 세 번째 부분인 밤 11시부터 새벽 1시까지를 이르는 삼경(三更)의 뜻으로 쓰이는데, 여기서는 삼경의 뜻으로 보인다.

하지 않은 것[450]은 진실로 굳세게 힘쓰고 수고하여 추위와 더위를 잘 견디려는 마음에서 나왔으나, 보통 사람보다 크게 기력이 뛰어난 자가 아니라면 결코 이렇게 할 수가 없습니다.

노형이 항상 둥근 부채를 잡고 계신 것 또한 신체가 약하여 더위를 이기지 못해서 그런 것이 아니요, 바로 의리(義理)에 의해 살이 쪄서 그런 것입니다.[451] 그렇다면 손을 멈추지 않고 부채를 흔드는 것이 백원(百原)의 정좌(靜坐) 공부에 무슨 방해가 되겠습니까?[452]

편지에서 말씀하신 자성(自誠)과 자도(自道)의 뜻[453]은 참으로 말하기가 어렵습니다. 그러나 성(誠)과 도(道)는 두 가지가 아닙니다. 그러

450 안락옹(安樂翁)이……것 : 안락옹은 강절(康節) 소옹(邵雍)을 가리킨 것으로, 이 내용은 명도(明道) 정호(程顥)가 지은 〈소요부선생묘지명(邵堯夫先生墓誌銘)〉에 “선생이 처음 백원산(百原山)에서 학문을 익힐 적에 부지런히 힘쓰고 각고하여 겨울에 화롯불도 피우지 않고 여름에 부채질도 하지 않고 밤에도 잠자리에 들지 않은 것이 3년이나 되었다.〔先生始學於百原, 勤苦刻厲, 冬不爐, 夏不扇, 夜不就席者, 數年.〕”라고 보인다. 《二程文集 卷4 明道文集》

451 의리(義理)에……것입니다 : 자하(子夏)가 살이 찐 것을 보고 증자(曾子)가 그 이유를 묻자, “선왕의 의리와 세속의 부귀 사이에서 갈등을 일으키다가 의리의 마음이 승리를 거두면서 살이 쪘다.”라고 대답한 고사가 있으므로 이렇게 말한 것이다. 《韓非子 卷7 喩老》

452 손을……되겠습니까 : 백원(百原)은 산 이름으로 소옹이 학문을 익히던 곳이며, 정좌(靜坐)는 단정히 앉아서 마음을 닦는 수행을 이른다. 이자강(李子岡)이 부채를 부치는 것이 비록 소옹이 백원에서 학문을 익힐 때 여름에도 부채를 부치지 않았던 각고함과는 다르나, 이는 의리로 살이 쪄서 그런 것이니, 학문을 익힘에 방해될 것이 없다고 말한 것이다.

453 자성(自誠)과 자도(自道)의 뜻 : 자성(自誠)은 자성(自成)의 오기로 보인다. 《중용》에 자성(自誠)은 보이지 않으며 바로 앞의 편지에서도 자성(自成)과 자도(自道)를 말하였고 이 편지의 아랫글에도 모두 자성(自成)으로 표기되어 있다.

므로 '성은 스스로 이루는 것이요, 도는 스스로 행하여야 할 것이다.〔誠者自成也, 而道自道也.〕'라고 하여, 중간에 하나의 '이(而)' 자를 놓아서 상대하여 말한 것이 아님을 나타낸 것입니다.

《중용장구》에서 본(本)과 용(用)을 나눈 까닭은, 이 장(章)은 바로 인도(人道)를 말하였는데, 전체 장의 뜻은 그 중점이 인심(人心)에 있기 때문입니다. 이 때문에 성(誠)을 비록 인(人)과 물(物)을 통합하여 논했으나, 《중용장구》 또한 인(人)에 나아가 해석한 것입니다.

《중용장구》에서 '성(誠)은 심(心)으로 말하였으니 본(本)이다.'라고 한 것은, 인심이 진실로 천리(天理)에 근원하였으므로 미루어 말했을 뿐입니다. 이 때문에 이(理)라고 말하지 않고 심(心)이라고 말하고, 체(體)라고 말하지 않고 본(本)이라고 말한 것이 아니겠습니까?

아랫글에서는 '성실하지 않으면 사물이 없게 된다.〔不誠無物〕'라고 말하고, '군자는 성실히 함을 귀하게 여기는 것이다.〔君子誠之爲貴〕'라는 구절로 끝맺었습니다. 그러므로 《중용장구》에서 이를 해석하기를 "사람의 마음이 성실하지 않음이 없어야 비로소 스스로 이룰 수가 있고, 나에게 있는 도(道) 역시 행해지지 않음이 없을 것이다." 하였으니, 사람의 마음을 가지고 성(誠)을 말했음을 여기에서 알 수 있습니다.

반드시 진실한 마음이 있은 뒤에야 도(道)가 행해질 수 있고, 반드시 자성(自成)이 있은 뒤에야 자도(自道)가 있게 됩니다. 그러므로 도(道)는 성(誠)에서 나오니, 성(誠) 밖에 따로 도(道)가 없고 도(道) 밖에 따로 성(誠)이 없습니다. 그렇다면 이른바 자도(自道)는 바로 자성(自成)을 행하는 것입니다.

'성자자성(誠者自成)'은 성분(性分)에 고유(固有)한 것이고, '이도자도(而道自道)'는 직분에 당연히 해야 하는 것입니다. 오직 자기 성분의 고유한 바를 온전히 할 수 있어야 직분의 당연히 해야 할 바를 다할 수 있을 뿐입니다.

하늘과 땅 사이의 만물과 만사가 모두 성(誠)을 종(終)과 시(始)로 하니, 사람에게 성심이 없으면 일상생활에 응접하는 것이 모두 거짓입니다. 성(誠)이 아니면 도(道)가 아니니, 도(道)와 성(誠)은 두 조항의 일이 아닙니다. 고견은 어떠신지 모르겠습니다.

이자강에게 줌 갑신년 윤7월 4일

與李子岡 甲申閏七月四日

동봉(東峯)의 진경(眞景)을 찾아 외람되이 건거(巾車)를 따르니,[454] 경치와 마음이 융합하고 때와 생각이 맞아서 유유자적하고 도연(陶然)히 즐거워서, 마치 장차 물아(物我)를 모두 잊을 듯하였으니, 또한 근일의 훌륭한 모임이었습니다.

저 운몽택(雲夢澤)[455]을 유람하고 높은 언덕에 오르며, 귀로는 구소(九韶)와 육경(六莖)[456]을 듣고, 입으로는 지지고 볶은 향기로운 음식

454 동봉(東峯)의……따르니 : 동봉은 서울의 동쪽에 자리한 지금의 성북구 정릉동 일대의 산으로 정산(貞山)이라고도 한다. 본집 〈연보〉 갑신년 조에 "7월에 금계(襟溪) 이공(李公)과 함께 재간정(在澗亭)을 유람하고 이어서 정산의 산수를 구경하였다."라고 보이는데, 금계는 이봉수의 호이다. 건거(巾車)는 포장을 친 조그마한 수레를 말하는데, 도연명의 〈귀거래사(歸去來辭)〉에 "혹은 건거를 준비하라고 명하고 혹은 외로운 배를 노질하여 이미 깊숙하게 들어가 골짝을 찾는다.〔或命巾車, 或棹孤舟, 旣窈窕以尋壑.〕"라고 보이는바, 건거를 따른다는 것은 이봉수와 함께 산수의 경치를 찾아다님을 말한다.

455 운몽택(雲夢澤) : 중국 장강(長江) 지류에 있는 소택(沼澤)의 하나로, 한(漢)·위(魏) 이전에는 가리키는 범위가 크지 않았으나 진(晉)나라 이후의 문장가들이 그 범위를 점점 넓혀 동정호(洞庭湖)까지도 포함시켰다. 한나라 사마상여(司馬相如)의 〈자허부(子虛賦)〉에 "여덟아홉 개의 운몽호를 한 번에 삼키듯, 그 흉중이 일찍이 막힘이 없다.〔呑若雲夢者八九, 於其胸中, 曾不蔕芥.〕"라는 말이 보이는바, 이후로 넓고 큰 것을 말할 적에 이 말을 자주 사용하였다.

456 구소(九韶)와 육경(六莖) : 구소는 순 임금의 음악이다. 《장자》 〈지락(至樂)〉에 "구소를 연주하여 음악으로 삼고, 태뢰(太牢)의 음식을 갖추어 요리를 하였다.〔奏九韶

을 맛보며, 평탄한 길에 말을 치달리고 숙상(鷫鷞)[457]을 낚고 쏘아 잡았다고 스스로 말하는 자들은 모두 헛되이 과장하는 것일 뿐이니, 어찌 더불어 참된 즐거움을 말할 수 있겠습니까.

그사이에 이미 달이 바뀌어서 찌는 듯한 무더위가 사람을 괴롭히는데, 삼가 안부를 묻건대 귀하신 몸을 보배로이 잘 보존하십니까? 아드님께서 아내를 맞이하는 시기가 가까워지니, 말년의 즐거움으로는 이보다 더 큰 것이 없습니다. 이를 찬미하고 축하하며 이어서 크게 부러워합니다.

지난번에 노형께서 《가례(家禮)》의 '시부모보다 높은 분이 있으면 시부모를 뵙는 것과 같이 한다.'는 글을 인용하여 〈시부모 이외의 높은 분이〉 폐백을 받는 증거로 삼으셨으나, 저의 뜻은 끝내 이는 정(情)이 지나친 것이니, 그만두어 정도(正道)를 지키는 것이 좋다고 생각합니다.

이른바 '시부모를 뵙는 것과 같이 한다.'는 예(禮)는 바로 두 계단 아래에서 사배(四拜)함을 가리킬 뿐이요, 반드시 폐백을 올리는 것을 가리킨 것이 아닙니다. 시할아버지와 시할머니는 정통(正統)의 자리라서 감히 여타의 존장(尊長)에게 견줄 수가 없으니, 시부모가 먼저 폐백을 받은 뒤에 신부가 시할아버지와 시할머니를 뵙고 폐백을 올리는 것은 그래도 괜찮습니다. 그러나 본생(本生)의 시부모로 말하면 방친(傍親)이니, 비록 높으신 세부(世父)[458]와 본생친(本生親)은 다른

以爲樂 具太牢以爲膳〕" 하였는데, 성현영(成玄英)의 소(疏)에 "구소는 순 임금의 음악 이름이다."라고 하였다. 육경은 중국 전설의 오제(五帝) 중의 한 명인 전욱 고양씨(顓頊高陽氏)의 음악이라 한다. 《五禮通考 卷1 吉禮1》

457 숙상(鷫鷞) : 새의 이름으로, 기러기의 일종이라고도 하고 서방을 지킨다는 신조(神鳥)라고도 한다.

백부와 숙부와 다르다고 말씀하시나, 정통이 아닌 것은 똑같습니다. 이들을 뵐 때에 진실로 마땅히 시할아버지와 시할머니를 뵙는 예와 같이 해야 하나, 폐백을 사용하는 것은 올바른 예가 아닙니다.

이미 본생의 시아버지에게 행했다면 마땅히 본생의 시어머니 사당에도 채소의 제물을 올려야 하나, 부인은 사당이 없으니 더더욱 논할 수 있는 것이 아닙니다.

예의(禮義)는 현자에게서 나오는 것인데, 노형과 같이 예를 지키고 정도를 지키는 군자가 세속을 따라 정(情)에 이끌리는 행동을 한다면, 사람들이 이르기를 "아무개는 당세의 큰 학자인데도 마침내 이와 같이 하였는데, 우리들이 어떤 사람이기에 도리어 예에 구애되어 정을 따르지 않는단 말인가."라고 할 것이니, 그렇다면 세속에서 말하는 폐백이란 것이 장차 한도가 없게 될 것입니다.

엎드려 바라건대 이치로써 이기고 예로써 재단하여, 근본을 두 가지로 함에 대해 혐의를 분별하고 은미함을 밝히는 뜻을 드러내어서,[459] 한 세상에 인도(人道)의 표준을 세우시기 바랍니다.

458 세부(世父) : 대를 잇는 아버지라는 의미로, 아버지의 맏형을 이른다.

459 근본을……드러내어서 : '근본을 두 가지로 한다'는 것은 대를 잇는 양자가 계통을 잇는 양부모와 본생의 부모를 똑같이 어버이로 여김을 이른다. 원문의 '혐미(嫌微)'는 '별혐명미(別嫌明微)'를 줄여 쓴 것으로, 《예기》 〈예운(禮運)〉에 "예라는 것은 임금이 통치할 때의 중요한 수단이 되니, 바로 혐의를 분별하고 은미한 일을 밝히는 것이다.〔禮者君之大柄也, 所以別嫌明微.〕"라고 보인다.

이자강에게 답함

答李子岡

《서경》〈순전(舜典)〉의 '짐(朕)의 명령을 출납(出納)하라.'는 구절에 대해 주자가 주(註)에서 명령을 두 가지로 풀이한 것을 농암(農巖)께서 의심하셨으니, 참으로 정밀한 뜻에 맞습니다. 우암(尤菴)께서 대답한 것은 감히 믿을 수가 없고, 세 번째 질문은 더욱 지극히 정밀한데 답한 바가 없음은 어째서입니까?[460]

460 서경……어째서입니까 : 이 내용은 농암과 우암이 주고받은 편지에 기초한 것으로, 농암의 말은《농암집》제12권〈우재 선생께 올리는 상서(尙書)에 대한 문목(問目)〉에 "〈순전〉의 '나의 명을 출납하되 진실되게 하라.〔出納朕命惟允〕'에 대해《집전》에서는 명령(命令)과 정교(政敎), 의견을 펴서 아뢰고 상주하는 것〔敷奏復逆〕을 나누어 말씀하여 '출'과 '납' 두 글자에 각각 해당시켰습니다. 그러나 경문(經文)을 잘 보면 '짐의 명령〔朕命〕'이라고만 하였으니, 그렇다면 이것은 오직 '명령과 정교'만을 가리키는 것입니다. '의견을 펴서 아뢰고 상주하는 것'으로 말하면 이는 아래에서 올리는 것이니, '짐의 명령'에 해당됨이 없을 듯합니다. 소주(小註)의 신안 진씨(新安陳氏)와 운봉 호씨(雲峯胡氏)의 말이 경문의 본의에 부합하는 것 같습니다. 〈요전(堯典)〉과 〈순전〉의《집전》은 본디 주자가 정한 것이지만, 이 부분은 제대로 헤아리지 못한 듯한데, 어떻습니까?"라고 한 것을 이른다. 우재(尤齋)는 우암을 이른다. 우암의 답변은《송자대전》제93권〈김중화(金仲和)에게 답함〉에 "짐(朕)이 명할 경우, 옳은 것은 아뢰고〔敷奏〕옳지 못한 것은 돌이키는〔覆逆〕것이니, 무엇이 의심스럽단 말인가. 진씨(陳氏)가 말한 '흠통(欠通)' 두 글자에 대해서는 그 의미를 모르겠고, 호씨(胡氏)의 설은 본전(本傳)과 다른 점이 있음을 보지 못하겠네."라고 보인다. 중화(仲和)는 농암의 자이다. 세 번째 질문은 위의 〈우재 선생께 올리는 상서에 대한 문목〉에 보이는 12율관(律管)으로 기후를 관측하는 방법에 대한 질문으로, 우암의 답장 마지막에 이에 대한 답이 있는데, 여기서 답하지 않았다고 하였으니, 우암의 답장에서 이 질문에 대한 답이 다른 몇 개의

지금 세속에서는 군주의 명령을 작환(繳還)하는 것을 복역(復逆)이라 합니다. 그러므로 우암께서도 "짐(朕)의 명령에 불가한 것을 복역한다." 하였으나, '복역'이란 말이 원래 나온 이유를 깊이 상고하지 못하신 듯합니다.[461]

《주례(周禮)》〈천관(天官)〉의 '신하들의 복(復)과 만민(萬民)의 역(逆)'이라는 구절의 주(註)에 이르기를 "복(復)은 보고함〔報〕이요 되돌아감〔反〕이니, 여러 신하들이 왕명을 받아서 행하기를 마친 다음 왕에게 복명(復命)하는 것을 이른다. 아래에서 위로 올라가는 것을 역(逆)이라 하니, 역은 상서(上書)를 이른다." 하였으니, 이 뜻을 미루어 보면, '복역(復逆)' 두 글자는 바로 아래의 말을 위로 아뢰는 것을 가리키는 것이니, 지금 세상에 이른바 작환(繳還)과는 똑같지 않습니다. 그렇다면 주자가 취하여 사용한 뜻을 알 수 있습니다.

이른바 '짐의 명령'이라는 것은 윗사람으로 아랫사람을 포함한 것인데, 우암께서는 널리 보지 못하시고《집전》에서 두 조항으로 말씀하신 것을 합하여 한 가지 일로 삼았으니, 이것이 병통이 되는 것입니다.

관직의 명칭이 납언(納言)이라면 비단 윗사람의 명령을 받아서 아래에 베풀 뿐만이 아니요, 또한 아랫사람들의 말을 들어서 위로 바쳐야 하니, 두 가지 뜻이 서로 필요해서 하나도 빠뜨려서는 안 되는 것입니다.

질문에 대한 답 다음에 있으므로 매산이 오해한 것인지, 혹은 우암의 답장이 지금과 달랐는지는 미상이다.

461 세속에서는……합니다 : 작환(繳還)은 임금의 전교(傳敎)에 잘못된 부분이 있다고 여겨질 경우 승지가 전교를 하달하지 않고 되돌려 올리고 환수하기를 청함을 이른다. 여기의 복역(復逆)은 복역(覆逆)의 잘못이다. 작환과 같은 의미로도 복역(覆逆)이 맞고 또 우암의 답장에도 복역(覆逆)으로 되어있다.

매산집

제10권

書서

서書

이자강에게 줌 갑신년 9월[1]

與李子岡 甲申菊月

근간에, 이른바 동당시(東堂試)[2] 시권(試券)의 대책문(對策文)을 보니, 이 가운데에

"강가에서 덕을 기르는 것은 모두가 명예를 낚고 재능을 파는 방법이요, 산림(山林)에 자취를 감추는 것은 모두가 몸을 숨긴 채 머리를 내미는 학문이다."

라고 하였으니, 비록 스스로 당세의 병폐를 말했다고 하나, 그 기롱하고 헐뜯은 것이 더 이상 여지를 남겨 두지 않았으니, 또한 세교(世敎)의 변화를 볼 수 있습니다.

선비들이 진짜로 위장하고 거짓을 팔아먹는 폐단이 예로부터 도도

1 9월 : 원문의 '국월(菊月)'은 국화꽃이 피는 달이라는 뜻으로, 음력 9월을 이른다. 국추(菊秋), 국령(菊令)이라고도 한다.

2 동당시(東堂試) : 조선조의 문과를 이르는 관용어이다. 본래 동당은 중국 진(晉)나라의 궁전 이름인데 이곳을 한때 과장으로 이용하였기 때문에 과거를 뜻하는 말이 되었다. 고려 시대에는 과거의 본고시(本考試)인 예부시(禮部試)를 동당시라고 칭하였는데, 조선조에서도 그대로 사용되었다.

(滔滔)하여, 무관(武官)과 속리(俗吏)들에게 비웃음을 산 지가 오래되었으니, 이는 진실로 유자(儒者)들이 마땅히 스스로 반성하여야 할 것입니다. 그러나 한 시대 재야(在野)의 여러 현자들을 다 몰아서 가짜 '안(贋)' 자로 단정하는 것이 어찌 떳떳한 심정에서 나온 것이겠습니까?

이미 명예를 낚고 재능을 판다고 말하였으면 어찌 이것을 덕을 기른다고 말할 수 있으며, 이미 몸을 숨긴 채 머리를 내민다고 말하였으면 또한 어찌 자취를 감춘다고 말할 수 있겠습니까. 그 말의 앞뒤가 모순됨이 이처럼 제멋대로이니, 진실로 하나의 웃음거리도 되지 못합니다. 첩괄(帖括)에 사역(使役)을 당하는 자들은 대부분 시문(詩文)을 제대로 지을 줄을 모르니,[3] 어떤 노학구(老學究)[4]가 이처럼 사람을 그르쳤단 말입니까?

비록 굳이 책망할 것이 못된다고는 하나, 이 글이 주사(主司)[5]에게 발탁되어 번듯하게 과거에 장원(壯元)하여, 등사(謄寫)되어 위로 임금님에게 고해지고 아래로 반포되었습니다. 그렇다면 이 일이 임금님에게 이미 알려져서, 과거에서 찬미하는 뜻이 이 안에 들어 있는 것이니,

3 첩괄(帖括)에……모르니 : 첩괄은 각종 문헌에서 어려운 고사성어 등을 뽑아 기록한 책자로, 과거 시험을 대비하는 사람들이 주로 읽던 참고서의 일종이다. 원문의 '조고(操觚)'는 네모진 붓이나 목간(木簡)을 잡고 시문(詩文)을 짓는다는 뜻이다. 진(晉)나라 육기(陸機)의 〈문부(文賦)〉에 "혹은 고를 잡고 선뜻 짓는가 하면, 혹은 붓대를 문 채 막연해하기도 한다.〔或操觚以率爾, 或含毫而邈然.〕" 하였는데, 이선(李善)이 주하기를 "고는 네모난 나무인데 옛 사람들이 이것을 써서 글을 썼으니, 지금의 목간과 같다." 하였다.

4 노학구(老學究) : 늙어서 세상에 쓸모 없는 속된 학자(學者)를 이르는데, 흔히 글방 선생을 가리키기도 한다.

5 주사(主司) : 과거 시험을 주관하는 시관(試官)을 이른다.

이는 장차 한 건[6]의 공론이 되어 옮기고 바꿀 수 없게 될 것입니다. 그렇다면 위학(僞學)이라고 지목하여 기묘(己卯)의 학문을 꺼리는 것[7]과 거의 같은 것이 아니겠습니까.

돌아보건대 지금 세도(世道)가 모두 상실되고 독서하는 종자 또한 장차 끊어지게 되어, 진실로 도학(道學)을 금하는 일이 없는데도 저절로 금하게 되었으니, 유속(流俗)에서 도학자를 희롱하고 모욕하는 일 또한 사라지게 되었습니다.

그러나 세상에 사설(邪說)을 막고 도(道)를 보위(保衛)하는 군자가 없어서 이 무리들로 하여금 제멋대로 입을 놀려 꺼리는 바가 없게 하니, 이는 우리의 도에 무궁한 폐해가 될 것입니다. 후한(後漢)의 금고(禁錮)의 화(禍)와 당나라의 백마청류(白馬淸流)의 화[8]가 비단 조짐이

6 한 건 : 원문의 '일부(一副)'는 수몽(守夢) 정엽(鄭曄)이 지은 《근사록석의(近思錄釋疑)》에 "퇴계가 말씀하였다. '이문에 모든 물건의 한 건을 일부라 한다.'〔退溪曰: 吏文, 凡物一件, 謂之一副.〕"라고 보인다.

7 위학(僞學)이라고……것 : 위학은 거짓된 학문이라는 뜻으로, 남송(南宋) 영종(寧宗) 때 권신 한탁주(韓侂胄)가 주자(朱子)를 탄압하기 위해 명분으로 삼은 말이다. 이들은 욕망에 따라 자기 마음대로 사는 것이 인간의 진정한 속성인데, 이를 단속하여 굳이 수행하게 하려는 주자의 학문은 허위라고 주장하며 주자의 학문을 배척하였다. 《宋史 卷474 韓侂胄傳》 기묘(己卯)의 학문은 기묘사화에 화를 당했던 조광조(趙光祖)를 중심으로 한 사림(士林)의 학문을 이르는 말인데, 이들이 주자의 성리학적 세계관에 기초한 왕도정치를 구현하고자 하였기 때문에 이렇게 말한 것이다.

8 후한(後漢)의……화 : 원문의 '동경(東京)'은 후한(後漢)을 이른다. 전한(前漢)은 서쪽에 있는 장안(長安)에 도읍하였으므로 서경 또는 서한(西漢)이라 칭하고, 후한은 동쪽에 있는 낙양(洛陽)에 도읍하였으므로 동경(東京) 또는 동한(東漢)이라 칭한다. 금고(禁錮)의 화(禍)는 후한 때 두 번에 걸쳐 일어난 당고(黨錮)의 옥사를 이르는데, 당고는 붕당(朋黨)의 무리를 금고(禁錮)시킨다는 의미이다. 당고의 옥사에 대한 자세

나타나는 데에 그치지 않고 장차 이르게 되었으니, 어찌 두려워할 만한 일이 아니겠습니까. 어찌 지금의 위정자들은 이렇게 하지 못할 것이라고 대번에 말할 수 있겠습니까.

우리 형이 진실로 성시(城市)에 사는 대은(大隱)[9]이 되어서 끝내 연사(蓮社)[10]와 오두막에서 늙는다면 이 무리들에게 놀림받는 일을 길이 면할 수 있을 것이나, 강가와 산림에서 은거함이 미리 정해진 운명으로 계속될 것이니, 어찌하겠습니까? 참으로 우습고 우습습니다.

밤에 누워 홀연히 생각해보니, 빙설(氷雪)이 지극히 차갑지만 설저(雪蛆)와 설마(雪蟆), 빙잠(冰蠶)[11]이 살고 있고, 불이 지극히 뜨겁지만

한 내용은 170쪽 주373 참조. 백마청류(白馬淸流)의 화는 당나라 애제(哀帝) 때에 주전충(朱全忠)이 자신의 뜻에 반대하는 배추(裴樞) 등 여러 신하들을 붕당으로 몰아 백마역(白馬驛)에서 죽이고 그 시신을 황하에 던진 일을 이른다. 이는 자신의 비서인 이진(李振)이 "이들은 스스로 청류라 자칭하는 자들이니, 저 황하에 던져서 탁류(濁流)로 만들어야 한다."는 말을 따른 것이었다. 《新唐書 卷140 裴樞列傳》

9 성시(城市)에 사는 대은(大隱) : 낮은 벼슬을 하거나 저자에 살면서 자신을 숨기고 사는 참된 은자(隱者)를 말한다. 진(晉)나라 왕강거(王康琚)의 〈반초은시(反招隱詩)〉에 "소은은 산림에 숨고 대은은 조정과 저자에 숨는지라, 백이는 수양산에 숨었고 노자는 주하사(柱下史) 벼슬에 숨었다네.〔小隱隱陵藪, 大隱隱朝市, 伯夷竄首陽, 老聃伏柱史.〕" 하였다. 《文選 卷22》 상대방인 이봉수(李鳳秀)의 호가 대은이기 때문에 이렇게 말한 것이다.

10 연사(蓮社) : 연사는 백련사(白蓮社)를 줄여 쓴 것으로, 진(晉)나라 때 혜원법사(慧遠法師)가 유유민(劉遺民)·뇌차종(雷次宗)·종병(宗炳) 등 18명의 명사들과 여산(廬山)의 동림사(東林寺)에서 결성한 모임인데, 후세에는 좋은 벗들의 모임을 일컫는 말로 쓰인다.

11 설저(雪蛆)와 설마(雪蟆), 빙잠(冰蠶) : 설저는 음산(陰山) 북쪽과 아미산(峨嵋

화수(火樹)와 화서(火鼠)[12]가 살며, 창평(昌平) 고을의 온천(溫泉) 속에도 물고기가 헤엄치고 부평초(浮萍草)가 자라니, 이는 천지가 살려주는 것을 덕으로 삼기 때문에 생의(生意)가 미치지 않은 곳이 없어서 그러한 것입니까?

설저와 빙잠 따위는 빙설을 떠나면 죽고 화서와 온천에 사는 물고기 따위는 불과 온천을 벗어나면 죽으니, 이것은 무슨 이치입니까? 수많은 여러 생명이 각자 자신의 기(氣)를 받고 태어나서, 그 기가 아니면 생성(生成)할 수 없어서 그런 것입니까?

발굽 자국에 고인 물에도 작은 벌레나 물고기가 살고 썩은 흙에도 구더기나 지렁이가 살며, 이외에도 새와 물고기, 동물과 식물이 종자를 내려 종자가 나지 않음이 없으니, 하늘과 땅이 빈 곳이 없어서 쉬지 않고 낳고 또 낳음을 알 수 있습니다. 그런데 유독 인간에게 있어서는 왕왕 그 혈손을 빼앗아 끊어서 생장하지 못하게 하는 경우가 있으니, 이것은 또 무슨 이치입니까?

제가 감히 자신의 일을 가지고 저 푸른 하늘[13]에 따지려는 것이 아니

山) 북쪽에 사는 벌레로 맛이 좋고 내열의 치료에 효험이 있다 한다. 빙잠은 전설 속의 벌레로 일종의 누에이다. 설마는 추운 곳에 사는 두꺼비로 보이나 자세하지 않다.

12 화수(火樹)와 화서(火鼠) : 화수는 경화수(競火樹)를 이른 것으로 보인다. 전설 속의 풀 이름인데 불에 타지 않아 방화(防火)를 위해 많이 심었다고 한다.《類說 卷4 番禺雜記》화서 역시 전설 속의 기이한 쥐로 그 털로 천을 짤 수가 있는데 이름을 화완포(火浣布)라고 한다고 한다.《太平御覽 卷820 火浣布》

13 제가……하늘 : 원문의 '노창(老蒼)'은 흔히 백발의 노인, 노련(老鍊)함, 혹은 수목(樹木)의 울창함을 형용하는 말인데, 여기서는 푸른 하늘을 가리킨 것으로 보인다. '자신의 일'이라는 것은 매산 자신이 아들이 없기 때문에 말한 것으로 보인다.

라, 실로 그 이유를 찾아도 찾을 수가 없어서 마음이 번거롭고 생각이 어지러워 그 소종래(所從來)를 알지 못하겠기에 고명(高明)[14]하신 형에게서 이치를 통달한 의논을 듣기를 원하는 것입니다.

'지성(至誠)의 도(道)는 일이 닥쳐오기 전에 미리 알 수 있다.'[15]는 말에 대해, 주자는 이르기를 "기미(幾微)는 저쪽에서 동하고 성(誠)은 이쪽에서 동한다."라고 하고, 정강성(鄭康成 정현(鄭玄))은 이르기를 "하늘은 지성을 속이지 않는다."라고 하였는바, 두 설이 모두 통하나, 주자의 말씀은 바른 뜻을 얻었고 정현은 추론(推論)에 가까울 듯한데, 우리 형은 어떻게 보십니까?

이른바 '일이 닥쳐오기 전에 미리 안다는 것'은 다만 그 이치를 아는 것입니까? 아니면 바로 그 일을 아는 것입니까? 예컨대 가뭄이 오래되면 반드시 비가 내리고 날이 오래 흐리면 반드시 맑아지는 것은 그 이치를 아는 것이고, 금일은 맑고 내일은 비가 올 것이라는 것은 그 일을 아는 것입니다.

경전(經傳) 가운데에는 다만 선(善)을 하면 상서를 내려주고 불선(不善)을 하면 재앙을 내려준다[16]고만 말하였고, 길흉과 화복이 이미 정해진 운명이 있어서 고치거나 바꿀 수 없다고는 말하지 않았습니다.

14 고명(高明) : 식견이 높고 사물에 밝은 사람이라는 뜻으로, 상대편을 높여 이르는 말이다.

15 지성(至誠)은……있다 : 이 내용은 《중용장구(中庸章句)》 제24장에 보인다.

16 선(善)을……내려준다 : 이 내용은 《서경》 〈이훈(伊訓)〉의 "상제는 일정하지 않으시어 선행(善行)을 하면 온갖 상서를 내리고 불선을 하면 온갖 재앙을 내린다.〔惟上帝不常, 作善, 降之百祥; 作不善, 降之百殃.〕"라는 구절을 원용한 것이다.

미래의 일을 어찌 성인(聖人)만 모르겠습니까. 천지 또한 알지 못하는 바가 있으니, 시후(時候 절기)가 스스로 이르는 것은 기수(氣數)에 압박되어 그렇게 되지 않을 수가 없어서입니다.

공자께서 비록 스스로 "나이 50세에 천명(天命)을 알았다."[17]라고 말씀하셨으나, 50세 이후로 자신의 수명이 73세에 그치고, 천하를 주유(周遊)함에 가는 곳마다 불우(不遇)할 줄을 어찌 아셨겠습니까.

공자께서 "도가 행해지지 않을 줄을 내가 이미 알았다."라고 말씀한 것은 다만 당시의 천명과 이치와 형세를 미루어 말씀한 것입니다. 이것이 우리 유자(儒者)들이 일이 닥쳐오기 전에 미리 안다는 것이니, 이치를 말하고 운수를 말하지 않는 것입니다.

어찌 야호선(野狐禪)[18]이 집안에 앉아서 능히 집밖의 일을 아는 것과 같겠습니까? 또 정상(禎祥 상서)과 요얼(妖孼 재앙)은 사람들이 모두 보는 것이니, 지성(至誠)한 사람을 기다리지 않고도 미리 알 수 있을 듯합니다. 그러나 지성한 사람만이 하늘을 속이지 않고 하늘 또한 지성한 사람을 속이지 않습니다. 성실하지 못한 사람은 반드시 귀신에게 농락을 당하여 길한 조짐이 반드시 길한 것이 되지는 못하고 흉한 조짐도 반드시 흉한 것이 되지는 못합니다. 예컨대 거북점과 시초점은 하늘의 밝은 명을 연결해 주는 것이나, '내 거북이 이미 싫증을 낸지라 나에게 계책을 말해주지 않는다.'[19]라고 하다면, 이는 이른바 '하늘을 속이

17 나이……알았다 : 《논어》 〈위정(爲政)〉에 그대로 보인다.

18 야호선(野狐禪) : 선(禪)을 닦아 아직 진리를 깨우치지 못한 처지에서 마치 득도(得道)한 것처럼 속여 행세하는 자를 여우에 비유하여 욕하는 말이다.

19 내……않는다 : 이 내용은 《시경》 〈소아(小雅) 소민(小旻)〉에 보인다.

는 자는 하늘 또한 그를 속인다.'라는 것입니다.

이것이 천(賤)한 이 몸이 지극히 경계해야 할 바이나, 끝내 성(誠)을 확립하는 공부가 부족하여, 스스로를 속여 남을 속이고 남을 속여 하늘을 속이는 지경에 쉽게 돌아가고 마니, 어떻게 귀신과 길흉이 합하는 경지[20]에 이르겠습니까? 두렵고 두려운 마음만 더할 뿐입니다.

《맹자》를 외고 공부하신다는 소식을 들으니, 마음이 크게 고무됩니다. 이 어른은 식견이 영민(英敏)하기 때문에 말씀이 아주 명쾌하니, 먼지 낀 책에 남아있는 말씀들이 마치 사자(獅子)가 도약하는 듯하여, 발동하는 영기(英氣)가 혼미한 정신을 불러 깨워줍니다. 살아계신 맹자를 만나 태산의 진면목을 직접 보지 못한 것이 한스럽습니다.

공자께서는 일찍이 패공(霸功)을 드러내 놓고 물리친 적이 없으셨는데, 맹자가 홀로 "중니(仲尼)의 문도(門徒)들은 제나라 환공(桓公)과 진나라 문공(文公)의 일을 말한 적이 없다."[21]라고 하신 것은 또 공리(功利)의 근원을 끊고자 하신 것이니, 그 공이 천지와 함께 영원할 것입니다.

한천(寒泉)[22]의 시대에는 그래도 반은 깨끗하고 반은 혼탁하며 반은

20 귀신과……경지 : 대인(大人)의 경지를 이른다. 《주역》 〈건괘(乾卦) 문언(文言)〉에 "무릇 대인은……귀신과 그 길흉이 합하여, 하늘보다 먼저 하면 하늘이 어기지 않는다. 〔夫大人者……與鬼神合其吉凶, 先天而天弗違.〕"라고 하였으므로 이렇게 말한 것이다.

21 중니(仲尼)의……없다 : 제나라 환공(桓公)과 진나라 문공(文公)의 일은 패도(霸道)를 이르는바, 이 내용은 《맹자》 〈양혜왕 상(梁惠王上)〉에 보인다.

22 한천(寒泉) : 도암(陶菴) 이재(李縡, 1680~1746)로 용인(龍仁)의 한천에 은거하고 한천이란 호를 사용하였기 때문에 이렇게 부른 것이다. 자는 희경(熙卿), 본관은

양지(陽地)이고 반은 음지(陰地)라서 이를 분변할 만한 것이 있었으니, 그러므로 한천께서 그래도 "참으로 맹자와 주자의 글을 읽기에 좋은 때이다."라고 말씀하신 것입니다.

그러나 지금 돌아보건대, 공리의 설이 하늘을 뒤덮고 길을 막고 있으며, 모두가 욕심의 물결뿐이어서 서로 함께 머리에서 꼬리까지 모두 구렁텅이에 빠지고 있으니, 만약 의리(義理)와 사리(私利) 두 가지를 함께 행하는 자[23]가 그 사이에 있더라도 괜찮을 것 같으니, 만일 한천 어른이 살아 계시다면 마땅히 무엇이라고 하시겠습니까?

바라건대, 우리 형께서는 맹자와 주자의 이치를 익숙히 활용해서 곧바로 의리와 사리의 근원과 절정(絶頂)인 곳으로부터 분석하여 밝게 지적해 주어 만고의 한 횃불이 되어서 이 맹자 어른을 저버리지 않는 것이 어떻겠습니까?

우봉(牛峰), 시호는 문정(文正)이며 김창협(金昌協)의 문인이다. 1702년(숙종28) 알성 문과에 병과로 급제하여 출사하였으나 1721년(경종1) 도승지로 재임 중 소론의 집권으로 삭직되고, 1722년 임인옥사(壬寅獄事) 때 중부(仲父) 만성(晩成)이 옥사(獄死)하자 인제(麟蹄)에 들어가서 성리학 연구에 전념하였다. 1725년 영조가 즉위한 뒤 복직되어 대제학·이조 참판을 지냈으나, 1727년 정미환국 때 문외출송되자 이후로는 벼슬에 제수되어도 사직하고 은거하면서 많은 학자를 길러내었다. 노론 준론(峻論)의 대표적 인물로, 당시의 정국전개에 많은 영향을 미쳤으며, 호락논쟁(湖洛論爭)에서는 한원진(韓元震) 등의 호론을 반박하는 낙론의 입장에 섰으며 예학(禮學)에도 밝았다.

23 의리(義理)와……자 : 이는 공리주의(功利主義)적 입장을 나타내는 말이다. 진량(陳亮)이 당시의 이학(理學)을 공리공담(空理空談)이라고 반대하고 사공(事功)과 실질적인 효용(效用)을 중시해야 한다고 하자, 주자가 이는 왕도(王道)와 패도(霸道)를 겸하여 쓰고 의리와 사리를 함께 행해야 한다는 주장이라고 비판하였다.《晦庵集 卷36 與陳同甫書》

이자강에게 줌 갑신년 11월 16일

與李子岡 甲申復月旣望

어젯밤 잠 못 이루고 베개를 베고 누운 채《서경》〈익직(益稷)〉 편에 있는 고요(皐陶)의 갱가(賡歌)[24]를 소리내어 읽어보았습니다. 순 임금이 절하며 "아! 너의 말이 옳다."라고 하셨으니, 군주가 신하에게 절하는 것은 어떠한 예입니까? 고요가 군주의 절을 받고 사양하지 않은 것은 또한 어떠한 의리입니까? 창언(昌言)[25]에 절한 것이지 고요에게 절한 것이 아니기 때문에 그런 것입니까?

《주례(周禮)》에 보이는, 백성들의 인구(人口) 수에 절한 것과 현능(賢能)한 자들을 기록한 글에 절한 것[26] 또한 이를 소중하게 여겼기 때문이니, 이는 모두 순 임금이 절한 의리에서 나온 것입니까? 부디 가르쳐 주시기 바랍니다.

24 서경……갱가(賡歌) : 갱가는 순 임금과 고요(皐陶)가 군신 간에 권면하는 뜻을 지어 서로 이어 불렀던 노래를 이르는바, 〈익직〉 편의 마지막 장에 보인다.

25 창언(昌言) : 덕이 성대한 말을 이른다. 《서경》〈우서(虞書) 대우모(大禹謨)〉에 "우(禹)가 창언에 절하며 '아! 너의 말이 옳다.' 하셨다.〔禹拜昌言曰: 兪〕"라고 보이는데, 주자는 《집전》에서 "창언은 덕이 성대한 말이다.〔昌言, 盛德之言.〕"라고 주하였다.

26 주례(周禮)에……것 : 이 내용은 《주례》〈추관(秋官) 소사구(小司寇)〉에, "맹동에 사민성(司民星)에 제사지내고 백성들의 인구 수를 왕에게 올리면 왕은 절하면서 받는다.〔孟冬, 祀司民, 獻民數於王, 王拜受之〕."라는 내용과 〈지관(地官) 향대부(鄕大夫)〉에 "향로와 향대부와 여러 관리가 현능한 자들을 기록하여 왕에게 바치면 왕은 두 번 절하고 받는다.〔鄕老及鄕大夫群吏, 獻賢能之書于王, 王再拜受之〕"라고 한 내용을 말한 것이다.

우연히 《공자세가(孔子世家)》를 살펴보니, 부자(夫子)께서 천하를 주유(周遊)하느라 자리가 따뜻해질 겨를이 없었으며, 공산불요(公山佛擾)의 초빙과 중모(中牟) 땅을 차지한 필힐(佛肹)의 부름에도 오히려 가고자 하셨는데,[27] 유독 천자국인 주(周)나라에서 벼슬하지 않은 것은 어째서입니까? 부자는 항상 주나라를 높이는 것을 자신의 임무로 삼으셔서, 《춘추(春秋)》의 대의(大義) 수십 조항 중에 주나라 왕실을 높이는 것이 맨 앞에 있었으니, 제 환공(齊桓公)과 진 문공(晉文公)을 올리고 관중(管仲)을 허여한 것 또한 이 때문이었습니다.

당시에 주나라 왕실이 동쪽으로 천도(遷都)함에 천자가 당(堂)에서 내려와서[28] 천명(天命)과 인심(人心)이 이미 8~9할이 이미 떠나가서, 〈거공(車攻)〉과 〈길일(吉日)〉의 정사[29]를 회복할 가망이 없었습니다. 그러므로 부자(夫子)께서 천하의 목탁(木鐸)이 되시고자 하여 폐백을 싣고 가시면서 전수(瀍水)와 낙수(洛水)로는 가지 않으신 것입니까?[30]

27 공산불요(公山佛擾)의……하셨는데 : 공산불요(公山佛擾)는 공산불요(公山弗擾)의 오기(誤記)로 노나라 계씨(季氏)의 가신인데, 양호(陽虎)와 함께 환자(桓子)를 가두고 반란을 일으켜 비읍(費邑)을 점거한 자이다. 필힐은 진(晉)나라 대부 조간자(趙簡子)의 가신으로 중모(中牟)의 읍재(邑宰)가 되자 반란을 일으킨 자이다. 이 두 사람이 공자를 초빙한 사실은 모두 《논어》 〈양화(陽貨)〉에 보인다.

28 천자가……내려와서 : 동쪽으로 천도한 동주(東周)가 천자의 위엄을 잃고 제후들을 당에서 내려와 접견한 것을 이른다.

29 거공(車攻)……정사: 서주(西周) 말기의 임금인 선왕(宣王)의 정사를 이른다. 선왕이 당시 쇠퇴했던 주나라의 국세(國勢)를 회복시켜 제후들을 동도(東都)에 모이게 하고 사냥을 거행하는 등 고례(古禮)를 다시 일으켜 왕실의 위엄을 떨쳤다. 〈거공〉과 〈길일〉은 모두 선왕의 정사를 아름답게 여겨 노래한 시편들이다.

30 부자께서……것입니까 : '목탁이 되고자 한다'는 것은 《논어》 〈팔일(八佾)〉의 "그

이는 시세(時勢)를 아신 것입니까?

황황(皇皇)히 국경을 나가신 것은, 비록 도를 행하는 것을 급하게 여기셨으나, 모두 초빙에 응하여 제후들을 만나 보신 것이니, 이것은 바로 신하가 되지 않으면 제후를 만나보지 않는 의리입니다. 천왕(天王)이 빈 이름만을 지니고서 말을 낮추고 현자를 초빙하는 예를 알지 못하였으니, 부자께서 도를 굽혀서 따르지 않은 것은 바로 이 때문입니다.

차라리 도가 행해지지 못할망정 어찌 거취(去就)를 가볍게 하겠습니까? 만일 주왕(周王)이 덕을 높이고 도를 즐거워하여 더불어 훌륭한 일을 할 수 있었다면,[31] 부자는 마땅히 제후들보다 먼저 주왕의 초빙에 응하셨을 것입니다.

또 제후들 중에 뜻이 합하는 자가 있었다면 또한 마땅히 제후들을

대들은 어찌 부자께서 벼슬을 잃을 것을 걱정할 것이 있겠는가. 천하에 도(道)가 없어진 지가 오래되었으니, 하늘이 장차 부자를 목탁으로 삼으실 것이다.〔二三子何患於喪乎? 天下之無道也久矣, 天將以夫子爲木鐸.〕"라고 한 위(衛)나라 의읍(儀邑)의 봉인(封人)의 말을 원용한 것이고, '폐백을 싣고 갔다'는 것은 《맹자》 〈등문공 상(滕文公上)〉에 "공자는 3개월 동안 섬길 군주가 없으면 다급하게 여겨 국경을 나갈 적에 반드시 폐백을 싣고 가셨다.〔孔子三月無君, 則皇皇如也, 出疆必載質.〕"라고 보인다. 전수(瀍水)와 낙수(洛水)는 당시 동주(東周)의 도읍인 낙양(洛陽)에 있는 강들로 바로 동주를 가리킨다.

31 주왕(周王)이……있었다면 : 주왕은 주나라의 천자로, 이 내용은 《맹자》 〈공손추 하(公孫丑下)〉의 "장차 크게 훌륭한 일을 할 수 있는 군주는 반드시 함부로 부르지 않는 신하가 있다. 그리하여 상의하고자 하는 일이 있으면 찾아갔으니, 덕을 높이고 도를 즐거워함이 이와 같지 않으면 더불어 훌륭한 일을 할 수 없는 것이다.〔將大有爲之君, 必有所不召之臣. 欲有謀焉, 則就之, 其尊德樂道 不如是, 不足與有爲也.〕"라는 구절을 원용한 것이다.

규합하여 한 번 천하를 바로잡는 일[32]을 함에, 실제를 가지고 하지 명분을 가지고 하지 않으셨을 것이니, 어찌 인의(仁義)를 거짓으로 빌린 관이오(管夷吾)가 한 행위를 하셨겠습니까?[33] 이것은 공(公)과 사(私), 의(義)와 이(利)의 구분이 되니, 부자께서 먼저 분변하신 것입니다. 고견은 어떠하신지 모르겠습니다.

《주자어류(朱子語類)》는 대략 펴서 읽어보았으나, 공부에 방해되는 일이 많아서 제대로 연구하지 못하였으니, 책을 놓음에 망연(茫然)하여 바둑 한 판을 끝낸 것과 다를 것이 없었습니다. 이 책은 주자의 문인들의 손에서 나왔으나 주자의 재결(裁決)을 거치지 않았기 때문에, 주자의 말씀을 잘못 듣고 잘못 기록한 것이 있으며, 혹은 중복되고 주자의 말씀과 어긋나고 위배된 것도 있으니, 오직 이 책을 보는 자가 참작하여 마음에 체득하기에 달려있을 뿐입니다.

즉석에서 제자들이 여쭈어 본 내용을 질문에 따라 바로 응답하였기

32 제후들을……일 : 원문의 '구합일광(九合一匡)'은 '구합제후 일광천하(九合諸侯一匡天下)'를 줄여 쓴 것으로 공자께서 관중의 공(功)을 칭찬하신 말씀인바, 《논어》 〈헌문(憲問)〉에 보인다. 구합(九合)에 대해 주자는 규합(糾合)으로 보았으나, 다산(茶山) 등 여러 학자들은 아홉 번 혹은 여러 번에 걸쳐 제후들의 회맹(會盟)을 주재(主宰)한 것으로 보았다.

33 인의(仁義)를……하셨겠습니까 : 관이오(管夷吾, ?~기원전645)는 춘추 시대 제(齊)나라의 재상인 관중(管仲)으로 중은 자인데 주로 자로 불리며, 관자(管子)로도 불린다. 오패(五霸)의 우두머리인 환공(桓公)을 도와 부국강병의 정치를 펴서 제후를 규합하고 천하의 패업을 이룩하였다. '인의를 빌렸다'는 것은 《맹자》 〈진심 상(盡心上)〉에 "요·순은 본성(本性)대로 하셨고, 탕·무는 몸으로 실천하셨고, 오패는 빌린 것이다.〔堯舜性之也, 湯武身之也, 五霸假之也.〕"라고 한 맹자의 말씀을 원용한 것이다.

때문에 왕왕 친절함이 도리어 편지 글보다 낫습니다. 비록 지리하고 번잡하여 참으로 이해하기 어려운 부분도 있으나 그래도 싫증을 내는 데에는 이르지 않습니다.

《옹계록(翁季錄)》은 회옹(晦翁)과 계통(季通)이 문답한 것인데, 이것이 《주자어류》에 편입되어 있습니까?[34] 아니면 별도로 한 질의 책으로 현재 간행되어 있어서 일찍이 한 번 읽어 보신 적이 있습니까?

삼가 회옹의 학문의 규모를 자세히 생각해보건대, 40세 이후에 비로소 통달하고 50세 이후에 비로소 의논에 잘못이 없었으며 60세에 배운 바가 비로소 통철(洞徹)해졌다고 스스로 탄식하셨는데, 65, 6세에 이르자 다시 스스로 통철하지 못하다고 말씀하셨으니, 의혹했다가 깨우치고 깨우쳤다가 다시 의혹하여 한 꺼풀을 벗겨내면 다시 한 꺼풀이 가로막고 한 마디를 풀면 다시 한 마디가 가로막았음을 알 수 있습니다.

이처럼 날마다 끊임없이 나아가서 스스로 부지런히 힘써 그치지 아니하여 하늘과 더불어 무궁해서 만세에 걸쳐 태평성대를 여시고 곧바

34 옹계록(翁季錄)은……있습니까 : 계통(季通)은 채원정(蔡元定, 1135~1198)으로 계통은 그의 자이고 호는 서산(西山), 시호는 문절(文節)이다. 벼슬에 나가지 않고 학문과 강학에 몰두하다가 주자를 만나 문인이 되었는데 주자는 그의 학문이 높고 나이가 5세 밖에 차이가 나지 않으므로 벗으로 대하였다. 세상에서 흔히 말하는 《주자어류》는 《주자어류대전(朱子語類大全)》으로, 남송(南宋) 이종(理宗) 때의 학자인 여정덕(黎靖德)이 각종 판본의 어록과 어류를 종합하여 이동을 고찰하고 중복된 것을 삭제하여 총 140권으로 간행한 책을 이른다. 한편 계통 채원정의 손자 채항(蔡杭)이, 자신의 조부와 주자가 답문한 《옹계록(翁季錄)》과 이부(吏部) 양방(楊方)의 《한천어(寒泉語)》를 포현도(包顯道)의 기록과 함께 인쇄한 것이 곧 요주(饒州)의 《주자어후록(朱子語後錄)》이다.

로 공자가 되신 뒤에 그만두셨습니다. 다만 염원(念願)을 세운 것이 이와 같았으니, 만일 진실로 천하의 대용(大勇)이 아니라면 누가 능히 이러한 일을 할 수 있겠습니까.

이자강에게 줌 을유년 5월 21일

與李子岡 乙酉五月念一

속수(涑水)의 사책(史冊)[35]은 몇 편이나 보셨습니까? 이 책은 삼진(三晉)이 제후가 된 때로부터 시작하였는데,[36] 진실로 이미 주자에게 시(詩)로써 풍자를 당하였으나, 그중에도 가장 답답한 것은 자신의 마음에 들지 않으면 그 사람들을 모두 빼 버렸으니, 예컨대 굴좌도(屈左徒)[37]와 같은 사람이 바로 이에 해당합니다. 또 자신이 믿지 못하면

35 속수(涑水)의 사책(史冊) : 《자치통감(資治通鑑)》을 이른다. 속수는 북송(北宋) 중기의 명재상이자 《자치통감》을 편찬한 사마광(司馬光, 1019~1086)의 별호로, 사마광이 산서성(山西省) 하현(夏縣) 속수향(涑水鄉) 사람이기 때문에 이렇게 칭한 것이다. 자는 군실(君實), 호는 우부(迂夫), 시호는 문정(文正)이며 사후에 온국공(溫國公)에 봉해져 사마온공(司馬溫公)이라고도 칭한다. 철종(哲宗) 때 문하시랑(門下侍郎)을 지냈다.

36 이……시작하였는데 : 삼진(三晉)은 춘추 시대, 진(晉)나라를 삼분(三分)하여 제후가 된 위(魏)・한(韓)・조(趙)를 말한다. 이들은 본래 진나라의 대부들로 혼란을 틈타 진나라를 멸망시키고 각자의 영지에서 독립하고서 주(周)나라 왕실로부터 정식 제후로 봉해졌는데, 이때부터 전국 시대가 시작되는바, 《자치통감》은 여기에서 시작한다.

37 굴좌도(屈左徒) : 전국 시대 초(楚)나라의 삼려대부(三閭大夫)인 굴원(屈原, 기원전 343~기원전 277)으로 이름이 평(平)이고, 자가 원(原)인데, 초 회왕(楚懷王)의 좌도로 있었기 때문에 이렇게 칭한 것이다. 초나라의 충신이자 문인으로 내정과 외교에서 두루 활약하다가, 간신의 참소로 호남성의 상수(湘水)로 추방당하여 머리를 풀어헤치고 10년간 방랑 생활을 하였는데, 진(秦)나라에 의해 조국인 초나라가 멸망당하자, 울분을 참지 못해 멱라수(汨羅水)에 투신하여 별세하였다.

그 일을 모두 산삭(刪削)하였으니, 예컨대 융중(隆中)의 대답[38]이 이에 해당합니다. 단지 위(魏)나라를 황제국으로 삼고 촉한(蜀漢)을 도적으로 여긴 것이 도리에 어긋날 뿐만이 아닙니다.

고인(古人)이 이르기를

"공자께서는 춘추를 지으시면서 털끝만한 작은 선도 취하셨는데,
사마온공은 통감을 지으면서 해와 달의 광채도 가렸다."

라고 하였으니,[39] 이는 진실로 진리를 아는 말씀입니다. 좋아하고 미워함이 혹 편벽되고, 정통(正統)을 주고 빼앗음이 바름을 잃은 것은 바로 그의 견해가 지극하지 못해서이니, 이 때문에 만족할 만한 경지에 이른 사람이 되지 못하는 것입니까?

병으로 누워있는 중에 우연히 《녹문집(鹿門集)》[40]을 뽑아 보았는데,

38 융중(隆中)의 대답 : 융중은 삼국 시대 유비(劉備)를 보필하여 촉한(蜀漢)을 건국한 승상 제갈량(諸葛亮)이 출사하기 전에 농사를 지으며 은거하던 곳으로 남양군(南陽郡) 등현(鄧縣)에 있다. 유비가 자신을 초빙하기 위해 융중으로 삼고초려(三顧草廬)하자, 제갈량이 감격하여, 천하를 도모할 계책을 물은 유비에게 천하삼분지계(天下三分之計)로 대답한 일을 이른다.

39 고인(古人)이……하였으니 : 고인은 북송(北宋)의 학자이자 저명한 장서가(藏書家)인 유희중(劉羲仲)을 이른다. 유희중은 《통감문의(通鑑問疑)》에서 "《춘추》는 털끝만한 선이라도 칭찬하셨는데, 《통감》은 해와 달의 광채도 가렸다.〔春秋褒秋毫之善, 通鑑掩日月之光.〕" 하였는데, 청나라 강희제(康熙帝) 때의 문신이자 학자인 이광지(李光地)가 "옛사람이 평하기를 '공자께서 《춘추》를 지으시면서 털끝만한 작은 선도 기록하셨는데, 온공은 《통감》을 지으면서 해와 달의 광채도 가렸다.〔昔人評, 孔子作春秋, 錄毫髮之善; 溫公作通鑑, 掩日月之光.〕"라고 하였는바, 매산이 이를 원용한 것이다. 《榕村語錄 卷21》

40 녹문집(鹿門集) : 녹문(鹿門) 임성주(任聖周, 1711~1788)의 문집이다. 임성주

그 〈잡지(雜識)〉에 "인성(人性)의 선(善)함은 바로 기질(氣質)이 선한 것이요, 기질 밖에 별도로 선한 성(性)이 있는 것이 아니다."라고 하였으니, 곧바로 사람으로 하여금 별로 기이하지 않은 것에 대해 크게 놀라게 합니다.

예로부터 성현께서 고심(苦心)하여 발휘한 것이 바로 '이(理)가 기(氣)의 주장이 된다.〔理爲氣主〕' 는 네 글자인데, 녹문께서는 기를 주장함이 너무 지나쳐서 곧바로 '기(氣)' 한 글자를 가지고 천하의 이(理)를 다 덮어버리고, 다시는 이(理)가 이(理)가 된 소이(所以)를 찾지 않았습니다.

이것은 다만 이(理)의 유행이 진실로 기(氣)에 의한다는 것만을 알고, 기(氣)가 궤도에 따라 운행하는 것이 바로 이(理)가 주재하는 것임을 알지 못하여, 곧바로 기(氣)의 자연스러운 것을 가리켜 이(理)라고 부르고, 망령됨이 없고 바뀜이 없는 것이 그 근간이 됨을 다시는 구별하지 않는 것입니다. 그렇다면 이것은 바로 기(氣) 밖에 이(理)가 없어서, 이(理)는 다만 쓸모없는 빈 이름이 되고 마니, 이것이 어찌 옳겠습니까.

지금 말하기를 "성(性)이 선(善)한 것은 바로 기질의 선이다."라고 한다면, 이른바 기질이 바로 대본(大本)이 되어, 기질의 밖에 다시 본연지성(本然之性)이 없게 되니, 성선(聖善)의 이치가 바로 여기에서 어두워지지 않겠습니까? 이에 대해 우리 형께서는 어떻게 보십니까?

에 대한 자세한 내용은 114쪽 주236 참조.

이자강에게 답함 을유년 8월 초하루

答李子岡 乙酉八月初吉

상차(喪次)에서 돌아와 손수 쓰신 편지를 헛되이 받으니,[41] 슬픈 마음과 죄송한 마음이 번갈아 지극합니다. 형의 체후(體候)는 내내 더욱 강건하십니까? 아우는 백발(白髮)에 형제가 없어서,[42] 저의 몸과 그림자만이 서로 조문합니다. 서로 의지하면서 살아갈 사람은 오직 한 명의 종제(從弟)[43]가 있었을 뿐이었는데, 또다시 조물주에게 빼앗겨 버렸습니다. 죽은 사람이야 무슨 죄가 있겠습니까? 이는 바로 저의 몸에 쌓인 허물과 재앙 때문일 뿐입니다.

죽은 아우는 진실로 세간의 보통 사람이니 완전무결할 것을 요구할 수는 없으나, 사람이 밝고 명랑하고 화락(和樂)하여 선(善)한 자취가 한두 가지가 아닙니다. 집에서는 인륜을 독실히 행하고 은의(恩誼)가 두터웠으며, 사람을 대할 적에는 재물을 가볍게 여기고 베풀기를 좋아하였는데, 이중에도 가장 훌륭한 것은 계모를 잘 모셔서 어버이의 구체

41 힘들여……받으니 : 원문의 '수명(手命)'은 상대방이 직접 쓴 편지를 이르고, '허욕(虛辱)'은 상대방의 정성을 헛되이 받았다는 말로 상대방을 높이는 말이다.

42 형제가 없어서 : 원문의 '종선(終鮮)'은 《시경》 〈왕풍(王風) 양지수(揚之水)〉의 "형제가 적은지라 나와 너뿐이네.〔終鮮兄弟, 維予與女.〕"라는 구절을 원용한 것이다.

43 종제(從弟) : 홍익필(洪翼弼, 1777~1825)로 자는 윤여(允汝), 호는 수와(守窩), 초명은 용필(龍弼)이다. 1805년(순조5)에 생원시에 합격해 광릉 참봉(光陵參奉)이 되었고, 이어 창평 현령(昌平縣令)을 지냈다. 본집 권44에 매산이 지은 묘지명(墓誌銘)이 실려 있다.

(口體)의 봉양과 뜻의 봉양[44]을 고루 다한 것이니, 왕왕 보통 사람이 미치기 어려운 부분이 있었습니다.

비록 다소 자중(自重)하지 못하여 깨끗한 사람이나 혼탁한 사람이나 모두 잃지 않았으나, 그 중심(中心)은 선악을 지극히 분별해서 인물을 평가함에 조금도 틀리지 않았습니다.

또 지혜가 충분히 군자를 알아볼 만하지는 못하였으나, 노형(老兄)을 독실히 믿은 것은 진심에서 나왔습니다. 그리하여 매양 말하기를 "노형의 덕스러운 모습을 한 번 보고 나면 한 번의 부끄러움과 후회가 더하여 비단 망연자실할 뿐만이 아니다."라고 하였으니, 이는 또한 부녀자와 아이들도 노형의 청명(淸明)함을 안 것이 아니겠습니까.

지금 노형으로부터 많은 칭찬을 받고 또 뒤따라 애도하고 애석해하는 글을 받으니, 이 사람이 어떻게 동시대의 명현에게 이러한 평가를 받는단 말입니까? 이는 충분히 한 번 죽음을 보상할 만합니다.

아버지가 돌아가시고 난 뒤에 어머니가 재가(再嫁)한 경우는, 아버지에게 죄를 짓고 쫓겨난 경우와 비록 차이가 있는 듯하나, 종신토록 고치지 않는 의리[45]를 알지 못하여 시부모를 봉양하지 않고 제사를

44 구체(口體)의……봉양 : 구체의 봉양은 어버이를 봉양하는 데에 있어 물질을 가지고 육신을 잘 봉양함을 이르고, 뜻의 봉양은 어버이의 뜻을 잘 받들어 마음을 흡족하게 해 드리는 진정한 효도를 이르는바, 증자(曾子)가 부친인 증점(曾點)을 봉양할 적에 뜻을 봉양하는 효도를 행하였다는 맹자의 가르침이 《맹자》 〈이루 상(離婁上)〉에 보인다.

45 종신토록……의리 : 한번 결혼하면 남편이 죽어도 재가하지 않는 의리를 이르는바, 《예기》 〈교특생(郊特牲)〉에 "혼례는 만대의 시초이다. 이성(異姓)에게 장가가는

모시지 않고 사랑하는 자식에게 자기 몸을 낮추지 않았으니,[46] 이는 스스로 인연을 끊은 것입니다. 지아비와의 인연을 끊은 것이 쫓겨난 것과 무엇이 다르겠습니까?

《통전(通典)》의 '재가한 어머니의 상에 여막(廬幕)에 거처하면서 반드시 담제(禫祭)를 지낸다.'는 말[47]은 따라서는 안 될 듯합니다. 《예기》〈단궁(檀弓)〉의 주(註)에 "담제가 없다."라고 한 것은 비록 쫓겨난 어머니를 두고 말한 것이나,[48] 또한 이 예를 재가한 어머니에게도

것은 멂을 가깝게 하고 분별을 후하게 하는 것이요, 폐백을 반드시 정성스럽게 올리며 말을 후하지 않음이 없게 함은 곧음과 신(信)으로써 고함이니, 신(信)은 사람을 섬기는 것이며 신은 부덕(婦德)이다. 한번 남편과 혼례를 올리면 종신토록 고치지 않는다. 그러므로 남편이 죽어도 시집가지 않는다.〔夫昏禮, 萬世之始也. 取於異姓, 所以附遠厚別也, 幣必誠, 辭無不腆, 告之以直信. 信, 事人也, 信, 婦德也. 一與之齊, 終身不改, 故夫死不嫁.〕"라고 보인다.

46 사랑하는……않았으니 : 이 내용은 아들이 관례(冠禮)를 치르고 어머니를 뵈면, 아들이 성인(成人)이 되었다 하여 어머니가 아들에게 절하는 예가 있으므로 이렇게 말한 것이다. 《禮記 冠義》

47 통전(通典)의……말 : 이 내용은 《통전》 권89 〈오복 연월 강쇄(五服年月降殺)〉의 "상장(喪杖)을 짚는 자는 반드시 여막(廬幕)에 거처하고, 여막에 거처하면 반드시 담제(禫祭)를 지낸다.〔杖者必居廬, 居廬者必禫.〕"는 구절의 뒷부분을 말한 것이다. 상장을 짚는 것은 부모의 상을 당한 경우인바, 《통전》은 어떠한 경우에도 어머니의 상을 당하면 담제를 지내야 한다고 말한 것이다. 《통전》은 당(唐)나라 중기의 재상이자 학자인 두우(杜佑 735~812)가 지은 제도사(制度史)로, 현종(玄宗) 때 유질(劉秩)이 편찬한 《정전(政典)》을 근간으로 하고 상고 시대로부터 당나라 천보(天寶) 연간에 이르기까지 역대의 자료를 모아, 식화(食貨)·선거(選擧)·직관(職官)·예(禮)·악(樂)·병(兵)·형(刑)·주군(州郡)·변방(邊防) 등의 9개 부문으로 나누어 총 2백 권으로 편찬한 책이다.

48 예기(禮記)……것이나 : 〈단궁(檀弓)〉에 "백어의 어머니가 죽자, 기년이 지났는

시행할 수 있으니, 쫓겨난 것과 재가한 것을 다르게 보아서는 안 될 것입니다. 비록 부재모상(父在母喪)[49]과 똑같이 장기(杖期)의 복을 입더라도, 부재모상의 경우에는 아버지가 살아계셔서 감히 사사로운 정을 펼 수 없으므로 어머니를 위하여 기년복으로 복을 낮춰 입되, 삼년상의 체를 갖추어 피발(被髮)하고 연제(練祭 소상제)와 담제를 지내는 것이 당연합니다.

그러나 재가했거나 쫓겨난 어머니는 아버지가 살아 계신지를 따지지 않고 위하여 장기를 입으니, 이는 복을 낮춘 것이 아니라 다만 자식이 어머니를 끊는 이치가 없어서 복을 입는 것입니다. 애당초 삼년상의 체를 구비하는 의리가 없으니, 이미 체를 구비하지 않았다면 일관되게 피발하지 않고 연제와 담제도 없어야 될 듯합니다.

변제(變制) 또한 굳이 중월(中月)을 기다릴 것이 없고,[50] 기년이 되

데도 여전히 곡하였다.〔伯魚之母死, 期而猶哭.〕" 하였는데, 진호(陳澔)는 《예기집설대전(禮記集說大全)》에서 "백어의 어머니가 쫓겨나 죽으니, 아버지가 생존하고 어머니를 위해 복을 입을 때에는 기년복을 입고 담제를 지내지만, 쫓겨난 어머니는 담제가 없다.〔伯魚之母出而死, 父在爲母, 期而有禫, 出母則無禫.〕"라고 하였다.

49 부재모상(父在母喪) : 아버지에 앞서 어머니가 먼저 돌아가셨을 때의 상을 이른다. 이때는 아버지가 상주(喪主)가 되므로 자녀는 상을 낮추어 장기(杖期)의 복을 입는다. 장기는 상장(喪杖)을 짚고 거상(居喪)하는 기년복(朞年服)으로, 자최(齊衰) 3년 다음으로 무거운 복이다.

50 변제(變制)……없고 : 변제는 상복을 벗거나, 또는 우제(虞祭), 연제(練祭), 담제(禫祭) 등 상기(喪期)의 경과에 따라 점차 가벼운 상복으로 바꾸어 입는 것을 이른다. 중월(中月)은 간월(間月)의 뜻으로 한 달을 건너뛰는 것이다. 《의례》 〈사우례(士虞禮)〉에 "중월에 담제를 지낸다.〔中月而禫〕"라고 하였는데, 정현은 중월은 간월이란 뜻이므로 한 달을 건너뛰어 담제를 지내는 것이라고 하였고, 왕숙(王肅)은 중월을 월중(月中)으로 보아 같은 달에 지내는 것이라고 하였다. 《通典 卷87 喪制 禮變》《가례》

면 상복을 벗고 다시 심상(心喪) 3년을 하기를 한결같이 본생(本生) 부모의 상례를 따르는 것이 옳을 듯합니다.

고례(古禮)에는 며느리가 시부모를 위해 남편보다 한 등급 낮추어 기년복을 입었으니, 그렇다면 지아비의 재가하거나 쫓겨난 어머니를 위해 상복을 입을 경우, 상복을 낮추는 예를 쓰지 않을 수가 없으니, 반드시 대공복(大功服)을 입어야 합니다.

'딸자식은 담제에 참석하지 않는다.〔女子無禫〕'는 말을 어디에서 보았는지 기억할 수 없으나, 출가한 딸자식은 상장을 짚지 않기 때문에 담제에 참석하지 않는 것입니까? 시집가지 않은 딸자식의 경우는 〈상복소기(喪服小記)〉에 이미 "상을 주관하는 자가 상장을 짚지 않을 경우, 딸자식 중의 한 명이 상장을 짚는다."라고 하였으니, 상장을 짚었으면 마땅히 담제에 참석하여야 하는 것은 의심할 여지가 없을 듯합니다.

만약 상을 주관하는 자가 상장을 짚을 경우, 딸자식은 비록 삼년복을 입더라도 상장을 짚지 않습니다. 예에 동자는 상장을 짚지 않고, 오직 집안을 맡은 자만이 상장을 짚습니다. 딸자식은 비록 시집가지 않고 집에 있더라도 집안을 맡은 자가 아닙니다. 상을 주관할 남자 형제가 없다면 동성(同姓)으로 하여금 상을 주관하게 하되, 상장을 짚을 만한 자가 없은 뒤에야 오직 시집가지 않은 장녀가 상장을 짚으니, 이는 삼년상을 이루기 위한 것입니다. 그렇다면 어찌 담제에 참석하지 않을 수 있겠습니까.

담제에 참석하지 않는다는 것은 출가한 딸이 상장을 짚지 않는 것을

〈상례(喪禮) 담제〉에서는 정현의 의견을 채택하였다.

두고 말한 것이고, 시집가지 않고 집에 있는 딸자식을 말한 것이 아닌 듯합니다. 설령 장녀가 아니라도 시집가지 않고 집에 있으면 마땅히 담제에 참석하고 변제(變制)하여야 하니, 어찌 상장을 짚지 않았다고 하여 담제에 참석하지 않을 수 있겠습니까. 상장을 짚지 않는 동자는 마땅히 집안을 맡은 형을 따라 연제와 담제를 행하고 변제하여야 하니, 딸자식 또한 이렇게 해야 할 듯합니다.

옛날의 제사는 모두 시초점을 사용하여 날짜를 정했으니, 연제(練祭)와 담제(禫祭) 또한 길일을 점쳐 제사하여야 합니다. 그런데 지금의 풍속에는 왕왕 초하룻날 협제(祫祭)[51]하는 경우가 있으니, 이는 아마도 지난달에 오는 달(다음 달)을 점친다는 의리 때문이 아니겠습니까. 이에 어찌 너무 빨리 변제(變除)한다[52]는 혐의가 없을 수 있겠습니까. 다만 응당 비례(非禮)로 단정할 뿐입니다.

길사(吉事)는 가까운 날짜를 먼저 하니, 그렇다면 진실로 의당 상순(上旬)에 제사를 지내야 하나, 상순의 정일(丁日)과 해일(亥日) 두 날에 만약 선조(先祖)의 기일(忌日)이 있게 되면, 주소(注疏)의 '그 나머지 음(陰)의 일진(日辰)에도 제사를 지낸다.'는 글을 따라서 유일(柔日) 중에 택일해서 행하는 것이 옳을 듯합니다.[53]

51 협제(祫祭) : 협은 합(合)의 뜻으로, 사당 안에 모시고 있는 4대의 신주(神主)를 다 한곳에 모셔 놓고 제사 지내는 것이다.

52 너무 빨리 변제(變除)한다 : 원문의 '갈변(渴變)'은 너무 서둘러 상복을 벗는 것이며, 변제(變除)는 상기(喪期)에 따라 거친 삼베로 만든 상복을 고운 삼베로 만든 상복으로 바꿔 입거나 상복을 벗음을 이른다.

53 상순의……듯합니다 : 일진(日辰) 가운데 홀수에 해당하는 갑(甲)・병(丙)・무

여기에 어떤 사람이 있는데, 대를 이을 족자(族子 일가 내의 조카뻘 친족)가 없어서 자기 아우의 첩의 자식을 취하여 양자로 삼고, 그로 하여금 적통(嫡統)을 잇게 하였다면, 이른바 '첩 자식의 어미'는 바로 아버지가 거느리고 살지 않은 자이니, 자식의 입장에서는 마땅히 출가한 어머니와 같이 자최(齊衰) 장기복(杖期服)을 입어야 할 자입니다.

그런데 과방(過房)[54]이 되었으면 마땅히 본생부모에 대해 강복(降服)하여야 하니, 그렇다면 부장기복(不杖朞服)을 입어야 합니까? 만약 부장기복을 입는다면 본생의 적모(嫡母)와 차이가 없으니, 어떻게 해야 합니까?

《상례비요(喪禮備要)》의 가모도(嫁母圖) 주에 "아버지의 후사가 된 자는 출가한 어머니를 위하여 복을 입지 않는다." 하였으나, 이는 적통을 잇는 자를 가지고 말한 것입니다. 양자가 되어 적통을 잇는 자로 말하면, 양자가 되면 강복을 논할 뿐 더 이상 적통을 이었느냐를 논해서는 안 됩니다. 이렇게 할 경우 만약 다만 한 등급을 낮추어서 본생의 적모와 구별이 없게 된다면, 시집간 딸이 출가한 어머니를 위하여 대공복을 입는 준례를 따라 대공복을 입고 심상(心喪) 3년을 하는 것이 마땅할 듯합니다. 밝으신 가르침을 주시기 바랍니다.

(戊)·경(庚)·임(壬)의 날짜를 양(陽)의 일진 또는 강일(剛日)이라 하고, 짝수에 해당하는 을(乙)·정(丁)·기(己)·신(辛)·계(癸)를 음(陰)의 일진 또는 유일(柔日)이라 한다. 졸곡(卒哭)이나 담제(禫祭) 등은 정일(丁日)과 지지(地支)의 해일(亥日)을 택일하여 제사를 지내는데, 만일 이 두 날에 선조의 제사가 있으면 을(乙)·기(己)·신(辛)·계(癸)의 유일을 택해서 제사해도 됨을 말한 것이다. 이에 대한 주소(注疏)는 《의례경전통해속(儀禮經傳通解續)》 권18에 보인다.

54 과방(過房) : 자식이 없는 사람이 형제나 혹은 동종(同宗)의 아들을 데려다가 후사(後嗣)로 삼는 것을 말한다.

이자강에게 줌 병술년 1월 20일

與李子岡 丙戌元月念日

한천(寒泉)이 엮은 책 가운데에서 정자(程子)가 말씀한 '임거(恁去)' 두 글자[55]에 대해, 왕복하며 논한 여러 편지를 노주(老洲) 어른께서 펴서 보여주셨는데, 두 분 현자의 논의가 처음에는 서로 어긋났다가, 끝내는 똑같은 결론에 이르렀으니, 제가 어찌 감히 쓸데없는 한 마디 말을 그 사이에 더하겠습니까? 다만 《주자어류(朱子語類)》에 이른바 '비록 반드시 일삼음이 있으면서도 미리 효과를 기대하지 말아야 하니, 그렇더라도 모름지기 우선 이처럼 잡아 지켜야 하고 곧바로 놓아버려서는 안 된다.'[56]라는 것은, 이 뜻을 해석한 것이 이치에 맞는데, 어찌하여 상하로 문맥의 조응(照應)이 부족하고 문리가 평탄하고 순하지

55 한천(寒泉)이……글자 : 한천이 엮은 책은 《근사록(近思錄)》을 이른다. 주자가 어머니의 묘소 가까이에 정사(精舍)를 세우고 그 이름을 한천정사(寒泉精舍)라 하였는데, 이곳에서 여조겸(呂祖謙)과 함께 《근사록》을 편찬하였으므로 이렇게 칭한 것이다. '정자의 말씀'은 《근사록》 권4 〈존양(存養)〉 편에 "비록 마음이 잡아 두면 보존되고 놓으면 잃어버리나, 마음을 잡아 지키기를 너무 심하게 하면 곧 반드시 일삼음이 있으면서도 미리 효과를 기대하는 것이니, 또한 모름지기 우선 이와 같이 해야 한다.〔雖則心操之則存, 捨之則亡, 然而持之太甚, 便是必有事焉而正之也, 亦須且恁去.〕"라고 보인다. '이와 같이 해야 한다.'는 것은 효과를 기대하지 말고 마음을 잡아 지켜서 존양 공부에 매진해야 함을 말한 것이다. 맹자는 호연지기(浩然之氣)를 기르는 방법을 말씀하면서 "호연지기를 기르는 일에 반드시 종사하되, 미리 효과를 기대하지 말아서 마음에 잊지 말고 조장(助長)하지 말아야 한다.〔必有事焉而勿正, 心勿忘, 勿助長也.〕"라고 하였는바, 이 말씀을 원용한 것이다.

56 너무……만난다 : 이 내용은 《주자어류》 권96 〈정자지서2(程子之書二)〉에 보인다.

못하다고 말씀하십니까?

삼가 정자의 뜻을 자세히 살펴보건대, 이는

"너무 심하게 지키는 것이 진실로 조장(助長)하는 병통[57]이 되나, 이것 때문에 혹시라도 존양(存養) 공부를 소홀히 해서는 안 되고, 또한 '모름지기 또〔亦須且〕' 이처럼 잡아 지키고 곧바로 놓아서는 안 된다. '이와 같은 자〔如此者〕'는 함양(涵養)함이 충분하지 못하고 의리가 외롭고 약하니, 덕이 성대해지기를 기다려야 근원을 만나게 된다."

라고 한 것입니다.

'여차자(如此者)' 세 글자는 '임거(恁去)' 두 글자로부터 말한 것이니, '역수차(亦須且)' 세 글자에서도 문맥의 곡절을 알 수 있습니다. 그렇다면 주자의 말씀이 바른 뜻을 얻은 듯한데, 어떨지 모르겠습니다.

보내주신 편지에 "너무 지나치게 잡아 지키지 않는 가운데에서도

57 조장(助長)하는 병통 : 억지로 빨리 이루려다가 오히려 폐해를 자초하는 병통으로, 《맹자》〈공손추 상(公孫丑上)〉 호연장(浩然章)에 다음과 같이 보인다. "조장하지 말아서 송(宋)나라 사람처럼 하지 말아야 한다. 송나라 사람 중에 자기 밭의 벼싹이 자라지 않는 것을 안타깝게 여겨 뽑아놓은 자가 있었다. 그는 아무 것도 모르고 돌아와서 집안 사람들에게 말하기를 '오늘 내가 매우 피곤하다. 내가 벼싹이 자라도록 도왔다.' 하므로 그 아들이 달려가서 보았더니, 벼싹이 말라 있었다. 천하에 벼싹이 자라도록 억지로 조장하지 않는 자가 적으니, 유익함이 없다 해서 버려두는 자는 비유하면 벼싹을 김매지 않는 자요, 억지로 조장하는 자는 비유하면 벼싹을 뽑아놓는 자이니, 이는 비단 유익함이 없을 뿐만 아니라 도리어 해치는 것이다.〔勿助長也, 無若宋人然. 宋人有閔其苗之不長而揠之者, 芒芒然歸, 謂其人曰: 今日病矣, 予助苗長矣. 其子趨而往視之, 苗則槁矣. 天下之不助苗長者寡矣, 以爲無益而舍之者, 不耘苗者也, 助之長者, 揠苗者也, 非徒無益, 而又害之.〕"

우선 잡아 지켜야 하니, 그런 뒤에야 비로소 정자의 본래의 뜻이 되어서 심학(心學)을 논함에 있어서 더욱 정밀해진다."는 훌륭하신 말씀은, 저절로 주자의 가르침에 부합하니, 다른 말을 할 필요가 없습니다.

지난번에 예(禮)에 대해 의심스러운 것을 질문한 것은, 제가 또한 감히 단정하여 말씀한 것이 아니고 근거하여 말한 것이 있었습니다.

동춘당(同春堂) 어른께서 묻기를,

"만약 기년(期年) 이후에 궤연(几筵)을 철거하게 되면, 소상(小祥)과 대상(大祥)의 제사를 비록 기일(忌日)에 행하더라도 소상과 대상이라고 이름해서는 안 될 듯한데, 그 축문(祝文)에 마땅히 초기(初期), 재기(再期)라고 써야 합니까?"[58]

라고 하자, 사계(沙溪)가 답하기를

"다만 기제(忌祭)의 축문을 사용할 것이요, 굳이 초기, 재기를 말할 것이 없다."

라고 하였는데, 이는 삼년복을 입을 자가 없어서 초기에 궤연을 철거하는 것을 말한 것입니다. 만약 응당 삼년복을 입을 자가 있어서 재기에 궤연을 철거한다면, 소상과 대상과 담제(禫祭)는 마땅히 준례대로 행해야 하고, 축문은 마땅히 제사를 주관하는 자의 속칭(屬稱)[59]의 친소(親疎)를 보아 글을 고쳐야 합니다.

58 동춘당(同春堂)……합니까 : 동춘당은 송준길(宋浚吉)의 호로, 송준길이 사계(沙溪) 김장생(金長生)에게 물은 내용은 《동춘당집》 별집 권2에 보인다.

59 속칭(屬稱) : 친속(親屬) 관계의 호칭으로, 속(屬)은 고조(高祖), 증조(曾祖), 조(祖), 고(考) 등을 이르고, 칭(稱)은 관직이나 호(號) 등을 이른다.

만약 아내나 시집가지 않은 딸자식이 없고 오직 참최복(斬衰服)을 입을 첩(妾)만 있더라도 또한 마땅히 가장을 위하여 삼년복을 입어야 하니, 첩이 비록 제체(齊體)[60]가 아니나 본래 오복(五服)의 열에 있다면 그 귀천을 막론하고 하여금 정(情)을 펴게 해야 함이 예에 맞을 듯합니다.

"첩이 복(服)을 입는 것이 여군(女君)[61]과 똑같다면 이 또한 오복의 친척이다."라고 말씀한 것은, 훌륭하신 가르침으로 참으로 옳고, 참으로 옳습니다.

60 제체(齊體) : 남편과 한 몸이라는 의미로 아내를 가리킨다.

61 여군(女君) : 첩실(妾室)의 입장에서 정실(正室)을 부르는 호칭이다.

이자강에게 답함 병술년 2월 상순
答李子岡 丙戌二月上旬

지난번 가르침에 "삼주(三洲)의 묘지명(墓誌銘)[62]에 '주자의 말씀이라고 해도 구차히 받아들이지 않았다.' 하였다."라고 말씀하셨는데, 이는 농암(農巖)과 삼연(三淵) 두 현자의 큰 안목이고 큰 역량입니다.

우암(尤菴)의 시대에 올바른 학문이 쇠미해지자, 윤휴(尹鑴)와 허목(許穆)의 무리가 그 사이에 사설(邪說)을 창도하고[63] 자기 무리들을

62 삼주(三洲)의 묘지명(墓誌銘) : 삼주는 농암(農巖) 김창협(金昌協)의 또다른 호이다. 묘지는 농암의 아우 삼연(三淵) 김창흡(金昌翕)이 지은 글로 《삼연집(三淵集)》 권27 〈묘지명〉에 '중씨농암선생묘지명(仲氏農巖先生墓誌銘)'이라는 제목으로 실려 있다.

63 윤휴(尹鑴)와……창도하고 : 백호(白湖) 윤휴와 미수(眉叟) 허목(許穆)은 모두 남인(南人)으로 우암 송시열을 필두로 한 서인(西人)과 정치적으로 대립하였을 뿐 아니라, 학문적인 입장에서도 주장을 달리하였다. 백호는 학문에 있어 주자(朱子)의 공을 인정하면서도 후학들 또한 주자의 자세를 본받아 선유(先儒)의 업적을 토대로 새로운 해석과 이해의 경지를 개척하여야 한다는 견지에서 경전의 새로운 해석을 시도하였으며, 미수 허목은 주자의 저술보다는 오경(五經) 속에 담겨 있는 원시 유학의 세계에 깊은 관심을 보였으므로 이렇게 말한 것이다. 윤휴는(1617~1680)는 자가 희중(希仲), 호가 백호, 본관이 남원(南原)이다. 1659년(효종10) 효종이 승하한 뒤에 자의대비(慈懿大妃)의 복상(服喪) 문제를 두고 발생한 1차 예송(禮訟)에서 삼년복을 주장하여 기년복을 주장하는 송시열 등의 서인과 대립하다가 패하여 정계에서 물러났는데, 1674년(현종15) 효종의 비인 인선왕후(仁宣王后)가 별세한 뒤에 자의대비의 복상 문제를 두고 발생한 2차 예송에서 현종이 남인 측의 주장을 옳다고 판정함에 따라 다시 정계로 돌아왔다. 숙종 즉위 후에 유일(遺逸)로서 성균관 사업을 제수받았으며, 이조 판서, 대사헌 등을 거쳐 1679년(숙종5) 우찬성에 올랐다. 1680년에 허적(許積)의 서자 허견

선동하고 따르게 하였는데, 우암께서,

"정자와 주자 이래로 의리가 크게 밝아져서 더 이상 발명되지 못한 깊은 뜻이 없으니, 다만 마땅히 이를 높이고 믿으며 가슴에 새기고 익혀야 할 뿐, 별도로 이견(異見)을 내어서는 안 된다."

라고 하시고, 목숨을 돌아보지 않고 이들을 물리쳤으니, 참으로 시의에 적절한 도(道)였습니다.

그런데 이 말씀을 독실하게 믿는 사람들이 왕왕 곧이곧대로 지키기만 하고 융통성이 없어서 다시는 학문을 강마(講磨)하고 연구하지 아니하여, 단정히 앉아 두 손을 맞잡은 채 아무 것도 하지 않는다는 탄식을 불러일으키게 되었습니다.[64]

삼연과 농암 두 현자께서 말씀하신 '사람의 안목(眼目)을 쉽게 멀게 하니, 세상 유자(儒者)들의 고루한 식견에 통탄한다.'라고 한 것[65] 또한

(許堅)이 인평대군(麟坪大君)의 아들인 복창군(福昌君), 복선군(福善君), 복평군(福平君)의 3형제와 역모를 꾀한다는 고변이 있자, 갑산(甲山)으로 유배되었다가 사사(賜死)되었다. 허목(1595~1682)은 자가 화보(和甫), 호가 미수, 본관이 양천(陽川)이다. 과거를 보지 않고 학문에만 전념하다가 기해예송 때 기년복을 주장하는 서인에 반대하여 삼년복을 주장한 상소를 올려 남인을 이끌었고, 갑인년의 제2차 예송 때 서인의 대공복(大功服)에 맞서 기년복을 주장하여, 현종의 지지를 받아 남인이 집권하는데 공을 세워 대사헌이 되고 이조 참판을 거쳐 우의정에 올라 허적과 함께 남인의 영수가 되었으나, 1680년 복창군 등의 역모가 고변되자, 문외출송되었다.

64 학문을……되었습니다 : 삼연이 〈갈역잡영65(葛驛雜詠其六十五)〉의 시에서 "대체로 사람의 마음 깊이 사색하기를 게을리하여, 유림들은 단정히 앉아 두 손을 맞잡은 채 아무 것도 하지 않는구나.〔大抵人情懶致思, 儒林端拱亦無爲.〕"라고 탄식하였으므로 말한 것이다. 《三淵集 卷14 詩》

65 삼연과……것 : 이 내용은 삼연이 지은 농암의 제문(祭文)에 "주자 이후로 의리가 크게 밝아져서 더 이상 강구할 필요가 없다고 생각하는 자가 있는데, 이런 말은 사람들

이어받은 병폐를 변혁하려는 뜻에서 나온 것이니, 참으로 훌륭한 의논입니다.

삼연(三淵) 어른의 시[66]에,

정자의 책과 주자의 가르침이 남아있건만　程書朱訓在
사람들은 갑론을박하며 다투고 있네　甲是乙非爭
정자와 주자 이후로 어찌　安在程朱後
격물 치지(格物致知)를 정밀하게 연구할 필요가 없다고 말하는가　無勞格致精

라고 하였고, 또,

여러 성인의 은미한 말씀 주자가 이미 풀었는데　羣聖微言朱子解
주자의 주석은 그 누구의 손에 맡길건가　朱子註脚付諸誰
마음으로부터 연구하는 것 싫어하여　懶從心上加研究
이제는 격물 치지 할 것 없다고 말하는구나　却謂今無可致知

라고 하였습니다.

이 시는 마땅히 농암에게 올린 제문(祭文), 묘지명(墓誌銘)과 함께 서로 발명되어야 하는데, 그 말씀이 매우 간절하여 천고(千古)에 사람들의 정신을 일깨우니, 이와 같은 분들은 마땅히 정자와 주자의 충성스러운 신하라고 하여야 할 것입니다.[67]

의 안목을 멀게 하기 쉽습니다.……중씨께서는 매번 이 아우와 이에 관해 언급하시면서 세상 유자들의 고루한 식견에 통탄하지 않은 적이 없었습니다.〔有謂朱子以後, 義理大明, 無待講研, 此言易瞎人眼目.……仲氏每與弟言此, 未嘗不痛惋於世儒之陋也.〕"라고 보인다.《三淵集 卷32 祭仲氏農巖先生文》

66 삼연(三淵) 어른의 시 : 삼연이 지은 아래의 두 시는 〈갈역잡영24(葛驛雜詠其二十四)〉와 〈갈역잡영63(葛驛雜詠其六十三)〉이다.《三淵集 卷14 詩》

당장의 우려(憂慮)가 태산(泰山)[68]처럼 높을 뿐만이 아닌데, 이름 없는 새들이 아침저녁으로 오고가서 그 무리가 하늘을 가리고 그 울음소리가 우레처럼 진동하여, 이와 같은 광경이 수십 일이나 계속되었다가 그친 지가 얼마 되지 않습니다.

새들은 날아다니는 부류라서 기운을 얻는 것이 가장 빠르니, 그 응험(應驗)이 어떠한 것인지 모르겠으나, 이것이 아름다운 징조가 아님은 분명하니, 이치에 밝으신 형의 의논을 듣기 원합니다. 동쪽 교외에서 새들이 싸웠다는 것은 진실로 길거리에서 전해진 말이니 굳이 믿을 것이 못되나, 시끄러운 유언비어가 일어나는데도 안정시킬 길이 없으니, 더욱 사람으로 하여금 잠을 못 이루고 벽을 맴돌게 합니다.

제가 군자의 뜰을 밟지 못한 지가 이미 3년이 되었습니다. 미치광이의 본래 모습을 벗어나지 못해서[69] 문에 나가 사례하는 예를 빠뜨렸으

67 정자와……것입니다 : 원문의 '낙건(洛建)'은 낙양(洛陽)과 복건성(福建省)의 병칭으로 주자와 정자를 이른다. 정명도(程明道)와 정이천(程伊川) 형제는 낙양 사람이고, 주자는 복건성 사람이므로 이렇게 칭한 것이다.

68 태산(泰山) : 원문의 '제전(齊巓)'은 제나라의 높은 산 즉 태산을 말한 것으로 보인다.

69 미치광이의……못해서 : 원문의 '광노구태(狂奴舊態)'는 '광노고태(狂奴故態)'와 같은 말로 거리낌이 없고 얽매이지 않는 태도를 말한다. 후한(後漢)의 고사인 엄광(嚴光)은 어릴 때부터 광무제(光武帝) 유수(劉秀)와 친한 사이였는데, 유수가 황제가 되자 성명을 바꾸어 은둔하였다. 이에 유수가 그를 찾아내어 불러 관사에 머물게 하며 극진히 대우하였는데, 이때 사도(司徒)인 후패(侯霸)가 엄광과 평소 친분이 있었던 터라 사람을 시켜 서찰을 보내 초청하였다. 엄광은 그 서찰에 답장도 쓰지 않고 구두로 답하기를 "군방(君房) 족하. 지위가 삼공(三公)에 이르렀으니 참으로 좋습니다. 인(仁)을 품고 의(義)를 보좌하여 천하가 기뻐하겠지만, 아부하여 황제의 뜻을 따르느라 허리와 목이 끊어지겠습니다.〔君房足下, 位至鼎足甚善. 懷仁輔義天下悅, 阿諛順旨要領絶.〕" 하였다. 군방은 후패의 자이다. 후패가 이 말을 적어서 광무제에게 보이니, 광무제가 웃으며

니, 비록 큰 도량으로 포용하시어 곡진히 저의 무례함과 불공(不恭)함을 용서해 주셨으나, 구구한 이 몸은 크게 계면쩍고 송구합니다.

이번의 성대한 초청은 곡진히 저를 위한 것이고, 또 그간 만나 뵙지 못해서 가물가물하여 그리움이 간절하던 터이니, 감히 급히 달려가서 진중궁(陳仲弓)의 고사[70]를 따르지 않을 수 있겠습니까. 다만 행적이 집에 계시지 않을 때를 엿보아 방문하는 듯하여, 계씨(季氏)인 태공(台公)의 지탄을 피할 수가 없을 듯하니,[71] 이것이 고민스럽습니다.

보내주신 편지에 "깨끗이 청소하고 기다린다."는 말씀은 농담이 아닙니까? 세상에 정 선생(程先生)이 없으니, 누가 왕자진(王子眞)의 차 향기를 감당하겠습니까?[72] 선비의 출처는 존엄한데, 삼가 이를 베풀

말하기를 "광노의 본래 태도이다.〔狂奴故態〕"라고 하였다.《後漢書 卷83 逸民列傳 嚴光》

70 진중궁(陳仲弓)의 고사 : 중궁은 후한 중기의 청백리인 진식(陳寔, 104~187)의 자이다. 진식이 당시 고결한 품행으로 이름난 순숙(荀淑, 83~149)을 방문하였는데, 집안이 청빈하여 하인이 없자, 큰 아들 진기(陳紀)로 하여금 수레를 몰게 하고 둘째인 진심(陳諶)으로 하여금 의장을 갖고 뒤를 따르게 한 고사를 이른다. 진기는 자가 원방(元方), 진심은 자가 계방(季方)으로, 모두 학문과 덕행이 출중하여 사람들이 난형난제(難兄難弟)라고 칭한 인물들이다.《世說新語 卷上之上 德行》

71 행적이……듯하니 : 상대방이 집에 없을 때를 엿보아 방문한다는 것은, 노나라 계씨(季氏)의 가신(家臣)으로 계환자(季桓子)를 가두고 국정을 전횡하였던 양화(陽貨)가, 공자를 만나고자 하였으나 공자께서 찾아가지 않자, 삶은 돼지를 선물로 보내어 공자께서 와서 사례하게 하니, 공자께서도 그가 집에 없는 틈을 타서 사례하러 가셨던 일을 원용한 것이다.《論語 陽貨》 계씨(季氏)인 태공(台公)은 이봉수의 아우인 이학수(李鶴秀, 1780~1859)로, 자가 자고(子皐), 호가 단고(丹皐), 시호가 문헌(文獻)이다. 1812년(순조12년) 정시 문과에 급제하고 벼슬이 판돈녕부사에 이르렀다. 이 편지가 쓰인 병술년(丙戌年, 1826)에 이학수는 도승지를 거쳐 규장각(奎章閣)의 검교대교(檢校待教)의 지위에 있었다.

지 말아야 할 곳에 베풀게 될까 염려스럽습니다. 모레 이후로는 재계(齋戒)하여야 하므로 오직 내일만 움직일 수가 있으니, 삼가 마땅히 가르침을 따라 문에서 응접하는 쌍룡(雙龍)[73]을 즐거운 마음으로 뵙겠습니다.

72 세상에……감당하겠습니까 : 정 선생(程先生)은 이천(伊川) 정이(程頤)를 이른다. 왕자진(王子眞)은 당시에 앞일을 능히 내다본 은자(隱者)로 이름이 전기(佺期)이다. 그가 낙양에 와서 유수신(劉壽臣)의 원정(園亭)에 머물렀는데, 정승인 부필(富弼)이 찾아올 줄을 알고는 몸을 피했으나, 정이천이 방문할 것을 미리 알고는 차를 준비한 일이 있으므로 이렇게 말한 것이다.《二程外書 卷12》

73 문에서 응접하는 쌍룡(雙龍) : 이봉수와 이학수 형제를 이른다.

이자강에게 줌 병술년 2월 24일

與李子岡 丙戌二月廿四日

형의 집을 바라보고는 가슴이 두근거렸고 당(堂)에 올라가서는 기뻤고 문을 나와서도 만족하였는데, 집으로 돌아와서 이틀을 묵고 나자 예전처럼 다시 서운하니, 사람의 마음은 이다지도 만족할 줄을 모른단 말입니까? 어쩌면 사람으로 하여금 형의 높은 의리를 사모함이 이처럼 끝이 없게 한단 말입니까? 더욱 존체(尊體)를 진중(珍重)히 하시길 삼가 바랍니다.

저녁비가 아침에 개여 봄기운이 더욱 짙어지니, 멀리서 생각하건대, 동산의 꽃과 못가의 버드나무가 기색(氣色)이 새로워졌을 것입니다. 형께서는 생동감 넘치는 경계에 앉아 저 위의 하늘과 아래의 못물과 함께 흐르고 있을 것입니다.

정서(程書) 가운데에 석사(石奢)에 대해 말씀한 것[74]은, 이 일이 사마천(司馬遷)의 《사기》 〈순리열전(循吏列傳)〉에 기재되어 있는데, 여기에 이르기를

"석사는 초(楚)나라 소왕(昭王)의 정승이다. 현(縣)을 순행하다가 살인자가 있어 잡고 보니, 바로 자신의 아버지였다. 아버지를 석방하고 돌아와 스스로를 결박하고 왕에게 사람을 보내어 아뢰기를 '살인자는 신의 아비입니다. 아비를 처벌하여 정치의 도를 확립하면

74 정서(程書)……것 : 정서는 《이정유서(二程遺書)》를 가리킨 것으로 이 내용은 권6에 보인다.

불효(不孝)가 되고, 법을 폐하고 죄인을 풀어주면 불충(不忠)이 되니, 신의 죄는 죽어 마땅합니다.' 하였다. 소왕이 이르기를 '죄인을 쫓았으나 잡지 못한 것이니, 죄를 받아서는 안 된다.'라고 하자, 석사가, '아버지를 사사로이 용서하지 못한 것은 효도가 아니요, 법을 받들어 시행하지 못한 것은 충성이 아닙니다. 왕께서 저의 죄를 용서하시는 것은 왕의 은혜이고, 주벌(誅罰)을 받아 죽는 것은 저의 직분입니다.' 하고는 마침내 왕의 명령을 받지 않고 스스로 목을 찔러 죽었다."

라고 하였습니다.

이것이 바로 정자(程子)께서 죽어서는 안 된다고 말씀하신 일의 전말(顚末)인데, 정자께서 이르시기를

"죄를 청했으나 죄를 주지 않았으면, 후일에 강력히 천경전(踐更錢)을 낼 것을 청할 수 있으니, 이것이 가장 의에 부합한다."

라고 하셨으니, 변고의 일에 대처함이 중도(中道)를 잃지 않았다고 이를 만합니다.

천경전은 사마천의 《사기》 〈곽해전(郭解傳)〉에 나오니, 여기에 이르기를 "천경할 때에 이르러 죄를 벗겨 준다."라고 하였는데, 주(註)에 이르기를

"졸경(卒更)과 천경(踐更), 과경(過更)이 있는데, 옛날에는 상근(常勤)하는 정졸(正卒)이 없어서, 사람마다 모두 번갈아 번(番)을 서서 한 달에 한 번 번을 섰다. 가난한 자가 경전(更錢)에 고용(雇用)되기를 원하면, 다음에 번을 설 자가 돈을 내어 그를 고용하되 한 달에 이천 전(錢)을 주니, 이것이 천경이다."

라고 하였습니다. 졸경이란 마땅히 번을 설 자의 돈을 받고서 그대로

번을 서는 것이니, 지금 세상에서 말하는 '대번(代番)'과 같습니다. '강력히 천경전을 내기를 청한다'는 것은, 마치 속전(贖錢)을 바치는 것처럼 천경한 돈을 바치고서 아버지의 죄를 벗어나게 하는 것입니다. 이미 돈을 낸 것을 의(義)로 삼았다면, 소주(小註)의 '최몰의(最沒義)'의 '몰(沒)' 자는 아마도 기록의 착오인 듯한데,[75] 어떨지 모르겠습니다. 이미 제가 사실에 근거하여 상고하였으므로 이에 삼가 아뢰는 것입니다.

《주자어류》에 유용지(劉用之)가 묻기를 "소강절(邵康節)이 《주역》을 잘 말씀하여 그 견해가 투철(탁월)합니다."라고 하자, 주자는 "옳다. 그러나 이천(伊川)은 또 소강절을 경시하여, 일찍이 장횡거(張橫渠)에게 편지를 보내 말씀하기를 '요부(堯夫)가 《주역》을 말하는 것이 듣기에 좋으니, 오늘 밤 한 번 와서 그가 말하는 것을 들어보십시오.'라고 하였으니, 나는 일찍이 말하기를 '이것이 바로 이천이 공자에게 미치지 못하는 부분이다. 공자는 이와 같지 않았을 것이다.' 하였다."라고 하였습니다.[76] -주자의 말씀은 여기까지이다.-

'《주역》을 말한 것이 듣기 좋으니 한 번 와서 들어보라.'는 말씀에서,

75 소주(小註)의……듯한데 : 《이정유서》 권6에 정자는 "석사는 마땅히 죽어서는 안 된다.…… 이것이 가장 의에 부합한다.〔石奢不當死.…… 此最義.〕" 하였는데, 소주에 "한 본에는 가장 의에 부합되지 않는다고 되어 있다.〔一作最沒義〕"라고 되어 있는바, 이 경우 그 의미가 반대로 되므로 매산이 이렇게 말한 것이다.

76 주자어류에……하였습니다 : 주자의 이 말씀은 《주자어류》 권100 〈소자지서(邵子之書)〉에 보인다. 원문의 '고(顧)'는 '고(雇)'와 같다. 유용지는 주자의 제자인 유려(劉礪)로, 용지(用之)는 자이고 호는 존헌(存軒)이다. 강절(康節)은 북송(北宋)의 역학자인 소옹(邵雍, 1011~1077)의 시호이다. 강절에 대한 자세한 내용은 90쪽 주185 참조.

요부를 경시한 부분을 볼 수가 없는데, 주자가 이렇게 말씀하신 것은 어째서입니까? 한 마을에 30년을 같이 살면서 한 마디도 상수(象數)에 대해 언급하지 않았으니, 이것은 이천이 강절을 불만스럽게 여긴 부분이라고 하겠습니다. 그러나 횡거에게 보낸 편지에서 말씀한 뜻을 삼가 살펴보건대, 경시하는 뜻에서 나온 것이 아닌 듯하니, 회옹(晦翁 주자)이 '이천의 말씀에 유감이 없지 못하다.'고 한 것은 제가 진실로 그 이유를 찾지 못하겠습니다.

소강절은 상수를 주장하고 이천은 의리를 주장하였으므로, 진실로 상대방의 말씀을 받아들이지 못하여 30년 동안 한 마디도 하지 않았다고 한 것에서도 이천의 편벽된 점을 볼 수가 있으나, 또한 강절을 경시하여 그런 것은 아닐 듯하니, 부디 가르침을 주시기 바랍니다.

이자강에게 줌 병술년 6월 19일[77]

與李子岡 丙戌六月少念

지난번에 말씀하신 소강절(邵康節)의 일은, 근래에 우옹(尤翁)의 말씀을 상고해보니, 여기에 이르기를, "주자가 일찍이 《이락연원록(伊洛淵源錄)》[78]을 편찬하실 적에 소 선생(소강절)을 빼놓았는데, 현재의 《이락연원록》에는 소 선생이 주자(周子)와 정자(程子)의 아래에 배열되어 있는바, 주자가 일찍이 말씀하기를 '내가 일찍이 편입하지 않았는데, 책방에서 멋대로 편입시켰다.' 하였다."라고 하였습니다.[79] 만일 이것이 사실이라면 어찌하여 개정(改正)하지 않고 그대로 인쇄하도록 내버려 두어서, 심지어는 《주자전서(朱子全書)》에 실리기까지 하였습니까?

《이락연원록》에 〈강절전(康節傳)〉을 편차(編次)한 의례(義例)는 한결같이 주자(周子)와 정자를 따랐는데, 그 순서가 이천과 횡거의

77 19일 : 원문의 '소념(少念)'은 작은 20일이란 뜻으로 19일을 가리킨다. 염(念)은 20일을 뜻한다.

78 이락연원록(伊洛淵源錄) : 주자가 편찬한 책으로 송나라의 철학자인 염계(濂溪) 주돈이(周敦頤)와 명도(明道) 정호(程顥), 이천(伊川) 정이(程頤), 강절(康節) 소옹(邵雍), 횡거(橫渠) 장재(張載)와 정자의 제자들의 언행을 기록하여 양정(兩程)의 학문의 연원을 밝힌 책이다. 이락은 낙양(洛陽)을 흐르는 이수(伊水)와 낙수(洛水)로, 정명도(程明道)와 정이천(程伊川) 형제를 가리킨다.

79 우옹(尤翁)의……하였습니다 : 우암의 이 말씀은 《송자대전(宋子大全)》 권131 〈잡저(雜著) 간서잡록(看書雜錄)〉에 보인다.

중간에 배열되어 있어, 〈육선생화상찬(六先生畫像贊)〉과 창주정사(滄洲精舍)에서 고유(告由)한 글[80]의 준례와 똑같으니, 이 때문에 이것이 주자에게서 나오지 않았음을 분변하기 어려운 것입니다. 사마온공(司馬溫公)을 〈육선생화상찬〉에는 속수(涑水) 선생이라고 칭하고 고유문에는 사마 문정공(司馬文正公)이라고 칭한 것은 또한 정밀한 뜻이 있는 것입니까?

천옹(泉翁)[81]께서는 5대조를 이장(移葬)할 적에 시마복(緦麻服)을 입는지에 대해, "승중(承重)했느냐의 여부에 따라 결정하니, 이미 승중하지 않았으면 다만 조복(弔服)을 입고 가마(加麻)해야 할 뿐이다."라고 하셨는데,[82] 이는 아마도 미정(未定)의 의논이 될 듯합니다.

80 육선생화상찬(六先生畫像贊)과……글 : 〈육선생화상찬〉은, 주자가 북송(北宋)의 여섯 거유(巨儒)인 염계 주돈이, 명도 정호, 이천 정이, 강절 소옹, 횡거 장재, 속수(涑水) 사마광(司馬光)의 화상에 찬(贊)을 붙인 것이다. 창주정사(滄洲精舍)는 주자가 1194년에 복건성(福建省) 건양(建陽)에 거처할 적에 죽림정사(竹林精舍)를 짓고 강학하였는데, 뒤에 이름을 창주정사로 바꾸었다. 주자는 이곳에 공자를 종주로 하여 안자(顔子)·증자(曾子)·자사(子思)·맹자(孟子)를 모시고, 주돈이·정호·정이·소옹·사마광·장재·이동(李侗) 등 일곱 선생을 종사(從祀)하면서 그 고유문을 지었다. 《朱子大全 附錄 卷6 別本年譜》

81 천옹(泉翁) : 도암(陶菴) 이재(李縡, 1680~1746)로 용인(龍仁)의 한천(寒泉)에 은거하여 한천이란 호를 사용하였기 때문에 높여서 이렇게 칭한 것이다. 이재에 대한 자세한 내용은 220쪽 주22 참조.

82 승중(承重)했느냐의……하셨는데 : 도암의 이 말씀은 《도암집(陶菴集)》 권20 〈답최숙고석문목(答崔叔固祏問目)〉에 보인다. 승중(承重)은 상제(喪祭)의 중함을 이어 받는다는 뜻으로, 적장손(嫡長孫)이 아버지가 돌아간 뒤에 조부모의 상을 당하여 상제의 일을 맡을 경우에는 승중손(承重孫)이라 하고, 아버지와 할아버지가 모두 별세

5대조는 비록 친(親)이 이미 다하였으나[83] 계통은 정통(正統)입니다. 종(宗)은 허물 수 있으나 정통은 끊을 수가 없는데, 5대가 되었다고 해서 승중을 하지 않는다고 한다면 이는 그 정통을 끊는 것이니, 어찌 옳겠습니까. 고조(高祖)와 증조(曾祖)와 할아버지와 아버지가 안 계신다면 5세조는 바로 아버지인 셈이니, 어찌 친이 다하고 종이 허물어졌다는 핑계로 그 상(喪)에 복을 입지 않을 수 있겠습니까.

'친이 다하고 종이 허물어졌다'고 말하는 것은 대수(代數)가 멀어서 섬김이 미치지 않은 경우를 말한 것이니, 《주자어류》에 "5대조를 위하여 자최(齊衰) 3월복을 입는다."라고 한 것[84]은 또한 승중하지 않은 자를 두고 말한 것입니다. 단지 5대뿐만이 아니라 위로 6, 7대에 이르기까지 한결같이 이 예를 따를 뿐입니다.

삼년상이 끝난 다음, 장방(長房)이 있으면 그곳으로 옮겨가고 장방

하여 증손자가 증조부모의 초상에 복상(服喪)할 경우에는 승중증손(承重曾孫)이라 칭한다. 조복(吊服)은 조문할 때에 입는 복장을 이르고 가마(加麻)는 머리에 수질(首絰)을 두르는 것을 이른다.

83 친(親)이 이미 다하였으나 : 친이 다했다는 것은 조상의 제사를 받드는 대수가 다한 것을 말하는데, 천자는 6대, 나머지는 4대까지 조상의 제사를 지낸다. 《주자가례(朱子家禮)》에는 사(士)와 서인(庶人)의 경우 고조까지만 사당에 모시고 5대 이상은 친진조(親盡祖)라 하여 제사하지 않는 것으로 되어 있으나, 우리나라에서는 5대 이상의 선조에게 1년에 한 번씩 묘제(墓祭)를 지내며 이것을 '세일제(歲一祭)'라 칭하였다.

84 주자어류에……것 : 이는 《주자어류》 권85 〈예2(禮二) 의례(儀禮)〉의 "심존중(沈存中)이 말하기를 '고조는 자최 3월인데, 다만 4세조(祖)에게만 그런 것이 아니다. 4세 이상으로 무릇 생시에 섬겼으면 모두 마땅히 자최 3월복을 입어야 한다. 고조는 고조 이상의 선조에 대한 통칭일 따름이다.' 하였다.〔沈存中云: 高祖齊衰三月, 非特四世祖爲然. 自四世以上, 凡逮事, 皆當服衰麻三月, 高祖蓋通稱耳.〕"라는 구절을 이른 것이다.

이 없으면 신주(神主)를 매안(埋安)하는 것[85]이니, 또한 어찌 5대를 제사지낸다는 혐의가 있겠습니까. 이미 승중하였으면 개장(改葬)할 때에 시마복을 입는 것을, 어찌 그만 둘 수 있겠습니까. 허물지 않는 불천위(不遷位) 선조의 사당[86]으로 말하면 또한 마땅히 시마복을 입을 뿐입니다.

허맹(許孟)이 이른바 '비록 할아버지로부터 전중(傳重)을 받지 않았더라도 이에 근거하여 주인(상주)이 된다.'는 것[87]이 정밀한 뜻에 맞을 듯합니다.

제가 보건대, 허맹의 설과 수암(遂菴)의 설을 모두 의심할 것 없이 따라야 합니다. 만약 5대 이상으로 승중하지 않고 이미 종을 허문 자로 말하면 시마복을 입을 의리가 없어서 조복에 가마할 뿐입니다. 고견은 어떠신지 모르겠습니다.

《주역》 공부는 멈추지 않고 계속하여 연구하고 계십니까? 회옹(晦翁)

85 삼년상이……것 : 장방(長房)은 최장방(最長房)과 같은 말로, 4대 이내의 자손 중에 항렬과 나이가 가장 높은 사람을 이른다. 봉사손(奉祀孫)에게 대수(代數)가 다한 신주는 장방에게 옮겨 제사를 받들도록 하고 이 장방이 죽으면 다음 장방이 모셔 가는데, 자손 중에 4대손이 다 죽은 뒤에는 무덤 옆에 그 신주를 매안한다.

86 허물지……사당 : 나라에 큰 공로가 있거나 도덕이 높은 분은 불천위(不遷位)라 하여 4대가 지나도 별도의 사당에 모셔 계속 제사하며 이를 종손이 주관한다.

87 허맹(許孟)이……것 : 허맹의 이 말은, 당(唐)나라 중기의 재상(宰相)이자 학자인 두우(杜佑, 735~812)가 지은 《통전(通典)》 권102 〈개장복의(改葬服議)〉에 보인다. 《통전》은 제도사(制度史)로, 현종(玄宗) 때 유질(劉秩)이 편찬한 《정전(政典)》을 근간으로 하고 상고 시대로부터 당나라 천보(天寶) 연간에 이르기까지 역대의 자료를 모아 총 2백 권으로 편찬한 책이다. 허맹은 미상이다.

이 말씀하기를 "한 괘가 64괘로 변할 수 있다. 그러므로 64괘가 모두 4,096괘로 변한다."라고 하시고,[88] 또 말씀하기를 "육효(六爻)가 모두 변한 경우에는 다만 변괘(變卦)로 점을 치고 본괘(本卦)로 점을 치지 않는다."고 하였습니다.[89]

그렇다면 점을 쳐서 비괘(否卦)를 얻었는데 여섯 효가 모두 변한 경우에는 태괘(泰卦)를 얻은 것과 다름이 없으니, 이렇게 되면 괘가 4,096의 숫자에 부족하게 됩니다.[90]

또 이미 비괘를 얻었는데 여섯 효가 모두 변하였으면 다만 태괘로 점을 치니, 성인이 어찌하여 점을 쳐서 곧바로 태괘를 얻게 하지 않고,

88 회옹(晦翁)이……하시고 : 회옹은 주자의 호인데, 흔히 다른 호인 회암(晦菴)을 존칭한 것으로 보기도 한다. 이 내용은 주자가 《주역》의 해설서로 지은 《주역본의(周易本義)》의 〈계사전 상(繫辭傳上)〉에 있는 구절을 매산이 축약하여 말한 것이다. 원문은 아래와 같다. "이미 육효를 이루고 그 효의 변함과 변하지 않음을 보아 동정(動靜)을 삼으면 한 괘가 변하여 육십사괘가 되어 길흉(吉凶)을 정하니, 모두 4,096괘인 것이다.〔已成六爻, 而視其爻之變與不變, 以爲動靜, 則一卦可變而爲六十四卦, 以定吉凶, 凡四千九十六卦也.〕"

89 또……하였습니다 : 이 내용은 《주역본의》 〈오찬(五贊) 명서(明筮)〉의 구절을 매산이 축약한 것이다. 원문은 아래와 같다. "모두 변하여 다른 괘로 갔으면 새로운 괘가 이루어지고 옛 괘는 허물어지니, 소식하고 영허함에 이것(본괘(本卦))을 버리고 저것(지괘(之卦))을 본다.〔皆變而他, 新成舊毁, 消息盈虛, 舍此視彼.〕"

90 비괘(否卦)를……됩니다 : 비괘는 건(乾)의 천(天☰)과 곤(坤)의 지(地☷)가 합쳐진 괘로 괘상(卦象)이 ䷋이며, 태괘(泰卦)는 이와 반대로 곤의 지(地☷)와 건의 천(天☰)이 합쳐진 괘로 괘상이 ䷊이다. 《주역》의 괘는 처음에 얻은 것을 본괘(本卦), 효가 변한 것을 지괘(之卦)라 하는바, 한 괘의 여섯 효가 변하고 변하지 않음에 따라 64괘로 바뀔 수 있는데, 예를 들어 비괘의 여섯 효가 모두 변했으면 지괘인 태괘로 점을 치기 때문에 4,096의 숫자에 부족하게 된다고 한 것이다. 그러나 이를 세세히 따지지 않고 한 효가 64괘로 변한다고 말할 수도 있다.

반드시 비괘를 얻게 한 다음 마침내 변해서 태괘로 가게 한 것은 어째서입니까?

건괘(乾卦)와 곤괘(坤卦)에 두 용(用)을 세운 것은 진실로 9와 6을 쓰고, 7과 8을 쓰지 않는 뜻을 밝힌 것이니,[91] 이 또한 점의 예를 빌려서 나타낸 것입니까?

점을 쳐서 여섯 효가 완전히 변한 것을 얻은 경우는, 비록 변괘(變卦 지괘(之卦))의 괘사(卦辭)를 중요하게 여기나 또한 모름지기 본괘를 위주로 의논을 세우기를 두 용(用)의 준례와 같이 하는 것입니까? 부디 가르쳐주시기를 삼가 바랍니다.

《존주휘편(尊周彙編)》[92]을 간행한다는 소문이 있으니, 일이 시작되었습니까? 대신(大臣)이 사적(私的)으로 간행하는 일을 금할 것을 청한

91 건괘(乾卦)와……것이니 : 두 용(用)은 건괘의 용구(用九)와 곤괘의 용육(用六)을 이른다. 9는 노양(老陽), 6은 노음(老陰)이며, 7은 소양(少陽), 8은 소음(少陰)인데, 노(老)는 변하고 소(少)는 변하지 않는바, 《주역》은 변하는 것을 위주하기 때문에 양효(陽爻)를 구(九), 음효(陰爻)를 육(六)이라 한다. 건괘의 여섯 효가 모두 변하였으면 원래는 곤괘(坤卦)로 점을 쳐야 하나 오직 건괘만은 용구의 효사(爻辭)로 점을 치며, 곤괘의 여섯 효가 모두 변하였으면 원래는 건괘로 점을 쳐야 하나 오직 곤괘만은 용육의 효사로 점을 친다.

92 존주휘편(尊周彙編) : 춘추대의(春秋大義)를 선양하기 위해 여러 사례들을 모아 1800년(정조24)에 간행된 책으로, 당시 병조 참의 이의준(李義駿) 등이 왕명을 받고 편찬하였다. 중화(中華)를 높이는 의식을 제고(提高)해야 한다는 사림의 요청에 따른 것인데, 〈황조기년(皇朝紀年)〉·〈본국기년(本國紀年)〉·〈황단지(皇壇志)〉·〈황단연표(皇壇年表)〉 및 〈제신사실(諸臣事實)〉 등으로 구성되어 있다. 청나라와의 관계를 고려하여 반포 대상을 엄격히 제한하여 황명단(皇明壇)과 궁내, 5개소의 사고(史庫)와 홍문관·시강원에 각 1부씩만 배포하였다.

것[93]은, 청나라를 두려워하고 꺼림이 너무 심하고 후환을 철저하게 예방함이 너무 지나치니, 이것이 국가를 위한 심원(深遠)한 사려라고 할 수 있습니까? 만일 후환을 염려한다면 우암(尤菴)과 강한(江漢) 등 여러 문집 또한 묶어두고 보지 말아야 할 것입니다.[94] 어찌하여

93 대신(大臣)이……것 : 대신은 당시 우의정인 심상규(沈象奎)를 이르는바, 이 내용은 《국역순조실록》 1826년(순조26) 9월15일 기사에 "《존주휘편》의 찬집(纂輯)은 선왕조(先王朝)에서 성명(成命)이 이미 병진년 사이에 있었으나, 고 상신(相臣) 이서구(李書九)가 사고가 있음으로 인하여 시일이 지연되어 이룩하지 못하였습니다. 이제 들으니 그가 갑자기 죽기 전에 이미 공정(工程)을 마쳤다고 하는데, 그가 열조(列朝)께서 뜻하시던 일을 우러러 밝히고, 여러 신하들의 충렬(忠烈)을 곁에서 채집한 것이 이미 상세하고 또 갖추어졌으니, 이는 진실로 우리 동방에서 없어서는 안 될 글입니다. 다만 책 가운데 문자가 모두 기휘(忌諱)하는 데에 관계되어 널리 배포할 수가 없습니다. 내각(內閣)으로 하여금 정밀하게 교정하여 정서(淨書)하거나 혹은 활자로 인쇄한 것을 황단(皇壇)과 대내(大內)와 다섯 곳의 사고(史庫)와 홍문관·춘방(春坊 세자시강원)에 각각 1본(本)을 보관하고, 이 밖에 사사로운 일로 등서나 인쇄는 허락하지 않아 누설되는 폐단을 막는 것이 아마도 좋겠습니다."라고 보인다.

94 우암(尤菴)과……것입니다 : 우암은 송시열(宋時烈, 1607～1689)의 호이고 강한(江漢)은 황경원(黃景源, 1709～1787)의 호이다. 두 사람이 모두 강력하게 춘추대의를 주장하여 명나라를 높이고 청나라를 배척하였으므로 이렇게 말한 것이다. 송시열은 자가 영보(英甫), 본관이 은진(恩津), 시호가 문정(文正)이며 사계 김장생(金長生)의 문인으로 27세 때 생원시에 장원으로 합격하였고, 효종조에서는 왕의 절대적 신임 속에 북벌 계획을 추진하는 등 정계의 중심인물로 활약하였으나, 현종 때에는 1668년(현종9) 우의정에, 1673년 좌의정에 임명되었지만 잠시 조정에 나아갔을 뿐 시종 재야에 머물러 있었다. 그러나 서인의 영수로서 사림의 여론을 좌우하여 막대한 영향을 끼쳤으며 조선 성리학에 지대한 영향을 미쳤다. 1689년(숙종15) 기사환국으로 서인이 축출되고 남인이 집권하자 제주도로 유배되고, 서울로 압송되어 오던 중 정읍에서 사사되었다. 문집으로 《송자대전(宋子大全)》이 있다. 황경원은 자가 대경(大卿), 호가 강한(江漢), 본관이 장수(長水), 시호가 문경(文景)으로 도암 이재의 문인이다. 1740년(영조16) 증광문과에 급제하고 벼슬이 대제학을 거쳐 판중추부사에 이르렀다. 항상 춘추대의를 주장

유독 이 《존주휘편》에 대해서만 이와 같이 금지한단 말입니까?

그러나 이것은 갑술년(甲戌年)에 《홍재전서(弘齋全書)》를 간행할 때의 일과 차이가 있으니,[95] 만일 인쇄할 수 있다면 똑같은 법을 적용하기는 어려울 듯합니다. 단고(丹皐) 대감[96]과 상의해서 저의 뜻에 부응해 줄 수 있겠습니까?

하여 《남명서(南明書)》를 편찬하였고, 또 명나라 의종(毅宗) 이래로 명나라에 대한 절의를 지킨 조선 사람들의 전기(傳記)인 《명조배신전(明朝陪臣傳)》을 저술하였다. 문집으로 《강한집》이 있다.

95 갑술년(甲戌年)에……있으니 : 갑술년은 1814년(순조14)으로, 이해에 그간 두 차례에 걸쳐 정리해 온 정조(正祖)의 시문(詩文)을 정리자(整理字)로 간행하고 《홍재전서(弘齋全書)》라고 이름하였다. 홍재는 정조의 호이다.

96 단고(丹皐) 대감 : 이 편지의 상대방인 자강 이봉수의 아우인 이학수(李鶴秀, 1780~1859)로 단고는 그의 호이다. 자세한 내용은 246쪽 주71 참조.

이자강에게 줌 병술년 11월 16일

與李子岡 丙戌復月旣望

아버지의 외삼촌과 아내의 조부를 혹 대구(大舅)[97]라고 칭하는 경우가 있는데, 대구라는 명칭은 《이아(爾雅)》에 보이지 않고 《의례(儀禮)》〈상복전(喪服傳)〉에도 실려 있지 않으나, 그 뜻으로 미루어 보면 또한 이렇게 칭하지 못할 것이 없는 것입니까? 부디 가르침을 내려 주시기 바랍니다.

울진(蔚珍)에 있는 삼연(三淵) 어른을 모신 영당(影堂)[98]의 일은 이미 다 들으셨습니까? 구구한 이 몸은 종신토록 삼연 어른에게 광세지감(曠世之感)[99]을 가지고 있어, 다른 사람들이 갖고 있는 예사로운 사모의 정과 비길 바가 아닌데, 세상에는 이 어른의 덕을 아는 이가 없고 왕왕 이 어른을 말살하려는 자가 있으니, 통탄스럽고 분한 마음을 견디지 못하겠습니다.

또 저는, 이 어른께 제사를 올리는 곳이 한 지역도 없는 것이 사림들에게 유감스러운 일이 된다고 여겼으므로, 가을에 울진의 유림들이 와서 제문을 청했을 적에 이에 응하였는데, 이는 또한 서사(書社)가

97 대구(大舅) : 본래 조모의 형제를 가리키는 고칭(古稱)이다.

98 울진(蔚珍)에……영당(影堂) : 신계사(新溪祠)를 이른다. 영당은 덕이 높은 사람의 영정(影幀)을 모신 사당이다. 본집 권26에 계묘년(1843년)에 매산이 신계사(新溪祠) 제생(諸生)들에게 답한 편지가 실려 있다.

99 광세지감(曠世之感) : 동시대에 태어나지 못해 서로 만나지 못한 것을 아쉬워하는 감회를 이르는 말이다.

나라의 금령(禁令)에 해당되지 않기 때문이었습니다.[100]

근간에 듣자하니, 이 일이 이 고을의 향전(鄕戰)[101]이 되어서, 대립하는 자들이 춘조(春曹)[102]에 글을 올려, 본도(本道)로 이관되어 사당을 허물고 제사를 없애는 조처가 있기에 이르렀다고 합니다. 평생 사랑하고 존경하는 정성이 도리어 누를 끼치게 되었으니, 부끄럽고 죄송한 마음이 가슴에 가득하여 스스로 용납하기 어렵습니다.

일이 이 지경에 이르렀으니, 어떻게 뒷마무리를 잘해야 할지 모르겠습니다. 저 높은 하늘로 치솟고 우주를 초월하는 삼연 어른의 뛰어난 행실이 괴이한 무리들에게 농락당하고 있으니, 더욱 분하고 한스럽습

100 서사(書社)가……때문이었습니다 : 서사는 서원(書院)보다 규모가 작은 영당(影堂)이나 사우(祠宇)를 이르고, 나라의 금령(禁令)은 숙종(肅宗) 이후 서원의 설립을 금지한 서원금령(書院禁令)을 이른다. 초기의 서원은 인재의 양성과 선현의 제향, 유교적 향촌 질서 유지 등 긍정적인 기능을 발휘하였으나 차츰 혈연·지연과 당쟁 등과 연결되어 많은 병폐를 노출하였다. 이에 1703년(숙종29) 서원을 사사로이 설립하는 경우 그 지방의 관리를 처벌하고 이를 주도한 유생은 과거에 응시하지 못하도록 하는 서원금령이 내려졌고, 1713년에는 다음 해 이후부터 서원의 설립을 금하고 사액을 내리지 않을 것을 결정했다. 그후 1741년(영조17)에는 이해 이후 건립된 서원을 조사하여 모두 훼철하였다.

101 향전(鄕戰) : 고을의 유력자들이 고을 지배권을 둘러싸고 벌이는 싸움을 이른다. 지방에 따라 그 양상이 각기 달랐으나, 대체로 유림과 향임(鄕任) 간의 대립이 지배적이었다. 특히 향안(鄕案)을 에워싼 싸움과 향임 자리를 차지하기 위한 싸움 등을 들 수가 있는데, 조선 후기 주요 폐단의 하나로 꼽혔다. 당시의 법에 따르면, 향전을 한 자는 피차를 불문하고 모두 곤장 100대를 치고 원지정배(遠地定配)하였다. 《大典通編 刑典 禁制》

102 춘조(春曹) : 예조(禮曹)를 이른다. 주(周)나라 때에 천관(天官)·지관(地官)·춘관(春官)·하관(夏官)·추관(秋官)·동관(冬官)의 6관을 두었는바, 이는 조선조의 이조·호조·예조·병조·형조·공조에 각각 해당된다.

니다.

《예기》〈증자문(曾子問)〉에 "시마복의 상(喪)이 있으면 제사를 지내지 않으나, 제사지내는 대상이 죽은 자에게 복이 없으면 제사지낸다." 라고 하였는데, 저는 이 내용에 대해 평소에 의심을 품었으나 감히 자신할 수가 없었습니다.

옛날에는 기제(忌祭)와 묘제(墓祭)가 없고 오직 사시(四時)의 정제(正祭)만 있었습니다. 동성(同姓)의 시마복은 조고(祖考)에게 있어서 모두 복이 있는 친족이지만, 이성(異姓)의 시마복은 조고에게 있어서 복이 없으므로 감히 제사지내지 않을 수가 없는 것입니다. 이것은 동성이냐 이성이냐의 구별을 가지고 경중(輕重)의 분변을 삼은 것일 뿐이니, 어찌 죽은 자에게 복이 있으면 모두 제사하지 않을 수 있겠습니까.

가령 아버지와 어머니를 함께 제사하는 자가 외친(外親)의 상에 아버지에게는 복이 없고 어머니에게는 복이 있는 경우[103]라면, 장차 한 분은 제사를 행하고 한 분은 제사를 행하지 않겠습니까? 이것은 결코 미루어 나갈 수가 없고 행할 수가 없는 것이니, 이 때문에 율옹(栗翁)께서 고례(古禮)를 따르지 않으신 것입니까?

무릇 상은 죽은 자를 따르고 제사는 산 자를 따르니, 마땅히 제사를 주관하는 자의 복의 경중을 살펴 제사를 행하고 폐할 뿐이요, 제사의 대상이 되는 신위(神位)가 죽은 자에 있어서 복이 있고 없음은 굳이

103 외친(外親)의……경우 : 외친은 이성(異姓)의 친척을 이른다. 예를 들어 외숙의 경우 어머니는 대공복(大功服)을 입지만 아버지는 복이 없으며 본인은 소공복(小功服)을 입는다.

논할 것이 없으니, 어떨지 모르겠습니다.

주자가 《논어》와 《맹자》에서는 '집주(集註)'라고 하고, 《중용》과 《대학》에 있어서는 '장구(章句)'라고 하였으니, 장구라는 것는 정문(正文)을 장과 구로 나누어서 이렇게 말한 것입니까? 아니면 주해(註解)를 가지고 말한 것입니까? 《논어》의 경우는 '학이제1(學而第一)', '위정제2(爲政第二)'라고 하였고, 《맹자》의 경우에는 '양혜왕장구상(梁惠王章句上)', '양혜왕장구하(梁惠王章句下)', '공손추장구상(公孫丑章句上)', '공손추장구하(公孫丑章句下)'라고 말하였습니다. 장구를 나눈 것은 《논어》와 《맹자》가 똑같은데, 유독 《맹자》에서만 장구라고 칭한 것은 어째서입니까? 이는 고주(古註)의 편목(篇目)을 그대로 따랐기 때문에 이러한 것입니까? 이른바 '맹자장구'라는 것은 정문(正文)을 가지고 말한 것이니, 그렇다면 《중용》과 《대학》을 장구라고 칭한 것 또한 이 예(例)를 따른 것입니까? 고견(高見)은 어떠신지 모르겠습니다.

연제(練祭 소상)와 상제(祥祭 대상)를 지내는 날에 선조의 기일(忌日)을 만나면 제사의 선후(先後)를 마땅히 어찌해야 합니까? 삼년상 중에 행하는 기제는 비록 예를 다 구비하지는 않으나 선조에게 제향하는 것이니, 그렇다면 마땅히 뒤에 해서는 안 될 듯한데, 궐명(厥明)에 기제를 행하고 질명(質明)에 연제와 상제를 지내는 것[104]이 어떻겠습니까? 부디 깊이 생각하시었다가 대면하여 가르쳐 주시기 바랍니다.

104 궐명(厥明)에……것 : 궐명(厥明)은 날이 아직 밝기 전이고 질명(質明)은 날이 이미 밝은 뒤를 이른다.

《주자어류》의 〈역대(歷代)〉 편-권136의 제1판-에 이르기를 "유비(劉備)가 육손(陸遜)에게 패하였다."라고 하고, "공명(孔明)은 비록 옳았으나 물을 뿜어내듯〔噀盆〕 너무 다그쳤고, 법효직(法孝直)은 경쾌(輕快)하여 반드시 방법이 있어서 만류했을 것이다."[105]라고 하였는데, 여기의 분(盆)은 무슨 뜻입니까? '분(盆)' 자의 주(註)에 이르기를 "거성(去聲)이다." 하였으니, 마땅히 분(湓)이 되어야 할 것인데, 분(湓)은 손(噀)이니, 손(噀)은 물을 뿜어내는 것입니다.

간(諫)하여 만류할 적에 제갈량 자신은 혹 그 말투가 물을 뿜어내듯 다그쳐서 선주(先主 유비)의 마음을 돌리기 어려워, 방법이 있어서 저지할 수 있는 법정(法正)만 못하다고 말한 것이니, 이와 같이 보는 것이 어떨지 모르겠습니다. 중국본은 '연(然)' 자와 '분(盆)' 자의 위와 아래에 모두 구(句)를 떼었는데 끝내 분명하지 못하니, 밝은 가르침을 받기를 원합니다.

105 공명(孔明)은……것이다 : 촉한(蜀漢) 장무(章武) 원년(221) 유비가 관우(關羽)의 원수를 갚고자 공명 등 여러 신하들의 간언을 물리치고 대군을 이끌고 오(吳)나라를 공격하자, 공명이 "법효직이 있었다면 틀림없이 주상을 저지할 수 있었을 텐데."라고 탄식한 일이 있으므로 이렇게 말한 것이다. 공명은 삼국 시대 촉한(蜀漢)의 승상인 제갈량(諸葛亮, 221~264)의 자이다. 자세한 내용은 102쪽 주212 참조. 효직(孝直)은 법정(法正, 176~220)의 자이다. 본래 유장(劉璋)의 부하였다가 유비에게 투항했으며, 219년 유비가 한중왕(漢中王)이 된 뒤에 상서령(尙書令), 호군장군(護軍將軍)에 제수되었다. 여러 차례 유비를 위하여 기이한 계책을 내어 유비가 중히 여겼으며, 공명 역시 그의 지혜에 감탄하였는데, 일찍 죽었다. 《三國志 卷35 蜀書 諸葛亮傳, 卷38 蜀書 法正傳》

이자강에게 줌 정해년 7월 20일

與李子岡 丁亥七月念日

나라의 경사(慶事)[106]가 있은 이후로부터, 서울의 사대부들 중에 상(喪)이 있는 집안은 모두 곡을 폐하고 궤전(饋奠)만을 행하는데, 예경(禮經)에 이 일에 대한 근거가 있습니까?

《예기》〈제의(祭義)〉에 "나라에서 교제(郊際)를 올릴 적에는 상(喪)을 당한 자가 감히 곡하지 못하고, 흉복(凶服 상복)을 입은 자가 감히 도성의 성문에 들어가지 못하였으니, 이는 공경함이 지극한 것이다."라고 하였고, 또 〈잡기 하(雜記下)〉에 "나라에서 곡을 금하면 중지해야 하지만, 조석(朝夕)의 전(奠)을 올릴 적에는 자리로 나아가 예전 그대로 행한다."라고 하였으니, 삼대(三代) 이후로 나라에 제사가 있다고 하여 곡을 금했다는 말을 듣지 못하였고, 또한 경사 때문에 금령(禁令)을 내린 적이 없습니다.

오늘날 곡하지 않는 자들은 이것을 신하의 의리와 분수에 당연한 것이라고 여기고 있으나, 고자(孤子)[107]는 차마 곡을 하지 않을 수가 없으니, 비록 여러 사람을 따르고자 하나 할 수가 없으며 또 감히 스스로 편안하지 못하여, 삼가 이에 우러러 질문하니 밝은 가르침을 주시기

106 나라의 경사(慶事) : 이해 7월 18일에, 뒤에 조선의 제24대 국왕인 헌종(憲宗)으로 즉위한 이환(李奐)이 탄생한 경사를 이른다.

107 고자(孤子) : 매산이 이해 2월에 부친상을 당해 상주가 되었으므로 이렇게 말한 것이다.

바랍니다.

이어 생각하건대, 기사년에 나라의 경사가 있었던 때에 집사께서 상중에 있었으니,[108] 이때 어떻게 대처하셨는지 모르겠습니다. 만약 곡하지 않는 것을 법도로 삼는다면 3일 만에 그치는 것입니까? 곡을 멈추는 것은 세상 풍속이니, 예가(禮家)에서 관여하여 알 바가 아닙니다. 이러한 부분에서는 신하의 분수와 의리를 말할 수가 없습니다.

지난번에 말씀하신 《서경》 〈금등(金縢)〉 편의 소주(小註)에서 주자가 말씀하기를 "'추대숙(秋大熟)'으로부터 '아물감언(我勿敢言)'까지는 무왕(武王)을 대신하려는 말씀이다."라고 한 것[109]은, 반복하여 미루어 연구해 보았으나 끝내 분명하게 이해하지 못하였습니다. 이에 《주자대전(朱子大全)》의 〈금등설(金縢說)〉을 상고해보니, 여섯 조항으로 나누어서 대의(大義)를 풀이하고 있는데, 다섯 번째 조항에 이르기를 "다섯 번째는 '추대숙'으로부터 '불감언'까지이다. 금등에 보관되어 있는 무왕을 대신하려는 말은 사관(史官)의 축사(祝辭)인 '유이원손모구려학질(惟爾元孫某遘厲虐疾)'로부터 '능염여일인(能念予一人)'까지가 이것이다."라고 하였습니다. 여기의 '금등'으로부터 이하 아홉 자는 마

108 기사년에……있었으니 : 기사년은 1809년(순조9)으로, 이해에 자강 이봉수가 부친상을 당했으므로 말한 것이다.

109 서경……것 : 《서경대전(書經大全)》 권7 〈금등(金縢)〉에 "공씨(孔氏)가 '주공(周公)이 말하지 못하게 하였다.'라고 말한 것은 옳지 않다.〔孔氏謂, 周公使之勿道者, 非是.〕"라는 구절의 아래에 달린 소주(小註)로 전문은 아래와 같다. "주자가 말씀하기를 '추대숙으로부터 아물감언까지는, 금등에 보관되어 있는 무왕을 대신하려는 말씀이다.' 하였다.〔朱子曰: 秋大熟至我勿敢言, 金縢所藏代武王之說.〕"

땅히 아래의 '사지축사(史之祝辭)'에 붙여서 보아야 하는데,[110] 《영락대전(永樂大全)》[111]은 아래 글을 끊어 버리고 소주에 편입하여, 마치 '추대숙'으로부터 '아물감언'까지를 무왕을 대신하려는 말씀으로 여긴 듯하여, 이와 같이 전혀 문리를 이루지 못하였으니, 이른바 칙명(勅命)을 받들어 찬수했다는 자들이 이와 같이 엉성하고 잘못되었단 말입니까? 칠서(七書)[112]의 소주와 《성리대전(性理大全)》[113]의 편집에 잘못된 것들이 많아 쉽게 한두 마디로 말할 수가 없으니, 비단 〈금등〉만 그런 것이 아닙니다.

호광(胡廣)과 양영(楊榮) 등은 모두 영락(永樂)의 세상에 몸의 지조(志操)를 잃어서 법과 의리의 주벌(誅罰)을 피할 수 없는 자들이니,[114]

110 금등으로부터……하는데 : '금등으로부터 이하 아홉 자'는 '금등소장대무왕지설(金縢所藏代武王之說)'을 가리킨다. 〈금등설〉 다섯 째 조항의 구두를 위의 해석처럼 '불감언'에서 떼고, '금등소장대무왕지설'은 아래 '사지축사'에 붙여 해석해야 한다는 말이다.

111 영락대전(永樂大全) : 명(明)나라 성조(成祖)의 명에 의하여 영락(成祖) 연간에 한림원(翰林院)이 중심이 되어 편찬한 중국 최대의 유서(類書)이다. 경서(經書), 사서(史書), 천문, 의학, 불교, 도교 등 여러 분야에 관련된 책을 총망라하고 그 내용을 분류하여 《홍무정운(洪武正韻)》 글자의 순서대로 배열하였다. 1407년에 완성되었으며, 모두 22,877권이고 목록 60권이나 현재는 800권 정도만 남아 있다.

112 칠서(七書) : 《논어》·《맹자》·《중용》·《대학》의 사서(四書)와 《시경》·《서경》·《주역》의 삼경(三經)을 총괄하여 이르는 말이다.

113 성리대전(性理大全) : 명(明)나라 영락(永樂) 13년(1415)에 한림원 학사(翰林院學士)인 호광(胡廣) 등이 황제의 명을 받들어서 편찬한 책으로, 모두 70권으로 되어 있다. 송(宋)나라 때의 도학자(道學者)인 주돈이(周敦頤)·장재(張載)·정자(程子)·주자(朱子) 등 성리학자(性理學者)들의 설을 집대성하였다. 《사서대전(四書大全)》 36권, 《오경대전(五經大全)》 154권과 함께 영락3대전(永樂三大全)이라고 불린다.

어찌 식견이 여기에 미칠 수 있었겠습니까.

114 호광(胡廣)과……자들이니 : 호광(1370~1418)은 명나라 성조(成祖) 때의 문신이자 학자로, 자가 광대(光大), 호가 황암(晃庵), 시호가 문목(文穆)이다. 건문(建文) 2년(1400)에 진사 제일(進士第一)로 급제하고 벼슬이 문연각 대학사(文淵閣大學士)에 이르렀으며 성조의 황명(皇命)을 받들어 영락대전 등의 편수를 주관하였다. 양영(楊榮, 1371~1440)은 자가 면인(勉仁)이고, 시호는 문민(文敏)이다. 건문 2년(1400)에 진사시에 급제하고 벼슬이 소사(少師)에 이르렀다. 성조의 신임이 두터워 문연각 대학사가 되어 호광과 함께 칠서대전과 성리대전 등의 편수에 참여하였다. 영락은 명나라의 3대 황제인 성조(成祖) 주체(朱棣, 1360~1424)의 연호이다. 주체는 명나라 건국 이후 연경 일대를 봉지로 연왕(燕王)에 봉해졌는데, 태조(太祖)의 손자이며 그의 조카인 2대 황제 건문제(建文帝)가 즉위하자, 반란을 일으켜 황제의 자리에 올랐다. 즉위 후 도읍을 자신의 근거지였던 연경으로 옮기고는 주자학(朱子學)을 국학으로 지정하고 영락대전 등을 편찬하여 나라의 기틀을 다졌다. 호광과 양영은 건문제 때에 진사시에 급제하고 벼슬을 지내다가, 성조가 반란을 일으켜 즉위한 이후 중용되었기 때문에 지조를 잃었다고 말한 것이다.

이자강에게 답함 정해년 8월 7일

答李子岡 丁亥八月七日

다리 위에서 화를 만난 일[115]을 차마 말할 수 있겠습니까. 차마 말할 수 있겠습니까. 봄 사이의 일[116]이 있은 이후로 진실로 재차 이런 일이 있을 줄은 알았으나, 어찌 일의 변고(變故)를 측량할 수 없음이 이처럼 지극해질 줄을 알았겠습니까. 반딧불이 요원(燎原)의 불길이 되고 발굽 자국에 고인 물이 하늘에 넘치는 것은 예로부터 똑같이 염려하는 것입니다.

이러한 뜻을 가지고 종씨(從氏) 대감[117]에게 말씀드리고는, 그로 하

115 다리……일 : 다리 위에서 만나 도저히 피할 수 없는 화를 말한 듯하나, 정확한 의미는 미상이다. 이자강의 숙부인 이조원(李肇源, 1758~1832)이 평안도 관찰사 시절 강동 현감(江東縣監) 서만수(徐萬修)를 장계하여 파직한 일이 있었다. 서만수의 아들 서유규(徐有圭)가 1827년(순조27) 8월 4일 불법으로 궐문(闕門) 안으로 들어오다가 붙잡힌 다음 원정(原情)을 제출하였는데, 여기에 부친 서만수의 억울함을 호소하고 이조원이 김기서(金基叙)와 함께 1814년 순조의 병환 때 순조를 해치려 하였다고 고변하였다. 이에 이어, 이달 11일 조정철(趙貞喆)이 상서하여 이조원을 탄핵하자, 이조원은 끝내 흑산도에 유배되어 그곳에서 별세하였다. 이 일은 이조원이 당시 풍양 조씨계의 당여(黨與)로 안동 김씨계와 맞서다가 당쟁의 희생이 된 듯하다. 이조원은 1835년(헌종1)에 신원되었다.

116 봄 사이의 일 : 서만수의 아들 유생 서유규가 이해 3월 28일 임금의 거둥길에 쟁을 울리면서 부친 서만수의 억울함을 고하고 이조원을 탄핵한 일을 이른다. 서유규는 서만수의 무고죄가 명백한데 방자하게 격쟁(擊錚)하였다 하여 정배형에 처해졌다. 그러나 유배지에 도착하자마자 부친 서만수가 이미 유배되었는데 그 아들까지 유배하는 것은 어진 정사에 어긋난다 하여 석방되었다.

여금 영화로운 길에서 자취를 거두어서 뜻밖에 생기는 화(禍)를 멀리 피하라고 하였었는데, 대감께서 말씀하기를 "이와 같이 하면, 참으로 이런 일이 있는 것처럼 된다."라고 하셨습니다. 나아갈 줄만 알고 물러날 줄을 알지 못하여 끝내 오늘의 화를 불렀으니, 어찌 기미(幾微)를 아는 철인(哲人)들에게 부끄럽지 않겠습니까.

금년 봄 이후로, 진실로 온 집안 식구를 데리고 교외로 나가서 이목구비(耳目口鼻)를 막고 한가로이 은거하여[118] 다시는 주항(周行)[119]에 몸을 두지 않았더라면, 또한 저들에게 눈엣가시[120]가 됨에 이르지 않아

117 종씨(從氏) 대감(大監) : 이조원의 아들이자 이자강의 사촌 형인 이용수(李龍秀, 1776~1838)로, 당시 한성부 판윤으로 있었다. 자는 자전(子田), 호는 홍관(葒館), 시호는 효간(孝簡)이다. 1809년(순조9) 증광 문과에 급제하고, 벼슬이 형조 판서에 이르렀다.

118 이목구비(耳目口鼻)를……은거하여 : 원문의 '색태(塞兌)는 《노자(老子)》에 있는 말로, 욕심이 나오는 이목구비를 막는 것이다. 《도덕경(道德經)》 52장에 "입을 막고 문을 닫으면 종신토록 수고롭지 않게 된다.〔塞其兌, 閉其門, 終身不勤.〕"라고 보인다. '식영(息影)'은 한가로이 은거한다는 뜻으로, 《장자》 〈어부(漁父)〉의 "어떤 사람이 자신의 그림자를 두려워하고 자신의 발자국을 싫어하여 이것을 떨쳐내려고 달음질쳤는데, 발을 들어 올리는 횟수가 많아질수록 발자국도 더욱 많아졌고 달리는 것이 빠를수록 그림자가 몸에서 떨어지지 않았다. 자신의 달리기가 아직 더디다고 생각해서, 쉬지 않고 질주하다가 마침내는 힘이 다하여 죽고 말았다. 이 사람은 그늘에 처하면 그림자가 사라지고 고요히 쉬면 발자국도 멈춰진다는 것을 몰랐으니, 어리석음이 또한 심한 것이다.〔人有畏影惡迹, 而去之走者, 擧足愈數, 而迹愈多, 走愈疾, 而影不離身. 自以爲尙遲, 疾走不休, 絶力而死. 不知處陰以休影, 處靜以息迹, 愚亦甚矣.〕"라는 구절에서 유래하였다.

119 주항(周行) : 원래는 주나라 조정 신하의 반열(班列)이라는 뜻인데, 뒤에 조정의 반열 즉 관직이라는 의미로 쓰이게 되었다.

120 눈엣가시 : 원문의 '안정(眼釘)'은 '안중정(眼中釘)'을 줄인 말이다.

서 혹은 서로 강호(江湖)에서 잊을 수 있었는데, 일이 마침내 크게 잘못되었으니, 한탄한들 무슨 소용이 있겠습니까.

여름과 가을 이래로 날마다 귀에 시끄럽게 들리는 말 중에는 왕왕 차마 들을 수 없는 것도 있었는데, 지금은 눈 깜짝할 사이에 사방에서 떠들어 대고 있습니다. 화(禍)의 기색(氣色)이 하늘을 뒤덮어서 옆에서 보는 사람의 정신을 잃게 하니, 타인(他人)도 이와 같은데 더구나 아픔과 가려움을 서로 나누는 처지에 있어서이겠습니까. 더구나 또 지친(至親)의 마음에 있어서이겠습니까.

식견이 높은 집사께서는 오늘날의 일이 있을 줄을 안 지가 오래되어, 천한 이 몸을 대했을 때에도 또한 일찍이 이것을 우려하셨는데, 천륜(天倫)의 사이에서 능히 힘을 쓰지 못하였으니, 어찌 시운(時運)에 관계되는 바가 아니겠습니까? 생각하면 마음이 아픕니다. 교당(嶠棠)[121]은 장차 공무를 폐할 것인데, 향후의 일이 어떻게 진행될지 모르겠습니다. 역연히 염려되는 마음을 스스로 가눌 수가 없습니다.

존문(尊門)은 집안에 시(詩)와 예(禮)를 전해오고 대대로 충효(忠孝)를 돈독히 해서 당당한 세족(世族)이 되었으니, 어찌 이와 같이 대악(大惡)[122]의 죄목을 뒤집어쓰고 전혀 헤아릴 수 없는 죄에 직면하

121 교당(嶠棠) : 교(嶠)는 영교(嶺嶠)로 영남을 뜻하고 당은 감당(甘棠)을 뜻하는 것으로 곧 경상도 관찰사를 이른 것으로 보이나, 분명하지 않다. 《순조실록》 8월 24일 기사에 "경상 도사 노광두(盧光斗)가, 감사 이학수(李鶴秀)의 정세(情勢)가 점점 더욱 절박하여 길을 떠나 서울로 올라갔다고 급히 보고하니, 하명하기를, '정세는 정세이고 사체는 사체이다. 그리고 뒤의 폐단을 염려하지 않을 수 없으니, 전 경상 감사 이학수에게 관직을 삭탈하고 도성 밖으로 내쫓는 법을 시행하라.' 하였다."라고 보이는데, 이학수는 바로 이자강의 아우이다.

리라고 생각했겠습니까.

천하의 일은 진실로 없는 것이 없습니다. 중인(中人) 이하는 관작과 녹봉에 생명을 거는데, 세속에서 말하는 깨끗한 벼슬과 아름다운 관작이 모두 존문에 모여 있어서 가문의 명성이 혁혁하여 온 세상의 지목을 받아, 이 때문에 귀신의 노여움과 사람들의 시기를 부른 것이니, 이 또한 사물의 이치일 것입니다.

집사의 평생의 정력(定力)이 바로 지금 거두어 쓰기에 좋으니, 비록 일이 부형과 관계되어 어찌할 줄 모를 정도로 그 핍박이 격렬하더라도, 근심과 분노로 병이 나서 천화(天和 사람 몸의 원기)를 손상해서는 안 될 것이니, 거처하여 편안히 여기고 즐거워하여 완상(玩賞)해서,[123] 마음이 동요되지 않도록 하는 것이 어떻겠습니까?

주자(朱子)께서 일찍이 말씀하기를 "곤액(困厄)에는 경중(輕重)이 있고 역량에는 대소(大小)가 있으니, 만약 능히 자신을 점검할 수 있다면, 생각과 동작이 모두 마땅함에 부합하여 굽어보고 우러러봄에 모두 부끄러움이 없을 것이다. 불행으로 몸이 죽어 구학(溝壑)을 메우는 것은 돌아볼 겨를이 없고, 다만 하나의 옳음을 성취할 뿐이다."라고

122 대악(大惡) : 원문은 '대대(大憝)'로, 《서경》 〈강고(康誥)〉에 "큰 죄악을 크게 미워하니, 하물며 불효하고 우애하지 않음에 있어서랴.〔元惡大憝, 矧惟不孝不友?〕"라고 보인다. 여기서는 이조원이 순조를 살해하려 하였다고 탄핵되었으므로 이렇게 말한 것이다.

123 거처하여……완상(玩賞)해서 : 《주역》 〈계사전 상(繫辭傳上)〉의 "군자가 거처하여 편안히 여기는 것은 《주역》의 순서이고, 즐거워하여 완상하는 것은 효의 글이다.〔君子所居而安者, 易之序也, 所樂而玩者, 爻之辭也.〕"라는 말을 원용한 것으로, 편안히 거처하면서 일의 순서를 따르고 즐거워하면서 성현의 글을 감상함을 말한 것이다.

하셨으니,[124] 이 말씀은 바로 환난(患難)에 대처하는 참된 가르침으로, 집사께서 평소 말씀하던 것이 아닙니까? 천만 노력하시기 바랍니다.

124 주자(朱子)께서……하셨으니 : 주자의 이 말씀은 《주자어류(朱子語類)》 권13 〈학7(學七) 역행(力行)〉에 보이는데, 본문의 글과 약간의 차이가 있는바, 원문은 아래와 같다. "곤액에는 경중이 있고 역량에는 대소가 있으니, 만약 능히 자신을 하루 24시간 점검할 수 있다면, 생각과 동작이 모두 마땅함에 부합하여, 굽어보고 우러러봄에 모두 부끄러움이 없을 것이다. 이와 같은데도, 불행으로 몸이 구학을 메우고 몸이 상하고 목숨이 끊어지는 것은 돌아볼 겨를이 없고, 다만 하나의 옳음을 성취할 뿐이다.〔困厄有輕重, 力量有小大, 若能一日十二辰點檢自己, 念慮動作, 都是合宜, 仰不愧俯不怍. 如此而不幸塡溝壑, 喪軀殞命, 有不暇恤, 只得成就一箇是.〕"

이자강에게 줌 정해년 8월 그믐 전날

與李子岡 丁亥八月少晦

얼핏 듣건대, 두호(斗湖)에 집을 빌려 임시로 머물 계획이라고 하니, 만일 그렇다면 남악(南岳)의 절반을 나누어 차지하여, 가까이에서 의지할 수 있는 행운이 될 것입니다.[125] 무릇 도(道)에서 얻음이 있는 자는 안으로는 명리(名利)에 골몰(汨沒)하지 않고 밖으로는 세상의 인연에 연연하지 않기 때문에, 거처하는 곳마다 만족하고 이르는 곳마다 편안하고 만나는 일마다 즐거워서 천리(天理)를 즐거워하고 천명(天命)을 아는 것이니, 또한 다시 무엇을 근심하겠습니까.

홀로 서서 두려워하지 않고 세상에 은둔하여 고민하지 않는 것,[126]

125 두호(斗湖)에……것입니다 : 옛날 한강(漢江)은 지역마다 부르는 이름이 따로 있었으며, 특히 물길이 휘돌아 강폭이 넓고 물살이 고요한 곳은 모두 호수로 이름하였는데, 지금의 양화나루 일대를 흐르는 한강을 두호 혹은 서호(西湖)라고 불렀다. 남악(南岳)은 남산을 이른다. 이때 매산은 남산의 북녘인 상동(尙洞)에 거주하고 있었는데, 자강(이봉수)이 남산의 남녘인 양화나루 근처에 집을 얻은 듯하다.

126 홀로……것 : 《주역》 〈대과괘(大過卦) 상(象)〉에 보이는 내용이다. 대과는 크게 지나친 세상에 보통 사람보다 뛰어난 행실을 하는 것으로, 정이천(程伊川)의 《역전(易傳)》에 "군자가 대과의 상을 보고서 보통사람보다 크게 뛰어난 행실을 세우니, 군자가 보통사람보다 크게 뛰어난 까닭은 능히 홀로 서서 두려워하지 않고 세상에 은둔하여 고민하지 않는 것이다. 천하 사람들이 모두 비난하여도 돌아보지 않는 것은 홀로 서서 두려워하지 않는 것이요, 온 세상이 알아주지 않아도 뉘우치지 않는 것은 세상에 은둔하여 고민하지 않는 것이다.〔君子觀大過之象, 以立其大過人之行, 君子所以大過人者, 以其能獨立不懼, 遯世无悶也. 天下非之而不顧, 獨立不懼也; 擧世不見知而不悔, 遯世无悶也.〕"라고 풀이하였다.

바로 이것을 고명(高明)에게 원하는 것입니다.

듣자 하니, 계씨(季氏) 태공(台公)께서 이미 산으로 돌아왔다[127]고 하니, 경황이 없는 가운데 여독(旅毒)에 시달려 건강을 해치지는 않았는지요?

옛날 하윤(何胤)이 관직을 버리고 자신의 형인 하점(何點)을 따라 함께 운문산(雲門山)에 은둔하자, 세상에서 이들을 대산(大山), 소산(小山)이라고 칭하였습니다.[128] 이 일을 장차 다시 존문(尊門)에서 보게 되었으니, 세상의 환란이 인물을 이루어 줌이 이와 같습니다. 이 또한 조화옹(造化翁)이 안배(按配)하는 법인가 봅니다.

무릇 세간(世間)의 득실(得失)과 영욕(榮辱)은 모두 미리 정해져 있어서 진실로 털끝만큼도 인간의 힘을 용납하지 않으니, 오로지 자신에게 있는 도리를 다하고 공손히 저 푸른 하늘의 처분을 기다릴 뿐입니다. 집사의 탁월한 식견과 멀리 내다보는 안목으로 이 도리를 분명하게 보실 것이니, 짐작건대 응당 몸과 마음이 고요하고 편안하여 마치 일이 없는 것처럼 태연자약하실 것입니다.

옛날 선배들은 환란이 있다고 하여 서찰을 왕래하는 것을 폐하지

127 계씨(季氏)……돌아왔다 : 계씨 대감은 이봉수의 아우인 이학수(李鶴秀)로, 당시 경상도 관찰사로 있다가 파직되었다. 원문의 '환산(還山)'은 벼슬을 내놓고 물러남을 이른다.

128 하윤(何胤)이……칭하였습니다 : 하윤(446~531)은 남조(南朝)의 양(梁)나라 사람으로 자는 자계(子季)이다. 제(齊)나라 때 출사하여 벼슬이 시중(侍中)에 이르렀다. 하윤의 두 형인 하구(何求)와 하점(何點)은 벼슬을 하지 않은 채 은둔하였는데, 큰형인 하구가 별세하자 하윤이 약야산(若邪山) 운문사(雲門寺)에 은둔하니, 세상 사람들이 하점을 대산(大山), 하윤을 소산(小山)이라고 칭하였다.

않았습니다. 그리하여 서찰을 주고받으며 안부를 물었으니, 이는 환란에 처한 처지에 구애되지 않기 때문으로 삼주(三洲)가 창계(滄溪)에게 답한 편지를 상고하여 보면 알 수 있습니다.[129] 더구나 집사가 처한 입장은 삼주에 비견할 바가 아니지 않습니까. 답장을 받아서 가슴에 응어리 진 정(情)을 풀기를 원합니다. 이 한 가지 방법이 있지 않으면 장차 어떻게 그대의 세한(歲寒)의 마음[130]을 위로하겠습니까?

이 고자(孤子)는 마땅히 죽어야 하나 죽지 못하고 이 하늘 높고 청량한 가을을 만나니, 시절에 대한 감회가 망극하여 더욱더 통곡한 나머지 몸과 정신을 지탱하지 못하겠습니다. 이에 남은 책도 책상에 방치하고 있습니다.

회옹(晦翁)의 한천(寒泉)의 고사[131]를 생각할 때마다 더욱 놀랍고

129 삼주(三洲)가……있습니다 : 삼주는 농암(農巖) 김창협(金昌協)의 또 다른 호이고 창계(滄溪)는 임영(林泳, 1649~1696)의 호이다. 임영은 자가 덕함(德涵), 본관이 나주(羅州)이며 이단상(李端相)과 박세채(朴世采)의 문인이다. 1671년(현종12) 정시 문과에 급제하고, 호당(湖堂)에 선발되었으며 벼슬이 공조 참판에 이르렀다. 경전과 역사서에 두루 정통하였고 제자백가의 글에도 밝았으며, 문장에도 뛰어났다. 창계에게 답한 편지는《농암집》권13에 '임덕함(林德涵)에게 답함. 갑술년.〔答林德涵甲戌〕'이란 제목으로 실려 있다. 당시 농암은 기사환국(己巳換局)으로 부친 김수항(金壽恒)이 유배지 진도(珍島)에서 사사(賜死)되는 등 매우 불우한 상황이었는데도 형님의 상을 당한 창계에게 편지를 보내 위로하였으므로 말한 것이다.

130 세한(歲寒)의 마음 : 곤궁할 적에도 지조와 의리를 지키는 선비의 마음을 이른다. 공자께서 일찍이 "날씨가 추워진 뒤에야 소나무와 측백나무가 뒤늦게 시듦을 알 수 있다.〔歲寒然後, 知松柏之後彫也.〕" 하였는바, 이는 혼란한 세상이나 곤궁한 때를 당하여야 군자의 변치 않는 절개를 볼 수 있음을 비유한 것이다.《論語 子罕》

131 회옹(晦翁)의 한천(寒泉)의 고사 : 회옹은 주자(朱子)의 별호가 회암(晦庵)이므로 높여서 이렇게 칭한 것이며, 한천의 고사는 주자가 돌아가신 어머니의 묘소 가까이에

부끄러운 마음을 이기지 못합니다. 임시 거처에서의 소식을 청하기 위하여 병을 무릅쓰고 안부를 여쭙니다.

정사(精舍)를 세우고, 이름을 한천정사(寒泉精舍)라 하였는데, 46세 때 이곳에서 여조겸(呂祖謙)과 함께 40일간 기거하며 《근사록(近思錄)》을 편찬한 일을 가리킨다. 《近思錄 朱子序》

이자강에게 줌 정해년 10월 12일

與李子岡 丁亥十月十二日

근래에 날리는 눈발과 층층이 쌓인 얼음이 우뚝 솟은 산에 가득히 보이고, 푸른 골짝 가운데의 나무들도 가지가 꺾이고 부러져 어지러이 흩어져서 뒤늦게 시드는 절개를 온전히 하지 못할 듯합니다.[132]

이로 인하여 생각해보니, 군자가 분란(紛亂)의 때에 처하게 되면, 사변(事變)이 비상하여 어긋남과 거슬림이 사방에서 이르니, 만일 견고하고 강한 힘과 평이(平易)함에 처하여 천명을 기다리는 회포[133]에 힘쓰지 않는다면, 꺾이고 부러져서 스스로 지키지 못하는 것이 이 소나무와 같을 것입니다.

난초(蘭草)와 지초(芝草)가 향기를 잃고 전초(荃草)와 혜초(蕙草)가 띠풀로 변함[134]에 이르러는 또 어찌 굳이 말할 것이 있겠습니까.

132 푸른……듯합니다. : 이 내용은 주자의 〈서암으로 들어가는 길에 절구 네 수를 얻어 언집과 충보 두 형에게 올리다〔入瑞巖道間得四絶句呈彦集充父二兄〕〉라는 시의 "다만 골짝에 푸르고 푸른 나무들이 있어, 세한의 심사와 서로 일치하네. 〔祗有蒼蒼谷中樹, 歲寒心事不相違.〕"라는 구절을 원용한 것이다. 《晦庵集 卷2 詩》 뒤늦게 시드는 절개는 《논어》 〈자한(子罕)〉에 "날씨가 추워진 다음에야 소나무와 측백나무가 뒤늦게 시드는 것을 알 수 있다.〔歲寒然後, 知松柏之後凋也.〕"라고 보인다.

133 평이(平易)함에……회포 : 이 내용은 《중용장구》 제14장의 "군자는 평이함에 처하여 천명을 기다리고, 소인은 위험한 것을 행하면서 요행을 바란다.〔君子, 居易以俟命; 小人, 行險以僥幸.〕"라는 구절을 원용한 것이다.

134 난초와……변함 : 이 내용은 전국 시대 초(楚)나라의 충신인 굴원(屈原)이 지은 《이소경(離騷經)》의 "난초와 지초는 변하여 향기를 잃고, 전초와 혜초는 바뀌어 띠풀이

이는 진실로 집사가 평소에 백안(白眼)으로 보신 것[135]입니다.

증자(曾子)와 주자(朱子)가 만 길의 절벽처럼 우뚝이 서 있는 것[136]은 바로 집사께서 배우기를 원한 바였으니, 받들어 권면할 필요가 없으나, 정제된 순금은 모름지기 백 번의 맹렬한 불길을 견뎌내야 하니, 더욱 스스로 진작(振作)하여 어떠한 경우에도 스스로 만족하지 않음이 없는[137] 방도로 삼으시길 바랍니다.

가산(嘉山)의 문묘(文廟)의 변고[138]에 대해, 짐작하건대 응당 들으셨

되었네.〔蘭芷變而不芳兮, 荃蕙化而爲茅.〕"라는 구절을 원용한 것이다. 전초는 돌 위에 나는 창포(菖蒲)의 일종인 향초(香草)이고, 혜초는 난초의 일종인 향초이다.

135 백안(白眼)으로 보신 것 : 백안은 냉대(冷待)하여 눈을 흘겨보는 것으로, 반가운 눈빛으로 맞이하는 청안(青眼)과 대칭되는바, 진(晉)나라 죽림칠현(竹林七賢)의 한 사람인 완적(阮籍)이 예교(禮敎)에 얽매인 속된 선비가 찾아오면 백안을 뜨고, 깨끗한 고사(高士)가 찾아오면 청안을 뜨고 상대한 데서 온 말이다.《晉書 卷49 阮籍列傳》

136 만 길의……것 : 원문의 '벽립(壁立)'은 '벽립만인(壁立萬仞)'의 줄임말이다. 만 길의 절벽이 온갖 풍상(風霜)에도 변하지 않고 의연하게 서 있다는 뜻으로, 험난한 세파(世波)에도 조금도 흔들리지 않는 의연한 기상을 이른다.

137 어떠한……없는 : 이 내용은《중용장구》제14장의 "군자는 현재의 위치에 따라 행하고, 그 밖의 것을 원하지 않는다. 현재 부귀에 처해서는 부귀한 대로 행하며, 빈천에 처해서는 빈천한 대로 행하며, 이적에 처해서는 이적 대로 행하며, 환난에 처해서는 환난 대로 행하니, 군자는 들어가는 곳마다 스스로 만족하지 않음이 없다.〔君子, 素其位而行, 不願乎其外. 素富貴, 行乎富貴; 素貧賤, 行乎貧賤; 素夷狄, 行乎夷狄; 素患難, 行乎患難, 君子, 無入而不自得焉.〕"라는 구절을 원용한 것이다.

138 가산(嘉山)의 문묘(文廟)의 변고 : 가산은 지금의 평안북도 박천군(博川郡) 가산면으로 당시에는 군(郡)이었으며, 문묘(文廟)는 지방 향교(鄉校)에 모셔져 있는 대성전(大成殿)을 가리킨다. 이 일은《순조실록》27년 정해년(丁亥年, 1827) 12월 7일 기사에 "평안 감사 서능보(徐能輔)가, 가산군에 사는 미친 사람 김진묵(金進默)이 성묘

을 것입니다. 풍속을 교화하는 것은 천하의 대본(大本)이 되는데, 이 것이 오랫동안 쓸데없는 일[139]로 치부되어 삼강(三綱)과 구법(九法)[140]이 따라서 매몰되어, 점차 여러 성인(聖人)의 위판(位版)[141]을 파손시키는 지극한 지경에 이르게 되었습니다. 소상(塑像)의 허리와 척추가 부러지는 화(禍)[142]를 오늘날 다시 보게 될 줄은 생각하지도 못했습니다. 비록 미쳐서 실성한 자가 한 짓이라고 하나, 한 마디로 단정하건대 요망한 재앙의 징조가 먼저 나타난 것이니, 어리석은 저는 사문(斯文)이 장차 망할 징조라고 생각합니다.

(聖廟 문묘)에서 변을 일으켜, 상탁(床卓)을 때려 부수고 안팎의 독(櫝)을 파손하였다고 치달(馳達)하였다. 먼저 위안제(慰安祭)를 지내고 안팎의 독을 다시 만들어 봉안할 것을 청하니, 윤허하였다"라고 보인다.

139 쓸데없는 일 : 원문의 '파리변물(笆籬邊物)'은 울타리 가에 버려진 물건이라는 뜻으로, 쓸데없는 물건이나 일을 비유한다.

140 삼강(三綱)과 구법(九法) : 삼강은 유교에 있어 윤리의 기본이 되는 세 가지 강령으로 군신 간의 도리를 말하는 군위신강(君爲臣綱), 부자간의 도리를 말하는 부위자강(父爲子綱), 부부 간의 도리를 말하는 부위부강(夫爲婦綱)을 이르고, 구법은 홍범(洪範)의 구주(九疇)를 가리킨다. 홍범은 《서경》의 편명(篇名)으로 나라를 다스리는 큰 법이란 뜻이며, 구주는 아홉 가지 무리란 뜻으로 옛날 우(禹) 임금이 홍수를 다스릴 때에 낙수(洛水)에서 거북이가 나왔는데 그 등에 1에서 9까지의 점이 그려져 있었는데, 이것을 보고 홍범 구주를 만들었다고 한다. 자세한 내용은 138쪽 주295 참조.

141 여러 성인(聖人)의 위판(位版) : 여러 성인(聖人)은 대성지성문선왕(大成至聖文宣王)인 공자를 비롯하여 복성공(復聖公)인 안자(顔子), 종성공(宗聖公)인 증자(曾子), 술성공(述聖公)인 자사(子思), 아성공(亞聖公)인 맹자(孟子)를 이른다.

142 소상(塑像)의……화(禍) : 이 내용은 주자가 반자선(潘子善)에게 답한 편지에 "근래에 새 학교를 고쳐서 다시 승방(僧坊)을 만들었는데, 공자의 소상이 훼손되어 허리와 척추가 부러졌으니 너무나 가슴 아픕니다.〔近日, 改移新學, 復爲僧坊, 塑象摧毁, 要膂斷折, 令人痛心.〕"라고 보인다. 《朱子大全 卷60 答潘子善》

조정에서 도(道)를 믿지 않고 관리들이 법도를 믿지 않으면 인극(人極)이 서지 못하고,[143] 인극이 서지 못하면 인의(仁義)를 베풀 곳이 없고, 인의를 베풀 곳이 없으면 건곤(乾坤)이 혹 망하게 될 것입니다. 이것을 생각하면 마음이 서글퍼져서 한밤중에도 잠 못 이루고 여러 번 일어나는데, 이것은 고명(高明)에게만 말할 수 있고 다른 사람에게는 말하기 어렵습니다.

143 조정에서……못하고 : '조정에서 도(道)를 믿지 않고 관리들은 법도를 믿지 않는다'는 내용은 《맹자》 〈이루 상((離婁上)〉에 보이며, 인극(人極)은 인간의 윤리・도덕에 있어서 최고 표준 혹은 최고 원리를 이르는 말로, 염계(濂溪) 주돈이(周敦頤)의 《태극도설(太極圖說)》에 "성인은 중・정・인・의로써 정하고, 정을 주장하므로써 인극을 세운다.〔聖人定之以中正仁義, 而主靜立人極.〕"라고 보인다.

이자강에게 줌 무자년 3월 12일

與李子岡 戊子三月十二日

상(喪)을 마친 뒤에 묘(墓)에 곡하는 것은 예(禮)가 아니라고 하신 형의 가르침은 공경히 잘 들었습니다. 신독재(愼獨齋)가 송강(松江)의 행장(行狀)을 지을 적[144]에 이 한 절을 삭제한 것은, 이 일이 절도에 맞지 않아서 법이 될 수 있는 것이 아니라고 여겼기 때문입니다. 이미 이것이 바른 예가 아님을 알았으니, 그렇다면 어찌 감히 감정을 따라 곧바로 행하여, 사람을 이끌어 도에 마땅하게 하는 형의 지극한 뜻을 어기겠습니까.

드릴 말씀은 다름이 아니오라, '오행(五行)' 두 글자는 《서경》〈대우모(大禹謨)〉에 처음 보이는데 여기에는 '수(水)·화(火)·금(金)·목(木)·토(土)'라고 하였고,[145] 그 다음으로는 《서경》〈홍범(洪範)〉에

144 신독재(愼獨齋)가……적 : 신독재는 김집(金集, 1574~1656)의 호이다. 자는 사강(士剛), 본관은 광산((光山), 시호는 문경(文敬)으로 사계(沙溪) 김장생(金長生)의 아들이다. 아버지와 함께 예학의 기본적 체계를 완비하였으며, 송시열에게 학문을 전하여 기호학파 형성에 중요한 역할을 하였다. 1591년(선조24) 진사시에 합격하였으나, 벼슬에 관심을 두지 않고 경전(經典)의 연구와 수양에 전념하였다. 효종(孝宗) 때에 판중추부사에 제수되었다. 송강(松江)은 정철(鄭澈, 1536~1593)의 호이다. 자는 계함(季涵), 본관은 연일(延日), 또 다른 호는 임정(臨汀)이며, 시호는 문청(文淸)이다. 하서(河西) 김인후(金麟厚)의 문인이다. 1562년(명종17) 별시 문과에 장원 급제하고 벼슬이 좌의정에 이르렀다. 신독재가 지은 송강(松江)의 행장(行狀)은《신독재유고(愼獨齋遺稿)》권11 〈행장(行狀)〉에 '임정정상공행장(臨汀鄭相公行狀)'이란 제목으로 실려 있다.

보이는데 여기서는 '수 · 화 · 목 · 금 · 토'라고 하였습니다. 〈대우모〉에서는 상극(相克)을 순서로 삼았고 〈홍범〉에서는 상생(相生)을 순서로 삼았으니,[146] 상생을 순서로 삼은 것은 천지가 물건을 낳는 순서를 따른 것이겠지만, 〈대우모〉에서 상극을 순서로 삼은 것은 무슨 뜻입니까? 사람이 수양(修養)하여 행하는 바를 가지고 말했기 때문에 이런 것입니까? 그렇다면 상생이 체(體)가 되고 상극이 용(用)이 되는 것입니까?

오행의 상극은 바로 낙서(洛書)의 순서이므로, 〈대우모〉에서 이를 본받아 이렇게 말한 것은 근거가 있는 듯한데,[147] 어떨지 모르겠습니다.

145 오행(五行)……하였고 : 이 내용은 《서경》 〈대우모(大禹謨)〉에 "황제여! 생각하소서. 덕은 정사를 선(善)하게 하고, 정사는 백성을 기름에 있으니, 수(水) · 화(火) · 금(金) · 목(木) · 토(土)와 곡(穀)을 잘 닦으소서.〔帝! 念哉. 德惟善政, 政在養民, 水火金木土穀, 惟修.〕"라고 보인다.

146 대우모……삼았으니 : '상극(相剋)을 순서로 삼았다'는 것은, 상극은 서로 이기는 것으로 수는 화를 이기고 화는 금을 이기고 금은 목을 이기고 목은 토를 이기고 토는 수를 이기는바〔水剋火, 火剋金, 金剋木, 木剋土, 土剋水.〕, 이를 순서로 삼아, '수 · 화 · 금 · 목 · 토'라고 말함을 이르고, '상생(相生)을 순서로 삼았다'는 것은, 상생은 서로 낳는 것으로, 목이 화를 낳고 화가 토를 낳고 토가 금을 낳고 금이 수를 낳고 수가 목을 낳는바〔木生火, 火生土, 土生金, 金生水, 水生木.〕, 이를 순서로 삼아 '수 · 화 · 목 · 금 · 토'라고 말함을 이른다.

147 오행의……듯한데 : 낙서(洛書)는 우왕(禹王)이 홍수를 다스릴 적에 낙수(洛水)에서 얻은 거북의 등에 그려진 문양으로, 우왕은 이것을 보고 홍범구주(洪範九疇)를 지었다 하는바, 복희씨(伏羲氏) 때에 황하에서 나온 말의 등에 그려진 문양인 하도(河圖)와 함께 만물의 생성 원리를 밝힌 중요한 자료로 여겨진다. 하도는 1에서부터 10에 이르는 문양이 있는데, 1과 6은 수, 2와 7은 화, 3과 8은 목, 4와 9는 금, 5와 10은 토이며, 낙서는 5만 있고 10은 없다. 하도는 좌선(左旋 왼쪽 시계 방향으로 돎)하는데 상생을 원칙으로 하고, 낙서는 우선(右旋 오른쪽으로 돎)하는데 상극을 원칙으로 하는

오행이 모두 토(土)에 힘입어 생겨나는데, 오행이 생겨난 순서에 토가 맨 끝에 있는 것은 어째서입니까? 막 그 형질(形質)이 땅에 구비되어 있을 적에, 가볍고 맑은 것이 먼저 생겨나고 무겁고 탁한 것이 뒤에 생기나기 때문에 수·화가 금·목보다 먼저 생겨나니, 토가 이 때문에 맨 아래에 자리하는 것일 것입니다.

유취헌(兪翠軒)이 옛날의 유직(遺直)임을 저는 일찍이 알았으니, 마땅히 정동계(鄭桐溪)와 함께 우리나라 간신(諫臣) 중에 제일이 될 것입니다.[148] 지금 그가 올린 장주(章奏)를 읽어보면, 어려운 일을 행했음을 더욱 잘 알 수 있습니다.

곧은 말씀과 아름다운 계책으로 군주가 미치지 못하는 바를 도우며, 잘못을 교정(矯正)하고 오류를 규명하여 군주의 바르지 못한 마음을 바로잡으며,[149] 혈성(血誠)을 짜내서 범안(犯顔)[150]을 꺼리지 않아, 왕

것이 특징이다.

148 유취헌(兪翠軒)이……것입니다 : 취헌(兪翠軒)은 유백증(兪伯曾, 1587~1646)의 호이다. 자는 자선(子先), 본관은 기계(杞溪), 시호는 충경(忠景)이다. 1612년(광해군4) 증광 문과에 급제하고 벼슬이 이조 참판에 이르렀다. 성품이 강직하여 간언을 하다가 여러 번 파직을 당하기도 하였으나, 충정(忠情)이 인정되어 그때마다 복직되었다. 유직(遺直)은 올곧은 도를 실행하여 고인(古人)의 유풍(遺風)을 지닌 신하를 말한다. 공자가 진(晉)나라의 숙향(叔向)을 "옛날의 유직이다.〔古之遺直也.〕"라고 칭찬하였다.《春秋左氏傳 昭公 14年》 정동계(鄭桐溪)는 정온(鄭蘊, 1569~1641)으로 동계는 호이고, 자는 휘원(輝遠), 본관은 초계(草溪), 시호는 문간(文簡)이다. 1610년(광해군2) 별시 문과에 급제하였으나, 인목대비의 폐비를 극간하다가 제주도에 위리안치되었다. 인조반정 후 중용되어 대제학을 지냈으며 1636년 병자호란에 이조 참판으로서 화의(和議)에 적극 반대하다가 자결에 실패하자 관직을 단념하고 은둔하였다.

149 군주가……바로잡으며 : 이 내용은《서경》〈경명(冏命)〉의 "나 한 사람이 어질지

왕 옆에서 보는 자들로 하여금 정신을 놓게 하는 경우가 있는데도, 장릉(長陵 인조)께서는 마음을 비우시고 받아들였을 뿐만 아니라 또한 능히 포용(包容)하셨으니, 장릉께서 성인이 되심을 더욱 우러르게 됩니다.

유취헌께서, "뜻이 확립되면 모든 일을 행할 수 있고 뜻이 확립되지 못하면 한 가지 일도 이룰 수 없다. 근세 유자들은 한낱 의장(儀仗)과 도수(度數)의 지엽적인 것만을 구구하게 따지고 그 마음은 텅 비어있으니, 우맹(優孟)이 손숙오(孫叔敖)를 흉내 낸 것과 무엇이 다르겠는가?"라고 하신 것[151]은 더욱 사람을 깜짝 놀라게 하니, 이 글을 읽어봄에 송구하고 두려워서 마치 침(針)으로 살을 찌르는 듯합니다.

못하여 실로 좌우, 전후의 지위에 있는 선비들이 미치지 못하는 것을 도우며, 잘못을 교정하고 오류를 규명하여 나의 나쁜 마음을 바로잡아 선조(先祖)의 공렬(功烈)을 계승하게 함을 힘입고자 하노라.〔惟予一人無良, 實賴左右前後有位之士, 匡其不及, 繩愆糾謬, 格其非心, 俾克紹先烈.〕"라는 구절을 일부 원용한 것이다. 원문의 '류(謬)'와 '류(繆)'는 통한다.

150 범안(犯顔) : 임금이 언짢아하는 기색을 무릅쓰고 간언함을 이른다.

151 유취헌께서……것 : 취헌의 이 말씀은 《서계집(西溪集)》 권15 〈이조참판기평군유공시장(吏曹參判杞平君兪公諡狀)〉에 보인다. 우맹(優孟)은 춘추 시대 초(楚)나라의 악인(樂人)으로, 초나라 재상 손숙오(孫叔敖)로부터 큰 예우를 받았다. 뒤에 손숙오가 병이 들어 죽었는데, 손숙오는 천성이 매우 청렴했으므로 그가 죽은 뒤에 처자들이 곤궁하기 이를 데 없었다. 이에 우맹이 손숙오의 의관(衣冠)을 하고 행동거지를 모방하니, 장왕(莊王)과 좌우 사람들이 분별하지 못하고 손숙오가 살아온 줄 알았다. 우맹이 손숙오의 일을 노래하니, 장왕이 깨우치고는 손숙오의 아들에게 벼슬을 내렸다고 한다. 《史記 卷126 滑稽列傳》 이후로 '우맹이 손숙오를 흉내 낸 것'은 실제가 아닌 거짓을 비유하는 말로 쓰이게 되었다.

이자강에게 답함 무자년 초파일

答李子岡 戊子浴佛日

《연평문답(延平問答)》[152]을 공부하신다고 하니, 구구한 이 몸은 귀를 기울이고 이 말을 반갑게 들었습니다. 이 노선생의 일생의 학문은 전적으로 내면에 마음을 썼으니, '묵묵히 앉아 마음을 맑게 하고 천리를 체인한다.〔默坐澄心體認天理〕'는 여덟 자가 바로 공부하는 절도(節度)가 됩니다.

다만 묵묵히 앉아 마음만을 맑게 할 뿐이면 정(靜)에 치우쳐서 공적(空寂)에 빠지기 쉽지만, 천리를 체인하기 때문에 준칙(準則)으로 삼는 바가 있게 되니, 이 때문에 정명(精明)하고 순일(純一)하여 접촉하는 곳마다 막힘이 없어 밝고 환하며, 곡진하고 넓게 응수(應酬)하여 발하면 반드시 절도에 맞는 것입니다. 이와 같은 본령(本領) 공부가 있었기 때문에 이와 같은 완성된 덕을 갖게 되어 한 번 전하여 주자(朱子)의 문정(門庭)을 열어 놓은 것입니다.

이 어른은 문자로 세우지 않고 언어의 형적(形迹)에 떨어지지 않으면서 묵묵히 자신의 성(誠)을 길러서, 마음에 쌓은 것이 외면으로 발로되어 정신이 한가롭고 기(氣)가 안정되고 동(動)과 정(靜)이 일치되었으니, 이것이 이른바 '심학(心學)'이고 이것이 이른바 '도(道)를 보았다'

152 연평문답(延平問答) : 주자가 자신의 스승인 이동(李侗, 1093~1163)과 주고받은 편지를 편찬한 책으로, 연평은 이동의 호이다. 흔히 《연평답문(延平答問)》으로 알려져 있다.

는 것입니다.

이 어른이 말씀하신, '깨끗하게 얼음이 녹고 언 것이 풀린다.'는 부분과 '완전히 융회(融會)하여 깨끗이 털어버린다.'는 부분[153]과 같은 것은, 쇄락(灑落)한 기상(氣象)의 매우 높은 경지를 찬탄하게 되니, 만일 진실로 견해가 투철하고 사욕을 모두 극복하여 마음이 이치와 더불어 하나가 된 자가 아니라면 쉽게 이에 참여할 수가 없습니다.

이것은 하루아침에 갑자기 취할 수 있는 것이 아니니, 모름지기 우유염어(優柔厭飫)[154]하여, 참된 정성이 쌓이고 역행(力行)이 오래된[155] 가운데에서 해나간다면 자연히 이러한 경지에 점차 이르는 것이니, 추측하고 상상하여 미칠 수 있는 바가 아닙니다.

만약 그 근본에 근원하지 않으면서 억지로 하고자 한다면 융석하고 쇄락한 것이 무슨 일인 지를 모를 것입니다. 이와 같은 자는 비단 이러한 경지에 이르지 못할 뿐만 아니라, 의도적으로 조장(助長)하여 스스로를 속이고 남을 속이기가 쉬우니, 염려하지 않을 수가 없습니다.

153 이……부분 : 원문의 '쇄연빙해동석(灑然氷解凍釋)'은 《연평답문(延平答問)》에 보이고, '융석탈락(融釋脫落)'은 《주자어류(朱子語類)》 권18 〈대학5(大學五)〉에 보인다.

154 우유염어(優柔厭飫) : 학문을 함에 있어, 차분히 사색하고 그 뜻을 깊이 체인함을 말한다. 두예(杜預)가 지은 《춘추좌씨경전집해(春秋左氏經傳集解)》 〈서문(序文)〉의 "넉넉하고 유연하게 하여 스스로 구하게 하고, 물릴 정도로 배불리 먹듯이 하여 스스로 추구하게 한다.〔優而柔之, 使自求之; 饜而飫之, 使自趨之.〕"라는 구절에서 유래하였다.

155 참된……오래된 : 원문의 '진적역구(眞積力久)'는 《순자(荀子)》 〈권학(勸學)〉편에 "참된 정성이 쌓이고 역행(力行)이 오래되면 배움에 들어간다.〔眞積力久則入.〕"라고 보인다.

이러한 뜻을 삼주(三洲)가 창계(滄溪)에게 답한 편지[156]에서 아주 참되고 간절하게 말씀하셨으니, 우리들이 마땅히 가슴 속에 새겨두고 잊지 말아야 할 것입니다.

집사께서는 평소에 마음을 잡아 보존함이 견고하고 함양(涵養) 공부가 익숙하기 때문에, 몸과 마음에 체험하여 실지로 이치를 보신 것이니, 어찌 입과 귀로 이치를 말하는 자들과 견줄 수 있겠습니까.

저와 같은 자는 어려서부터 이를 익혔으나 백발이 되어도 어지러울 뿐이고,[157] 갈수록 더욱 망연하여 입과 귀로 얻어들은 것과 함께 잊어버리고 기억하지 못하니, 무엇을 가지고 고명한 형을 권면하겠습니까? 매번 정백자(程伯子)께서 말씀하신 '존양(存養)하지 않으면 다만 설화(說話)일 뿐이다.'라는 글을 읽을 때마다, 나도 모르게 두려워져서 집사와 함께 서로 힘쓰기를 바라는 바입니다.

이회광(李懷光)의 아들인 이최(李璀)[158]와 후당(後唐) 명종(明宗)의

156 삼주(三洲)가……편지 : 삼주는 김창협(金昌協)의 호이고, 창계(滄溪)는 임영(林泳)의 호이다. 이 편지는 《농암집》 권13에 '임덕함에게 답함. 갑술년〔答林德涵甲戌〕'이란 제목으로 실려 있다.

157 어려서부터……뿐이고 : 원문의 '동습백분(童習白紛)'은, 전한(前漢) 말기의 학자인 양웅(揚雄)이 지은 《법언(法言)》 〈오자(吾子)〉의 "아이 때부터 학문을 익혔지만 백발이 되어도 어지럽기만 하다.〔童而習之, 白紛如也.〕"라는 구절을 줄여 쓴 것이다.

158 이회광(李懷光)의 아들 이최(李璀) : 이회광은 당(唐)나라 덕종(德宗) 때의 장수로 안녹산(安祿山)의 난에 전공(戰功)을 세워 이씨(李氏) 성을 하사받고, 여러 주(州)의 절도사(節度使)를 지냈다. 주자(朱泚)의 난에 덕종(德宗)을 호위하고 반군을 무찌르는 등 공을 세웠으나, 당시 권력을 잡고 있던 간신 노기(盧杞) 등의 견제로 황제를 알현하지 못하게 되자 불만을 품고 반란을 일으켰다가, 정원(貞元) 1년(785) 가을

아들인 이종경(李從璟)[159]은 군신 간과 부자 간의 변고에 처하여 그 바름을 잃지 않았으니, 진실로 비난할 수가 없습니다. 만약 덕종(德宗)이 미리 이최를 용서하겠다고 약속했다면 이회광이 비록 패하였더라도 이최가 죽지 않을 수 있었겠습니까? 이종경이 먼저 피살되지 않았다면 장종이 이미 패하였더라도 이종경 또한 죽지 않을 수 있었겠습니까?

구양수(歐陽脩)가 "아버지 처소에 있는 자는 아버지가 패하면 죽기를 청하여, 군주가 용서하면 상을 마치고 그 군주를 섬겨야 하고, 군주의 처소에 있는 자는 군주가 패하면 죽는다."라고 말씀한 것[160]이, 바로 두 사람이 마땅히 처해야 할 의리의 정론(定論)이 됩니까? 이최는 그래도 죽지 않고 군주의 명령을 기다릴 수 있었지만, 이종경은 죽지 않을 수가 없었으니, 자신의 마음을 드러낼 곳이 없었기 때문입니다. 고견은 어떠신지 모르겠습니다.

천한 자식이 조유문(趙孺文)[161]과 함께 형의 집으로 나아간 것은 덕

에, 부장(部將) 우명준(牛名俊)에게 살해되었다. 이최는 이회광의 아들로 덕종이 감찰어사(監察御史)를 제수하고 총애하였는데, 아버지 이회광이 반란을 도모하자 이를 덕종에게 고한 후, 두 아우를 죽이고 자살하였다. 《舊唐書 卷121 李懷光列傳》

159 후당(後唐)……이종경(李從璟) : 명종(明宗)은 이사원(李嗣源, 867~933)으로 오대십국(五代十國) 시대 후당의 제2대 황제이다. 후당을 건국한 장종(莊宗 이존욱(李存勖))의 아버지인 이극용(李克用)의 양자가 되어 장종에 이어 등극하였다. 이종경은 명종의 아들로 초명이 종심(從審)으로 장종의 총애를 받아 금창지휘사(金槍指揮使)에 제수되고 장종에게 충성을 다하다가 원행흠(元行欽)에게 피살되었다. 《舊五代史 卷51 唐書 第27》

160 구양수(歐陽脩)가……것 : 이 내용은 《당송팔대가문초(唐宋八大家文鈔)》 권63 〈당종경전(唐從璟傳)〉에 있는 구절을 축약하여 원용한 것이다.

(德)을 상고하고 학업을 묻기 위한 계책입니다. 그 뜻이 진실되고 간절하여 이천(伊川) 선생의 얼굴을 바라보기만 하는 것[162]이 아니니, 엎드려 바라건대, 지도하고 가르치시어 그 기질의 편벽된 곳으로부터 통렬히 갈고 다듬어서, 그로 하여금 무형(無形)의 교도(教導)의 효과가 신속함을 가슴에 새기게 하여 주십시오. 옛 사람의 이른바 '가르침이 바람이 부는 것과 같으면 응함이 풀이 쓰러지는 것과 같다.'[163]는 것처럼 되기를 삼가 기대합니다.

마침 《춘추좌씨전(春秋左氏傳)》을 펴보니, 채중(祭仲)이 권력을 전횡(專橫)하자, 정백(鄭伯)이 채중의 사위인 옹규(雍糾)를 시켜 그를 죽이려고 하였는데, 옹규의 아내 옹희(雍姬)가 이를 알고 친정어머니에게 묻기를 "아버지와 남편 가운데 누가 더 친합니까?" 하니, 그 어머니가 이르기를 "사람은 누구나 남편이 될 수 있지만, 아버지는 한 분뿐이

161 조유문(趙孺文) : 조병덕(趙秉悳, 1800~1870)으로 유문(孺文)은 그의 자이고 호는 숙재(肅齋), 본관은 양주(楊州)이며, 매산과 오희상(吳熙常)의 문하에서 수업하였다. 1852년(철종3)에 음보(蔭補)로 지평이 되었고 벼슬이 호조 참판에 이르렀다.

162 다만……것 : 스승의 문하에 들어 그 가르침을 제대로 받아들이지 못하고 스승의 얼굴만 쳐다보며 멍하니 시간을 보내는 것을 비유한 것으로, 《주자어류(朱子語類)》 권101 〈정자문인(程子門人)〉에 "'일찍이 진택(震澤)이 쓴 〈기선록(記善錄)〉을 보건대, 이 사람은 이천 선생을 직접 뵙고 배웠는데, 어찌하여 이처럼 잘못이 있습니까?' 하니, 답하시기를 '이 사람은 이천 선생의 얼굴을 바라보기만 했을 뿐이다.' 하였다.〔嘗見震澤記善錄, 彼親見伊川, 何故如此之差? 曰: 彼只見伊川面耳.〕"라고 보인다.

163 가르침이……같다 : 이 내용은 《논어》 〈안연(顔淵)〉의 "군자의 덕은 바람이요 소인의 덕은 풀이다. 풀에 바람이 가해지면 풀은 반드시 쓰러진다.〔君子之德, 風; 小人之德, 草, 草上之風, 必偃.〕"라는 구절을 원용한 것이다.

니 어찌 견줄 수 있겠느냐."라고 하였습니다. 옹희가 마침내 자기 친정 아버지인 채중에게 이 사실을 고하니, 채중이 옹규를 죽였습니다.[164]

옹희가 알리지 않으면 친정아버지가 죽을 것이고 알리면 남편이 죽을 것이니, 친정아버지와 남편 사이에서 마땅히 어떻게 대처해야 바른 처신(處身)이 되겠습니까? 정백이 채중을 죽이고자 하면서 그 사위에게 일을 맡긴 것과, 사위가 자기 아내의 아버지를 죽이고자 하면서 아내에게 고한 것과, 어머니가 또 그 딸이 물은 뜻을 제대로 살피지 못하고 갑자기 답한 것은, 모두 계책을 제대로 세우지 못한 잘못이 있습니다. 게다가 또 그 어머니가 '사람은 누구나 남편이 될 수 있다.'라고 한 것은 더욱 그 이치를 지극히 해치니, 진실로 말할 것이 못됩니다.

그렇다면 옹희의 입장에 처한 자는, 반드시 아버지와 남편 모두를 온전하게 할 방도를 도모해야 할 것이요, 그렇지 못하다면 마땅히 아버지가 죽으면 아버지를 위하여 죽고 남편이 죽으면 남편을 위하여 죽어야 할 뿐입니다.

부인(婦人)의 의리는 집(친정)에 있으면 아버지를 따르고 출가(出嫁)하면 남편을 따르니,[165] 출가한 뒤에는 남편이 아버지보다도 중하여, 시집가지 않은 딸자식이 아버지가 있음만을 아는 것과는 다릅니다.

164 채중(祭仲)이……죽였습니다 : 정백(鄭伯)은 정나라 여공(厲公)이다. 이 내용은 《춘추좌씨전》 환공(桓公) 15년 기사에 보인다.

165 부인의……따르니 : 예전에 여자가 따라야 할 세 가지 도리를 말한 것으로, 《의례(儀禮)》 〈상복(喪服)〉에 "부인은 삼종(三從)의 의리가 있고, 자기 마음대로 하는 도리가 없다. 시집가기 전에는 아버지를 따르고, 시집간 뒤에는 남편을 따르고, 남편이 죽은 뒤에는 자식을 따른다.〔婦人有三從之義, 無專用之道, 故未嫁從父, 旣嫁從夫, 夫死從子.〕"라고 보인다.

그런데 옹희는 아버지를 구하고 남편을 죽였으니, 여기에서 절도에 맞음을 볼 수가 없습니다.

또 남편이 자기 때문에 죽었는데도 따라서 죽지 않았으니, 이것은 이른바 '인(仁)을 해치고 의(義)를 해쳐서 죽음으로도 죄를 용서받을 수 없다.'는 것입니다. 이에 대해 훌륭하신 의논을 듣기 원합니다.

심청양(沈青陽)이 임금의 명령을 받들어 이량(李樑)을 내쫓았는데,[166] 이 일이 어떻다고 여기십니까? 외삼촌과 조카 사이에는 끊을 수 있는 의리가 없으니, 이량이 권력을 멋대로 부리던 날에 간하여 그치게 해서 일찍 스스로 거두어 물러나게 하는 것이 가장 좋은 방법이고, 불행히 나라에 죄를 지어서 형편상 구원하기 어려우면 한결같이 조정의 처분에 맡기고 자신은 관여하지 않는 것이 그 다음의 방법입니다.

추방하여 유배 보내는 것이 대벽(大辟)[167]과는 다르기 때문에, 임금

166 심청양(沈青陽)이……내쫓았는데 : 심청양은 심의겸(沈義謙, 1535~1587)으로 청양군에 봉해졌기 때문에 이렇게 칭한 것이다. 자는 방숙(方叔), 호는 손암(巽菴), 본관은 청송(青松)으로, 명종의 비(妃)인 인순왕후(仁順王后)의 아우이며 퇴계 이황의 문인이다. 1562(명종17)년 별시 문과에 급제하고 벼슬이 대사헌에 이르렀다. 구사림파(舊士林派)를 이끌고 성암(省庵) 김효원(金孝元)을 중심으로 한 신사림파(新士林派)와 대립하여 후일 당쟁(黨爭)의 단초(端初)를 열어놓았다. 이량(李樑, 1519~1582)은 자는 공거(公擧), 본관이 전주(全州)로 효령대군(孝寧大君)의 5대손이며, 심의겸의 외숙이다. 1552년(명종7) 식년 문과에 급제하고 벼슬이 이조 판서에 이르렀다. 명종의 두터운 신임을 바탕으로 당을 만들어 세력을 기르고 정치를 농단하였는데, 기대승(奇大升), 윤두수(尹斗壽), 이산해(李山海) 등 사림에게 비판을 받자 이들을 제거하려 하다가 조카인 심의겸(沈義謙)에게 탄핵되어 삭탈관직되고 평안도 강계(江界)로 귀양 가서 배소에서 별세하였다

167 대벽(大辟) : 오형(五刑) 가운데 가장 무거운 형벌인 사형(死刑)을 이른다. 오형은 다섯 가지 형벌로, 고대에는 대벽 외에, 얼굴을 먹으로 자자하는 묵형(墨刑),

의 명령을 꺼리지 않고 받들어 순종한 것입니까? 자기가 직접 손을 써서 일을 만든 것은 옳지 못한 점이 있을 듯한데, 어떨지 모르겠습니다. 이 또한 이치를 궁구하여야 할 일 가운데 하나이니, 부디 가르침을 내려 주시기 바랍니다.

코를 베는 의형(劓刑), 발꿈치를 자르는 비형(剕刑), 거세를 하는 궁형(宮刑)이 있었으며, 후대에는 태형(笞刑), 장형(杖刑), 도형(徒刑), 유형(流刑), 사형(死刑)으로 바뀌었다.

이자강에게 답함 무자년 5월 25일

答李子岡 戊子五月廿五日

지난 편지에 여쭌 청양군의 일[168]은 바로 어진 자에게 완전무결할 것을 요구하는 의리에서 나온 것입니다. 인순성모(仁順聖母)께서 한 해가 되지 않아 수렴청정을 거둔 일[169]과, 을사년 여러 흉적들의 공훈(功勳)을 삭탈하여 여망(輿望)을 만족스럽게 위로한 일[170]이, 과연 누구의

168 지난……일 : 지난 편지는 바로 위에 있는 서찰인 〈이자강에게 답함. 무자년 초파일〔答李子岡 戊子浴佛日〕〉을 이르고, 청양군의 일은 바로 조카인 심의겸(沈義謙)이 명종의 밀지를 받고 외숙인 이량을 탄핵한 일을 이른다.

169 인순성모(仁順聖母)께서……일 : 인순성모는 심의겸의 누이이자 명종의 비인 인순왕후로, 명종(明宗)이 후사가 없이 승하하자, 중종의 서자(庶子)인 덕흥군(德興君)의 아들 하성군(河城君)을 양자로 삼아 선조(宣祖)로 즉위하게 하였다. 선조 즉위 후 잠시 수렴청정을 하였으나 곧 청정을 거두었는데, 아우인 심의겸의 설득이 큰 역할을 하였다고 한다.

170 을사년……일 : 을사년은 인종(仁宗) 1년(1545)으로, 이해 7월 인종이 승하하고 이복아우인 명종이 즉위하였는데, 명종이 어려 명종의 생모인 문정왕후(文定王后)가 수렴청정을 하고 문정왕후의 아우인 윤원형(尹元衡)이 국정을 농단하면서 을사사화를 일으켰다. 중종은 제1 계비(繼妃)인 장경왕후(章敬王后)에게서 인종을 낳고 제2 계비인 문정왕후에게서 명종을 낳았는데, 이들 두 계비는 같은 파평 윤씨(坡平尹氏)였다. 장경왕후의 형 윤임(尹任)과 문정왕후의 아우 윤원형은 같은 종씨(宗氏)로 국구(國舅)가 되어 세력을 잡으려고 일찍부터 반목・대립하여, 윤임은 대윤(大尹), 윤원형은 소윤(小尹)으로 지목되었다. 중종이 승하하고 인종이 즉위하게 되자, 대윤 일파가 득세하여 사림파를 많이 등용해서 이언적(李彦迪)・유관(柳灌)・성세창(成世昌) 등을 중용하는 등 일시 사림은 기세를 회복하였다. 그러나 이때 뜻을 얻지 못한 자들은 윤원형의 밑으로 모여 사림과 반목하고 대윤파에 대한 반격을 시도하다가 인종이 즉위 8개월

덕분입니까?

본디 남들이 모르는 공로와 묵묵하게 베풀어진 도움이 나라와 세도(世道)에 보존되어 있어서 백성들이 지금까지 그 덕을 보고 있으니, 어찌 제가 그 사이에서 비방할 수가 있겠습니까. 다만 이 일이 외삼촌과 생질 사이에 관련된 것으로 인륜(人倫)의 변고가 되기 때문에 이러한 말을 하게 된 것이나, 이것은 직접 주먹질을 해서 골육(骨肉) 간에 서로 해친 것과는 차이가 있습니다. 이 때문에 석담(石潭 율곡) 등 여러 현자들에게 인정을 받은 것입니까?

석담은 그가 죄가 없음을 알면서도 강변(強辯)하여 탄핵하였으니,[171] 이 일은 진실로 강건함이 부족한 듯하지만, 그러나 외척(外戚)을 배척하고 사류(士類)들을 돕는 명분과 의리가 매우 정대합니다. 먼저 그 큰 것을 확립하면 지엽의 자질구레한 것들은 털어버려도 되니, 이는 대현(大賢)이 미치는 작용(作用)입니다. 고견은 어떠신지 모르겠습니다.

편지에 언급하신, 정자(程子)의 "셋이 보이면 하나와 둘이 없어진다."라는 설은 《이정유서(二程遺書)》 권15 〈입관어록(入關語錄)〉에 보이니,[172] 상고하여 알 수 있습니다. 그 아래에 또 이르기를 "하늘에 오행(五

만에 승하하고 명종이 즉위하자 윤원형을 위시한 소윤 일파가 대윤파를 숙청하여 수많은 사람을 죽이고 귀양 보낸 다음, 소윤파들을 공신(功臣)으로 책록(策錄)하였는바, 이들을 을사위훈(乙巳僞勳)이라 한다. 이들은 세인의 지탄을 받다가 문정왕후가 승하하고 윤원형이 처형된 다음 공신의 칭호가 삭탈되었는데, 이때 심의겸이 또한 큰 역할을 하였다고 한다.

171 석담은……탄핵하였으니 : 석담은 율곡 이이(李珥)의 별호로, 율곡이 1579년(선조12)에 올린 〈대사간을 사직하고 겸하여 동서(東西)의 당파를 없앨 것을 진달한 상소〔辭大司諫兼陳洗滌東西疏〕〉를 가리킨 것으로 보인다. 이 상소는 《율곡전서(栗谷全書)》 권7 〈소차(疏箚)〉에 실려 있다.

行)의 기운이 있으므로 무릇 물건을 낳음에 오성(五性)을 갖추지 않음이 없으니, 오성 가운데에 하나를 차지하면 나머지 넷을 갖게 된다."라고 하였는데, 녹문(鹿門) 어른께서 이 말씀을 보시고도 '물건은 오상(五常)을 갖출 수 없다'는 논을 주장하신 것[173]은 어째서입니까?

정 선생이 말씀하신 '하나와 둘이 합하여 셋이 되는데 셋이 나타나면 하나와 둘은 사라지고, 나뉘어져서 하나와 둘이 되면 셋은 사라진다. 이미 셋이 되었는데 또다시 하나와 둘을 찾는다.'라는 것은 이합(離合)을 가지고 말씀한 것으로, 바로 인물성동론(人物性同論)[174]의 증거로

172 정자(程子)의……보이니 : 〈입관어록(入關語錄)〉에 보이는 정자설의 전문은 아래와 같다. "황백의 가자(訶子 한약재의 일종)와 흰 백반을 합치면 검은색이 되는데 검은색이 나타나면 황백이 모두 사라지고, 또 하나와 둘이 합하여 셋이 되는데 셋이 나타나면 하나와 둘은 사라지고, 나눠져서 하나와 둘이 되면 셋은 사라진다. 이미 셋이 되었는데 또다시 하나와 둘을 찾고, 이미 검은색이 되었는데 또다시 노란색과 흰색을 찾는다면, 이는 물(物)의 성(性)을 알지 못하는 것이다.〔訶子黃白礬白合之而成黑, 黑見則黃白皆亡, 又如一二合而爲三, 三見則一二亡, 離而爲一二, 則三亡. 旣成三, 又求一與二, 旣成黑, 又求黃與白, 則是不知物性.〕"

173 녹문(鹿門)……것 : 녹문은 임성주(任聖周, 1711~1788)의 호이다. 자가 중사(仲思), 본관이 풍천(豐川)으로 도암(陶庵) 이재(李縡)의 문인이다. 자세한 내용은 114쪽 주236 참조. 오상(五常)은 다섯 가지 떳떳한 본성(本性)으로, 인(仁)·의(義)·예(禮)·지(智)·신(信)의 오성(五性)을 가리키는바, 녹문은 호론을 주장하여, 사람은 인·의·예·지·신의 본성을 갖추고 있으나 동물이나 식물은 이것을 갖추지 못했다고 주장하였다.

174 인물성동론(人物性同論) : 조선 후기, 성리학자들이 대립하여 심(心)과 성(性)에 대한 이해의 문제로 논쟁하였는데, 주로 서울·경기 지역에 거주한 농암 김창협, 삼연 김창흡, 외암(巍巖) 이간(李柬) 등이 한 파를 이루어 이를 낙론 또는 낙파라 하였으며, 충청 지역에 사는 남당(南塘) 한원진(韓元震) 등이 또 한 파를 이루어 이를 호론 또는 호파라 하였다. 낙론은 본연지성(本然之性)은 이(理)와 같으므로, 사람과 물건의

삼기가 매우 좋은데, 어찌하여 유독 기(氣)의 한 근본에서만 이것을 말씀하셨습니까?

율옹(栗翁)이 일찍이 이르기를 "담일(湛一)하고 청허(淸虛)한 기(氣)가 있지 않은 곳이 많이 있다."라고 하신 것[175]은 진실로 확정되지 않은 의논입니다. 녹문께서는 "악취가 나고 더럽고 탁한 거름에서는 비록 담일의 형상을 찾을 수 없을 듯하지만, 밭에다가 이 거름을 주고 곡식의 씨를 심어 그 싹이 홀연히 나오면, 왕성하게 낳고 낳는 본체가 그대로 거름에서도 드러나니, 이는 기(氣)가 통하지 않는 곳이 없는 것이다."[176]라고 하셨으니, 이 어른이 기의 근원에 대해서는 이와 같이 환히 꿰뚫어 알았지만, 능히 이를 미루어 나머지를 반증(反證)하여[177] 성(性)을 보지 못하였으니, 삼가 생각하건대 이는 기에 너무 집착한

성은 같다는 인물성동론(人物性同論)과 미발(未發)한 마음의 본체에는 선악이 없다는 주장을 폈으며, 호론은 이에 반대하여 현실에 드러나는 본연지성은 기질의 맥락 속에 있을 수밖에 없으므로 사람과 물건의 성은 다르다는 인물성이론(人物性異論)과 미발한 마음의 본체에도 기질의 선악이 존재한다는 주장을 폈다. 매산은 낙론의 학통을 이었다.

175 율옹(栗翁)이……것 : 이 내용은 율곡 이이가 성호원(成浩原 우계 성혼)에게 답한 편지에서 화담(花潭) 서경덕(徐敬德)의 기일원론(氣一元論)을 비판한 말씀이다. 화담은 우주 사이의 삼라만상의 생성과 변화는 모두 기(氣)의 취산(聚散)에 의한다고 보았는데, 이 기의 본체를 '깨끗하고 순일하며 맑게 텅 비어 있는 상태의 기〔湛一淸虛之氣〕'라고 하였다. 《栗谷全書 卷10 書》

176 악취가……것이다 : 이 내용은 《녹문집(鹿門集)》 권19 〈녹려잡지(鹿廬雜識)〉에 보인다.

177 능히……반증(反證)하여 : 원문의 '반우(反隅)'는 한 가지를 알면 이를 미루어 그와 유사한 것을 유추하여 안다는 뜻으로, 《논어》 〈술이(述而)〉의 "한 귀퉁이를 들어 보여줌에 이것을 가지고 남은 세 귀퉁이를 반증하지 못하거든 다시 더 일러주지 않는다.〔擧一隅, 不以三隅反, 則不復也.〕"라는 구절에서 유래하였다.

데서 미혹된 것[178]인 듯합니다.

기제(忌祭)에 곡을 하느냐 곡을 하지 않느냐에 대해, 존문(尊門)에서는 무엇을 기준으로 삼으십니까? 《상례비요(喪禮備要)》[179]에는 살아생전에 섬겼느냐 섬기지 않았느냐를 가지고 법도로 삼았으니, 이것이 바른 도리를 얻은 듯하나, 제사에 참여하는 자가 혹은 곡하고 혹은 곡하지 않는 것은 서로 구애될 것이 없지 않겠습니까.

여호(黎湖) 선생[180]은 복을 입느냐 복을 입지 않느냐를 가지고 제한하여야 한다고 하였는데, 그렇다면 고조(高祖)와 증조(曾祖) 이하는 비록 살아생전에 섬기지 못한 분의 제사라도 또한 곡을 해야 하는데, 이 일이 예(禮)는 응당 후한 쪽을 따라야 하는 도리에 해가 되지 않습니까? 아니면 다만 마땅히 방계(傍系)의 친족 제사에만 이렇게 하여야

178 기에……것 : 원문의 '금주지혹(金注之惑)'은 어떤 일에 집착하여 판단력을 잃는 것을 이르는 말로, 《장자》 〈달생(達生)〉의 "기왓장을 내기로 걸고 활을 쏘면 잘 맞추고, 띠쇠를 내기로 걸고 활을 쏘면 주저하게 되고, 황금을 내기로 걸고 활을 쏘면 혼란에 빠지게 된다.〔以瓦注者巧, 以鉤注者憚, 以黃金注者殙.〕"라는 구절에서 유래하였다.

179 상례비요(喪禮備要) : 신의경(申義慶)이 《주자가례(朱子家禮)》의 원문을 위주로 하고 고금의 예설(禮說)을 참고하여 1권 1책으로 편찬한 책인데, 뒤에 친구인 사계(沙溪) 김장생(金長生)이 여러 대목을 증보하고, 아울러 시속의 예제(禮制)도 참고하여 이용하기에 편리하도록 만든 다음 서문을 붙였으며, 그 뒤 사계의 아들 신독재(愼獨齋) 김집(金集)이 이를 교정하여 2권 1책의 목판본으로 1648년(인조26)에 간행하였는바, 이 때문에 흔히 사계의 저작으로 알려져 있다.

180 여호(黎湖) 선생 : 여호는 박필주(朴弼周, 1665~1748)의 호로, 자가 상보(尙甫), 본관이 반남(潘南)이며 삼연(三淵) 김창흡(金昌翕)의 문인이다. 영조 때에 은일(隱逸)로 지평·장령 등을 거쳐 이조 판서와 우찬성에 이르렀으며, 시호가 문경(文敬)이다.

합니까?

방계의 친족의 경우에는 살아생전에 섬겼는지 여부를 따지지 않고 다만 복을 입으면 마땅히 곡을 하여야 합니까? 고조와 증조는 정통(正統)의 복인데도 살아생전에 섬기지 않았으면 곡하지 않는데, 하물며 방계의 친족에 있어서이겠습니까. 방계의 친족 또한 마땅히 살아생전에 섬겼는지를 가지고 기준으로 삼아야 할 듯한데 밝으신 가르침을 내려 주시기 바랍니다.

하교(下教)하신 정강성(鄭康成)[181]의 말은 지극히 정밀한 의리가 있습니다. 또 노주(老洲) 어른[182]이 말씀하시기를 "3년 안에 합장(合葬)하게 되면 묘제(墓祭)를 합설(合設)할 수가 없어 각각 행해야 하는데, 그 이유는 아직 신주(神主)를 한 독(櫝)에 합하지 않았기 때문이다." 라고 하였습니다.

두 현자께서, 장례가 끝난 뒤에 묘소에 전(奠)을 올리는 것에 대해 각각 따로 행하는 것이 마땅하다고 이와 같이 논하셨으니, 어찌 감히

181 정강성(鄭康成) : 중국 후한(後漢) 말기의 대표적 경학자(經學者)인 정현(鄭玄, 127~200)으로 강성은 그의 자이다. 일찍이 태학에 들어가 여러 경서를 배웠고 장공조(張恭祖)·마융(馬融) 등에게 《고문상서(古文尙書)》·《주례(周禮)》·《춘추좌씨전》 등을 배웠다. 정현은 고향으로 돌아와 연구와 교육에 진력하였는데, 제자가 수천 명에 이르렀다. 44세 때 '당고(黨錮)의 화'로 금고에 처해지자 저술에 전념했으며, 고문의 경설(經說)을 위주로 하되 금문(今文)의 경설도 받아들여 여러 경서에 주석을 달아 한대(漢代)의 경학을 집대성하고 고문헌을 정리하는 데 크게 공헌하여, 후대에 그의 학문을 높여 '정학(鄭學)'이라고 칭하였다.

182 노주(老洲) 어른 : 노주는 오희상(吳熙常, 1763~1833)의 호로 자는 사경(士敬), 본관은 해주(海州), 시호는 문원(文元)이다. 자세한 내용은 105쪽 주218 참조.

이것을 받들어 따르지 않겠습니까. 각각 제사하는 것은 예의 정상(正常)이고 합쳐서 제사하는 것은 예의 변통(變通)입니다. 변통은 진실로 쉽게 말할 수가 없으니, 오직 정상을 지킬 뿐입니다.

홍유손(洪裕孫)의 무자화(無字話)[183] 한 조목을 이에 삼가 기록하여 올립니다. 이른바 '무자화'란 바로 부처의 허무(虛無)의 뜻을 참구(參究)하여 깨달아서 두루 통달함을 이르는 것입니다. 삼연(三淵)이 일찍이 말씀하시기를 "홍여경 또한 뛰어난 선비인데, 무자화를 참구하였다."라고 하셨습니다.[184]

이분은 광묘(光廟 세조(世祖))의 세상에 은둔하여 세상을 조롱하고 스스로 의리와 지조를 지키며 편안히 처신하였으니,[185] 추강(秋江)의

183 홍유손(洪裕孫)의 무자화(無字話) : 홍유손(1431~1529)은 자가 여경(餘慶), 호가 소총(篠叢), 본관이 남양(南陽)이다. 아전의 집안으로 이역(吏役)을 세습하였으나 문장에 탁월한 재능을 보여 남양부사로부터 이역을 면제받자, 영남으로 김종직(金宗直)을 찾아가 문인이 되었다. 1455년(단종3) 수양대군이 단종의 왕위를 찬탈하자 벼슬길에 나가는 것을 포기하고 은둔하였으며, 당시의 명류(名流)들인 남효온(南孝溫), 김시습(金時習), 김수온(金守溫) 등과 자주 모임을 갖고 죽림칠현(竹林七賢)을 자처하며 시와 술로 세월을 보냈다. 1498년(연산군4) 무오사화 때 체포되어 국문을 당하고 제주도로 유배되었으며 종의 신분으로 전락하였으나, 중종반정으로 풀려났다. 1529년(중종24)에 사망하였는데, 조선 시대에 매우 특이하게 76세에 혼인을 하여 아들을 얻었으며 또한 99세까지 장수하여 조선 시대 역사 인물 중 가장 오래 산 사람으로 알려져 있다. 무자화는 불교의 선가(禪家)에서 이르는 '없을 무(無) 자에 대한 화두(話頭)'이다.

184 삼연(三淵)이……하셨습니다 : 삼연은 김창흡(金昌翕, 1653~1722)의 호이다. 자는 자익(子益), 본관은 안동(安東), 시호는 문강(文康)이며, 영의정 김수항의 아들이고 몽와(夢窩) 김창집(金昌集), 농암(農巖) 김창협(金昌協)의 아우이다. 자세한 내용은 85쪽 주172 참조. 이 내용은《삼연집(三淵集)》권34〈일록(日錄) 경자(庚子) 2月 23日〉에 실려 있다.

스승과 벗이 됨이 당연합니다. 그러나 한훤당(寒暄堂)과 일두(一蠹)의 사이에서 종유(從遊)하였으나,[186] 군자의 큰 도를 듣지 못하였으니, 이것이 애석할 따름입니다.

삼주(三洲)의 〈잡지(雜識)〉에 실려 있는 불가(佛家)의 시 네 구절 가

185 스스로……처신하였으니 : 원문의 '자정(自靖)'은 스스로 의리와 지조를 지키며 편안히 처신하는 것으로, 《서경》 〈미자(微子)〉에 "스스로 의리에 편안하여 사람마다 스스로 선왕(先王)에게 뜻을 바칠 것이니, 나는 떠나가 은둔함을 돌아보지 않겠다.〔自靖, 人自獻于先王, 我不顧行遯.〕"라고 보인다.

186 추강(秋江)의……종유(從遊)하였으나 : 추강은 생육신(生六臣)의 한 사람인 남효온(南孝溫, 1454~1492)의 호로, 자는 백공(伯恭), 본관은 의령(宜寧), 시호는 문정(文貞)이다. 김종직(金宗直)의 문인으로, 세조에 의하여 물가로 이장된 단종의 생모 현덕왕후(顯德王后)의 소릉(昭陵)의 복위를 상소하였으나 뜻을 이루지 못하자, 벼슬을 포기하고 금강산 등 각지를 유랑하다가 병사하였다. 〈유금강산기(遊金剛山記)〉를 남겼으며, 죽음을 무릅쓰고 사육신(死六臣)의 기록인 《육신전(六臣傳)》을 지어 후대에 전하였다. 한훤당(寒暄堂)은 김굉필(金宏弼, 1454~1504)의 호로, 자는 대유(大猷), 본관은 서흥(瑞興)이고, 시호는 문경(文敬)이며, 김종직(金宗直)의 문인이다. 유일(遺逸)로 천거되어 벼슬이 형조 좌랑에 이르렀다. 스승인 김종직으로부터 《소학》에서 학문을 시작하라는 가르침을 받고 평생 《소학》을 읽으며 스스로 소학동자(小學童子)라 칭하였다. 1498년(연산군4) 일어난 무오사화에 김종직의 문도로서 붕당을 만들었다 하여 장형(杖刑)을 받고 평안도 희천(熙川)에 유배되었는데, 조광조(趙光祖)가 이때 《소학》을 배워 유명하다. 2년 뒤에 순천(順川)으로 이배(移配)되었다가 1504년 갑자사화에 무오당인(戊午黨人)이라는 죄목으로 죽임을 당하였다. 문묘에 종사되었다. 일두(一蠹)는 정여창(鄭汝昌, 1450~1504)의 호로, 자는 백욱(伯勗), 본관은 하동, 시호는 문헌(文獻)이다. 김종직(金宗直)의 문인으로 지리산에 들어가 다년간 오경(五經)과 성리학을 연구하였다. 1490년(성종21) 별시 문과에 급제하고 벼슬이 안음 현감(安陰縣監)에 이르렀으며, 1498년 무오사화로 종성(鍾城)에 유배되고 1504년 죽은 뒤 갑자사화에 연루되어 부관참시(剖棺斬屍)되었다. 문묘에 종사되었다.

운데에 "어떤 물건이 천지보다 먼저 있으니, 형체가 없이 본래 고요하다.〔有物先天地, 無形本寂寥.〕"라는 것은, 바로 우리 유가(儒家)에서 말하는 '무극(無極)'이고, "능히 만상의 주체가 되어 사시를 따라 시들지 않는다.〔能爲萬象主, 不逐四時凋.〕"는 것은 우리 유가에서 말하는 '태극(太極)'입니다.

불가의 견득(見得)이 이와 같이 바르다면, 마땅히 기(氣)를 이(理)로 오인하여 떳떳한 윤리를 멸절(滅絶)시키는 지경에는 이르지 않았을 것이니, 이 때문에 삼주께서 잘못된 점을 간파해야 한다는 의논을 말씀한 것입니다.[187] 그런데 이 말씀은 이 네 구절에 병통이 있다고 하신 것이 아닙니다. 우리 유가는 이(理)를 위주로 하여 보고 불가는 기(氣)를 위주로 하여 말하니, 기(氣)를 위주로 하는 것이 바로 잘못이 되는 이유가 됩니다. 불가가 만약 이(理)를 위주로 하여 이 시를 지었다면 이(理)를 본 것이 지극히 순수하여, 마땅히 태극도(太極圖)[188]와 함께

187 삼주(三洲)의……것입니다 : 삼주는 김창협(金昌協, 1651~1708)의 호로 자는 중화(仲和), 본관은 안동(安東), 시호는 문간(文簡)이다. 〈잡지(雜識)〉는 《농암집(農巖集)》 제31권부터 제34권까지에 수록되어 있는데, 이 내용은 권32의 〈잡지 내편2(內篇二)〉에 실려 있다. 소개된 시는 남북조 시대(南北朝時代) 남조(南朝)의 양(梁)나라 무제(武帝) 때의 고승인 부대사(傅大士)가 지은 오도송(悟道頌)이다. '잘못된 점을 간파해야 한다는 의논'은 네 구절의 시를 언급한 바로 아래에 "이는 우리 유가에서 논한 태극을 이른 것으로 거의 털끝만한 차이도 없다. 그렇다면 그 잘못된 점이 과연 어디에 있는가? 여기에서 모름지기 간파해야 한다.〔此言與吾儒之論太極, 殆無毫髮之不似矣. 然則其所差舛, 果在何處? 於此須要看破.〕"라고 한 구절을 이른다.

188 태극도((太極圖) : 북송(北宋)의 철학자인 염계(濂溪) 주돈이(周敦頤)가 우주의 근본과 만물 발전의 이치를 표현한 도형이다. 이를 해설한 것이 태극도설(太極圖說)인데, 송대(宋代) 철학(哲學)의 중요한 근간이 된다.

나란히 칭해질 것이니, 이단(異端)이라 말할 만한 것이 어디에 있겠습니까?

유가와 불가의 구분은 이(理)를 주장하느냐 기(氣)를 주장하느냐에 달려 있으니, 이것이 이른바 '유가의 성인(聖人)은 천리(天理)에 근본을 두고, 불가는 마음에 근본을 둔다'는 것입니다.

비록 마음에 근본을 두었다고 하나, 우리 유가에서 말하는 마음이 본래 선(善)하다는 의논과는 똑같지 않습니다. 다만 영각(靈覺)[189]을 믿고 그 작용에 맡겨서 우리 마음과 성(性)의 그림자만을 얼핏 보았기 때문에 기준으로 삼을 바가 없으니, 이 때문에 비현실적이어서 실제가 없는 것입니다.

《주자어류(朱子語類)》에 "떨어져 있는 것이 다른 물건이 아니고 종횡으로 있는 것은 먼지가 아니네. 산과 강과 대지에 법왕(부처)의 몸(진리) 드러나 있네.〔撲落非它物, 縱橫不是塵. 山河及大地, 全露法王身.〕"라는 시와 "만약 사람들이 마음을 안다면, 대지에는 한 치의 땅도 없을 것이다.〔若人識得心, 大地無寸土.〕"라는 등의 구절을 아울러 들어서 그 높은 식견을 찬미하였는데,[190] 이 불가의 시들이 회옹에게 인정을 받은 이유를 설명해 줄 수 있으시겠습니까? 부디 깊이 생각해서 후일에 가르침을 내려 주시기 바랍니다.

189 영각(靈覺) : 불교 용어로, 중생(衆生)이 본래 갖추고 있다는 신령스러운 깨달음의 본성(本性)을 말한다.

190 주자어류(朱子語類)에……찬미하였는데 : 이 내용은 《주자어류》 권126 〈석씨(釋氏)〉에 보이는데, 앞의 시는 항주(杭州) 흥교사(興敎寺)의 홍수선사(洪壽禪師)의 오도송(悟道頌)이고, 뒤의 시는 검주(劒州) 만수사(萬壽寺)의 자호선사(自護禪師)의 오도송이다. 《五燈會元 卷10 靑原下8世, 卷20 南嶽下15世》

이자강에게 답함 무자년 8월 그믐

答李子岡 戊子八晦

영옹(潁翁)[191]께서 홀연히 영결(永訣)하셨습니다. 향년(享年) 여든에 별안간 별세하셨으니, 본인의 입장에서는 또한 다시 무슨 유감이 있겠습니까마는, 불쌍한 것은 뒤늦게 죽는 우리들입니다. 당당하셨던 그 풍격(風格)이며 넓고 넓었던 그 흉금(胸襟)과 통달하고 박식했던 그 학문과 뛰어났던 그 식견은 고명께서 독실하게 논하였으니, 다시 더 평할 것이 없습니다.

지엽적이고 자질구레한 것들을 다 털어버리고 마음속의 지취(志趣)가 고고(孤高)하고 아름다워 대학자인 것처럼 행세하는 태도[192]를 짓지 아니하여 우뚝하게 말세의 큰 인물이 되셨으니, 당대(當代)의 인물들을 차례로 꼽아 보건대 견줄 사람이 드뭅니다. 우리의 남은 삶이 얼마가 될지 모르겠으나, 어찌 밤낮으로 잊을 수 있겠습니까.

살아생전에 반드시 얼굴을 마주하고 영결하고자 하여 그 뜻이 아주 간절하였으나, 예법에 구애를 받아 가르침을 따를 수가 없었으니,[193]

191 영옹(潁翁) : 임로(任魯, 1755~1828)로 호가 영서거사(潁西居士)이므로 이렇게 높여 칭한 것이다. 자는 득여(得汝), 본관은 풍천(豐川)이다. 자세한 내용은 25쪽 주34 참조.

192 대학자인……태도 : 원문의 '추로(鄒魯)'는 공자와 맹자, 혹은 두 분 성현(聖賢)과 같은 대학자를 가리킨다. 추는 맹자의 출생지이고 노는 공자(孔子)의 출생지이다.

193 예법에……없었으니 : 매산이 지난해에 부친상을 당하여, 이 당시 삼년상을 치르고 있어 영결하지 못하였기 때문에 이렇게 말한 것이다.

유명(幽明)의 사이에 흉중에 품은 한이 끝이 없으며, 서글픈 생각에 더욱 마음이 아파 말하는 중에도 눈물이 쏟아집니다. 어느 때에나 형과 마주하여 이 슬픈 마음을 다 펴겠습니까?

《주자가례(朱子家禮)》에는, 대여(大輿)를 중정(中庭)에 들여놓고 빗장을 채우고 쐐기를 박고 영구(靈柩)를 싣는 일을 마친 다음, 비로소 견전제(遣奠祭)[194]를 지내도록 되어있습니다. 그런데 지금은 집들이 대체로 좁기 때문에 이를 우려해서 문밖에서 영구를 상여로 옮기니 이미 예의 뜻에 어긋나고, 노상(路上)에서 견전제를 행하니 이는 더욱 제 장소가 아닙니다.

대문 안에 만일 상여를 들일 수 있다면 뜰 가운데에서 전(奠)을 올리는 것이 마땅할 듯하고, 만약 뜰이 좁아 할 수가 없으면 소여(小輿)에 하얀 비단을 덮고서 문을 나가 대여로 나아가고 이어서 견전제를 거행해야 하니, 이는 일의 형편을 따르는 것입니다.

견전은 죽은 분을 장송하는 마지막 전(奠)이기 때문에 반드시 영구를 상여에 모신 뒤에 행해야 하니, 여기에는 매우 정밀한 의리가 들어있습니다. 장소를 가지고 말하면 반드시 뜰 가운데에서 행해야 하고, 예를 가지고 말하면 반드시 대여에서 거행해야 하니, 설령 그 장소는 잃더라도 반드시 그 예는 따라야 할 것입니다.

또 근래에는 지세(地勢)를 따라 모두 노상에서 견전제를 시행하기 때문에 이를 노제(路祭)라고 이름하고 또한 이미 풍속이 되었으니, 마땅함을 따를 뿐입니다.

194 견전제(遣奠祭) : 상여를 장지로 떠나보낼 때에 드리는 제사이다.

지난번에 하문하신 제갈첨(諸葛瞻)[195]의 일에 대해, 제가 회옹(晦翁)의 설을 들어서 대답한 것이 분명하지 못하기에 다시 하숙경(何叔京)에게 답한 편지를 살펴보았습니다. 여기에서 회옹께서는, 남헌(南軒)이 제갈첨을 배척한 논지(論旨)가 매우 정밀함을 인정하고 자신이 미치지 못할 바라고 하였습니다.[196]

그러나 제갈첨이 등애(鄧艾)가 보낸 사자(使者)의 목을 베고 사랑하는 아들과 함께 죽어,[197] 조손(祖孫) 3대가 순국(殉國)하여 천년 동안

195 제갈첨(諸葛瞻) : 227~263. 삼국 시대 촉한(蜀漢)의 장수로 자는 사원(思遠)이고 제갈량(諸葛亮)의 아들이다. 촉한의 2대 황제인 유선(劉禪)의 딸과 결혼하여 기도위(騎都尉)가 되고, 벼슬이 행군호위장군(行軍護衛將軍)에 이르렀다. 염흥(炎興) 원년(263) 위(魏)나라 장군 등애(鄧艾)가 촉한을 침공하자, 군대를 이끌고 면죽(綿竹)에서 맞아 싸우다가 패하여 전사하였다.

196 하숙경(何叔京)에게……하였습니다 : 이 편지는 《회암집(晦菴集)》 권40 〈서(書)〉에 보인다. 남헌(南軒)은 남송의 도학자 장식(張栻, 1133~1180)으로, 자는 흠부(欽夫)이다. 명재상인 장준(張浚)의 아들로 오봉(五峰) 호굉(胡宏)으로부터 이정(二程)의 학문을 이어받아 호상학파(湖湘學派)를 이끌었으며 주자(朱子)와 도의지교(道義之交)를 맺었다. 남헌의 주장은 이 편지에 "흠부가 논하기를, '제갈첨은 권한이 장상(將相)을 겸하였음에도 힘을 다해 간해서 황호(黃皓)를 제거하지 못하였고, 간하여도 이를 들어주지 않았으나 또 몸을 받들어 물러가서 임금이 한 번 깨닫기를 바라지 못하고, 군대가 패하고 몸이 죽었으니, 비록 항복하지 않았다 하더라도, 나라를 팔아넘긴 자들보다 겨우 나을 뿐이다. 그가 이와 같을 뿐이었기 때문에 제갈첨의 사작(賜爵)을 기록하여 그의 선(善)을 약간 칭찬하였고, 그의 지혜가 말할 만한 것이 되지 못하기 때문에 그의 일을 상세히 기록하지 않은 것이니, 본보기로 삼을 것이 없다.' 하였는데, 이 의논이 매우 정밀하니, 내가 미치지 못할 바이다.〔欽夫論, 瞻權兼將相, 而不能極諫以去黃皓, 諫而不聽, 又不能奉身以退, 以冀主之一悟, 兵敗身死, 雖能不降, 僅勝於賣國者耳! 以其猶能如此, 故書子瞻嗣爵, 以微見善善之長, 以其智不足稱, 故不詳其事, 不足法也! 此論甚精, 愚所不及.〕"라고 보인다.

살아있는 듯하고, 순수한 충성과 아름다운 절개가 해와 달과 함께 광채를 다투고 있으니, 황호(黃皓)[198]를 제거하지 못한 것과 용감하게 물러나지 못한 것을 가지고 불초(不肖)하다고 말해서는 안 될 듯합니다.

또 진수(陳壽)가 제갈첨의 전(傳)을 쓰면서, 훌륭한 정사와 아름다운 일은 다 숨기고 쓰지 아니하여, 마치 제갈공명(諸葛孔明)의 전을 쓰면서 조씨(曹氏)와 사마씨(司馬氏)와 관련된 일만 쓴 것처럼, 그 어짊을 은폐한 것이 많습니다. 제갈첨이 황호를 주벌할 것을 청하였는데, 아버지 공명이 유비(劉備)에게 오(吳)나라 정벌을 간한 일을 쓰지 않은 것처럼, 진수가 이것을 전에 쓰지 않은 줄을 어찌 알겠습니까?[199]

197 제갈첨이……죽어 : 제갈첨이 염흥(炎興) 원년(263), 위(魏)나라 장군 등애(鄧艾)의 침공에 맞서 군대를 이끌고 면죽(綿竹)에서 싸우다가 등애의 군대에게 포위 되었는데, 이때 등애가 사자를 보내 항복하면 낭야왕(琅邪王)으로 봉해지도록 주청하겠다고 제의하였으나, 제갈첨은 곧바로 사자의 목을 베고 포위망을 뚫다가 아들 제갈상(諸葛尙)과 함께 전사하였다. 《三國志 蜀志 卷5 諸葛亮》

198 황호(黃皓) : 삼국 시대 촉한(蜀漢)의 환관(宦官)이자 간신(奸臣)으로, 유선(劉禪)의 신임을 받아 중상시(中常侍)가 되어 유선의 눈과 귀를 가리고 권력을 농단하였다. 대장군 강유(姜維)를 모함하여 강유로 하여금 답중(沓中)으로 물러나 성도(成都)로 돌아오지 못하게 하였으며, 위나라 군대의 침공을 유선에게 알리지 않아, 촉한의 멸망을 재촉하였다. 촉한이 망한 뒤 낙양(洛陽)으로 유선을 따라갔다가, 사마소(司馬昭)에 의해 백해무익(百害無益)한 간신으로 지목되어 살해되었다.

199 진수(陳壽)가……알겠습니까 : 진수(233~297)는 서진(西晉)의 역사가로 삼국시대(三國時代)의 역사를 다룬 정사(正史) 《삼국지(三國志)》의 저자이다. 본래 촉한에서 벼슬하다가 환관(宦官) 황호(黃皓)에게 미움을 받아 쫓겨났으며, 뒤에 서진(西晉)의 사공(司空) 장화(張華)에게 천거되어 다시 관직에 올라 저작랑(著作郎) 등을 역임하였다. 개인적으로 《삼국지》를 편찬하면서 사료(史料)들을 매우 엄격하게 선별하여 다루었으며, 문장도 매우 간결하고 명확하게 표현하여 높은 평가를 받았다. 그러나 역사의 정통을 위(魏)나라에 준 것과 《진서(晉書)》 권82 〈진수열전(陳壽列傳)〉에

또 자신이 공주(公主)에게 장가들었기 때문에 의리상 나라와 함께 행복과 불행을 함께 해야 하므로 몸을 이끌고 물러날 수가 없었을 뿐인데, 다만 나라를 팔아넘긴 자들보다 겨우 나을 뿐이라고 한 것은 남의 큰 절개를 엄폐함에 가깝지 않겠습니까? 회옹의 이른바 '《춘추(春秋)》에서 어진 자에게 완전무결할 것을 요구하는 법을 가지고 제갈첨을 책한 것이니, 이는 각박하지 않다.'[200]라고 말한 것이, 정론(定論)이 될 듯합니다.

진수(陳壽)가 《삼국지》를 편찬하면서 개인의 사사로운 원한으로 제갈량과 그의 아들인 제갈첨을 폄하한 사실과, 위(魏)나라의 문인(文人)이었던 정의(丁儀)의 후손들에게 그의 전기(傳記)를 써 주는 것에 대한 대가를 요구한 일 등으로 후대의 비판을 받았다. '오(吳)나라의 정벌'은 유비가 오나라와의 싸움에서 패하여 죽은 관우(關羽)의 복수를 위해 대군을 이끌고 오나라를 공격한 일을 이르는데, 유비는 이릉(夷陵)의 싸움에서 대패하여 백제성(白帝城)에서 사후(死後)의 일을 제갈량에게 위탁하고 병사하였다. 이때 유비의 오나라 정벌을 만류하기 위해 제갈량이 간한 일이 나관중(羅貫中)이 지은 역사소설인 《삼국지연의(三國志演義)》에는 보이나, 진수의 《삼국지》에는 보이지 않는 바, 매산은 이러한 몇 가지 사실을 가지고 이렇게 말한 것이다.

200 춘추(春秋)에서……않다 : 이 내용은 《회암집(晦菴集)》 권40 〈서(書) 답하숙경(答何叔京)〉에 보이는데, 앞의 주196의 편지와는 다른 편지이다.

이자강에게 줌 기축년[201] 2월 18일

答李子岡 己丑二月十八日

강상 장인(江上丈人)[202]께서 보내신 편지 중에 기일(期日)을 증명할 것이 있기에 원래 보내 주신 편지를 보내 올립니다. 여기의 이른바 '재명(再明)'은 바로 19일입니다. 이날 저녁 모임에 임하시어 정하신 약속을 실천하시기를 간절히 바라고 바랍니다.

별지도 아울러 올리는데, 여기에서 모년(某年)의 의리를 딱 잘라 분변하신 것이 말이 엄하고 의리가 바릅니다. 여기에 이르기를

"만일 강론하여 분명하게 하고자 한다면, 먼저 선세자(先世子)[203]의 마음을 따라 이를 밝히는 것이 가장 좋습니다. 선세자의 당일의 마음

201 기축년(己丑年) : 1829년(순조29)으로, 매산의 나이 54세 되던 해이다.

202 강상 장인(江上丈人) : 영서(穎西) 임로(任魯, 1755~1828)를 이른 것으로 보인다. 본집에서 임로를 흔히 영상 장인(潁上丈人)으로 칭하고 있는데 영(潁)은 원래 중국 하남성(河南省) 등봉현(登封縣)에서 발원하여 회하(淮河)로 흘러 들어가는 강의 이름으로, 임로가 사는 곳을 흐르는 한강의 지류를 이렇게 칭한 것으로 보인다. 임로(任魯)에 대한 자세한 내용은 25쪽 주34 참조.

203 선세자 : 영조의 둘째 아들인 사도 세자(思悼世子)를 이른 것으로, 이름은 선(愃), 자는 윤관(允寬), 호는 의재(毅齋)이다. 이복형 효장 세자(孝章世子)가 요절하자 2세 때 세자에 책봉되었다. 15세인 1749년(영조25)부터 영조의 명으로 대리청정(代理聽政)하다가 당시 집권 세력이던 노론과 반목하여 1762년(영조38) 김한구(金漢耉), 홍계희(洪啓禧), 윤급(尹汲) 등에 의해 모함을 받아 영조에 의해 폐세자(廢世子)가 되고 뒤주에 갇혀 8일 만에 굶어 죽었다. 영조에 의해 사도(思悼)라는 시호가 내려졌고, 아들 정조에 의해 1777년(정조1) 장헌(莊獻)으로 개시(改諡)되었으며, 1899년 다시 장조(莊祖)로 추존되었다

은 오직 죄악을 자신에게 돌려서[204] 행여 성상께 허물이 돌아갈 것을 염려하였으니, 이는 실로 천지의 떳떳한 의리로 머리카락만한 잘못도 용납하지 않은 것입니다. 마땅히 선세자의 마음을 자신의 마음으로 삼아야 비로소 부자(父子)의 윤리에 유감이 없게 됩니다."

라고 하였으니, 이는 의리를 다진 부분이 됩니다.

신사년(辛巳年)[205] 이후에 일어난 상전벽해(桑田碧海)의 온갖 풍파를 하나하나 살펴보건대, 천하에 옳지 않은 부모가 없다는 의리를 체득한 자가 한 사람도 없었는데, 오직 이 어른이 이 이치에 지극하여 말씀한 것이 이와 같으니, 이와 같은 뒤에야 부자(父子)가 된 자들이 안정됩니다.[206] 만약 진실로 이치에 밝고 글을 잘 알지 못한다면 어찌 이렇

204 죄악을 자신에게 돌려서 : 원문의 '특인(慝引)'은 '인특(引慝)'을 바꿔 쓴 것으로 《서경》 〈대우모(大禹謨)〉에 "순 임금이 처음 역산에서 농사지을 적에 밭에 가서 날마다 하늘과 부모를 부르며 죄를 떠맡고 악을 자신에게 돌렸다.〔帝初于歷山, 往于田, 日號泣于旻天于父母, 負罪引慝.〕"라고 보인다.

205 신사년(辛巳年) : 1761년(영조37)으로, 이해 4월에 사도 세자가 영조 몰래 관서지방(평안도)을 여행하고 돌아왔는데, 뒤에 이 일이 세자가 변란(變亂)를 도모하려는 의도가 있었다고 오해되어 이듬해 세자의 죽음에 결정적 원인의 하나로 작용하였다.

206 천하에……되었습니다 : '천하에 옳지 않은 부모가 없다'는 것은 《맹자집주》 〈이루 상(離婁上) 고수지예장(瞽瞍底豫章)〉의 장하주(章下註)에 "순 임금이 고수(瞽瞍)로 하여금 기뻐함에 이르게 한 것은 〈순 임금이〉 어버이 섬기는 도리를 다하여 공손히 자식 된 직분을 하고 부모의 잘못을 보지 않았기 때문일 뿐이다. 옛적에 나중소(羅仲素)가 이것을 말하기를 '다만 천하에 옳지 않은 부모가 없다고 생각하기 때문이다.' 하였다."라고 한 이욱(李郁)의 말을 원용한 것이다. '부자 된 자들이 안정되었다'는 것은 《소학》 〈가언〉에 "나중소는 '고수(瞽瞍)가 기뻐함에 이르자 천하의 부자 된 자들이 안정되었다.'라는 말을 논하여 말하기를, '다만 천하에 옳지 않은 부모가 없다고 여겼기 때문이다.' 하였다.〔羅仲素, 論瞽瞍底豫而天下之爲父子者定云: 只爲天下無不是底父母.〕"라

게 할 수 있겠습니까. 찬탄하는 마음을 금치 못하겠습니다.

채모(蔡某)의 문집(文集)[207] 중의 이른바 〈영남 사우에게 보내는 편지〔與嶺南士友書〕〉는 감히 말할 수 없는 것을 감히 말하고 차마 말할 수 없는 것을 차마 말하여, 바로 계축년(癸丑年)에 올린 소(疏)에 있는 '동호지필(董狐之筆)'[208] 네 글자와 함께 흉악하고 반역하는 심보가 일맥상통하는데, 이는 스스로 직접 심정을 토로한 것입니다. 이 편지가 전파된 것이 이미 여러 해가 되었는데도 온 세상 사람들이 조용한 채 괴이함을 알지 못하여, 매가 새를 뒤쫓아 낚아채는 의리[209]가 적막하게 알려짐이 없으니, 장차 어떻게 천하 후세 사람들의 의혹을 해소시키겠

고 보인다.

207 채모(蔡某)의 문집(文集) : 채모는 체제공(蔡濟恭, 1720～1799)으로 자는 백규(伯規), 호는 번암(樊巖), 본관은 평강(平康), 시호는 문숙(文肅)이다. 1743년(영조 19) 정시 문과에 급제하고 벼슬이 영의정에 이르렀다. 남인의 지도자로 1758년(영조 34) 도승지 시절 영조가 사도 세자를 폐위하라는 전교를 내리자 죽음을 무릅쓰고 이를 철회시켰으며, 후일 사도 세자의 신원을 주장하였다. 문집은 채제공의 문집인 《번암집(樊巖集)》을 이른다. 〈영남 사우에게 보내는 편지〔與嶺南士友書〕〉는 《번암집(樊巖集)》 권36 〈서(書)〉에 두 편이 실려 있다.

208 계축년(癸丑年)……동호지필(董狐之筆) : 이 소는 《번암집》 권26 〈소차(疏箚)〉에 '재화성유영 사영의정소(在華城留營辭領議政疏)'라는 제목으로 실려 있다. 동호지필은 사실(史實)을 왜곡하지 않고 있는 그대로 정직하게 기록함을 이른 말이다. 춘추시대 진(晉)나라의 태사(太史)였던 동호가 권세를 두려워하지 않고 사실을 있는 그대로 직필한 데서 유래한다.

209 매가……의리 : 신하로서 임금에게 무례한 자를 보면 가차 없이 응징해야 하는 의리를 이른다. 《춘추좌씨전(春秋左氏傳)》 문공(文公) 18년 기사의 "임금에게 예를 지키는 자가 있거든, 효자가 어버이를 봉양하는 것처럼 그를 섬기고, 임금에게 무례한 자가 있거든, 매가 새를 뒤쫓아 낚아채듯이 주벌해야 한다.〔見有禮於其君者, 事之如孝子之養父母也, 見無禮於其君者, 誅之如鷹鸇之逐鳥雀也.〕"라는 구절을 원용한 것이다.

습니까.

이제 의혹을 분변하는 책이 나와, 죽어서 손에 가지고 가서 고인들에게 보일 수 있게 됐으니, 세교(世敎)에 있어 큰 다행입니다. 그러나 이를 책 상자 속에 보관하고만 있으니, 또한 어떻게 길을 헤매는 사람들을 불러 일깨울 수 있겠습니까. 오직 우리들이 이 의리를 강론하고 밝혀서 서로 지켜 잃지 아니하여 백대토록 미혹되지 않도록 대비할 뿐입니다.

이자강에게 줌 기축년 2월 27일
與李子岡 己丑二月廿七日

낮에는 주자(朱子)의 글[210]을 읽고 밤에는 노(魯)나라 《논어》를 외우되, 지력(志力)이 미치는 곳마다 마치 도망간 자를 쫓고 불을 끄는 것처럼 급급하게 여겨서 진실로 110근의 숯불로 제련하는 것과 같이 하시니, 금단(金丹)의 소식[211]이 여기에 있습니다. 저처럼 어리석은 자는 유안(劉安)의 닭과 개[212]가 되고자 하나 또한 되지 못하고 오직 이 단약을 찬미하고 감탄할 뿐입니다. 우리 어른께서는 늙을수록 더욱 건장하시고 곤궁할수록 더욱 뜻을 견고히 하시어 학문을 이어 밝혀서 광명함에 이르시기를[213] 더욱 바랍니다.

〈안자불위여우장(顔子不違如愚章)〉[214]의 '퇴(退)'와 '성(省)' 두 글자

210 주자(朱子)의 글 : 원문의 '주서(朱書)'는 주자의 문집인 《주자대전(朱子大全)》을 이르기도 하나, 주로 주자의 편지글을 이르는바, 퇴계 이황이 지은 《주자서절요(朱子書節要)》와 정조(正祖)의 명으로 엮은 《주서백선(朱書百選)》이 대표적인 책이다.

211 금단(金丹)의 소식 : 학문의 경지가 매우 높아짐을 비유한 것으로 보인다. 금단은 신선이 만든다고 하는 장생불사(長生不死)의 영약을 이른다.

212 유안(劉安)의 닭과 개 : 한(漢)나라 회남왕(淮南王) 유안이 신선술을 터득하여 하늘에 오를 적에, 집에 있던 닭과 개도 그릇에 남아 있던 단약(丹藥)을 핥아 먹고 하늘에 올라가서, "개는 천상에서 짖고 닭은 구름 속에서 울었다.〔犬吠于天上, 鷄鳴于雲中.〕"라는 전설이 있으므로 이렇게 말한 것이다. 《論衡 道虛》

213 학문을……이르시기를 : 원문의 '집희우광명(緝熙于光明)'은 학문을 이어서 밝힌다는 뜻으로, 《시경》〈주송(周頌) 경지(敬之)〉에 "날로 나아가고 달로 진전하여 배움을 이어 밝혀서 광명함에 이르고자 한다.〔日就月將, 學有緝熙于光明.〕"라고 보인다.

의 뜻에 대해 중주 장인(中州丈人)[215]께서 "'퇴'는 안자(顔子)에게 해당되고 '성'은 부자(夫子)에게 해당된다."라고 하셨는데, 그대의 훌륭하신 논의를 듣지 못했으니, 평소에 어떻게 보셨습니까? 《주자어류》에는 혹 "부자께서 물러나서 안자의 사생활을 살피셨다."라고 하기도 하고, 혹은 "안자가 물러나서 스스로를 반성한 것이다."라고 하여, 여러 선비들의 설이 분분하게 다투어 정론(定論)이 없으니,[216] 어떻게 하나로 정해지겠습니까.

'퇴이성기사(退而省其私)' 다섯 자를 고요히 궁구해보면 '퇴'와 '성' 두 글자를 나눌 수 없을 듯하니, 두 글자를 만약 모두 부자에게 해당시키지 않으면 마땅히 안자에게 해당시켜야 합니다. 이와 같이 하면 문장이 순한데, 《논어집주》에는 이르기를 "물러간 뒤에 그가 사사로이 거처하는 것을 살펴보니, 일상생활에서 동(動)하고 정(靜)하며 말하고

214 안자불위여우장(顔子不違如愚章) : 《논어》 〈위정(爲政)〉의 제9장을 이른다. 여기에 "내가 안회와 더불어 온종일 이야기를 함에 내 말을 어기지 않음이 어리석은 사람처럼 보이더니, 물러간 뒤의 사생활을 살펴보건대 또한 충분히 발명하니, 안회는 어리석지 않구나.〔吾與回言終日, 不違如愚, 退而省其私, 亦足以發, 回也不愚.〕"라고 하신 공자의 말씀이 보이므로 말한 것이다.

215 중주 장인(中州丈人) : 이직보(李直輔, 1738~1811)로 중주는 그의 호이다. 자는 유종(維宗), 또 다른 호는 돈암(遯庵), 본관은 연안(延安), 시호는 문경(文敬)으로 여호(驪湖) 김양행(金亮行)의 문인이다. 자세한 내용은 49쪽 주87 참조.

216 분분하게……없으니 : 원문의 '취송(聚訟)'은 여러 설(說)이 분분히 서로 다투어 정론(定論)이 없는 것이다. 《후한서(後漢書)》 권35 〈조포열전(曹褒列傳)〉에 "속담에 이르기를 '길옆에 집을 지으면 3년이 걸려도 완성할 수 없고 예(禮)를 따지는 사람이 모인 것을 이름하여 취송이라 한다.〔作舍道邊, 三年不成, 會禮之家, 名爲聚訟.〕' 했다." 하였다.

침묵하는 사이에 모두 충분히 부자의 도를 발명함을 볼 수 있었다."라고 하여 '견(見)' 자를 부자에게 해당시켜 말하였습니다. 그리하여 윗글의 '단견기불위(但見其不違)'의 '견' 자의 뜻과 같이 보셨는데, '견'이란 글자는 '성(省)' 자를 풀이한 것입니다. 그렇다면 '성' 자를 마땅히 부자에게 해당시켜야 함이 의심할 것이 없습니다. 또 '급퇴(及退)' 두 글자는 구두를 끊어 안자에게 해당시켜 보아야 할 듯한데, 어떻게 생각하시는지요?

《논어혹문》의 소주에 호(胡)씨와 장(張)씨[217]의 설을 함께 실었는데, 호씨는 "자리에서 부자를 모시고 있다가 물러난 뒤, 부자께서 그가 한가로이 쉬는 것을 살피셨다.〔及侍坐而退, 夫子察其燕私.〕"라고 하고, 장씨는 "부자께서 물러나셔서 그의 사생활을 살피셨다.〔夫子退而省其私.〕"라고 하여 두 설이 이처럼 같지 않습니다. 그런데도 주자께서 모두 좋다고 하신 것은 어째서입니까? 호씨 설의 '안자가 물러나고 부자께서 살피셨다'고 한 것이 집주와 딱 들어맞으니, 마땅히 이를 따라야 하지 않겠습니까. 부디 잘 생각해 보시기 바랍니다.

217 호(胡)씨와 장(張)씨 : 호씨는 송대의 학자인 호인(胡寅, 1098~1156)으로, 자가 명중(明仲), 시호가 문충(文忠)이다. 호안국(胡安國)의 조카로 그의 양자(養子)가 되었다. 양시(楊時)에게 수학하였으며, 학자들이 치당 선생(致堂先生)이라고 불렀다. 장씨는 장식(張栻, 1133~1180)으로 자는 경부(敬夫) 또는 흠부(欽夫), 호는 남헌(南軒)이며, 시호는 선(宣)이다. 호굉(胡宏)에게 이정(二程)의 학문을 배워, 주희(朱熹), 여조겸(呂祖謙)과 함께 '동남삼현(東南三賢)'으로 불렸다.

이자강에게 줌 기축년 3월 10일

與李子岡 己丑三月之旬

《탁계집(濯溪集)》[218]은 근간에 응당 보셨을 것인데, 월조평(月朝評)[219]으로 정하신 기준이 어떠신지 모르겠습니다. 겨와 쭉정이를 진실로 다 제거하지 못하였고 옥과 티도 서로 가리지 못하였으나, 이 분의 학문은 깊이 나아가 스스로 터득한 실제(實際)가 있어서 귀동냥하고 눈으로만 보는 공부에 비할 바가 아니니, 수사(修辭)가 부족하다고 하여 하찮게 여겨서는 안 됩니다. 폐일언(蔽一言)하면 이 분은 남쪽지방의 고사(高士)입니다.

〈귀신(鬼神)〉과 〈오륜해(五倫解)〉 두 편은 전체 글 중에 미목(眉目)[220]이니, 미호(渼湖)와 늑천(櫟泉)[221] 두 선생의 문하에서 다만 이천

218 탁계집(濯溪集) : 김상진(金相進, 1736~1811)의 문집이다. 탁계는 호이고 자는 사달(士達), 본관은 김해(金海)로, 미호(渼湖) 김원행(金元行)과 늑천(櫟泉) 송명흠(宋明欽)의 문인이다. 1755년(영조31) 생원시에 합격하였으나, 이후 과거를 단념하고 향리에 은거하면서 일생을 주자학에 전심(專心)하였다.

219 월조평(月朝評) : 월단평(月旦評)과 같은 말로 매달 초하루에 행해지는 인물에 대한 비평을 뜻한다. 후한(後漢) 영제(靈帝) 때 여남(汝南)의 명사인 허소(許劭)와 그의 종형제인 허정(許靖)은 매달 초하루에 지방 사람들의 인물을 평했는데, 이 인물평이 정확해서 사람들은 '여남의 월단평'이라고 부르며 높이 평가하였다. 《後漢書 卷68 許劭列傳》 조선조에서는 '단(旦)'이 태조(이성계)의 이름이므로 이를 휘하여 뜻이 같은 '조(朝)'로 바꿔 표기하였다.

220 미목(眉目) : 얼굴에 있어 눈과 눈썹이 가장 중요하므로, 인신하여 여러 인재 가운데에서 가장 뛰어난 사람, 또 여러 가지 중에 가장 중요한 것을 가리킨다.

(伊川) 선생의 얼굴만을 쳐다보고 지낸 것이 아님이 분명합니다. 근세의 위항(委巷)에 어찌 다시 이러한 분이 있겠습니까.

마침 《주자어류》의 제8편을 살펴보니, 여기에 "사람이 백애(白睚)면 성현의 도리를 부지(扶持)하지 못한다.〔人白睚, 不得將聖賢道理扶持.〕"라고 하였는데, 여기의 '백애(白睚)' 두 글자는 상고할 만한 출전(出典)이 있습니까? 이 말은 '사람이 배우지 않으면 마치 맹인(盲人)이 보지 못하여 식견이 없는 것과 같아서 앎을 얻지 못한다.'라는 뜻과 같습니까? 부디 가르쳐 주시기 바랍니다.

속수옹(涑水翁)은 독실하게 배우고 힘써 실천하였으며 깨끗하게 수행하고 절개를 굳게 지켜서 회옹(晦翁)의 인정을 받았는데,[222] 우리들

221 미호(渼湖)와 늑천(櫟泉) : 미호는 김원행(金元行, 1702~1772)의 호이다. 자는 백춘(伯春), 본관은 안동(安東), 시호는 문경(文敬)이다. 도암(陶菴) 이재(李縡)의 문인으로 종조부 농암 김창협(金昌協)의 손자로 입양되었다. 낙론(洛論)을 대표하는 학자로 산림(山林)으로 명망이 높았다. 늑천은 송명흠(宋明欽, 1705~1768)의 호이다. 자는 회가(晦可), 본관은 은진(恩津), 시호는 문원(文元)이며 도암 이재의 문인이다. 학행으로 천거되었으나 벼슬에 나아가지 않고 학문에 전념하다가, 말년에 찬선(贊善)으로 경연관이 되었다.

222 속수옹(涑水翁)은……받았는데 : 속수옹은 북송(北宋) 중기의 명재상인 사마광(司馬光, 1019~1086)으로, 산서성(山西省) 하현(夏縣) 속수향(涑水鄕) 사람이기 때문에 이렇게 칭한 것이며, 회옹(晦翁)은 주자의 호이다. 원문의 '독학역행청수고절(篤學力行淸修苦節)'은 주자가 지은 사마광의 화상찬(六先生畫像贊)에 있는 내용이므로 이렇게 말한 것이다. 주자가 북송의 여섯 거유(巨儒)인 염계(濂溪) 주돈이(周敦頤), 명도(明道) 정호(程顥), 이천(伊川) 정이(程頤), 강절(康節) 소옹(邵雍), 횡거(橫渠) 장재(張載), 속수(涑水) 사마광(司馬光)의 화상에 찬(贊)을 붙였는바, 이를 〈육선생화상찬(六先生畫像贊)〉이라고 한다.

중에 상당수가 마치 돌아볼 것이 없는 것처럼 비난하는 평을 한 것은 매우 송구한 일입니다. 그러나 이는 진실로 책비(責備)[223]의 뜻에서 나온 것이니, 속수옹이 구경(九京 구천(九泉))에서 다시 살아나신다면 또한 응당 싱긋이 미소 지으실 것입니다.

속수옹이 "하늘이 만약 송(宋)나라에 복을 내려주신다면 반드시 이러한 일이 없을 것이다."[224]라고 한 것은 바로 이해(利害)와 화복(禍福)의 밖에 자신을 둔 것이니, 진실로 이치에 밝지 않다면 또한 어찌 이와 같을 수 있겠습니까. 식견이 미치지 못한다고 곧바로 단정하여서는 안 될 듯합니다.

성(誠) 한 가지가 확립됨에 온갖 법도가 모두 성실해진 것이니, 이 때문에 실지(實地)를 밟은 것이나, 다만 신령스러운 예지(叡智)가 부족하여 왕왕 독실한 의논에 지혜롭지 못했던 것입니다. 소강절(邵康節)이 '9푼〔九分〕의 사람에 그쳤다.'라고 평한 것[225]과 정명도가 '사리에

223 책비(責備) : 훌륭한 사람에게 조그마한 잘못도 지적하여 완전무결을 요구하는 것으로, 《신당서(新唐書)》 〈태종기 찬(太宗紀贊)〉에 "《춘추》의 법을 보건대, 현자에게 모든 일을 다 잘하기를 요구한다.〔春秋之法, 常責備於賢者.〕"라고 보인다.

224 하늘이……것이다 : 사마광이 철종(哲宗) 초년에 다시 재상이 되어 왕안석(王安石)의 신법(新法)을 모두 혁파하고 옛 법을 복구하자, 혹자가 이에 대해 화란을 당하지 않을까 걱정하였다. 이에 사마광이 정색을 하고 "하늘이 만약 우리 종사를 도와준다면 반드시 이러한 일이 없을 것이다.〔天若祚宗社, 必無此事.〕"라고 말하였는바, 이를 약간 바꿔서 인용한 것이다. 《宋史 卷336 司馬光列傳》

225 소강절(邵康節)이……것 : 주자가 지은 《송명신언행록(宋名臣言行錄)》 후집 권7 〈사마광온국문정공(司馬光溫國文正公)〉에 보이는 '군실은 9푼의 사람입니다.〔君實九分人也〕'라는 구절을 말한 것인데, 이 말 바로 다음에 '그를 중시함이 이와 같았다.〔其重之如此〕'라는 구절이 있어 이 평은 사마광을 높인 것임을 알 수 있다. 매산은 9푼이란

밝지 못했다.'라고 평한 것은 아마도 이 때문인 듯합니다. 오직 그의 성(誠)을 배워서 종신토록 마음을 다하고 몸을 행하는 요체(要諦)로 삼을 수 있기를 바랍니다.[226]

마침 《이정유서(二程遺書)》를 보니, 정 선생께서 "병아리에게서 인(仁)을 볼 수 있고, 맥을 짚는 것에서 인을 볼 수 있다."라고 하셨는데,[227] 병아리는 깃털이 여리고 부드러워 생의(生意)가 왕성하니 진실로 인을 볼 수 있지만, 맥을 짚는 것에서 어떻게 인을 볼 수가 있습니까?

정자께서 일찍이 이르시기를 "마음은 비유하면 곡식의 종자와 같으니, 생(生)의 성(性)이 바로 인이다."라고 하였습니다.[228] 또 의가(醫家)에서 초목의 열매를 모두 인(仁)이라고 하는데, 씨가 인이 아니라 씨 가운데에 생의 이치가 본래 있어 싹을 틔우는 곳이 바로 인입니다. 곡식의 종자 또한 그러하니, 이 뜻을 미루면 맥을 짚는 것에서 인을

바로 1푼이 모자란 것임에 착안하여 이렇게 말한 것으로 보인다.

226 종신토록……바랍니다 : 이 내용은 주자가 지은 《송명신언행록(宋名臣言行錄)》 후집(後集) 권12 〈유안세 원성선생(劉安世元城先生)〉의 "유충정공(劉忠定公)이 온공(溫公)을 뵙고, 마음을 다하고 몸을 행하는 요체로서 종신토록 행할 만한 것을 묻자, 온공이 '성(誠)일 것이다.'라고 하였다.〔劉忠定公見溫公, 問盡心行己之要可以終身行之者, 公曰: 其誠乎!〕"라는 구절을 원용한 것이다. 유안세는 사마광의 문인이다.

227 정……하셨는데 : 이 내용은 《이정유서(二程遺書)》 권3 〈사현도기억평일어(謝顯道記憶平日語)〉의 "맥을 짚는 것에서 가장 잘 인(仁)을 체인할 수 있고, 병아리를 보면 인을 볼 수 있다.〔切脈最可體仁, 觀鷄雛, 此可觀仁.〕"라는 구절을 약간 바꿔서 인용한 것이다. 정 선생은 명도(明道) 정호(程顥)를 이른다.

228 정자께서……하였습니다 : 이 내용은 《이정유서(二程遺書)》 권18 〈유원승수편(劉元承手編)〉에 그대로 보인다. 정자는 이천(伊川) 정이(程頤)를 이른다.

볼 수 있음을 가지고 생의 이치가 관통됨을 증험할 수 있습니다. 평소에 어떻게 보셨습니까?

이자강에게 답함 기축년 6월 5일
答李子罔 己丑六月五日

출망(出亡 행방불명)은 폐질(廢疾)과 다르니, 축문은 실로 짓기가 어려운 것이 진실로 말씀하신 바와 같으나, 승중(承重)[229]에 관한 한 구절은 감히 억지로 판가름할 수가 없습니다. 출망하여 밖에 있는 자는 생사(生死)가 분명하지 않은데, 조상의 영령(英靈)에 고유하고 아들이 출망한 아버지를 대신하여 참최복(斬衰服)을 입는 것은 마땅히 어렵게 여기고 신중하게 처리해야 할 듯합니다.

아버지가 비록 집에 계시지 않더라도 손자가 대신하여 상을 주관한다면 절로 예에 어긋나지 않을 수 있는데, 어찌 굳이 대신 복을 입은 뒤에야 옳겠습니까. 승중은 할아버지가 생전에 명이 있었으면 괜찮지만 할아버지의 명이 없었다면 불가합니다. 만일 할아버지의 명이 없었다면 종백(宗伯 예조 판서)에게 고하여 한결같이 조정의 처분에 따라야 하니, 우옹(尤翁)께서 민씨 집안에 권고한 것[230]처럼 하는 것이 옳을

229 승중(承重) : 상제(喪祭)의 중함을 이어 받는다는 뜻으로, 적자(嫡子)가 질병이 있거나 사망했을 경우에 적손(嫡孫)이 바로 조부를 계승함을 이른다. 조부의 입장에서는 전중(傳重)이라고 한다.

230 우옹(尤翁)께서……것 : 우옹은 송시열(宋時烈)의 호가 우암(尤菴)이므로 그를 높여 부른 것이고, 민씨 집안은 민업(閔業, 1605~1671)의 집안을 이른다. 민업이 별세하였는데, 그의 아들 민세익(閔世益)이 정신병을 앓고 있어, 박세채(朴世采)・송시열에게 의견을 구하자, 우암이 이 일이 변례(變禮) 중에서도 큰 것이므로 예조에 아뢰어 조정의 처분을 청하라 하였으나, 예조에서 이를 받아들이지 않았다. 이에 민세익의 아들 민신(閔愼)을 세워야 한다고 주장하여 민신이 아버지 대신 참최복을 입었는데,

듯합니다. 할아버지의 명도 없고 군주의 명도 없는데, 자기 마음대로 스스로 참최복을 입는다면 쉽게 취송(聚訟)[231]을 불러들여 의견들이 서로 어긋나서 말하기가 어려울 것입니다.

손자가 상(喪)을 대행하게 될 경우의 조사(措辭 축문)는 마땅히 "효자 아무개는 상을 주관할 수가 없어 아들 아무개로 하여금 대신하게 합니다."라고 하여야 옳을 듯합니다. 단지 "상을 주관할 수가 없다."라고 말하는 것은 거의 말이 되지를 않으나, 그렇다고 그 아래에 출망 두 글자를 쓸 수는 없으니, 또한 어쩔 수가 없습니다.

《정지(鄭志)》에서 논한 '천자와 제후의 상에는 모두 참최복을 입는다.'라는 말[232]은, 여러 손자들이 할아버지의 복으로 입지 않고 군주의 복으로 입기 때문에 승중(承重)하였느냐 아니냐를 따지지 않고 모두 삼년복을 입는 것이니, 승중하였기 때문에 참최복을 입는 것이 아닙니다. 사서인(士庶人)은 이와 달라서 다만 마땅히 자신에게 해당되는 복을 입고 상을 대행할 뿐이니, 주자께서 논한 것이 천자로부터 서인에 이르기까지 공통된 예가 됨을 볼 수 없습니다.[233]

뒤에 영돈녕부사(領敦寧府事) 김우명(金佑明)이 이 일에 대해 경연(經筵)에서 조사할 것을 청하여, 민신은 결국 유배되었다. 《顯宗實錄 14年 9月 9日, 17日》《肅宗實錄 卽位年 10月 15日》

231 취송(聚訟) : 여러 설(說)을 가지고 분분히 서로 다투어 정론(定論)을 내리지 못함을 이르는바, 자세한 내용은 314쪽 주216 참조.

232 정지(鄭志)에서……말 : 《정지》는 정현(鄭玄)의 손자로 삼국 시대 위(魏)나라의 시중(侍中)을 지낸 정소동(鄭小同)이 정현이 제자들과 문답한 경학에 대한 논설을 모아 편찬한 책이다. 이 내용은 《정지》 권하(卷下)에 보인다.

233 주자께서……없습니다 : 남송의 황제 효종(孝宗)의 서거(逝去)에 광종(光宗)이 병이 있자 아들인 영종(寧宗)이 즉위하여 아버지 대신 상주가 되어 초상을 주관하였는

출망과 폐질이 비록 똑같지 않으나, 죽음으로 처리하지 않는 것은 똑같습니다. 비정상적인 일을 당하여도 그 상도(常道)를 잃지 않는 것이 허물을 줄이는 일이 되는데, 어떻게 해야 할지 모르겠습니다.

데, 이때 주자가 〈걸토론상복차자(乞討論喪服箚子)〉를 올려 삼년상을 입어야 한다고 건의하니, 영종이 그 말을 따라 삼년상을 입었는바, '주자께서 논한 것'은 바로 이 차자에서 말한 내용을 이른다.《晦菴集 卷14 奏箚》 그러나 이것은 제왕(帝王)이기 때문에 삼년복을 입은 것이어서 일반 사서인(士庶人)까지 통행되어서는 안 되므로 공통된 예가 됨을 볼 수 없다고 말한 것이다.

이자강에게 줌 기축년 8월 18일

與李子岡 己丑八月十八日

마침 《국어(國語)》[234]를 보니, 초(楚)나라에 신명(申鳴)[235]이란 선비가 있었는데, 아버지를 봉양하느라 벼슬하지 않다가, 뒤에 초나라 재상이 되었습니다. 백공(白公)이 난을 일으키자, 신명이 아버지에게 하직하고 적(敵)을 향해 진격하였는데, 백공이 그 아버지를 잡아다가 포로로 삼았습니다. 신명이 울면서 말하기를 "내가 효자가 되지 못했으니, 마땅히 충신이라도 되어야 한다." 하고는, 북채를 잡고 군대를 독려하여 백공을 죽였는데, 이때 그 아버지 또한 살해되었습니다.

신명의 입장이 된다면, 역적을 놓아주면 나라가 반드시 위태로워지고 역적을 토벌하면 어버이가 반드시 죽게 되니, 군주와 어버이는 바로

234 국어(國語) : 춘추 시대(春秋時代) 8개 나라의 역사를 나라별로 편찬한 사서(史書)로, 주어(周語) 3권, 노어(魯語) 2권, 제어(齊語) 1권, 진어(晉語) 9권, 정어(鄭語) 1권, 초어(楚語) 2권, 오어(吳語) 1권, 월어(越語) 2권으로 되어 있다. 주(周)나라 좌구명(左丘明)이 《춘추좌씨전(春秋左氏傳)》을 쓰기 위하여 각국의 역사를 모아 찬술(撰述)한 것이라고 하나, 후대의 많은 학자들은 이를 부정하고 있다.

235 신명(申鳴) : ?~기원전 479. 춘추 시대 초나라 혜왕(惠王) 때의 대부(大夫)이다. 왕이 여러 번 불렀으나 아버지에게 효성을 다하기 위해 조정에 나아가지 않았는데, 이 사실을 안 아버지가 벼슬하기를 바라자 나아가 재상이 되었다. 백공(白公)은 초나라의 공자(公子)인 승(勝)이다. 그가 난을 일으키자, 신명이 군대를 이끌고 토벌하러 나갔는데, 백공이 신명의 아비를 인질로 잡고 동맹할 것을 강요하였다. 신명이 이를 거부하고 곧바로 공격하여 백공을 죽였으나, 자신의 아비 또한 피살되었다. 혜왕이 상을 주려 하자 충효를 다하지 못한 것을 탄식하고 자결하였다. 《韓詩外傳 卷10》

일체인데, 충과 효를 모두 온전히 할 수가 없습니다. 그렇다면 차라리 효를 버리고 충을 온전히 해야 합니까? 마땅히 충을 버리고 효를 온전히 해야 합니까? 불충은 곧 불효이니, 어떻게 하면 정도(正道)를 얻을 수 있습니까?

정자(程子)께서 조포(趙苞)가 급하게 싸워 어머니를 죽게 했던 것을 그르다고 하셨으니,[236] 이 의리를 미루어 보면 신명 또한 아버지를 살릴 방도를 찾아야 했고 대번에 싸워서는 안 되었던 것입니까? 조포는 한 군(郡)의 관리였으니, 한 번 오랑캐를 막느냐 막지 못하느냐에 조국(祖國)의 안위가 달려 있는 것이 아니지만, 백공에 있어 신명의 경우는 사직의 존망이 이 한 거조(擧措)에 달려 있었으니, 사기(事機 일의 가장 중요한 기틀)의 급박함이 한 올의 머리카락도 용납될 틈이 없었습니다. 오직 국가만을 위하여 집안을 잊고 공정(公正)함을 위하여 사정(私情)을 잊어야 할 뿐입니다.[237] 아버지가 만일 자신 때문에 죽임을 당하였다면, 맡은 바의 공사(公事)를 끝낸 뒤에 스스로 죽어서 자정(自靖)[238]하

236 정자(程子)께서……하셨으니 : 이 내용은 《이정유서(二程遺書)》 권24 〈추덕구본(鄒德久本)〉에 보인다. 조포(趙苞, ?~178)는 후한(後漢)의 장수로 자는 위호(威豪)이다. 요서 태수(遼西太守)로 선비족(鮮卑族)의 침략을 방어하였는데, 선비족이 조포의 어머니와 처자를 납치하여 인질로 삼아 위협하자, 조포가 어머니에게 황제의 신하로서 사사로운 정 때문에 충의를 훼손시킬 수 없다고 울며 말하자, 어머니가 오히려 충절을 버려서는 안 된다고 독려하였다. 이에 조포가 선비족을 공격하여 대파하고, 어머니와 처자의 시신을 수습하여 고향으로 돌아와 장례를 치르고는 피를 토하고 죽었다. 《後漢書 卷81 獨行列傳》

237 국가만을……뿐입니다 : 이 내용은 전한(前漢)의 명신 가의(賈誼)가 문제(文帝)에게 올린 〈진정사소(陳政事疏)〉에 보인다. 《漢書 卷48 賈誼傳》

238 자정(自靖) : 스스로 분의(分義)에 맞게 처신하여 지조를 지킴을 편안하게 한다

는 것이, 살아있는 효〔活孝〕가 될 것입니다.

신명의 구경법(究竟法 가장 좋은 방법)이 어떠한지는 자세히 알 수 없으나, 저 오삼계(吳三桂)[239]와 같은 자는 처음에는 신명의 행위와 같았으나 끝내 충과 효를 모두 잃음을 면치 못하여, 법과 의리의 주벌을 피하지 못하였습니다. 한 번 제대로 죽기가 어려움이 이와 같단 말입니까? 정밀한 의리를 듣기 원합니다.

는 뜻으로, 《서경(書經)》〈미자(微子)〉편에 "스스로 의리에 편안하게 하여 사람마다 스스로 자신의 뜻을 선왕에게 바친다.〔自靖, 人自獻于先王.〕"라고 보인다.

239 오삼계(吳三桂) : 1612~1678. 명말 청초의 무장으로 자는 장백(長白)이다. 1644년 틈왕(闖王) 이자성(李自成)이 북경으로 쳐들어 와 성이 함락되니, 숭정제(崇禎帝)가 자살하였다. 이때 오삼계가 산해관의 진장(鎭將)으로 청나라 군대를 방어하고 있었는데, 틈왕이 오삼계의 부친으로 하여금 항복할 것을 설득하게 하였으나 오삼계는 이를 거절하고 청군과 결탁하여 틈왕을 격퇴시켰는데, 부친과 가족은 모두 틈왕에게 살해되었다. 오삼계는 이후 중국 정벌에 혁혁한 공을 세워 1662년 청나라로부터 운남(雲南)을 봉지로 평서친왕(平西親王)에 봉해져 광동(廣東)의 상가희(尙可喜), 복주(福州)의 경정충(耿精忠)과 함께 삼번(三藩)으로 불리며 거의 독립국가의 체제를 유지하였다. 1673년(강희12) 강희제(康熙帝)가 삼번 철폐의 명을 내리자, 상가희·경정충과 함께 반란을 일으켜 1678년 형양(衡陽)에서 주(周)나라를 세우고 황제에 올랐으나 바로 병사하였다. 손자 오세번(吳世璠)이 뒤를 이어 제위에 올랐으나, 1681년 청나라에 의해 멸망되었다. 《淸史 卷235 吳三桂列傳》

이자강에게 답함 기축년 선달 4일

答李子岡 己丑臘月四日

하문(下問)하신 '담월(禫月 담제를 지내는 달)에 길제(吉祭 정제(正祭))를 지낸 뒤에 합독(合櫝)[240]한다'는 한 구절은 우러러 훌륭하신 뜻을 모두 잘 알았습니다. 합독은 바로 순수하게 길(吉)한 예입니다. 그러므로 담월에 길제를 지내더라도 아직 배식(配食)할 수가 없어서 한 달이 지나고 나서 소뢰(小牢)로써 배식하는 것입니다. 근재(近齋)[241]의 설이 일리(一理)가 없는 것은 아니지만, 이미 우옹(尤翁 우암)의 정론이 있으니, 그렇다면 근재의 설을 버리고 우옹의 설을 따르는 것이 옳을 듯합니다.

명나라의 학자인 만사동(萬斯同)이 '유미배(猶未配)' 세 글자에 대해 이르기를 "다만 여러 조상들을 합제(合祭)하기만 하고 새로 사망한 분을 배식하지 않는 것이니, 어찌 자손이 상을 벗는 일 때문에 조고(祖考)와 조비(祖妣)를 버리고 배식하지 않을 리가 있겠는가."라고 하였는

240 합독(合櫝) : 부부의 신주(神主)를 한 독(櫝) 안에 모시는 것을 이른다. 독은 신주를 담아 두는 나무로 만든 상자이다.

241 근재(近齋) : 매산의 스승인 박윤원(朴胤源, 1734~1799)의 호로, 자는 영숙(永叔), 본관은 반남(潘南)이다. 1792년 학행으로 천거되어 선공감 감역(繕工監監役)에 임명되었으나 사퇴하였으며, 1798년 원자를 위하여 강학청이 설치되자 서연관에 임명되었으나 역시 거절하여, 평생 벼슬하지 않고 학문 연구에 전념하였다. 그는 김창협(金昌協), 이재(李縡), 김원행(金元行)의 학통을 계승하였으며, 다시 문하의 홍직필에게 전수해 신응조(申應朝), 임헌회(任憲晦), 조병덕(趙秉德) 등으로 이어지는 조선 후기 성리학의 중요한 학파를 형성하였다.

데,[242] 이 말이 의(義)에 어떠한지를 알지 못하겠습니다.

길제를 지낸 뒤에 만약 곧바로 합독하지 않는다면 일의 형편상 고비(考妣)의 신주를 장차 동서(東西) 쪽의 벽에 다시 봉안(奉安)해야 할 터인데, 협제(祫祭)를 지내고 바로 정감(正龕)에 들이지 않는다면 또한 매우 온당치 못한 일이니, 우옹의 말씀을 따르는 것이 허물을 줄이는 일이 될 것입니다. 비록 곧바로 합독하더라도 소(疏)에서 '담제를 지낸 다음 달이 되어서야 비로소 평상의 생활로 돌아간다.'라고 하였으니,[243] 이것이 바로 공자께서 '한 달만 더 넘기고 노래했더라면 좋았을 것이다.'라고 말씀하신 뜻[244]입니다. 병으로 생각이 혼매(昏昧)해져서

242 만사동(萬斯同)이……하였으니 : 이 내용은 청(淸)나라 서건학(徐乾學, 1631~1694)이 지은《독례통고(讀禮通考)》권51〈상의절14(喪儀節十四)〉의 주석에 보인다. 만사동(1638~1702)은 청나라 강희제 때의 재야학자로 자는 계야(季野), 호는 석원(石園)이다. 학문이 깊고 명나라의 사실(史實)에 밝았으나 벼슬에 뜻이 없어 박학홍사과(博學鴻詞科)로 천거되었으나 벼슬길에 나가지 않았고, 청왕조(淸王朝)의《명사고(明史稿)》편찬에 초빙되자, 녹봉과 직위가 없는 서민의 신분으로 명사관총재(明史館總裁)의 고문이 되어, 각 편찬관이 쓴 원고를 통일하여《명사고》편찬에 큰 공적을 남겼다.

243 소(疏)에서……하였으니 : 소는 공영달(孔穎達)의 소를 이른다.《예기》〈간전(間傳)〉에 "또다시 기년에 대상을 지내니, 흰 명주베로 흰 관〔縞冠〕을 만들고, 삼베로 심의(深衣)를 만들고 한 달을 사이하여 담제를 지내니, 담제에는 섬관(纖冠)을 쓰고 패물을 차지 않는 것이 없다.〔又期而大祥, 素縞、麻衣, 中月而禫, 禫而纖, 無所不佩.〕"라고 하였는데, 소에 "담제를 지낸 다음 달이 되어서야 비로소 평상의 생활로 돌아간다.〔禫之後月, 乃得復平常.〕"라고 하였다.

244 공자께서……뜻 : 이 내용은《예기》〈단궁 상(檀弓上)〉에 "노(魯)나라 사람이 아침에 대상제(大祥祭)를 지내고 저녁에 노래하는 자가 있었는데, 자로(子路)가 이것을 비웃자 부자(夫子)께서 말씀하시기를 '유야! 너는 남을 책망함이 끝내 다함이 없구나. 3년의 상도 이미 오래이다.' 하셨다. 자로가 나가자, 부자께서 말씀하시기를 '더

제대로 이해하지 못하고 바쁜 중에 대략 대답하느라 그 대의(大義)만을 말하였으니, 어떻습니까?

《외재집(畏齋集)》[245]을 삼가 빌려 올렸는데, 잘 도착했는지 살펴 주시기 바랍니다. 옛일을 논하는 자들이 이르기를 "이 어른의 3대(三代)는 문장은 윗대가 낫고 명절(名節)은 아랫대가 낫다."라고 하니,[246] 이 말이 그럴 듯하나, 택옹(澤翁)이 혼조(昏朝)의 금용(金墉)의 세상을 만나 주역 점을 쳐 대과괘(大過卦)의 상사(象辭)를 얻고서 홀로 서서 두려워하지 않았으며,[247] 관과 신발이 뒤집어지는 병자년과 정축년의

많이 할 것이 있겠는가? 한 달만 더 넘기고 노래했더라면 좋았을 것을.' 하셨다.〔魯人, 有朝祥而莫歌者, 子路笑之, 夫子曰: 由, 爾責於人, 終無已夫? 三年之喪, 亦已久矣夫! 子路出, 夫子曰: 又多乎哉? 踰月則其善也.〕"라고 보인다.

245 외재집(畏齋集) : 이단하(李端夏, 1625~1689)의 문집으로 외재는 그의 호이다. 자는 계주(季周), 본관은 덕수(德水), 시호는 문충(文忠)이며, 택당(澤堂) 이식(李植)의 아들이고 우암 송시열의 문인이다. 1662년(현종3)에 증광 문과에 급제하고 벼슬이 좌의정에 이르렀다. 문장에 뛰어나 《현종개수실록》의 편찬에 참여하였고 조선 후기를 대표하는 경학자로 꼽힌다.

246 옛일을……하니 : 이 어른은 외재 이단하를 이르고, 3대는 이단하와 그의 아버지인 택당 이식, 이단하의 아들로 김제 군수를 지낸 이심(李蕁)과 찰방을 지낸 이자(李菑)를 이른다. 《睡谷集 卷13 先季父議政府左議政府君行狀》

247 택옹(澤翁)이……않았으며 : 혼조(昏朝)는 광해군을 이르고 금용(金墉)은 인목대비를 서궁(西宮)에 유폐시킨 일을 말한다. 금용은 본래 중국 하남성(河南省) 낙양현(洛陽縣)의 서북쪽에 있는 성(城)의 이름으로, 삼국 시대 위(魏)나라 명제(明帝)가 여기에 성을 쌓고 성안에 서궁(西宮)을 두었는데, 그 뒤 가평(嘉平) 6년(254)에 훗날 진(晉)나라의 경제(景帝)로 추존된 사마사(司馬師)가 위주(魏主)인 조방(曹芳)을 여기에 유폐시켰고, 뒤에 진(晉)나라의 양후(楊后), 민회태자(愍懷太子), 가후(賈后)가 모두 여기에 유폐되었다. 《讀史方輿紀要 河南 河南府 洛陽縣》 택당 이식은 계축옥사(癸丑獄事)가 일어나자 여강(驪江)에 물러나 있었는데, 화가 자신에게도 미칠 것을

호란(胡亂)를 당하여 망국의 대부라고 칭하며 종신토록 실(室)을 비웠으니,[248] 여기에서 안으로 수양함이 참됨을 볼 수 있습니다. 어찌 큰 명절(名節)이 아니겠습니까.

천한 이 몸의 평상복은 바로 소매가 넓은 주의(周衣 두루마기)였는데, 조정의 금령(禁令)이 있다는 말을 들은 뒤로 세속에서 말하는 중치막(中赤莫)[249]으로 당장 바꿔 입었습니다. 그러나 이 또한 늙은이가 몸을 가리기에 적당하지 못하므로 빨리 행의(衧衣)를 만들어 입고자 하였으나, 일이 갑작스러워 장만하지 못하였습니다.

이른바 '행의'라는 것은 비록 예경(禮經)에는 보이지 않으나 선현(先賢)들이 입으신 것이고, 그 만드는 방법은 도포(道袍)의 한 쪽 폭을 제거한 것입니다. 지금 대신(大臣)의 상주(上奏)로 인하여 흰옷을 거

염려하여 주역 점을 쳐 보니, 택풍(澤風) 대과괘(大過卦)의 '홀로 서서 두려워하지 않으며, 세상을 피하여 은둔하여도 근심하지 않는다.〔獨立不懼, 遯世无悶.〕'라는 상사(象辭)를 얻고는, 이에 당호를 택풍당으로 짓고 계속 은둔하였으므로 이렇게 말한 것이다.《宋子大全 卷203 澤堂李公諡狀》

248 관과……비웠으니 : 이 내용 또한 우암이 지은 〈택당이공시장(澤堂李公諡狀)〉에 "병자호란 이후에는 항상 죄인으로 자처하였고, 남한산성에서 노모(老母)를 찾아 산골에 들어갔을 적에는 자제들에게 말하기를 '나는 망국의 대부로서 처신을 상제(喪制)와 같이 하고 싶으나, 노친(老親)이 계셔서 그렇게 못한다.' 하였다. '종신토록 실(室)을 비웠다는 것'은 죄인으로 자처하여 평생 동안 처첩(妻妾)을 가까이 하지 않았음을 말한 것이다.

249 중치막(中赤莫) : 조선 시대에 사인(士人) 계급에서 착용하던 직령포(直領袍)로 소창옷 위에 덧입었는데, 넓은 소매에 길이는 길고 앞은 두 자락, 뒤는 한 자락이며 옆은 무가 없이 터져 있다. '赤'은 음이 치이다. 무는 윗옷의 양쪽 겨드랑이 아래에 대는 별도의 폭을 이른다.

듭 금했으나, 고자(孤子)가 집안을 맡았을 적에는 갓과 옷에 채색비단으로 선을 둘러 장식하지 못하니,[250] 우리와 같이 종신(終身)의 근심[251]이 있는 자들은 이것을 바꿀 만한 이치가 없을 듯합니다. 훌륭한 가르침을 듣기를 원합니다.

250 고자(孤子)가……못하니 : 이 내용은 《예기》 〈곡례 상(曲禮上)〉에 그대로 보인다. 고자는 아버지의 상중(喪中)에 있는 사람이 자기를 이르던 일인칭 대명사이다. 《예기》 〈잡기(雜記)〉에는 "초상(初喪)에는 애자(哀子)라 칭한다." 하였으나, 《가례(家禮)》에는 부친의 상에는 고자, 모친의 상에는 애자라 칭하며, 졸곡 안에 부모가 모두 별세했을 때에는 고애자(孤哀子)라 칭한다 하였다.

251 종신(終身)의 근심 : 부모의 상(喪)을 당한 것을 이른다. 《예기》 〈단궁 상(檀弓上)〉에 "상은 3년을 한계로 삼으니, 장례가 끝나더라도 잊지 못한다. 그러므로 군자는 종신의 근심은 있고 하루아침의 근심은 없다. 이 때문에 기일(忌日)에 풍악(風樂)을 울리지 않는 것이다.〔喪, 三年以爲極, 亡則弗之忘矣, 故君子有終身之憂, 而無一朝之患, 故忌日不樂.〕"라고 보인다.

이자강에게 답함 경인년[252] 윤월 7일

答李子岡 庚寅閏月七日

아무개의 문자(文字)[253]는 나올수록 더욱 악독하여 우리 해동(海東)의 유현(儒賢)인 여러 노선생들께서 모두 무멸(誣衊 사실을 날조하여 무함함)을 받았으니, 이는 비단 세상을 함께하고 있는 제현(諸賢)들만이 매살(埋殺 파묻어 죽임)을 당한 것이 아닙니다. 유자(儒者)들이 그에게 무엇을 잘못하였기에 반드시 독서종자(讀書種子)[254]를 진멸(殄滅)시키고

252 경인년(庚寅年) : 1830년(순조30)으로, 매산의 나이 55세 되던 해이다.

253 아무개의 문자 : 심노숭(沈魯崇, 1762~1837)이 지은 《효전산고(孝田散稿)》를 이른 것으로 보이는데, 대략의 내용이 《순조실록》 윤 4월 9일의 "성균관 유생이 권당하여 사복시 판관 심노숭을 탄핵하는 글을 올리다."라는 기사에 보인다. 심노숭은 자가 태등(泰登), 호가 효전(孝田), 본관은 청송(靑松)이며 일환재(一丸齋) 심낙수(沈樂洙)의 장남이다. 1790년(정조14) 증광 진사시에 합격하고 참봉으로 출사하였는데, 1801년(순조1) 노론 벽파가 정권을 장악하자 노론 시파의 핵심 인물이었던 부친 심낙수는 관직이 추탈되었고, 심노숭도 경상도 기장현(機張縣)으로 유배되었다. 1806년 정순왕후의 승하 이후로 벽파정권이 무너지자 해배되고 벼슬이 사복시(司僕寺) 판관에 이르렀는데, 성균관 유생들의 탄핵으로 전라도 부안(扶安)으로 유배되었다. 《효전산고》는 6년간의 유배 중에 지어졌는데 여기에서 심노숭은 인조반정 후 계속된 벌열(閥閱)과 사림의 결탁, 성리학의 정치수단화에 대해 날카롭게 비판하였다.

254 독서종자(讀書種子) : 책을 읽어 학문하는 사람을 이르는 말로, 남송(南宋)의 학자인 나대경(羅大經)이 지은 《학림옥로(鶴林玉露)》에 "한(漢)나라의 두 분 헌왕(獻王)이 모두 책을 좋아하였으니, 나라가 전해진 것이 모두 가장 오래 되었다. 사대부 집안에 독서종자를 끊어지게 할 수 있겠는가.〔漢二獻皆好書, 而其傳國皆最遠. 士大夫家, 可使讀書種子衰息乎?〕"라고 한 데서 유래하였다. 헌왕은 전한(前漢)의 하간헌왕(河間獻王)과 후한(後漢)의 동평헌왕(東平獻王)을 이른다.

자 하니, 아! 참으로 심합니다.

그 사람의 아비도 일찍이 "사류(士類)는 나라를 해치는 도끼이다."라고 하여, 선조(先朝)에게서 통렬히 배척을 당한 자이니, 이 내용이 〈건릉지(健陵誌)〉에 실려 있어서[255] 상고하면 알 수 있습니다. 대를 이어 악독한 짓을 함이 어찌 이렇게 지극한 지경에 이른단 말입니까. "죄를 성토(聲討)할 만한 적당한 사람이 없는 것이 아닌데, 모두 무관심하여 호응하는 자가 없다."라고 말씀하시니, 여기에서 또한 세도(世道)가 어떠한지를 알 수 있습니다.

우연히 자양사(紫陽史)[256]를 살펴보건대, 원위(元魏)의 효문제(孝文帝)가 풍후(馮后)에게 효성을 지극히 하여, 풍후가 죽었을 적에 5일간을 먹지 않고 삼년상을 치렀으니,[257] 모두 천성(天性)에서 나온 것

255 그……있어서 : 선조(先朝)는 정조(正祖)를 이르고, 건릉지(健陵誌)는 정조의 능인 건릉(健陵)의 지문(誌文)으로, 석재(碩齋) 윤행임(尹行恁)이 편저한 것이다. 1800년(정조24) 왕이 승하하자 건릉에 장사지내고 순조 때 윤행임에게 명하여 지문을 짓게 하고 정서하여 현궁(玄宮)에 묻게 하였는데, 《석재집》 권17 〈금석수록(金石隨錄)〉에 실려 있다. 앞의 내용은 건릉지에 "일찍이 어떤 자가 말하기를 '사류(士類)는 나라를 해치는 도끼입니다.〔士類, 國之戕斧者.〕' 하였다."라고 보이나, 누구인지 밝히지 않았는데, 심노숭의 부친인 심낙수(沈樂洙, 1739~1799)를 이른 것이다. 심낙수는 자가 경문(景文), 호가 일환재(一丸齋), 본관이 청송(靑松)이다. 1775년(영조51) 식년문과에 장원으로 급제하고 벼슬이 제주 목사에 이르렀다. 노론 시파의 선봉장으로 노론 벽파를 공격하였기 때문에 사후(死後) 신유사옥(辛酉邪獄) 때 관작이 추탈되었다가 1806년(순조6) 벽파정권이 무너지자 신원되었다.

256 자양사(紫陽史) : 주자가 지은 역사책인 《자치통감강목(資治通鑑綱目)》을 이른다. 자양은 주자의 별호이다.

257 원위(元魏)의……치렀으니 : 이 내용은 《자치통감강목》 권28 북위(北魏) 태화

이요 억지로 한 것이 아닙니다. 그의 자질이 순수하고 아름다워 삼대(三代)[258] 이후로 중국의 여러 임금들 중에 다시 이런 임금이 있지 않습니다.

다만 풍후가 은밀히 짐독(鴆毒)을 써서 군주인 탁발홍(拓跋弘)이 제 명에 죽지 못했으니,[259] 효문제에게 있어서는 불공대천의 원수인데, 효성을 다 바친 것은 이 사실을 알지 못해서 그런 것입니까? 아니면 이를 알면서도 자식은 어미를 원수로 삼을 수 없다는 의리를 알아서 그런 것입니까? 풍후가 이미 거리낌 없이 음란하였으니 부부의 의리가 끊어진 것이고, 이어서 시역(弑逆)을 행했으니 모자의 은혜가 단절된 것인데,[260] 이와 같은 자를 어찌 모후(母后)로 처우(處遇)하여 자식의 본분(本分)을 다할 것을 생각했단 말입니까?

(太和) 14년(490) 기사에 보인다. 원위는 북위(北魏)를 이르며 효문제(孝文帝, 467~499)는 북위의 일곱 번째 황제인 탁발굉(拓拔宏)으로, 낙양에 도읍하고 성을 원(元)으로 바꿨으므로 원위라고 한 것이다. 효문제는 471년에 아버지 헌문제(獻文帝, 454~476)가 태상황으로 물러나면서 5세의 나이로 즉위하였다. 풍후(馮后)는 헌문제의 부황(父皇) 문성제(文成帝)의 황후인 문명태후(文明太后)로 헌문제 때 정권을 농락했던 재상 을혼(乙渾)을 제거하고 정권을 잡았으며, 헌문제를 강요하여 제위를 효문제에게 양위하게 하고 자신이 수렴청정하다가 490년에 세상을 떠났다.

258 삼대(三代) : 고대 중국의 하(夏)·은(殷)·주(周) 세 왕조를 이르는 말로, 정치와 교육이 가장 융성했던 시대이다.

259 풍후가……못했으니 : 이 내용은 《자치통감강목》 권27 북위 연흥(延興) 5년(476) 기사에 보인다. 탁발홍(拓跋弘)은 효문제의 부황(父皇) 헌문제의 본명이다.

260 풍후가……것인데 : 문성제(文成帝)의 황후인 풍후는 헌문제를 직접 낳지는 않았지만 모자의 관계로 맺어졌고 손자 효문제는 직접 양육하였다. '거리낌 없이 음란하였다'는 것은 풍후가 상서(尙書) 이부(李敷)의 아우인 이혁(李奕)을 총애하여 사통(私通)한 것을 가리키며, '시역(弑逆)을 행했다'는 것은 헌문제를 독살한 것을 가리킨다.

주자께서 일찍이 무조(武曌)[261]의 일을 논하여 "당나라 황실의 입장으로 말하면 측천무후(則天武后)를 마땅히 죽여야 하나, 중종(中宗)의 입장에서 말하면 중종은 바로 그의 아들이니, 재상과 대신들이 오늘 그 어머니를 죽이고 명일에 어떻게 서로 얼굴을 마주하겠는가."라고 말씀하신 것[262]은, 바로 천리(天理)와 인정(人情)에 당연한 것입니다.

그러나 군주 탁발홍은 풍후가 낳은 아들이 아니고 생육(生育)한 은혜도 없으니, 그렇다면 그 자식을 세우고 그 어머니를 죽였다는 혐의를 받을 것이 없습니다. 북위의 대신들이 종묘에 이를 고유하고 조종(祖宗)의 명을 칭하여 주벌하는 것이 의(義)에 의거하고 예(禮)로 헤아려 봄에 정도(正道)를 얻는 것이 될 듯합니다. 평소 어떻게 생각하셨는지 모르겠습니다.

무조는 중종을 낳아준 어머니이고 또 중종을 죽이고 않고 폐위시켰을 뿐입니다. 그러므로 회옹(晦翁 주자)께서 남헌(南軒 장식(張栻))의 주장을 따르지 않으신 것은 당연합니다. 그러나 만약 무조가 풍후처럼 중종을 시해했다면 당나라의 신민(臣民)들이 무조를 어떻게 조처하는 것이 마땅하겠습니까? 정밀한 의리를 듣기를 원합니다.

261 무조(武曌) : 당나라 측천무후(則天武后)를 이른다. 조(曌)는 무후가 새로 만든 측천문자(則天文字) 중에서 자기의 이름으로 삼은 것으로, 뜻은 조(照)와 같다. 무후는 원래 태종(太宗)의 재인(才人) 출신으로 고종(高宗)의 황후가 되었는데, 고종이 죽은 뒤에 정권을 잡고서 아들인 중종(中宗)과 예종(睿宗)을 차례로 세웠다가 폐위한 다음, 스스로 제위에 올라 신성황제(神聖皇帝)라 칭하고 국호를 주(周)로 개칭하였다. 제위 16년 만에 적인걸(狄仁傑) 등의 설득을 받아들여 폐위시켰던 중종을 다시 황제로 세워, 이에 이씨의 당나라가 회복되었다.

262 주자께서……것 : 이 내용은 《주자어류(朱子語類)》 권136 〈역대3(歷代三)〉에 보인다.

이자강에게 줌 경인년 8월 2일
與李子岡 庚寅八月二日

어제의 일[263]은 너무 망극하여 곧바로 땅속으로 들어가 갑자기 죽어서 아예 아는 것이 없게 되기를 바랐습니다. 옛날에도 신궁(新宮)과 원묘(原廟)[264]에 화재가 있었고 또한 능묘(陵墓)에 불이 번져 탄 일이 있었으나, 어찌 지금의 변고와 같은 일이 있었겠습니까. 사람들이 모두 천만다행이라고 말하나, 비록 천만다행이기는 하지만 만겁(萬劫)의 세월이 지나더라도 어찌 이런 일이 있겠습니까. 군복(羣僕)과 모시는 신하[265]들 중에 한 사람도 불 속에 뛰어들어 죽은 자가 없어서 이 일을 천하와 만세에 알려지게 할 수가 없으니, 더욱 수치스러워

263 어제의 일 : 1830년(순조30) 5월 6일에 서거한 순조의 세자인 효명세자(孝明世子)의 빈전(殯殿)을 차린 환경전(歡慶殿)에 화재가 난 일을 이른다. 《순조실록 30년 8월 1일》

264 신궁(新宮)과 원묘(原廟) : 신궁은 새로 신주를 모신 사당을 이르고, 원묘는 정묘(正廟) 외에 별도로 다시 세우는 사당을 말한다. 한나라 혜제(惠帝)는 아버지 고조(高祖)가 고향인 패현(沛縣)을 그리워했던 것을 생각하여 패현에 묘(廟)를 세우고 고조의 원묘로 삼았다. 원(原)은 '재차[再]'라는 뜻으로, 장안에 이미 고조의 묘가 있는데 다시 패현에 세웠기 때문에 원묘라고 한 것이다. 《史記 卷8 高祖本紀》

265 군복(群僕)과 모시는 신하 : 《서경》 〈경명(冏命)〉에 "이제 나는 너를 명하여 대정(大正)으로 삼으니, 군복(群僕)과 모시는 신하들을 바로잡아 네 임금의 덕을 힘써서 여러 가지로 미치지 못하는 것을 닦아라.〔今予命汝, 作大正, 正于群僕, 侍御之臣, 懋乃后德, 交修不逮.〕" 하였는데, 주자는 《집전(集傳)》에서 "군복(群僕)은 제복(祭僕), 예복(隷僕), 융복(戎僕), 제복(齊僕)의 따위를 이른다."라고 주하였다.

살고 싶은 생각이 없습니다.

변고를 처음 들었을 적에 곧바로 대궐 문에 나아가 곡하여 3일을 곡하는 의리를 펴고 싶었으나,[266] 홀로 나아가는 것이 너무 유별난 행위처럼 보여서 뜻을 이루지 못하고 다만 울부짖으며 하늘을 향해 원통함을 호소했을 뿐입니다. 우리들이 어찌 지금까지 죽지 않고 살아서 사서(史書)에도 실려 있지 않은 흉화(凶禍)를 이처럼 가혹하게 겪는단 말입니까.

듣자하니, 조정에서 재실(梓室)[267]을 바꿔서 발인과 장례를 모두 원래 정한 일시에 행한다고 하니, 만일 그렇다면 저녁의 종암(鍾巖)에서의 모임[268]은 마땅히 이미 약속했던 대로 하여야 할 것입니다. 노주(老洲)께서 답한 글이 화변(火變)이 있기 전에 보내신 것이라 이미 기일을 물릴 수 없으니, 또한 의당 달려가 참석해야 할 것입니다.

266 대궐……싶었으나 : 신궁에 재변이 일어나면 3일 동안 곡하는 예(禮)가 있으므로 이렇게 말한 것이다. 《춘추좌씨전(春秋左氏傳)》 성공(成公) 3년 조에 "갑자일에 신궁이 불에 타니, 성공이 3일 동안 곡하였다.〔甲子, 新宮災, 三日哭.〕" 하였는데, 두예(杜預)는 《춘추좌씨경전집해(春秋左氏經傳集解)》에서 "성공이 삼년상이 끝나 부친인 선공(宣公)의 신주를 새로 종묘에 모셔 들였기 때문에 이곳을 신궁이라 한 것이다. '3일 동안 곡하였다'고 기록한 것은 예에 맞게 한 것을 훌륭하게 여긴 것이다. 종묘는 어버이의 영혼이 의지해 계시는 곳인데, 화재를 만났기 때문에 슬퍼서 곡한 것이다."라고 풀이하였다.

267 재실(梓室) : 조선 시대 왕세자(王世子)나 세자빈(世子嬪)의 시신이 들어 있는 영구(靈柩)인 관(棺)을 일컫는 말이다.

268 종암(鍾巖)에서의 모임 : 종암은 지금의 성북구 종암동 일대로, 여기에 종 모양의 큰 바위가 있어 종암이라고 불렸다.

이자강에게 줌 경인년 8월 23일

與李子岡 庚寅八月廿三日

바로 문후를 여쭙건대 도체(道體)를 기르시면서 더욱 정고(貞固)하며 건승(健勝)하게 지내십니까? 밖에서 호랑이에게 잡아먹히는 근심 때문에 혹이라도 내면을 기르는 바름을 잃지는 않으실 것이니,[269] 이는 제가 근심하는 바가 아니지만, 응당 신색(神色)이 안정되지 못하고 거취(去就)가 편안하지 못한 것을 당장의 근심으로 삼고 계실 것입니다.

옛 사람이 이르기를 "말세에 처해서는 손해를 볼 수 있는 것이 큰 편의이고, 고통을 받을 수 있는 것이 큰 안락이고, 심기를 평안하게 할 수 있는 것이 큰 역량이다."라고 하였으니, 이 말이 노(老)·장(莊)의 기미가 있으나, 스스로 마음을 달래는 데에 보탬이 없지 않으므로

269 밖에서……것이니 : 이 내용은 《장자》 〈달생(達生)〉에 "노(魯)나라에 단표(單豹)란 자가 있어 바위굴에 은거하면서 물만 마시고 속세의 이익을 다투지 아니하여, 나이 칠십이 되어도 얼굴이 마치 어린애와 같았는데, 불행히 굶주린 호랑이를 만나서 잡아먹혔다. 또 장의(張毅)라는 사람은 부잣집, 가난한 집을 두루 찾아다니며 명예와 이익을 얻기에 급급했는데, 나이 사십에 속으로 열병이 나서 죽었다. 단표는 내면의 정신만을 기르다가 호랑이에게 잡아먹혔고, 장의는 외면의 몸만을 기르다가 열병이 그 안을 침범한 것이니, 이 두 사람은 모두 그 뒤로 여긴 것을 채찍질하지 못한 것이다.〔魯有單豹者, 巖居而水飮, 不與民共利, 行年七十而猶有嬰兒之色, 不幸遇餓虎, 餓虎殺而食之. 有張毅者, 高門縣薄無不走也, 行年四十而有內熱之病以死. 豹養其內, 而虎食其外; 毅養其外, 而病攻其內. 此二子者, 皆不鞭其後者也.〕"라고 한 말을 원용한 것이다.

삼가 노형(老兄)을 위해서 읊는 것입니다.

지난번에 정자(程子)께서 말씀하신 "한(漢)나라 성제(成帝)의 꿈에 상제(上帝)가 나의 탁용연(濯龍淵)을 훼손하려 하였으나 하지 못하였다."라는 구절[270]에 대해 물으셨는데, 이는 《서경잡기(西京雜記)》에 실려 있는 듯합니다. '탁룡(濯龍)'은 바로 한나라 후비(后妃)의 궁문(宮門)이고 '타불과(打不過)'는 바로 훼손시키고자 하나 하지 못한 것입니다. 아마도 이는 왕정군(王政君)이 신(新)나라 왕망(王莽)이 한나라를 찬탈하는 조짐을 이룬 것인 듯하니,[271] 하늘이 이로써 경고한 것일 것입니다.

《이정유서(二程遺書)》〈관중록(關中錄)〉[272]에 "소하(蕭何)가 궁실을 크게 경영한 것은, 자신의 마음에는 이것을 좋게 여기지 않았으나 다만 백성들의 원망을 거두어 스스로 편안함을 얻고자 한 것이었다."라고 하니, 이 말은 기록한 자의 오류가 있는 것이 아니겠습니까.[273] 소하

270 정자(程子)께서……구절 : 이 내용은 《이정유서(二程遺書)》 권3 〈사현도기억평일어(謝顯道記憶平日語)〉에 보인다.

271 왕정군(王政君)이……듯하니 : 왕정군은 전한(前漢) 원제(元帝)의 비(妃)인 효원황후(孝元皇后)로 성제의 모친이자, 한나라를 찬탈하고 신(新)나라를 세운 왕망(王莽)의 고모이다. 애제(哀帝)가 죽고 평제(平帝)가 9살의 나이로 즉위하자 태황태후로 섭정(攝政)하였는데, 이때 친정의 오라비들을 대거 등용하여 군권을 맡겼으며 왕망을 대사마(大司馬)에 임명하여 정치를 독단하게 하였으므로 이렇게 말한 것이다.

272 관중록(關中錄) : 《이정유서》 권15에 실려 있는 〈입관어록(入關語錄)〉을 이른다.

273 소하가……아니겠습니까 : 궁실은 장안(長安)의 미앙궁(未央宮)을 이른다. 한 고조는 관중(關中)의 장안에 도읍하기로 하고 소하로 하여금 궁궐을 짓게 하였는데, 너무 웅장하고 화려하니 고조가 이를 보고 노여워하였다. 소하는 "천자는 사해(四海)를 집으로 삼으니, 궁궐이 웅장하고 화려하지 않으면 위엄을 무겁게 할 수가 없으며, 또

가 말한 "웅장하고 화려한 궁이 아니면 위엄을 무겁게 할 수가 없으며 또 후세로 하여금 이보다 더할 수 없도록 하게 한 것이다."라는 것은, 진실로 제후에 봉해지고 경대부가 되었을 적에 절약하고 근검하여 후손들에게 넉넉함을 남겨 주는 방도가 아니요,[274] 또 집을 궁벽한 곳에 지어 자기의 계책으로 삼는 것[275]과도 같지 않습니다.

그러나 이는 관중(關中)에 들어갔을 적에 경서(經書)를 거두지 않은 것과 똑같이 견식이 부족했을 뿐이니,[276] 배우지 못하여 학술(學術)이

후세로 하여금 이보다 더할 수 없도록 하게 한 것입니다." 하니, 고조가 기뻐하였다. 《資治通鑑 高祖 7年》 소하가 자신의 집은 궁벽한 곳에 작게 지었으나 궁궐을 이렇게 웅장하고 화려하게 지은 것은, 자신이 오랫동안 관중을 다스리며 민심을 얻었으므로 이 때문에 고조의 의심을 받을까 두려워하여, 자신을 편안하게 하는 계책으로 일부러 백성들에게 원성(怨聲)을 받기 위한 것이었다고 하였으므로 이렇게 말한 것이다.

274 진실로……아니요 : 원문의 '개국승가(開國承家)'는 《주역》 〈사괘(師卦) 상육(上六)〉에, "대군이 명을 둠이니, 제후를 봉하고 경대부를 삼을 적에 소인은 쓰지 말아야 한다.〔大君有命, 開國承家, 小人勿用.〕"라고 보인다. '유곤(裕昆)'은 후손에게 덕행을 많이 남겨 준다는 뜻으로, 《서경(書經)》 〈중훼지고(仲虺之誥)〉에 "의(義)로 일을 제재하고 예(禮)로 마음을 제재하셔야 후손들에게 넉넉함을 남겨줄 것입니다.〔以義制事, 以禮制心, 垂裕後昆.〕"라는 구절에서 나왔다.

275 집을……것 : 이 내용은 《사기》 권53 〈소상국세가(蕭相國世家)〉에 "전답과 가옥을 항상 궁벽한 곳에 마련하고 집을 지을 때에 담장을 세우지 않고서, 말하기를 '나의 후대가 현명하다면 나의 검소함을 배우겠고, 현명하지 못하더라도 권세 있는 사람들에게 빼앗기지는 않을 것이다.'라고 하였다.〔置田宅, 必居窮處, 爲家不治垣屋曰: 後世賢師吾儉, 不賢毋爲勢家所奪.〕"라는 구절을 원용한 것이다.

276 관중(關中)에 ……뿐이니 : 《사기》 권53 〈소상국세가(蕭相國世家)〉에 "패공(沛公)이 진(秦)나라 도성인 함양에 이르렀을 때, 여러 장수들은 모두 다투어 황금과 비단 등의 재물을 보관한 부고로 달려가 이를 나누어 가졌으나, 소하는 홀로 남들보다 먼저 진나라 승상부와 어사부에 보관되어 있던 율령과 도서를 거두어 보관하였다.〔沛公至咸

없다고 책망하는 것은 괜찮지만, 만약 일부러 여러 사람의 원망을 거두어 들여 화를 피하고 자신을 온전하게 하는 계책으로 삼은 것이라고 돌린다면, 이는 찬후(酇侯 소하의 봉호)의 본 마음이 아닐 듯합니다. 위로 고인을 논할 적에 그 진실을 잃지 않아야 그의 마음을 복종시킬 수 있으니, 평소에 어떻게 보셨습니까?

'양의(兩儀)' 두 글자는 평소 천지로 보십니까? 음양으로 보십니까? 대부분 양의를 천지로 인식하나, 《태극도설(太極圖說)》에 "양의가 확립된다."라고 말한 것에 대해, 삼주(三洲)께서 "이것은 동정과 음양이 유행하고 대대(對待)하는 뜻을 빠짐없이 말한 것이니, 오로지 천지만을 가리킨 것이 아니다."라고 하셨습니다.[277] 그러나 주자는 "양의는 천지이니, 괘를 그릴 때의 양의와는 뜻이 또 다르다."[278]라고 하였으니, 이것이 바꿀 수 없는 논의입니까?

《주역》〈계사전(繫辭傳)〉의 "역에 태극이 있으니, 이것이 양의를 낳는다."의 양의는 바로 음양을 가리키고, 《태극도설》의 양의는 바로

陽, 諸將皆爭走, 金帛財物之府分之, 何獨先人, 收秦丞相御史, 律令圖書, 藏之.〕"라고 보이는데, 율령은 법률의 조문이고 도서는 도적(圖籍)으로 지도와 호적부 등을 가리킨다. 매산은 소하가 먼저 성인(聖人)의 경서(經書)를 거두지 않은 것을 비판하여 이렇게 말한 것이다.

277 삼주(三洲)께서……하셨습니다 : 삼주는 농암(農巖) 김창협(金昌協)의 또 다른 호이다. 이 내용은 《농암집(農巖集)》 권11 〈서(書) 여경명(與敬明)〉에 보인다. 대대(對待)는 음양(陰陽)처럼 서로 상대적이면서 서로 필요로 하는 관계를 이른다.

278 양의는……다르다 : 이 내용은 《주자어류(朱子語類)》 권94 〈주자지서(周子之書) 태극도(太極圖)〉에 보인다.

천지를 가리킨 것입니까? 음양은 크고 천지는 작습니다. 그러므로 음양은 능히 천지를 포괄하지만, 천지는 음양을 포괄하지 못하니, 그렇다면 양의를 음양이라고 부르는 것이 《주역》 〈계사전〉의 본래의 뜻과 부합할 듯한데, 의중(意中)이 어떠신지 모르겠습니다.

주부(朱附)[279]가 거(莒)나라 목공(穆公)을 섬겼는데 인정을 받지 못하여 겨울에는 토란과 밤을 먹고 여름에는 마름과 연뿌리로 연명하였으나, 목공은 돌보지 않았습니다. 얼마 뒤에 목공이 병란(兵亂)으로 죽게 되자 주부가 가서 함께 죽고자 하니, 그의 벗이 이르기를

"군주에게 인정을 받지 못했는데 이 병란에 죽음은 옳지 않은 것이 아닌가?"

라고 하였습니다. 주부가 대답하기를

"나는 장차 죽어서 천하의 군주 중에 자신의 신하들을 알아보지 못하는 자들을 분기(奮起)시키겠다."

라고 하며 끝내 목숨을 버렸습니다.

신하가 군주에게 목숨을 바치는 것은 당연한 분수(分數 직분)이니, 자신을 알아주고 알아주지 않는 것이 자신에게 무슨 상관이 있겠습니까? 주부의 말은 분격하여 나온 것이요 죽음 또한 분격하여 죽은 것이니, 이른바 '천리가 당연하여 내가 그렇게 하지 않을 수 없다.'는 것이 아닙니다.

혹자는 이르기를 "안 상산(顔常山)과 수양(睢陽)의 쌍충(雙忠)[280]은

279 주부(朱附) : 주려부(朱厲附)를 줄여서 칭한 것으로, 이 내용은 《설원(說苑)》 권4 〈입절(立節)〉에 보인다.

국경을 맡은 책임이 있었지만 주부는 관수(官守 맡은 직책)가 없었으니, 얼핏 보면 죽을 만하고 자세히 보면 죽지 말아야 할 경우[281]인데 죽었다."라고 하니, 이 말이 어떻습니까?

'〈서명(西銘)〉은 중요한 부분을 모아 문장을 이루었는데, 이는 두순(杜順)이 법계관(法界觀)을 지은 것과 같다.'는 말[282]은 그 출전이 미상이나, 진(晉)나라 때 경조(京兆) 사람인 두자휴(杜子休)라는 분이 자신의 집을 희사(喜捨)하여 영응사(靈應寺)의 3층 부도(浮圖)를 지었

280 안 상산(顔常山)과 수양(睢陽)의 쌍충(雙忠) : 안 상산은 당나라의 충신이자 명필인 안진경(顔眞卿)의 사촌 형인 안고경(顔杲卿, 692~756)으로, 상산 태수(常山太守)로 있으면서 안녹산의 반군과 싸우다가 성이 함락되어 죽임을 당하였다. 수양(睢陽)은 지금의 하남(河南) 상구시(商邱市) 남쪽에 위치했던 성(城)의 이름으로 당나라 때에 강회(江淮) 지방의 가장 중요한 요충지이었으며, 쌍충은 안녹산의 난 때 수양성을 지키다가 순절한 장순(張巡, 709~757)과 허원(許遠, 709~757)을 이른다. 《舊唐書 卷187 張巡傳》

281 얼핏……죽었다 : 이 내용은 《맹자》〈이루 하(離婁下)〉의 "얼핏 보면 죽을 만하고, 자세히 보면 죽지 말아야 할 경우에 죽으면 용맹을 상한다.〔可以死, 可以無死, 死傷勇.〕"라는 구절을 원용한 것이다.

282 서명(西銘)은……말 : 이 말은 북송(北宋) 이정(二程)의 제자로 낙학(洛學)의 대종(大宗)이 된 구산(龜山) 양시(楊時, 1053~1135)의 말로 《구산집(龜山集)》 권12 〈어록3(語錄三)〉에 보이는바, 원작에는 "〈서명〉은 고인들의 마음 쓴 곳의 중요한 부분을 모아 문장을 지었으니, 바로 두순(杜順)이 법계관(法界觀)을 지은 것과 같다.〔西銘, 會古人用心要處, 爲文, 正如杜順作法界觀樣.〕"라고 되어 있다. 두순은 중국 화엄종(華嚴宗)의 개조(開祖)인 법순(法順)으로 제심존자(帝心尊者)로 불리기도 한다. 18세 때 출가하여 인성사(因聖寺)의 진(珍)에게 선(禪)을 배우고, 마을을 돌아다니면서 병을 고치고 불법(佛法)을 가르쳤다. 《화엄법계관문(華嚴法界關門)》, 《법계관문(法界觀門)》 등의 저서가 있다.

다고 하니,[283] 이것이 이른바 '법계관(法界觀)'입니까? 자휴는 두순의 자라고 합니다.

서자(庶子)로서 부친의 후사가 된 자가 자기 아우로 하여금 생모(生母)의 상을 주관하게 하면, 후사가 된 서자의 손자가 아버지의 생모를 위하여 신주(神主)와 축문(祝文)을 쓸 적에 속칭(屬稱 친족 관계의 호칭)을 마땅히 망조모(亡祖母)라고 하여야 합니까? 자기 아버지가 적통(嫡統)을 승계하여 자신의 생모를 위해 서모복(庶母服)을 입었다면 그 아들은 마땅히 서조모(庶祖母)로 대처해야 할 것이니, 서조모에게는 복이 없음이 마땅할 듯한데, 《상례비요(喪禮備要)》의 부장기(不杖期) 조에 "서자의 아들이 아버지의 어머니(생모)를 위하여 복을 입는 경우에, 조부의 후사가 된 경우에는 복을 입지 않는다."라고 하였으니, 여기에 근거한다면 조부의 후사가 되지 않은 남은 아들들은 마땅히 예에 기준하여 기년복을 입어야 합니까?

예에 '첩모(妾母)는 대대로 제사하지 않는다.'라고 하였으니, 그 손자가 상을 끝내고 나면 신주를 매안(埋安)해야 합니다. 비록 신주를 매안해야 하나 속칭은 없을 수가 없으니, 조모라고 칭하고 기년복을 입는 것을 하지 않을 수 없을 듯하니, 밝은 가르침을 받들기 원합니다.

283 두자휴(杜子休)라는……하니 : 이 내용은 《낙양가람기(洛陽伽藍記)》 권2 〈성동(城東)〉에 보인다.

이자강에게 줌 임진년[284] 4월

與李子岡 壬辰四月

우연히 《도암집(陶菴集)》을 살펴보니, 유대재(兪大齋)가 "노애(嫪毐)의 난에 진시황(秦始皇)이 의리로써 대처하고자 하였다면 어떻게 했어야 합니까?"라고 묻자, 도암께서 대답하시기를 "유생을 묻어 죽이는 세상에는 의리로 대처하기를 요구하는 것이 불가능하다."라고 하셨으니,[285] 이 말씀이 진실로 옳으나, 만일 의리로써 재량(裁量)한다면 마땅히 어떻게 해야 정도(正道)를 얻겠습니까? 자식이 어머니와 절연(絶緣)하는 이치가 없으니, 이른바 '태후(太后)가 비록 종묘사직(宗廟社稷)에 죄를 얻었다 하더라도 마땅히 어버이의 죄를 숨겨야 한다.'는 의리를 써서 그대로 두고 논하지 않는 것이 옳습니까?

노애를 주벌할 수 있고 그의 두 자식을 죽일 수 있으나, 자신의 어머니를 추방시킨 것은 불효이니, 《자치통감강목(資治通鑑綱目)》에서 추방한〔遷〕 것은 크게 쓰고 맞이한〔迎〕 것은 쓰지 않은 것[286]은 어째서입니

284 임진년(壬辰年) : 1832년(순조32)으로, 매산의 나이 57세 되던 해이다.

285 유대재(兪大齋)가……하셨으니 : 이 내용은 《도암집(陶菴集)》 권20 〈서(書) 답유사정문목(答兪士精問目)〉에 실려 있다. 《도암집》은 도암 이재(李縡)의 문집이다. 유대재는 유언집(兪彦鏶, 1714~1783)으로 대재는 그의 호이고, 자는 사호(士鎬), 본관은 기계(杞溪)이며 수암(遂菴) 권상하(權尙夏)와 도암의 문인이다. 유일(遺逸)로 천거되어 출사하고 벼슬이 이조 참의에 이르렀다. 노애(嫪毐)는 진시황(秦始皇)의 모후(母后)인 장양태후(莊襄太后)의 정부(情夫)인데, 환관으로 들어와 장양태후와 사통하여 두 아들을 낳고 장신후(長信侯)에 봉해졌으나, 뒤에 이 사실이 알려지자 반란을 일으켰다가 족멸되었다. 《史記 卷6 秦始皇本紀》

까? 추방한 것은 허여하고 맞이한 것은 허여하지 않은 것입니까?

진시황이 모초(茅焦)[287]의 간언(諫言)을 받아들여 태후를 맞이하여 돌아오게 하여 다시 모자(母子)의 사이가 처음처럼 회복되어, 마치 정(鄭)나라 장공(莊公)의 경우[288]와 같았는데, 이는 허물을 보전(補塡)함에 있어 해가 되지 않는 것입니까?

진(秦)나라 소왕(昭王)이 범수(范雎)에게 오도(誤導)되어 심지어 태후를 폐하기까지 하였는데,[289] 소강절(邵康節)은 이르기를 "폐한 것

286 자치통감강목(資治通鑑綱目)에서……것 : 《자치통감강목》 권2 계해년(癸亥年) 대문(大文)에 "가을 9월에 진나라 노애가 난을 일으켰다가 주벌되고 삼족이 족멸되었다. 진왕이 태후를 옹(雍)으로 추방하였다.〔秋九月, 秦嫪毒作亂, 伏誅夷三族, 秦王遷其太后於雍.〕"라고만 기록되어 있는데, 《자치통감》 권6에는 이 내용 뿐만 아니라 "가서 태후를 맞이하여 모시고 함양으로 돌아왔다.〔往迎太后, 歸於咸陽.〕"라는 내용까지 기록되어 있으므로 이렇게 말한 것이다.

287 모초(茅焦) : 진시황(秦始皇)의 신하로서 제(齊)나라 사람이다. 진시황이 노애의 반란을 진압하고 난 뒤에 태후를 추방하고 이를 비판하는 신하 27인을 죽였는데도, 모초는 굴하지 않고 진시황의 무도한 행동 네 가지를 지적하여 진시황으로 하여금 자신의 잘못을 뒤에 깨달아 태후를 다시 모시고 오게 하였다.

288 정(鄭)나라 장공(莊公)의 경우 : 춘추 시대 정나라 장공이 아우 숙단(叔段)의 반역을 도와준 어머니 강씨(姜氏)를 유폐하고 황천(黃泉)에 가기 전에는 어머니를 만나지 않을 것이라고 맹세하였는데, 당시 효성(孝誠)으로 널리 알려진 영고숙(穎考叔)이 장공을 만나 뵙고 설득하여 장공으로 하여금 어머니와의 관계가 회복하게 한 일을 이른다. 《春秋左傳 隱公 元年》

289 진(秦)나라……하였는데 : 소왕(昭王)은 진(秦)나라 소양왕(昭襄王)의 약칭이며, 범수(范雎)는 소왕의 정승으로 원래 위(魏)나라 사람인데 위나라의 상국(相國) 위제(魏齊)에게 모진 매를 맞고 거의 죽음에 이르렀다가 살아나자, 진나라로 도망하여 소왕을 유세하여 마침내 정승이 되고 진나라의 부국강병에 크게 기여한 인물이다. 《史記 卷79 范雎蔡澤列傳》 소왕이 어린 나이로 즉위하자, 모친인 선태후(宣太后)가 섭정

이 아니라 그 권세를 빼앗은 것이다."라고 하였으니, 이는 어디에 근거하여 이렇게 말한 것입니까? 《자치통감강목》은 다만 범수의 본전(本傳)을 따라 "진나라 군주가 모후를 폐위하였다.〔秦君廢其母〕"라고 크게 썼으니, 이것이 직필(直筆)입니다.

소왕의 어머니는 죄가 없고 시황의 어머니는 죄가 있었으니, 자식으로서 어머니를 폐한 것은 똑같이 인륜을 무너뜨리고 경도(經道 정도(正道))를 어그러뜨린 것이지만, 영씨(嬴氏) 집안의 조손(祖孫)[290]의 죄는 죽음으로도 용서받을 수가 없습니다. 진나라가 서융(西戎)에서 끝나고 곧바로 멸망한 것이 당연합니다. 의중이 어떠신지 모르겠습니다.

지난번에 말씀하신 임차애(林次厓)[291]는 이름이 희원(希元)이고 자가 무정(懋貞)으로, 그의 경설(經說)이 《사서주자이동조변(四書朱子異同條辨)》과 《주역절중(周易折中)》[292]에 실려 있는데, 또한 취할 만한

하면서 정사를 자신의 친정 아우인 양후(穰侯) 위염(魏冉)에게 맡겨 국정을 전단(專斷)하였는데, 범수가 소왕에게 이들을 제거하지 않으면 장차 화(禍)가 미칠 것이라고 설득하자, 소왕이 이를 받아들여 선태후를 폐위하고 양후와 그의 아우들을 추방하였다. 《史記 卷79 范雎蔡澤列傳》

290 영씨(嬴氏) 집안의 조손(祖孫) : 영은 진나라의 국성(國姓)이고, 조손은 소왕과 진시황을 이른다.

291 임차애(林次厓) : 1482~1567. 명나라 때의 문신이자 학자로 복건성(福建省) 출신이다. 1517년(무종(武宗) 정덕(正德)12) 진사시에 급제하여 출사하고 광동안찰사첨사(廣東按察司僉事), 운남안찰첨사(雲南按察僉事) 등의 벼슬을 지냈다.

292 사서주자이동조변(四書朱子異同條辨)과 주역절중(周易折中) : 《사서주자이동조변》은 청나라의 유학자인 이패림(李沛霖)이 편찬한 책으로, 유가의 여러 학설 중에 주자의 학설과 같은 것과 다른 것을 조목 별로 분별하여 주자의 유학이론을 학습하고

점이 많습니다. 나정암(羅整菴)[293]과 왕복한 편지를 살펴보면 그의 견해가 탁월함을 알 수 있습니다. 인심(人心)과 도심(道心)을 체(體)와 용(用)으로 삼아서는 안 되며, 이(理)와 기(氣)를 하나의 물(物)로 보아서는 안 된다고 하여, 이로써 나정암의 수비(遂非 잘못을 알면서도 그대로 계속 주장함)를 분변한 것은 자양(紫陽 주자)의 진실한 충신이라고 이를 만합니다. 그의 사적(事跡)은 상고할 곳이 없으나, 응당 전(傳)이 쓰여져 《명사(明史)》에 실려 있을 것이니, 부디 잘 상고하시어 이 사람에 대해 알아 두시기를 바랍니다.

마침 《춘추》의 '제희공(躋僖公)'[294]의 주를 상고해보니, "고항(高閌)은 후한(後漢)의 광무제(光武帝)가 마땅히 전한(前漢) 평제(平帝)의 계통을 이어야 하는데, 스스로 세차(世次)가 마땅히 원제(元帝)의 뒤가

연구하기에 편리하도록 만든 책이다. 《주역절중》은 청나라 강희제(康熙帝) 때의 학자인 이광지(李光地, 1642~1718)가 편찬한 책으로, 고금의 주역에 대한 여러 학설 중 경의(經義)를 밝힐 수 있는 조목들을 두루 채록하였는데, 주자의 《본의(本義)》를 기준으로 삼았다.

293 나정암(羅整菴) : 명나라 중기의 문신이자 성리학자인 나흠순(羅欽順, 1465~1547)으로, 정암은 그의 호이고 자는 윤승(允升)이다. 효종(孝宗) 홍치(弘治) 6년(1493)에 진사시에 급제하여 출사하고 세종 때 이부 상서에 발탁되었으나 이를 사양하고 향리에 은거한 채 성리학 연구에 전념하였다. 주자학의 입장에서 왕양명(王陽明)의 주장을 비판하였으나, 스스로는 기(氣)를 떠난 이(理)는 있을 수 없다고 하여 이기일체론(理氣一體論)을 제창하여 주자의 성리학을 약간 수정하였다.

294 춘추의 제희공(躋僖公) : 이 내용은 《춘추》 문공 2년의 "8월 정묘일에 태묘에 체제(禘祭)를 지내고 희공(僖公)의 신주(神主)를 민공(閔公)의 신주 위로 올려 모셨다.〔八月丁卯, 大事于大廟, 躋僖公.〕"라는 기사를 이른다. 희공은 민공의 서형(庶兄)으로 민공의 뒤를 이어 임금이 되었다.

되어야 한다고 여겨서 마침내 위로 원제를 계승한 것을 잘못으로 여겼다."라고 하였는데,[295] 이 말이 어떠합니까? 주자께서 하숙경(何叔京)에게 답한 편지에서 성제(成帝)와 애제(哀帝)는 모두 도적을 불러들여 나라를 망친 군주이니, 바로 이들의 능(陵)을 사당으로 만드는 것이 마땅하다고 하였으니, 만일 그렇다면 광무제가 대처한 바가 또한 본래 바름을 얻은 것입니까?

원제와 광무제는 똑같이 경제(景帝)를 선조(先祖)로 삼는데, 원제는 5세가 되고 광무제는 6세가 됩니다. 그러므로 소목을 차례하여 원제의 후사(後嗣)가 된 것입니다. 광무제가 전한(前漢)의 선제(宣帝)를 추존하여 중종(中宗)으로 삼고 소제(昭帝)와 원제를 태묘(太廟)에서 제사하였으니, 이는 바로 원제를 아버지로 삼은 의리입니다. 자신의 사친(四親)을 용릉(舂陵)에서 별도로 제사하고 태묘에 들이지 않은 것[296]은 바로 소종(小宗)을 대종(大宗)의 적통에 합할 수 없기 때문이

295 고항(高閌)이……여겼는데 : 이 내용은 《춘추집주(春秋集註)》 권17 〈문공1(文公一)〉에 보이는바, 원문은 아래와 같다. "광무제는 마땅히 평제를 계승해야 하는데, 또 스스로 세차가 마땅히 원제(元帝)의 뒤가 되어야 한다고 여겼으니, 이는 모두 경(經)을 버리고 예를 어긴 것으로 후대에 전할 수 없는 것들이다.〔光武當繼平帝, 又自以世次當爲元帝後, 皆背經違禮, 而不可傳者也.〕" 고항은 남송의 문신이자 학자로 자가 억숭(抑崇), 시호가 헌민(憲敏)으로 양시(楊時)의 문인이다. 고종(高宗) 소흥(紹興) 원년(1131년) 진사시(進士試)에 급제하고 벼슬이 예부 시랑(禮部侍郎)에 이르렀다. 남송의 학제(學制)와 예제(禮制)는 대부분 그의 의견이 반영된 것이었으며 《춘추》를 정밀히 연구하여 《춘추집주(春秋集注)》를 저술하였다.

296 자신의……것 : 사친(四親)은 부(父)·조(祖)·증조(曾祖)·고조(高祖)의 직계 4대를 가리킨다. 용릉(舂陵)은 광무제의 고향으로, 남양(南陽)의 백수향(白水鄕)을 이른다. 광무제는 처음 자신의 사친의 사당〔四親廟〕을 낙양에 세웠으나 장순(張純)의 간언을 따라 모두 용릉으로 옮겨 제사지냈다. 《後漢書 卷1 光武帝紀》

니, 이것이 예의 바름을 얻은 것입니다.

고항이 '마땅히 평제의 계통을 이어야 한다.'라고 한 것은 바로 희공의 신주를 민공의 신주 위로 올려 모신 일을 비판한 의리로, 이는 정통(正統)을 잇는 것을 위주한 것입니다. 성제와 애제의 경우 바로 능을 사당으로 만들고 태묘에 제사하지 않는 것은 망국(亡國)의 죄를 드러낸 것이니, 진실로 준엄하고 바르나 춘추의 의리에는 부합하지 않으니, 마땅히 어느 것을 따라야 할지 모르겠습니다.

용릉의 네 사당에 백승(伯升)의 아들에게 제사를 받들게 하지 않고 태수(太守)와 영장(令長)으로 하여금 제사를 시봉(侍奉)하게 한 것은 주자의 가르침에 어긋나는 점이 있으나,[297] 비례(非禮)로 추존(追尊)하지 아니하여 근본을 둘로 하는 은미한 혐의의 뜻을 밝힌 분은 천고(千古)의 제왕 중에 오직 광무제 한 분뿐으로 여겨지는데, 이에 대한 밝은 가르침을 듣기를 원합니다.

297 용릉의……있으나 : 백승(伯升)은 광무제의 맏형인 유연(劉縯)의 자(字)이다. 주자가 "백승의 아들을 세워 사묘(私廟)를 받들게 하는 것이 가장 타당하다.〔立伯升之子以奉私廟, 此最得之.〕"라고 비판하였으므로 이렇게 말한 것이다. 《晦庵集 卷47 答何叔京》

이자강에게 답함 임진년 6월 10일

答李子岡 壬辰六月十日

얼핏 청(淸)나라의 소식을 들으니, 강남(江南)에서 반란군이 일어났는데 천하가 메아리처럼 호응하여 석권(席捲)하는 형세가 있어, 이미 4, 5개의 성(省)을 잃었다고 합니다.[298] 길거리에서 들은 말이라 그대로 따라 믿을 수는 없으나 봄 사이에 전해졌던 말들이 아무런 근거가 없는 허황된 말과 비할 바가 아님은 분명합니다.

장자방(張子房)의 철퇴가 비록 제대로 맞추지는 못했으나 하늘이 이미 여정(呂政)의 넋을 빼앗았으니,[299] 이른바 '허황한 말'이란 것이 도광제(道光帝)에게 선성(先聲 미리 일어나는 조짐(兆朕))이 되지 않을 줄을 누가 알겠습니까?

298 강남(江南)에서……합니다 : 이 편지가 쓰인 1832년(순조32)은 청나라 도광제(道光帝 선종(宣宗)) 12년이다. 이 무렵 청나라는 가경제(嘉慶帝) 때에 발발했던 백련교도의 난(1796년~1805년)의 영향으로 잦은 농민반란이 일어났는데, 여기에서 말한 일이 어떠한 일을 가리키는지는 미상이다.

299 장자방(張子房)의……빼앗았으니 : 장자방은 뒤에 한나라의 개국공신이 된 장량(張良)으로 자방은 그의 자이다. 원래 장량은 대대로 한(韓)나라에서 재상을 지낸 집안 출신으로, 한나라가 진시황에게 멸망당하자 원수를 갚고자 하였다. 동방에서 창해군(倉海君)을 만나 역사(力士)를 얻자 진시황을 암살하기 위해 박랑사(博浪沙)에서 매복하였다가 진시황의 수레를 철퇴로 저격하였으나, 진시황이 타고 있지 않은 부거(副車)를 맞춰 실패하였다.《史記 卷55 留侯世家》 여정(呂政)은 진시황인 영정(嬴政)을 낮춰 부른 것으로, 진시황의 생부(生父)가 여불위(呂不韋)라는 설이 있으므로 이렇게 말한 것이다.

무릇 나라가 번갈아 가며 나뉘고 합쳐지는 것은 치(治)와 난(亂)이 서로 타는 것과 같은데, 지금 중국이 하나로 합쳐진 지가 오래되었으니, 그 형세가 반드시 나눠져서 마치 남북조 시대처럼 될 것입니다. 이렇게 되면 우리 해동(海東)은 실로 제(齊)나라를 섬기느냐 초(楚)나라를 섬기느냐 하는 근심[300]이 있게 될 것이니, 장차 희생(犧牲)과 옥백(玉帛)을 가지고서 두 나라의 국경에서 기다려야만 되는 것입니까? 천하가 지금부터 일이 많아져서 사변(事變)이 끝이 없을 것입니다. 그러나 다만 대명(大明)이 다시 중천에 떠오르는 것[301]을 통쾌하게 보게 되기를 기다릴 뿐입니다.

건주(建州)의 오랑캐[302]들은 중국을 마치 역려(逆旅)와 같이 여기니, 장차 여우가 울면서 밤에 숨듯 도망가는 것을 보게 될 것인데, 저들은 속으로 진퇴유곡(進退維谷)이 될 것을 걱정하여 영고탑(寧古

300 우리……근심 : 이 내용은 《맹자》 〈양혜왕 하(梁惠王下)〉의 "등문공이 물었다. '등나라는 작은 나라입니다. 제나라와 초나라 사이에 끼어 있으니, 제나라를 섬겨야 합니까? 초나라를 섬겨야 합니까?'〔滕文公問曰; 滕小國也, 間於齊楚, 事齊乎? 事楚乎?〕"라는 구절을 원용하여, 중국이 다시 분열되어 청나라 이외의 대국(大國)이 나오면, 약소국인 우리 조선은 어느 나라를 섬겨야 할지를 고민해야 하므로 이렇게 말한 것이다. 해동(海東)은 우리나라를 가리킨 것으로 중국에서 볼 때 우리나라가 발해(渤海 동해) 동쪽에 있으므로 이렇게 칭한다.

301 대명(大明)이……것 : 대명은 원래 태양을 가리키는데 여기서는 중화민족이 세운 명나라를 이른 것으로, 명나라가 다시 일어나 청나라를 물리치고 천하를 차지하여 중화의 문화가 빛나게 되는 것을 비유한 것이다.

302 건주(建州)의 오랑캐 : 청나라를 세운 여진족(女眞族)을 이른다. 건주는 지금의 길림(吉林) 부근으로 명나라 성조(成祖)가 만주 남쪽의 여진족(女眞族)을 통치하기 위하여 이곳에 건주위(建州衛)를 설치하였다.

塔)[303]에서 한 걸음도 떼지 못할 것입니다. 우리들이 늙어도 죽지 않고 살아서 중화와 오랑캐의 구경(究竟 최후의 결말)을 목격하게 되면 어찌 굴좌도(屈左徒)가 속세를 초탈하여 오래 살고자 한 것[304]을 부러워할 것이 있겠습니까?

드릴 말씀은 다름이 아니라, 기자(箕子)가 주(周)나라에 조회(朝會)한 일이 사마천(司馬遷)의 《사기》에 실려 있으나,[305] 망복(罔僕)의 의리[306]로 헤아려본다면 어찌 주나라의 서울에서 강신제(降神祭)를 돕는 행위가 있었겠습니까.[307] 백마를 타고 천 겹으로 막힌 압록강을 한 번

303 영고탑(寧古塔) : 청(淸)나라의 발상지로 지금의 흑룡강성(黑龍江省) 목단강시(牧丹江市) 일대이다. 순치제(順治帝) 때 수도를 심양에서 북경으로 옮긴 후에도 변란에 대비해 그곳에 많은 물자를 모아 두었다고 한다. 영고탑(靈古塔), 영구탑(靈龜塔)으로 쓰기도 한다.

304 굴좌도(屈左徒)가……것 : 이 내용은 주자가 유덕수(劉德修)에게 답한 편지의 "굴평(屈平)이 이미 지나간 것은 어쩔 수가 없고 앞으로의 일은 알지 못하니, 오래 살아 속세를 초탈하고자 하는 소원이 있었다.〔屈平, 以往者不及, 來者未聞, 而有長生度世之願.〕"라는 구절을 원용한 것이다.《晦庵 續集卷4 書》굴좌도는 전국 시대 초나라의 충신인 굴평(기원전343～기원전277)으로 좌도 벼슬을 하였기 때문에 이렇게 칭하는데, 자가 원(原)이기 때문에 굴원으로도 불린다.

305 기자(箕子)가……있으나 : 기자의 일은 《사기》 권38 〈송미자세가(宋微子世家)〉에 보인다.

306 망복(罔僕)의 의리 : 망국의 신하가 새 왕조의 신하와 종이 되지 않으려는 의리를 이르는데, 상(商)나라가 망하기 직전에 기자가 "상나라가 망하더라도 나는 남의 신하와 종이 되지 않을 것이다.〔商其淪喪, 我罔爲臣僕.〕"라고 했던 말에서 유래하였다.《書經 微子》

307 주나라의……있었겠습니까 : 원문의 '관경(祼京)'은 《시경》 〈대아(大雅) 문왕(文王)〉의 "은(殷)나라 선비 중에 아름답고 민첩한 자들이 주(周)나라 서울에서 강신제(降神祭)를 돕는구나.〔殷士膚敏, 祼將于京.〕"라는 구절을 인용한 것이다.

건너왔으니, 이미 동쪽에 왔는데 다시 서쪽으로 돌아갔다는 것은 절대 이럴 이치가 있을 리 만무합니다. 또 〈맥수가(麥秀歌)〉 가운데에 '교활한 아이〔狡童〕'라고 말한 것[308]은 성인(聖人)인 기자의 말투가 아닐 듯하니, 의당 위작(僞作)으로 단정해야 할 듯합니다. 미자(微子)를 기자로 착각한 것이 후대에 그 잘못이 계속 이어져서 이러한 지극한 지경에 이른 것이 아니겠습니까? 평소에 어떻게 보셨습니까?

영국인(英國人)의 문자를 빌려다가 써서 삼가 올립니다. 우리나라의 위치가 천하의 동쪽 끝이고 저들의 위치가 천하의 서쪽 끝이어서, 그 형세가 마치 머리와 다리가 서로 멀리 있는 것과 같은데, 7만 리나 펼쳐진 대양(大洋)을 건너와서, 굳이 정성을 바치고 교역(交易)을 청한 것[309]은 바로 보통의 정서(情緖)에서 나올 수 없는 것이니, 우리나라를 엿보려는 계책에서 나온 것이 아니겠습니까.

이는 바로 양요(楊幺)와 송강(松江)[310]과 같은 무리가 이 나라와 저

308 맥수가(麥秀歌)……것 : 〈맥수가〉는 기자(箕子)가 주나라에 조회하러 가는 길에 은나라의 궁궐터를 지나면서, 벼와 기장이 우거진 모습을 보고 고국의 멸망을 슬퍼하면서 지었다는 노래이다. 여기에 "저 교활한 아이가 나와 좋지 않았도다.〔彼狡童兮, 不與我好兮.〕"라고 주(紂)왕을 풍자한 구절이 있다. 《史記 卷38 宋微子世家》

309 정성을……것 : 영국이 조선에게 처음 통상 교섭을 요청한 것은 영국 동인도회사의 지령을 받은 '로드 암허스트(The Lord Amherst)'호에 의해서였다. 이 함선은 1832년(순조 32) 지금의 충청남도 홍성(洪城)인 홍주(洪州) 고대도(古代島) 부근에 1개월이나 정박하면서 조선 조정에 통상 교섭을 요청하였으나, 당시 조선은 대외적으로 쇄국정책을 폈기 때문에 이를 거절하였다.

310 양요(楊幺)와 송강(宋江) : 양요는 남송 때 호남(湖南) 사람으로 원명(原名)은 태(太)이다. 빈부 귀천(貧富貴賤)을 없애겠다는 기치 아래 기병(起兵)하였다가 패망

나라의 국경(國境)에 처하여 원방(遠方)이라는 이름을 사칭(詐稱)해서 시험해 보았던 것과 같은 짓을 행하여 우리가 대응하는 것을 관찰하려는 것이 아니겠습니까.

의혹이 불어나고 소요(騷擾)와 유언비어가 일어나니, 묘당(廟堂)의 계책이 장차 어떻게 정해질지 모르겠습니다. 이치에 밝으신 노형께서는 응당 변고를 살펴 점을 치는 방도가 있을 것이니, 부디 가르침을 주시기 바랍니다.

우연히 주자께서 지으신 〈기윤화정오사(記尹和靖五事)〉[311]를 보았는

한 종상(鍾相)의 뒤를 이어 반란군의 우두머리가 되어 동정호(洞庭湖)를 거점으로 세력을 확장하였다. 당시 송나라의 주력군이 금나라와 대치하고 있는 틈을 타서 여러 번 토벌군을 물리쳤으나 금나라 군대를 막는 전선에서 차출된 악비(岳飛) 군대에 의해 평정되었다. 송강은 북송 때 운성(鄆城) 사람으로 휘종(徽宗) 장화(政和) 연간에 기병하여 하북(河北)과 산동(山東) 일대에서 활동하면서 10개 군(郡)을 함락시켰는데 양산박(梁山泊)에 산채가 있었다고 전해진다. 세력이 막강해 관군이 그들의 예봉(銳鋒)을 감당하지 못하자, 박주 지주(亳州知州) 후몽(侯蒙)이 조정에 글을 올려 송강이 방랍(方臘)을 진압하는 것을 조건으로 죄를 사면하게 하였으나, 선화(宣和) 3년(1121) 2월 해주 지주(海州知州) 장숙(張叔)의 야습(夜襲)을 받아 사로잡혔다. 방랍은 북송 휘종(徽宗) 때 마니교(摩尼教) 신도들을 거느리고 반란을 일으켜 스스로를 성공(聖公)이라 칭하고 연호를 영락(永樂)이라 하여 나라를 세웠다가 관군에 의해 진압된 인물이다. 후일 시내암(施耐庵)이 이들을 모델로 삼아 《수호전(水滸傳)》을 지었다.

311 기윤화정오사(記尹和靖五事) : 이 글은 《회암집(晦庵集)》 권71 〈잡저(雜著)〉에 '기화정선생오사(記和靖先生五事)'라는 제목으로 실려 있는데, 윤화정과 관련 된 다섯 가지 일화를 기록한 글이다. 화정(和靖)은 북송 말과 남송 초의 도학자인 윤돈(尹焞, 1061~1132)의 호이다. 자는 언명(彥明)으로 젊었을 때 이천(伊川) 정이(程頤)를 사사(師事)하였다. 원우(元祐) 4년(1089) 과거에 응시하였는데, 시제(試題)가 원우(元祐)의 제신(諸臣)들을 주륙(誅戮)해야 한다는 내용임을 보고 과거를 포기하고 다시는 응

데, 여기에 윤화정이 부처를 맞이하고 불경을 외운 두 가지 일을 함께 기재하신 것은 무슨 의리입니까? 중인(衆人)들을 따라 부처에게 절한 것은 어진 분을 공경하는 예(禮)를 지극히 하고자 한 것이나, 이는 구차하게 어머니의 뜻을 따르느라 '군자는 의(義)에 깨닫는다.'[312]는 도리(道理)를 알지 못한 것입니다. 이는 크게 선(禪)에 빠진 것이니, 마땅히 현자(賢者)를 위하여 숨겨주어야 할 듯한데, 특별히 이와 같이 쓴 것은, 이 일이 혹 현자에게 나와서 후세 사람들이 보고 본받을까 염려하였기 때문에 이를 끌어다가 경계로 삼으신 것입니까?

그가 '마음을 깨끗이 비우고 한가함에 두면 자연히 도(道)를 본다.'라고 말한 것 또한 정(靜)에 치우쳐 병통이 될 듯합니다. 오직 '배운다는 것은 사람됨을 배우는 것이다.'라고 한 것과 '경전(經典)을 훈석(訓釋 뜻을 해석함)함에 있어 신기하게 하고자 한다면 못할 짓이 없다.'라고 한 이 두 구절의 말뜻은 탁월하니, 이 때문에 주자께 인정을 받은 것입니다. 그런데 부처에게 아첨한 두 가지 일을 함께 열거한 것은 그의 선과 악을 모두 스승으로 삼고자 한 것입니까? 부디 가르쳐 주시기 바랍니다.

시하지 않았다. 남송 때 천거로 벼슬에 올라 고종(高宗) 소흥(紹興) 초에 예부 시랑(禮部侍郎)을 지냈다. 내성 함양(內省涵養)을 중시하고 박람(博覽)을 추구하지 않았다. 원우의 제신들은 북송 원우 연간에 등용되었던 사마광(司馬光), 소식(蘇軾) 등의 명현(名賢)들을 이른다.

312 군자는 의(義)에 깨닫는다 : 이 내용은 《논어》 〈이인(里仁)〉에 "군자는 의(義)에 깨닫고 소인은 이(利)에 깨닫는다.〔君子喻於義, 小人喻於利.〕"라고 보이는데, 이는 곧 군자는 의리에 밝고 소인은 이익에 밝음을 말한 것이다.

이자강에게 줌 임진년 윤9월 20일

與李子岡 壬辰閏九月念日

비바람이 몰아치더니 날씨가 추워졌습니다. 엎드려 생각하건대 덕(德)을 기르는 체후가 성대하게 천시(天時)에 부합하여 건승(健勝)하십니까?[313] 근일에 학생들에게 교수(敎授)하는 과정이 《논어》〈자로(子路)〉 편의 '대자위정장(待子爲政章)'에 이르렀습니다.[314] 괴외(蒯聵) 부자는 모두 아비도 없고 자식도 없는 자들이니, 그렇다면 호씨(胡氏)가 말한바 '마땅히 이 일의 본말을 갖추어 천왕(天王)께 고하고 방백(方伯)께 청하여 공자(公子) 영(郢)을 맞이하여 군주로 세워야 한다.'는 것[315]이 명분을 바르게 하는 것〔正名〕이 되어 다시 의논할 것이 없습니다.

가령 첩(輒)이 부자의 친함이 중하여 하루도 그 지위에 서서는 안

313 덕(德)을……건승하십니까 : 원문의 '무대(茂對)'는 《주역》〈무망괘(无妄卦) 상(象)〉의 "하늘 아래 우레가 행하여 물건마다 무망(无妄)을 주니, 선왕이 보고서 천시(天時)에 성대하게 합하여 만물을 기른다.〔天下雷行, 物與无妄, 先王以, 茂對時, 育萬物.〕"라는 구절을 원용한 것이다.

314 논어……이르렀습니다 : '대자위정장(待子爲政章)'은 〈자로(子路)〉 편의 제3장으로, 공자께서 자로와 문답하며 정명(正名)의 중요성을 강조한 내용이 실려 있는 장인데, 《논어집주(論語集註)》의 장하주(章下註)에 위(衛)나라 세자(世子)였던 괴외(蒯聵)와 그의 아들 첩(輒)이 임금의 자리를 두고 서로 다툰 내용이 실려 있다.

315 호씨(胡氏)가……것 : 호씨는 송나라의 학자인 호인(胡寅, 1098~1156)으로 자는 명중(明仲), 호는 치당(致堂), 시호는 문충(文忠)이다. 이 내용은 《논어집주》 '대자위정장(待子爲政章)'의 장하주(章下註)에 보인다.

됨을 알고서 아버지를 몰래 업고 도망하여 흔쾌하게 즐기며 천하를 잊기를 대순(大舜)의 마음과 같이 하였다면,[316] 위(衛)나라의 구신(舊臣)들이 마땅히 첩을 어떻게 처우해야 하겠습니까? 첩의 어짊이 이와 같다면 국인(國人)들이 그가 군주의 자리에서 떠나는 것을 받아들이고 영을 군주로 세워서는 안 될 듯하니, 다만 그가 아버지를 맞이하여 효성을 다하도록 맡겨두었어야 할 뿐입니다.

이른바 '효성을 다한다'는 것은, 군주의 지위를 버리는 것을 허락하는 것이 아니고 오직 아버지를 천승(千乘)으로 봉양할 뿐임을 말한 것이니, 첩의 입장에서는 마음 내키는 대로 행동해서는 안 되고, 마땅히 경중(輕重)을 저울질하여 처신해서 군신간과 부자간의 도가 함께 행해지면서도 서로 어긋나지 않게 하기를, 주자의 정론(正論)[317]처럼

316 아버지를……하였다면 : 이 내용은 《맹자》〈진심 상(盡心上)〉의 도응이 "순 임금이 천자가 되시고 고요가 사(士)가 되었는데, 고수가 사람을 죽였다면 어떻게 하겠습니까?〔舜爲天子, 皐陶爲士, 瞽瞍殺人, 則如之何?〕"라고 묻자, 맹자께서 "순 임금은 천하를 버리는 것을 마치 헌신짝을 버리듯이 여기시어, 몰래 업고 도망하여 바닷가를 따라 거처하면서 종신토록 흔쾌히 즐거워하여 천하를 잊으셨을 것이다.〔舜視棄天下, 猶棄敝蹝也, 竊負而逃, 遵海濱而處, 終身訢然樂而忘天下.〕"라고 대답한 구절을 원용한 것이다.

317 주자의 정론(正論) : 이상의 문제에 대해 주자는 "만약 첩에게 아비를 거역할 마음이 있었다면 굳이 말할 것이 없고, 아비를 피할 마음이 있었다면, 위나라 신하들은 군신의 의리를 내세워 마땅히 괴외를 막고 첩을 보좌하여야 한다. 만약 첩이 굳이 사양했다면 천자에게 명을 청하여 다시 임금을 세우는 것이 옳다. 설혹 첩이 어질어 국인(國人)들이 그가 군주의 자리에서 떠나는 것을 들어주지 않았다면, 첩의 입장에서는 또한 경중을 저울질하여 처신해서 군신과 부자간의 도가 함께 행해지면서도 서로 어긋나지 않게 하여야 할 것이니, 또한 반드시 방법이 있었을 것이다. 진실로 그렇게 할 수 없었다면 도망가는 도리밖에 없다.〔若輒有拒父之心, 則固無可論, 若有避父之心, 則衛之臣子

하는 것이 중도를 얻을 듯합니다.

괴외가 선군(先君)에게 죄를 지었다고 하여, 신하들이 첩이 자신의 아버지를 피하여 군주의 자리를 내 주는 것을 막는 것은 군신의 의리를 보존하는 것이요, 첩이 괴외를 본국으로 들어오게 해서 정성스럽게 봉양하여 사사로운 정을 펼 수 있도록 들어 주는 것은 부자간의 은혜를 다하는 것입니다. 만약 이렇게 하지 못한다면 이는 진실로 이른바 '신하로서 그 군주를 군주로 여기지 않고, 자식으로서 그 아버지를 아버지로 여기지 않는 것'이니, 어찌 법과 의리의 주벌(誅罰)을 피할 수 있겠습니까.

만일 공자께서 위(衛)나라에서 정사를 맡으셨다면 아마도 의당 이러한 의리를 가지고 들어가서 군주에게 고하고 나와서는 군주의 어짊을 널리 드날리셨을 것이니, 이와 같이 하여야 비로소 정명(正名)이 될 것입니다.

공자께서 기려지신(羈旅之臣 타국(他國) 출신의 신하)으로 하루아침에 등용되었는데 갑자기 첩을 폐하고 영을 군주로 세울 것을 의논한다면, 이 어찌 말이 이치에 순하여 일이 이루어지겠습니까.[318] 이미 군주를 폐하고 세우는 조처가 불가능하고 또 첩이 자신의 마음을 비우고 남의

以君臣之義, 當拒蒯聵而輔之. 若其必辭, 則請命而更立君可矣. 設或輒賢而國人不聽其去, 則爲輒者又當權輕重而處之, 使君臣父子之間道竝行而不相悖, 亦必有道. 苟不能然, 則逃之而已矣.]"라고 하였는바, 이를 말한 것이다. 《朱子大全 卷39 答范伯崇》

318 말이……이루어지겠습니까 : 이 내용은 《논어》 〈자로(子路)〉에 공자와 자로가 문답할 적에 "명칭이 바르지 못하면 말이 이치에 순하지 못하고, 말이 이치에 순하지 못하면 일이 이루어지지 못한다.〔名不正, 則言不順; 言不順, 則事不成.〕라고 한 공자의 말씀을 원용한 것이다.

말을 받아들이지 못함을 알았다면 오직 떠나감이 있을 뿐입니다. 훌륭하신 견해는 어떠신지 모르겠습니다.

《의례(儀禮)》에 "추후에 초상(初喪)의 소식을 들은 경우는 상기(喪期)가 먼저 찬 사람은 먼저 벗고 나중에 찬 사람은 나중에 벗는다."라고 한 것은 바로 친상(親喪 부모의 상)을 위주로 한 것이지만, 또한 기년복과 대공복(大功服)·소공복(小功服)도 이 가운데에 포함됩니다.

《주자가례(朱子家禮)》 분상(奔喪) 조에 "분상(奔喪 초상에 달려감)을 못한 자는 상기(喪期)의 달수가 이미 찼으면 다음 달 초하루에 곡하면서 상복을 벗는다."라고 하였고, 《예기》 〈단궁(檀弓)〉의 소(疏)에 "정강성(鄭康成 정현(鄭玄))의 뜻에 따르면 만약 기한(期限) 내에 초상의 소식을 들었으면 온전한 달 수로 추복(追服)한다."라고 하였는데, 보웅(步熊)과 하순(賀循)[319]의 설이 모두 정현의 설과 같습니다. 유울지(庾蔚之) 또한 이르기를 "남은 달만 상복을 입는 제도는 없다."라고 하였으니,[320] 이 뜻을 미루어 보면 기년상(期年喪)의 부음(訃音)을 듣고 성복

319 보웅(步熊)과 하순(賀循) : 보웅(?~306)은 서진(西晉) 양평(陽平) 사람으로, 자는 숙비(叔羆)이다. 젊어서 점서(占筮)의 술수(術數)를 좋아하였고, 예에 밝아 《통전(通典)》에 많이 인용되었다. 하순(260~319)은 동진(東晉) 산음(山陰) 사람으로, 자가 언선(彦先), 시호가 목공(穆公)이다. 수재(秀才)로 천거되어 출사하고 벼슬이 태상(太常)에 이르렀는데 박학하고 예학에 뛰어나 유종(儒宗)으로 추대를 받았다. 《晉書 卷68 賀循傳》

320 유울지(庾蔚之)……하였으니 : 이 내용은 《통전(通典)》 권98 〈예58 흉20(禮五十八凶二十)〉에 보인다. 유울지는 남조(南朝) 송(宋)나라 효무제(孝武帝) 때 인물로 태상승(太常丞)의 벼슬을 지냈다. 예에 밝아 《통전(通典)》에 많이 인용되었다.

(成服)한 것이 모두 달이 바뀐 뒤에 있다면 또한 마땅히 13개월을 계산하여 상복을 벗어야 할 것이요, 소상(小祥)을 기준으로 삼아서는 안 됩니다.[321]

상복을 벗는 달수를 별세한 달을 가지고 계산하는 것은, 사옹(沙翁 사계 김장생) 또한 일찍이 이렇게 말씀하셨지만, 이는 바로 상이 그믐에 생기고 성복은 다음 달 초에 하는 경우를 가리킨 것입니다. 만약 부음을 들은 것이 조금 늦어서 다음 달에 성복을 하였다면 별세하신 달로 계산해서는 안 될 듯합니다. 겸재(謙齋) 박공이 이것을 들어서 천옹(泉翁)에게 질의하였는데,[322] 천옹이 답하시기를 "부음을 들은 것이 늦어서 다음 달에 성복한 경우에는, 마땅히 성복한 날로부터 계산하여야 한다."라고 하였으니, 이것이 바꿀 수 없는 정론(正論)입니다.

321 13개월을……됩니다 : 소상(小祥)은 망자가 죽은 지 첫 번째 기일로, 이날 소상제(小祥祭)를 지낼 때 기년복에 해당되는 손자나 형제들은 상복을 벗는데, 뒤늦게 초상의 소식을 들어서 성복이 늦은 자는 성복한 날로부터 13개월이 되는 달에 상복을 벗어야 함을 말한 것이다.

322 겸재(謙齋)……질의하였는데 : 겸재 박공은 박성원(朴性源, 1697~1757)으로 겸재는 그의 호이고 자는 사수(士洙), 본관은 밀양, 시호는 문헌(文獻)이며 도암(陶菴) 이재(李縡)의 문인이다. 1728년(영조4) 별시 문과에 급제하고 사간원 정자(司諫院正字), 사헌부 감찰(司憲府監察) 등을 역임하였다. 세손강서원 유선(世孫講書院諭善)이 되어 당시 세손인 정조를 보도(輔導)하였으며, 참판을 끝으로 관직에서 물러나 봉조하(奉朝賀)가 되었다. 천옹은 도암 이재의 또 다른 호가 한천(寒泉)이므로 이렇게 칭한 것이다.

이자강에게 줌 계사년[323] 3월 9일

與李子岡 癸巳三月九日

지난번에 지어주신 선인(先人 선친)의 묘지명을 높이 받들어 백 번을 읽어 보니, 문장이 고묘(高妙)하고 덕을 천양(闡揚)한 것이 진실로 간절하여 더욱 감복하였습니다. 이 글은 후대에 불후(不朽)의 명문으로 길이 남을 것임을 의심할 여지가 없습니다. 선인께서는 실로 순일(純一)한 덕과 아름다운 행실이 있었으나, 수졸(守拙)하고 준회(遵晦)하시어[324] 아는 자가 드물고, 자식이 불초하여 만에 하나도 밝게 드러내지 못했습니다. 이 때문에, 한 시대에 함께 사는 명현(名賢) 중에 우리 집사(執事)와 같은 분의 한마디 말을 얻어, 이로써 중(重)함을 빌려 후세에 징험이 되기를 도모하고자 한 것이니, 이 뜻이 지극히 애처롭습니다.

무릇 문장으로 사람의 일을 전(傳)하는 것은, 비유하자면 초상화와 같아서 그 사람을 알아야만 그 형상을 능히 모사할 수 있으니, 그 사람

323 계사년(癸巳年) : 1833년(순조33)으로, 매산의 나이 58세 되던 해이다.

324 수졸(守拙)하고 준회(遵晦)하시어 : 수졸은 졸렬함(질박함)을 지킨다는 뜻으로, 자신의 분수를 지켜 재주를 자랑하거나 벼슬하지 않음을 이른다. 진(晉)나라 도연명의 〈귀원전거(歸園田居)〉에 "남쪽 들판에서 황폐한 밭 일구며 졸렬함을 지켜 전원으로 돌아왔다.〔開荒南野際, 守拙歸園田.〕"라고 보인다. 준회는 준양시회(遵養時晦)를 줄여 쓴 것으로, 현재의 상황에 순응하며 역량을 축적하여 때를 기다림을 말한다. 《시경》 〈주송(周頌) 작(酌)〉에 "아, 성대한 왕사로서 도를 따라 힘을 길러 때로 감추어 크게 밝아진 뒤에야 이에 큰 갑옷을 쓰셨도다.〔於鑠王師, 遵養時晦, 時純熙矣, 是用大介!〕"라고 한 데서 유래한 말이다.

을 알지 못하면 비록 털끝만큼 비슷하게 모사하려고 하여도 될 수가 없습니다. 그런데 훌륭한 필력(筆力)으로 묘사함에 있어 그 경지가 진실되고 말이 지극하며, '강하면 굽히지 않는다〔剛則不屈〕'는 것과 '한 자를 굽힘에도 엄격하였다〔嚴於枉尺〕'는 것[325]으로 단정하였으니, 선인의 마음을 깊이 아는 분이 아니라면 어찌 이와 같이 표현할 수 있겠습니까. 선인께서 구천(九泉)에서도 앎이 있으시다면 지우(知遇)에 감사할 것이니, 어찌 다만 불초가 마음에 새겨두어서 은혜에 보답할 것을 맹세할 뿐이겠습니까.

서(序)는 본래 체제를 얻었고 명(銘)은 더욱 법도가 있으니, 다시 수정을 가할 필요가 없을 듯합니다. 한두 곳에 찌를 붙인 것은 다만 형의 재택(財擇 헤아려 채택함)에 대비한 것일 뿐입니다. 걸음마다 거두어 모우고 세세한 것까지 나열하여 사람들에게 품행이 갖추어지고 덕이 완전함을 보이고자 하는 것은 바로 구구한 이 몸이 깊이 부끄러워하는 것입니다. 큰 것을 들고 세세한 것은 생략하여 훌륭하게 만드신 법도가 이미 바름을 얻었으니, 더욱 찬탄하는 마음 이기지 못합니다.

편벽된 오행(五行)의 기운을 품부 받은 것이 기질(氣質)의 병통이 되

325 강하면……것 : '강하면 굽히지 않는다〔剛則不屈〕'는 것은 의지가 강하여 욕심에 굽히지 않음을 이르는바, 《논어》 〈공야장(公冶長)〉 '오미견강자장장(吾未見剛者章)'의 장하주(章下註)의 "사람이 욕심이 있으면 강할 수 없고, 강하면 욕심에 굽히지 않는다.〔人有慾則無剛, 剛則不屈於慾.〕"라는 정자(程子)의 말씀을 원용한 것이고 '한 자를 굽힘에도 엄격하였다〔嚴於枉尺〕'는 것은 지조가 굳세어 작은 이익을 얻기 위해 자신의 거취를 함부로 하지 않는 것으로, 《맹자》 〈등문공 하(滕文公下)〉 '왕척직심장(枉尺直尋章)'에 자세히 보인다.

니, 이른바 '기질'이란 것은 마땅히 이발(已發)에 속해야 합니다. 일원(一元)에 기(氣)가 없는 것은 아니나 정(靜)하여 기(氣)가 용사(用事)하지 않기 때문에 이(理)가 주인이 되는 것이고, 분수(分殊)에 이(理)가 없는 것이 아니나 동(動)하여 기(氣)가 이미 용사하기 때문에 기(氣)가 주인이 되는 것입니다.

일원(一元)과 본연(本然)이 동일한 경지(境智)이나, 동(動)·정(靜)과 체(體)·용(用)의 구별과 주리(主理)와 주기(主氣)의 차이가 있습니다. 마음의 체(體)가 맑고 고요하고 기(氣)의 기(機)가 바닥에 바짝 엎드려 있어서 마치 밝은 거울, 잔잔한 수면과 같으면 곧바로 기(氣)가 없는 것과 비슷하게 되니, 이것은 미발(未發)의 영역으로 천리(天理)에 순수할 뿐입니다. 천옹(泉翁)께서 말씀하신 '바로 이 기(氣)가 본래 하늘에 있어서 미처 사람들에게 부여되지 않은 것과 똑같다.'라는 것인바, 이는 탁(濁)한 것과 악(惡)한 것이 뿌리내리지 못하고 만사가 싹트지 않은 것입니다.

저 기(氣)의 기(機)가 마치 바람이 일어나고 물이 용솟음치는 것처럼 발동(發動)하면, 성(聲)·색(色)·취(臭)·미(味)에 대한 욕구가 외물에 감촉함에 따라 곧바로 호응하니, 이것은 이발의 영역인데 기질(氣質)의 청탁(淸濁)과 수박(粹駁)[326]이 여기에서 드러나게 됩니다. 또

326 기질(氣質)의 청탁(淸濁)과 수박(粹駁) : 기질은 기와 질을 합칭한 것으로, 청탁의 차이는 기에서 드러나고 수박의 차이는 질에서 드러나는데, 깨끗한 기를 받고 태어난 자는 지(知)를 잘하고 순수한 질을 타고난 자는 행(行)을 잘하는바, 성인은 지극히 깨끗하고 지극히 순수한 기질을 받고 태어난 사람이다. 퇴계는 이굉중(答李宏仲)에게 답한 편지에서 "기(氣)·질(質) 두 글자는 다른 것이 매우 분명합니다. 기는 세속에서 말하는 '기운'과 같고, 질은 세속에서 말하는 '형질'과 같습니다. 사람과 물건이 생명을

기질을 변화시키는 공부는 그 노력이 백배 천배가 아니면 이룰 수가 없으니, 어찌 한때의 미발을 가지고 '혼화(渾化)'[327]라고 말할 수 있겠습니까.

무릇 이른바 '악(惡)'이란 것은 별도로 한 부위(部位)를 점하고 있는 것이 아니고, 모두 선(善)의 차착(差錯)에서 생겨납니다. 그러므로 주자는 말씀하기를 "천리(天理)로 인하여 인욕(人慾)이 있게 된다."라고 하셨고, 율곡은 "인의(仁義)에서 근원되어 인의를 해친다."라고 하셨으니, 이 뜻을 미루어 보면 악은 성(性)에 본래 있는 것이 아니고, 바로 기질(氣質)이 편벽(偏僻)되어 병통이 된 것일 뿐입니다. 어찌

받아 태어나는 초기에는 기로써 질을 이루고, 태어난 이후에는 기가 질 속에서 행합니다. 기는 양(陽)이고 질은 음(陰)이니 기로써 알고 질로써 행합니다. 무릇 호흡하고 운동하는 것은 기이니 성인(聖人)과 중인(衆人)이 모두 이것을 가지고 있지만, 성인은 능히 알고 중인은 알지 못하는 것은 기의 청탁이 똑같지 않기 때문입니다. 이목과 형체는 질이니 성인과 중인이 모두 가지고 있지만, 성인은 능히 행하고 중인은 행하지 못하는 것은 질의 수박이 똑같지 않기 때문입니다.〔氣質二字之異亦明甚. 氣如俗言氣運 質如俗言形質. 人物稟生之初, 氣以成質, 有生之後, 氣行於質之中. 氣陽而質陰, 氣以知, 質以行也. 夫呼吸運動氣也, 聖人與衆人皆有之, 聖人能知, 而衆人不能知, 氣之淸濁不同故也. 耳目形體質也, 聖人與衆人皆有之, 聖人能行, 而衆人不能行, 質之粹駁不齊故也.〕"라고 하였다.《退溪集 卷35 書》

327 혼화(渾化) : 사의(私意)와 인욕(人慾)이 모두 제거되어 천지(天地)와 동일한 체(體)가 됨을 이른다. 명도(明道) 정호(程顥)가 "자질이 아름다운 자는 명(明, 지공부(知工夫))을 다하여 찌꺼기가 곧 완전히 변화해서 천지와 똑같은 체가 된다.〔質美者, 明得盡, 查滓便渾化, 却與天地同體.〕" 하였는데, 주자가 이에 대해 "사재(查滓)는 사의와 인욕이 다 사라지지 않은 것이니, 사람이 천지와 본래 똑같은 체이나 다만 사재를 제거하지 못함으로 인하여 이 때문에 간격이 있는 것이니, 만약 사재가 없다면 곧 천지와 똑같은 체가 된다.〔查滓, 是私意人欲之消未盡者, 人與天地本同體, 只緣查滓未去, 所以有間隔, 若無查滓, 便與天地同體.〕"라고 하였다.《近思錄 卷2 爲學》

마음속에 뿌리와 줄기로서 붙어 있는 것이겠습니까. 그렇다면 연옹(淵翁)의 말씀[328]에서 수미(首尾)가 서로 응하지 않음을 볼 수 없습니다.

정암(正菴)[329]은 마음과 기질을 밝게 분변하지 못하여 마치 기질의 탁한 것과 악한 것이 본래 미발의 때에 있는 것처럼 말씀하였고, 또 혼화는 갑자기 취할 수 있는 것이 아니므로 연옹의 말씀이 이와 같았던 것입니다. 미발의 기질과 인물성동이(人物性同異)에 대한 논쟁[330]에 있어서 정암은 남당(南塘)[331]과 같고 기원(杞園)[332]은 외암(巍巖)[333]과 같

328 연옹(淵翁)의 말씀 : 연옹은 김창흡(金昌翕, 1653~1722)으로 그의 호가 삼연(三淵)이므로 이렇게 칭한 것이다. 이 내용은《삼연집(三淵集)》권21〈답이현익(答李顯益)〉에 '첨론이현익금수오상설(籤論李顯益禽獸五常說)'이란 제목으로 실려 있다. 김창흡은 자가 자익(子益), 본관이 안동, 시호가 문강(文康)으로, 자세한 내용은 85쪽 주172 참조. 형인 농암 김창협과 함께 정립한 그의 이론은 낙파(洛派)의 정론이 되었다.

329 정암(正菴) : 이현익(李顯益, 1678~1716)의 호로, 자는 중겸(仲謙), 본관은 전주(全州)이며 농암 김창협의 문인이다. 1708년(숙종34) 생원시에 장원으로 합격하고 출사하여 공조 좌랑(工曹佐郎), 진안 현감(鎭安縣監) 등의 벼슬을 역임하였다.

330 미발의……논쟁 : 조선 후기, 심(心)과 성(性)에 대한 이해(理解)의 문제로 성리학자들이 대립하여 진행된 논쟁으로 호락논쟁(湖洛論爭)이라고 한다. 낙론(洛論)은 미발은 마음의 본체로서 순선(純善)하여 선악이 없고 사람과 물건의 성은 본연지성으로 이(理)와 같으므로 같을 수밖에 없다고 주장하였고, 호론(湖論)은 미발한 마음의 체에도 기질의 선악이 있으며 현실에 드러나는 본연지성은 기질의 맥락 속에 있을 수밖에 없으므로 사람과 물건의 성은 다르다고 주장하였다. 이 논쟁에 있어 주로 서울·경기 지역에 거주한 농암 김창협, 삼연 김창흡, 외암(巍巖) 이간(李柬) 등이 한 파를 이루어 이를 낙론 또는 낙파라 하였으며, 충청 지역에 사는 남당(南塘) 한원진(韓元震) 등이 또 한 파를 이루어 이를 호론 또는 호파라 하였다.

331 남당(南塘) : 한원진(韓元震, 1682~1751)의 호로, 자는 덕소(德昭), 본관은 청주(淸州)이다. 수암(遂菴) 권상하(權尙夏)의 문인으로 강문팔학사(江門八學士)의 한 사람이며, 호락논쟁(湖洛論爭)에서 호론(湖論)의 좌장격인 인물이다.

지만, 그 이치에 대한 조예(造詣)와 문장을 쓴 것은 기원이 외암에 비하여 더욱더 정밀하니, 연옹이 이간(李柬 외암)을 낮추고 어유봉(魚有鳳 기원)을 높인 것이 당연합니다.

332 기원(杞園) : 어유봉(魚有鳳, 1672~1744)의 호로, 자는 순서(舜瑞), 본관은 함종(咸從)이고 경종의 비인 선의왕후(宣懿王后)의 숙부이며 농암 김창협의 문인이다. 1699년(숙종25)에 사마시에 합격해 진사가 되었는데 이때 과거 시험의 부정을 보고 대과의 응시를 단념하였다. 천거로 벼슬에 나아가 벼슬이 세자시강원 찬선(贊善)에 이르렀다. 성리학과 예학에 뛰어나 당대의 학자로 명망이 높았으며, 낙파의 일원이었다.

333 외암(巍巖) : 이간(李柬, 1677~1727)의 호로, 자는 공거(公擧), 본관은 예안(禮安)이며, 수암 권상하의 문인으로 강문팔학사(江門八學士)의 한 사람이다. 과거에 뜻을 두지 않고 학문에 전념하였는데 1716년(숙종42) 산림직(山林職)인 세자시강원 자의(諮議)에 제수되어 조정에서 학문적 권위를 인정받았다. 호락논쟁에서 남당 한원진과 직접 논쟁을 벌여 낙론을 이끌었다.

이자강에게 답함 계사년 10월 7일

答李子岡 癸巳陽月七日

노주(老洲) 오장(吳丈)께서 끝내 오늘 신시(申時)에 별세하셨습니다.[334] 한 번 통곡하고 돌아옴에 만사가 영영 끝난 듯하여 외로운 이 마음이 처량하고 쓸쓸하여 거의 진정되지 않으니, 생각하건대 응당 그대의 마음 또한 이러할 것입니다. 팔순(八旬)의 장수(長壽)를 누려 삼달존(三達尊)[335]이 모두 갖춰졌으며 신체를 온전히 보전한 채 하늘나라로 돌아가시어 아름다운 명예가 무궁하니, 본인 자신의 분수에 있어서는 부족할 바가 없고 더 이상 유감(遺憾)이 없겠지만, 다만 뒤에 죽는 우리들의 애통함이 더할 뿐입니다.

이 어른의 아름다운 말씀과 훌륭한 문장과 정묘한 지식과 절륜(絶倫)한 이해력을 보면 마땅히 삼주(三洲 농암 김창협) 이후에 가장 뛰어난 한 사람이니, 이로부터 사문(斯文)의 한 맥(脈)이 갑자기 사라졌습니다. 오직 노형께서 우뚝이 홀로 남아있어서 우리 도(道)의 석과(碩果)[336]가 되었으니, 우러러 바라는 바가 예전보다 백배나 더합니다.

334 노주(老洲)……별세하셨습니다 : 노주 오장은 오희상(吳熙常, 1763~1833)으로 노주는 호이고 자는 사경(士敬), 본관은 해주(海州), 시호는 문원(文元)이다. 자세한 내용은 105쪽 주218 참조. 신시(申時)는 오후 3시부터 5시까지를 이른다. 오장(吳丈)은 오씨 어른이란 뜻이며, 원문의 '연관(捐館)'은 관사(館舍)를 버렸다는 뜻으로 사람의 죽음에 대한 완곡한 표현이다.

335 삼달존(三達尊) : 사람들이 공통적으로 높이는 세 가지로, 즉 관작〔爵〕, 연치〔齒〕, 덕망(德望)을 가리킨다.

우리들은 이 어른에 대해 마땅히 율곡께서 퇴계를 위해 복을 입은 것[337]으로 대우해야 하지만, 다만 소대(素帶)를 3개월 동안 착용하는 것은 근거할 바가 없는 듯합니다. 그러므로 가마(加麻)[338]를 하고자 하니, 가마하고 시마복처럼 3개월에 벗는 것이 예에 맞을 것입니다. 훌륭하신 견해는 어떠신지 모르겠습니다.

방정학(方正學)[339]이 일찍이 광무제(光武帝)가 곽씨(郭氏)를 폐하고 음씨(陰氏)를 세운 것[340]을 논하여 이르기를

336 율곡께서……것 : 이 내용은 《율곡전서(栗谷全書)》 권33 〈부록(附錄) 연보 상(年譜上)〉 경오(庚午) 4년에 "퇴계 선생의 부음이 이르자, 영위(靈位)를 설치하여 곡을 하고 소대를 하고 외침(外寢)에 머물렀다.〔退溪先生訃至, 爲位哭之, 素帶居外.〕"라고 보인다.

337 우리 도(道)의 석과(碩果) : 석과는 큰 과일이란 의미로, 우리 유학에 있어서 마지막 남은 도맥(道脈)이란 의미이다. 《주역》 〈박괘(剝卦) 상구(上九)〉에 "큰 과일이 먹히지 않은 것이니, 군자는 수레를 얻고 소인은 집을 허물리라.〔碩果不食, 君子得輿, 小人剝廬.〕"라고 한 데서 나온 말이다. 박괘는 산지박(山地剝 ䷖)으로 다섯 개의 음(陰)이 아래에 있고 하나의 양(陽)이 위에 있는 형상인데, 여러 양이 모두 다 사라지고 오직 상구 한 효만 남아 있는 것이 마치 큰 과일 하나가 먹히지 않아 다시 생겨날 가능성을 지니고 있는 것과 같다.

338 가마(加麻) : 겉옷에 삼베 조각을 붙이는 것을 이른다. 스승의 상에는 원래 복이 없기 때문에 3월, 혹은 3년을 가마하여 애도의 뜻을 표하였다.

339 방정학(方正學) : 명나라 초기의 명신인 방효유(方孝孺, 1357~1402)로 호는 손지(遜志), 자는 희직(希直)이다. 서실(書室) 이름이 정학이기 때문에 흔히 방정학이라고 불린다. 송렴(宋濂)에게 수학하고, 혜제(惠帝)를 섬겨 시강학사(侍講學士)로서 당대 제일의 학자라는 중망을 누렸으나, 1402년 연왕(燕王 성조(成祖))이 무력으로 황위(皇位)를 찬탈한 뒤 등극 조서를 작성할 것을 명하자, 이를 거부하다가 집안 전체가 죽임을 당하였다.

"조강지처(糟糠之妻)도 오히려 이렇게 버리는데, 빈천할 때의 친구를 어찌 믿었겠는가. 양구 노인(羊裘老人)이 일찍 이런 기미를 보고서 홀로 동강(桐江)을 향해 안개 낀 물에서 낚시질만 하였네.[341] 〔糟糠之妻尙如此, 貧賤之交奚足恃? 羊裘老子早見幾, 獨向桐江釣烟水.〕"

라고 하였는데, 이 말이 이치에 통달한 말이니, 고견(高見)은 어떠하신지요?

340 광무제(光武帝)가……것 : 곽씨는 광무제의 첫 번째 부인인 곽성통(郭聖通)이고 음씨는 두 번째 부인인 광렬황후(光烈皇后) 음여화(陰麗華)이다. 곽씨는 광무제와 정략결혼한 사이이고 음씨는 천하의 미인으로 광무제의 총애를 한 몸에 받았는데, 광무제가 즉위한 뒤에 음씨의 양보로 곽씨가 황후가 되었다. 그러나 곽씨의 친정 집안이 광무제에 의해 몰살되자 광무제에 대해 불손한 언행을 자주 하여 결국 41년에 폐출되고 음씨가 황후에 올랐으며, 황태자의 지위도 음여화의 소생으로 후일의 명제(明帝)가 된 장(莊)에게 돌아갔다.

341 조강지처(糟糠之妻)도……하였네 : 이 시는 《손지재집(遜志齋集)》 권24 〈고시(古詩)〉에 '제엄자릉(題嚴子陵)'이라는 제목으로 실려 있는데, 원문의 두 번째 연의 '시(恃)' 자가 원작에는 '의(倚)' 자로 되어 있다. 엄자릉(嚴子陵)은 동한(東漢) 초기의 고사인 엄광(嚴光)으로 자릉은 그의 자(字)이다. 자세한 내용은 169쪽 주370 참조. 양구 노인(羊裘老人)은 엄광의 별호이다. 늘 양가죽 옷을 입고 동강(桐江)에서 낚시질을 하였다고 하여 이런 별명이 붙었다.

이자강에게 답함 계사년 해가 다하기 8일 전

答李子岡 癸巳歲不盡八日

이 아우는 병든 몸을 이끌고서 노주의 묘혈(墓穴)을 가서 살펴보았는데, 공교롭게도 지극한 추위를 만나서 얼음이 품안으로 들어오니, 그나마 흘간산(紇干山)의 참새처럼 얼어 죽지 않은 것[342]이 다행입니다. 이 어른을 한 구역의 건조하고 정결한 땅에 장례지냈으니, 진실로 이는 '살아서는 내가 천리(天理)에 순응하고 죽어서는 편안하다.'[343]는 것이어서 다시 유감이 없습니다.

송강(松江) 정철(鄭澈)의 "나는 저승이 인간세상보다 낫다고 말하네.〔我言地下勝人間〕"[344]라는 구절을 외우면서 천대(泉臺: 구천(九泉))를

342 흘간산(紇干山)의……것 : 흘간산은 흘진산(紇眞山)이라고도 하는데 산서성(山西省) 대동현(大同縣) 동쪽에 있는바, 만년설이 있어 기후가 몹시 차가우므로 이곳에 사는 참새들이 얼어 죽는 경우가 많아 이렇게 말한 것이다. 당나라 소종(昭宗)이 주전충(朱全忠)의 협박에 못 이겨 낙양(洛陽)으로 파천하면서, 도성인 장안(長安)을 떠나기 싫어하여 "속어(俗語)에 '흘간산 꼭대기의 얼어 죽는 참새들, 어찌하여 날아가 좋은 곳에서 살지 않는가.〔紇干山頭凍殺雀, 何不飛去生處樂?〕'라는 말이 있는데, 짐이 지금 떠돌다가 끝내 어디에 떨어질지 모르겠다."라고 한탄한 글에 보인다. 《資治通鑑 卷264 唐紀80 昭宗聖穆景文孝皇帝》

343 살아서는……편안하다 : 원문의 '존순몰영(存順沒寧)'은 횡거(橫渠) 장재(張載)가 지은 〈서명(西銘)〉의 "살아서는 내 천리에 순응하고 죽어서는 내 편안하다.〔存吾順事, 沒吾寧也.〕"라는 마지막 구절을 줄여서 쓴 것이다.

344 나는……말하네 : 이 구절은 《송강집(松江集)》 권1 〈칠언절구(七言絶句)〉에 실려 있는 〈만우(挽友)〉 시의 한 구절이다.

향하여 축하하고 이어서 사람의 삶이 마치 물거품과 바람 앞의 등불과 같다고 생각하였습니다. 이 어른은 밝고 밝은 자질로 높고 독실한 성취를 이루고 향년(享年)이 팔십을 바라보았는데도 스스로 말씀하기를 "내가 뜻과 사업을 아직 끝내지 못했다."라고 하였는데, 하물며 이 어른에게 전혀 미치지 못하고 수명을 또 기약할 수 없는 자에 있어서이겠습니까.

여러 인연들을 모두 잊어버리고 순수한 성심(誠心)으로 도를 체득(體得)하여 백배 천배의 공부(工夫)를 하기를 더욱 바라나, 늙은 암소가 더 이상 채찍을 받지 못하니 어찌 한단 말입니까? 자신의 능력이 닿지 않은 것을 노형(老兄)께 바라오니, 백척간두(百尺竿頭)에서 한 걸음을 더 내딛고[345] 아홉 길의 산을 만듦에 한 삼태기의 흙을 더하시어,[346] 양덕(陽德)을 길러 도맥(道脈)이 오래 이어지게 해 주시기를 참으로 바라마지 않습니다.

345 백척간두(百尺竿頭)에서……내딛고 : 이미 일정한 경지에 올라 있더라도 보다 더 높은 경지를 향해 부단히 노력해야 함을 뜻하는 말로, 당나라 때의 명승인 초현대사(招賢大師)의 게송(偈頌)에 "백 척이나 되는 장대 끝에서 모름지기 한 걸음 더 나아갈 수 있어야 시방세계의 이치가 이 몸에 온전해지리라.〔百尺竿頭須進步, 十方世界是全身.〕"라고 한 데서 유래하였다. 《景德傳燈錄》

346 아홉……더하시어 : 마지막까지 최선을 다해야 목표에 이를 수 있음을 말한 것으로, 《서경》〈여오(旅獒)〉에 "아홉 길의 산을 만드는데 공(功)이 한 삼태기 때문에 무너질 것입니다.〔爲山九仞, 功虧一簣.〕"라고 보인다.

이자강에게 줌 갑오년[347] 1월 24일

與李子岡 甲午元月念四日

조유문(趙孺文)[348]은 문장과 식견과 뜻과 절조(節操)가 참으로 죽음에 이르러도 변하지 않을 자로, 후생(後生) 중에 이 사람을 얻었으면 진귀(珍貴)한 보물을 얻은 것일 뿐이 아니니, 편지에서 하신 말씀은 다시 논평할 것이 없을 듯합니다. 또 이번에 헤어진 후로 앞으로 만날 기일이 멀고도 머니, 노쇠한 마음에 매우 서운해서 더욱 잘 지내지 못하고 있습니다.

'조시중(趙時仲)[349]은 말세의 인물과 같지 않으니, 구야(九野)를 꽁꽁 얼게 하는 추위로도 가둘 수 있는 사람이 아니다.'[350]라고 하셨는데, 진실로 훌륭한 말씀 같습니다. 또 그의 과묵함은 또한 '길(吉)한 사람의

347 갑오년(甲午年) : 1834년(순조34)으로, 매산의 나이 59세 되던 해이다.

348 조유문(趙孺文) : 조병덕(趙秉悳, 1800~1870)으로 유문은 그이 자이고, 호는 숙재(肅齋), 본관은 양주(楊州)이다. 홍직필과 오희상(吳熙常)의 문하에서 수학하였다. 1852년(철종3)에 음보(蔭補)로 지평이 되었고 1859년에 경연관이 되었으며, 이후 이조 참의를 거쳐 호조 참판에 이르렀다. 문집으로 《숙재집(肅齋集)》이 있다.

349 조시중(趙時仲) : 조중식(趙中植, 1808~?)으로 시중은 그의 자로 보이고 본관은 함안(咸安)이다. 음보(蔭補)로 출사하여 벼슬이 배천 군수(白川郡守)에 이르렀다.

350 구야(九野)를……아니다 : 이 내용은 《회암집(晦菴集)》 권4에 보이는 〈재거감흥(齋居感興) 20수〉 중 제8수의 "붉은 햇볕이 하늘에 퍼져도 미세한 음(陰)이 깊은 못에서 싹트고, 추위가 구야를 덮어도 양(陽)의 덕이 깊은 샘 속에서 밝아오네.〔朱光遍炎宇, 微陰眇重淵; 寒威閉九野, 陽德昭窮泉.〕"라는 구절을 원용한 것이다. 구야는 하늘의 팔방과 중앙을 가리키는데, 여기서는 구주(九州)의 대지(大地)라는 뜻으로 쓰였다.

말은 적다.'는 구절[351]을 증험할 수 있습니다. 게다가 이 사람은 마음이 경(敬)에 있으면서 간략함을 행하니, 또한 가(可)하지 않겠습니까.[352] 또 말하지 않는 가운데에 능히 뜻을 이해하니, 필시 당연히 노형의 덕을 보고는 묵묵히 알고 마음으로 통달할 것입니다. 향후 서울에 가면 꼭 형을 찾아뵙고 학업을 묻도록 권장하였으니, 속히 학문을 도야(陶冶)시켜서 백 번을 단련시켜 좋은 금(金)으로 만들어주시기를 우러러 바랍니다.

손자며느리를 마땅히 조고(祖姑 시할머니) 가운데 친한 분에게 부(祔)해야 한다면[353] 첩손자의 며느리 또한 첩조고(妾祖姑)에게 부하여야 합니까? 주자께서 일찍이 이르시기를 "적부(嫡婦)를 첩조고에게 부하는 것은 온당치 않다. 그러나 부득이한 경우에는 우선 '친한 자에게 부한다.'는 문구를 따라야 하니, 이것을 버리고 두찬(杜撰)해서는 안 된다."라고 하였으니,[354] 여기의 이른바 '적부'는 바로 적통(嫡統)을 이

351 길(吉)한……말 : 이 내용은 《주역》 〈계사전 하(繫辭傳下)〉에 "길한 사람의 말은 적고, 조급한 사람의 말은 많다.〔吉人之辭寡, 躁人之辭多.〕"라고 보인다.

352 마음이……않겠습니까 : 이 내용은 《논어》 〈옹야(雍也)〉에 보이는 중궁(仲弓)의 "자신의 마음이 경에 있으면서 간략함을 행하여 인민을 대한다면, 또한 가하지 않겠습니까?〔仲弓曰, 居敬而行簡, 以臨其民, 不亦可乎?〕"라고 한 말을 원용한 것이다.

353 손자며느리를……한다면 : 이 내용은 《예기》 〈상복소기(喪服小記)〉에 보인다. 조고(祖姑)는 시할머니를 이르고, 친한 자는 시아버지를 낳아준 어머니를 이른다. 부(祔)한다는 것은 졸곡(卒哭)을 지낸 다음 날에 고인(故人)의 신주를 할아버지·할머니의 신주에 함께 모시는 것을 이른다.

354 주자께서……하였으니 : 이 내용은 《주자대전(朱子大全)》 권51 〈답만정순(答萬正淳)〉에 보인다. 만정순(萬正淳)이 질문하기를 "《예기》 〈상복소기(喪服小記)〉에 '며

은 손자며느리입니다. 적통을 이은 손자며느리는 진실로 적조고(適祖姑)에게 부해야 하니, 주자의 말씀은 따르기 어려울 듯합니다.

첩손자를 조고(祖考)에게 부한다면, 그 처는 반드시 적조고에게 부해야 명분과 의리가 비로소 바르게 되니, 친한 자에게 부하는 것을 따라서는 안 됩니다. 노주(老洲)의 서질(庶姪 서자인 조카)이 내상(內喪 집안 여인의 초상)을 당하여 부를 어찌해야 마땅한지를 묻기에 이와 같이 답하였는데, 예에 어긋나지나 않습니까? 부디 헤아려서 가르쳐 주시기를 바랍니다.

느리는 조고(祖姑)에게 부(祔)하지만, 조고가 세 사람일 경우에는 친한 사람, 즉 시아버지의 생모(生母)에게 부한다.'라고 한 것은 또한 졸곡의 부사(祔祀)를 말하는 듯합니다. 만일 친한 자는 첩조고이고 며느리는 적부(嫡婦)일 경우, 첩조고의 제사는 손자에게서 그치지만 며느리는 전중(傳重)하여 사당에 들어가는 자인데 어찌 저 첩조고와 뒤섞을 수 있겠습니까.〔喪小記云: 婦祔於祖姑, 祖姑有三人, 則祔於親者. 恐亦是卒哭之祔. 若親者是妾祖姑, 婦却是適婦, 妾祖姑祭, 於孫止, 婦乃傳重入廟者, 豈可以混於彼乎?〕"라고 하자, 주자가 "적부를 첩조고에게 합부하는 것은 진실로 온당치 않은 일인 듯하다. 그러나 상고할 수 없다면 부득이 우선 '친한 사람에게 부한다.'라는 문구를 따라야 하니, 이것을 버리고 두찬(杜撰)해서는 안 된다.〔嫡婦祔於妾祖姑, 誠似未安. 然未有考, 則不得已且從祔於親者之文, 蓋捨此杜撰不得也.〕"라고 답하였다. 두찬은 시문(詩文)이나 저술(著述)에 있어 전고(典故) 없는 말을 자기 마음대로 기술하는 것을 이르는 말인데, 전하여 사실무근의 말을 지어냄을 이르기도 한다. 송(宋)나라 때 두묵(杜默)이 거의 율(律)에 맞지 않는 시를 지었으므로 일이 격에 맞지 않는 것을 두찬이라고 하게 되었다고 하기도 하고, 도가(道家)의 5천여 서적 중《도덕경(道德經)》2권을 빼고 나면 모두 두광정(杜光庭)이 지었는데 허탄(虛誕)한 소리가 많으므로 두찬이라고 하였다고도 한다.

이자강에게 답함 갑오년 6월 25일

答李子岡 甲午六月卄五日

정강(靖康)의 변란(變亂)에 장방창(張邦昌)이 참람하게 제위(帝位)를 차지하고 여호문(呂好問)이 문하시랑(門下侍郎)이 되었으니,[355] 이 일은 적인걸(狄仁傑)이 무조(武曌)의 재상이 된 것[356]과 똑같이 절개를 잃은 것인데, 여호문은 포위된 성 안에 있으면서 강왕(康王)과 납

355 정강(靖康)의……되었으니 : 정강은 송나라 흠종(欽宗)의 연호로, 정강의 변란은 정강 2년(1127)에 금(金)나라 태종(太宗)이 대군을 이끌고 송나라를 침략하여 수도 변경(汴京)이 함락되고 휘종(徽宗)과 흠종 부자(父子)와 수많은 황족과 신하들이 사로잡혀 간 변란을 이른다. 이 변란으로 북송은 멸망되고, 남쪽으로 도주한 휘종의 아들 고종(高宗)이 남경에서 즉위하여 왕조의 명맥을 유지하여, 남송(南宋)이 시작되었다. 장방창(張邦昌)은 당시 태재(太宰) 벼슬을 지낸 대신(大臣)으로, 송나라를 점령한 금나라가 국호를 초(楚)로 고치고 초대 황제로 즉위시킨 인물이다. 여호문(呂好問)은 자가 순도(舜徒)로 정강의 난 때 병부 상서(兵部尙書)로 있다가 금나라에 의해 초나라의 문하시랑(門下侍郎)이 되었다.

356 적인걸(狄仁傑)이……것 : 무조(武曌)는 당나라 고종(高宗)의 황후로, 고종이 죽은 뒤에 정권을 잡고서 아들인 중종(中宗)과 예종(睿宗)을 차례로 세웠다가 폐위한 다음 스스로 제위에 올라 신성황제(神聖皇帝)라 칭하고 국호를 주(周)로 개칭한 측천무후(則天武后)를 이른다. 적인걸(630~700)은 고종(高宗) 때에 탁지 낭중(度支郎中) 등의 벼슬을 역임하며 강직하고 공정하여 명성이 높았던 인물로, 측천무후가 정권을 잡은 이래로 중용되었으며, 690년 측천무후가 주나라로 개칭한 뒤에 동봉각난대평장사(同鳳閣鸞臺平章事)에 올라 재상이 되었다. 측천무후가 제위(帝位)를 친정 조카에게 물려주려고 하자, 적인걸은 친정 조카가 고모를 위하는 마음보다는 아들이 어머니를 위하는 마음이 더욱 간절하다고 설득해서 결국 중종을 데려오게 하여 즉위시킴으로써 당나라를 중흥시키는 데에 큰 공을 세웠다. 《新唐書 卷115 狄仁傑列傳》

서(蠟書)로 통하고 맹후(孟后)를 맞이하여 수렴청정하게 하여 반드시 조씨(趙氏)의 조국(祖國)을 회복시키고자 하였습니다.[357] 죽음을 미루고 구차히 살면서 국가의 대사(大事)를 바로잡아서 장방창을 유도하여 거짓의 사면령을 회수하게 하고, 끝내 장방창으로 하여금 황제의 복을 갈아입고 태재(太宰)의 반열로 돌아가게 하고, 고종(高宗)에게 즉위할 것을 권하여 대보(大寶)의 지위[358]를 잇게 한 것은 모두 그의 공입니다. 그러나 명분과 의리는 지극히 소중하니, 사직(社稷)을 보존한 공이 있다고 하여 실절(失節)한 죄를 용서할 수는 없습니다.

동래(東萊)가 가전(家傳)을 지을 적에 이것을 하나하나 지극하게 밝히면서 오히려 "치욕을 참고 받아들여 큰 계책을 성취했다."고 칭찬하였는데,[359] 이 말에 대해 주자께서 "끝내 분명히 밝히기 어려운 곳에

357 여호문은……하였습니다 : 강왕(康王)은 휘종의 아홉째 아들인 조구(趙構, 1107~1187)로, 금나라에 의해 북송이 멸망하자 남경(南京)으로 도피하였다가 남송의 초대 황제인 고종으로 즉위한 인물이다. 납서(蠟書)는 비밀의 누설(漏洩)과 습기(濕氣)를 막기 위하여 밀랍(蜜蠟)으로 싸서 봉한 서류나 편지를 이른다. 맹후(孟后)는 북송 철종(哲宗)의 첫 번째 황후였다가 폐위된 원우황후(元祐皇后) 맹씨로, 폐위되었기 때문에 정강의 변란 때 포로로 잡혀가지 않았다. 초나라의 문하시랑이 된 여호문은 금나라 군대가 철수하자, 황제 장방창을 설득하여 원우황후를 다시 맞이하여 수렴청정하게 하고, 당시 원수(元帥)가 되어 직접 군대를 이끌고 제주(濟州)에서 금나라에 대항하고 있던 강왕(康王)을 모셔다가 고종(高宗)으로 세워 남송의 왕조를 일으키는데 공을 세웠다. 조씨(趙氏)의 조국은 송나라를 이른다. 조씨는 송나라의 국성(國姓)이다. 《宋史 卷362 呂好問傳》

358 대보(大寶)의 지위 : 황제(皇帝)의 지위를 가리킨다. 《주역》 〈계사전 하(繫辭傳下)〉의 "성인의 큰 보배를 위(位)라 한다.〔聖人之大寶, 曰位.〕"라는 말에서 유래하였다.

359 동래(東萊)가……칭찬하였는데 : 동래는 주자와 함께 《근사록(近思錄)》을 편찬

이르면 그만둘 것이요, 다시 다른 말을 하지 말아야 한다."라고 말씀하신 것[360]이 정론(定論)이 될 듯합니다.

적인걸이 남몰래 오룡(五龍)에게 태양(太陽)을 주어 이를 끼고 날아가게 한 것[361]은 공이 없다고 말할 수 없으나, 무조의 가까운 신하가 되어서 큰 바탕이 이미 훼손되었으니, 공이 죄를 가리지 못할 것입니다. 여호문의 일은 천지가 무너져 국가의 존망이 한 번 숨 쉬는 사이에 달려있는 위급한 때에 있었으니, 적인걸이 조용하고 한가로울 때에 처했던 것과는 차이를 두고 보지 않을 수 없습니다. 그러나 이는 다만 오십보(五十步) 백보(百步)의 차이[362]일 뿐이니, 그 마음과 행적을 구

한 남송(南宋)의 대학자인 여조겸(呂祖謙, 1137~1181)의 호로, 자는 백공(伯恭)이다. 가전(家傳)은 〈동래공가전(東萊公家傳)〉으로 《동래집》 권14 〈전(傳)〉에 실려 있다. 여호문(呂好問)은 여조겸의 증조이다. 원문의 여조겸의 말은 〈동래공가전〉에 그대로 보인다.

360 주자께서……것 : 이 내용은 《주자어류(朱子語類)》 권130 〈본조4(本朝四) 자희령지정강인물(自熙寧至靖康人物)〉에 그대로 보인다.

361 남몰래……것 : 이 내용은 당나라 덕종(德宗) 때의 문신인 여온(呂溫, 772~811)이 적인걸의 공적을 칭송하여 지은 찬(贊)의 "태양을 우연(虞淵)에서 취하여 함지(咸池)에서 씻어 광채가 나게 하여 남몰래 오룡에게 주어서 이를 끼고 날게 하였다.〔取日虞淵, 洗光咸池, 潛授五龍, 夾之以飛.〕"라는 구절을 원용한 것으로, 이는 《신당서(新唐書)》 권115 〈적인걸열전(狄仁傑列傳)〉에 보인다. 우연은 해가 져서 들어간다는 전설 속의 연못이고, 함지 또한 전설 속에 보이는 하늘에 있는 연못의 이름으로 해가 목욕을 한다는 곳이다. 오룡은 천자를 가리킨다.

362 오십보(五十步) 백보(百步)의 차이 : 서로 간에 약간의 차이는 있으나 근본적인 차이는 없음을 이르는 말로, 맹자가 양 혜왕(梁惠王)에게 전쟁에서 오십 보를 도망한 자가 백 보를 도망한 자를 비웃으면 어떠한가를 묻자, 양 혜왕이 오십 보나 백 보나 모두 도망한 것이라고 대답한 일에서 유래하였다. 《孟子 梁惠王上》

별하는 데[363]에 유념(留念)할 필요가 없습니다. 정자(程子)가 진평(陳平)과 주발(周勃)을 논하면서 "신하의 의리는 마땅히 왕릉(王陵)을 정도(正道)로 삼아야 한다."라고 말씀하셨으니,[364] 이것이 가르침이 될 만합니다. 고견(高見)을 듣기 원합니다.

363 마음과……데 : 이 내용은 이천(伊川) 정이(程頤)가 "석씨(釋氏 불가(佛家))의 학설을 만약 그 말을 연구하여 취사선택하려 하면, 그 말을 궁구하기 전에 진실로 이미 변하여 불자(佛子)가 될 것이다. 다만 우선 행적에서 상고하여야 할 것이니, 그들이 가르침을 베풂이 이와 같다면 그 마음이 과연 어떠하겠는가. 진실로 그 마음만 취하고 그 자취를 취하지 않기가 어려우니, 이 마음이 있으면 이 자취가 있는 것이다. 왕통은 '마음과 행적이 다르다'고 말하였는데, 이것이 바로 어지러운 말이다.〔釋氏之說, 若欲窮其說而去取之, 則其說未能窮, 固已化而爲佛矣! 只且於迹上考之, 其設教如是, 則其心果如何? 固難爲取其心, 不取其迹, 有是心則有是迹. 王通言: 心跡之判, 便是亂說.〕"라고 한 말을 원용하여 말한 것이다.《近思錄 卷13 辨異端》

364 정자(程子)가……말씀하셨으니 : 한(漢)나라 혜제(惠帝)가 붕어한 다음 여 태후(呂太后)가 자신의 친정 집안의 여러 여씨(呂氏)들을 왕으로 삼기 위해 신하들에게 의견을 묻자, 우승상(右丞相) 왕릉(王陵)이 "유씨(劉氏)가 아닌데도 왕이 된 자는 천하가 함께 공격하라."는 고조(高祖)의 유언을 거론하며 반대하였다. 그러나 좌승상(左丞相) 진평(陳平)과 태위(太尉) 주발(周勃)은 여후와 맞서다가 유씨의 후예가 모두 죽임을 당할 것을 염려하여, 일단 여후의 뜻에 찬동하여 여씨들이 왕이 되도록 내버려두었다. 여후가 실질적인 국권을 장악하여 8년간 한나라를 통치하다가 죽자, 진평과 주발은 여록(呂祿)과 여산(呂産)의 병권을 빼앗고 마침내 모든 여씨를 참수하여, 유씨의 한나라를 굳건히 하는 공을 세웠다. 이에 대해 정자가 진평과 주발이 공을 세운 것은 모두 우연한 행운일 뿐이라고 폄하하고, 신하의 의리는 오로지 왕릉을 정도로 삼아야 한다고 평한 바 있다.《史記 卷9 呂太后本紀》,《二程遺書 卷19 楊遵道錄》

이자강에게 답함 갑오년 7월 그믐
答李子岡 甲午七晦

《도암어록(陶菴語錄)》[365] 네 책을 삼가 이에 빌려 올리오니, 이 어른(도암 이재)의 언행의 대략(大略)은 이 책들에서 충분히 징험할 수 있습니다. 비록 혹 사소한 기술(記述)의 차이는 있으나 풍문을 통하여 선생의 덕을 상상하는 것보다는 낫습니다. 정자께서 일찍이 문인들이 자신의 말을 기록하는 것을 만류하면서 이르시기를 "내가 여기 있는데 굳이 이것을 볼 필요가 있겠는가."라고 하셨지만, 정자께서 계시지 않다면 또한 말씀을 보지 않을 수가 없는 것입니다.

이 어른은 타고난 자질이 지극히 높아서 마음속의 찌꺼기를 스스로 정화하여 털끝만큼도 망설이고 구차한 행위가 없었습니다. 이 때문에 의리와 이익을 구별하기를 일도양단(一刀兩斷)하듯이 결연하게 하여 참으로 맹자와 주자의 의체(義諦 가르침의 근본 뜻)를 얻었으니, 그 조예(造詣)가 이처럼 탁월한 것이 당연합니다. 돌아보건대 지금 명예와 이익을 추구하는 풍조는 하늘에 닿아 있고 의(義)와 이(理)는 땅을 쓸어낸 듯 사라져서, 어둡고 혼란스러워 장차 모두 귀매(鬼魅 도깨비와

365 도암어록(陶菴語錄) : 도암(陶菴) 이재(李縡)의 문인인 대양(大陽) 박성중(朴聖中)이 스승의 언행을 기술한 책으로, 수록 시기는 1736년(영조12) 1월 12일부터 1740년(영조16) 4월까지이다. 표제는 '도암어록(陶菴語錄)'이고, 권수제(卷首題)는 '도암선생문인박대양소기어록(陶菴先生門人朴大陽所記語錄)'이며, 발문에는 '용문일기(龍門日記)'라고 하였는데 용문(龍門)은 이재가 강학하던 용인(龍仁)의 한천서원(寒泉書院)이다.

두억시니)가 된 이후에야 끝날 것이니, 매양 이 어른을 생각할 때마다 구천(九泉)에서 살아 나오셨으면 하는 바람이 있습니다.

기년(期年)과 대공(大功)의 상(喪)에 졸곡(卒哭)을 지낸 뒤에는 진실로 평상시처럼 제사를 지내야 합니다. 그러나 장기(杖期)는 삼년상의 체(體)가 갖추어져 있고[366] 주부(主婦)는 가정 안에서 음식을 만드는 중임(重任)이 있기 때문에, 주자가 내상(內喪)에 대해서 "사시(四時)의 정제(正祭)는 지내지 않았지만 절사(節祀)는 그대로 지냈다."라고 하신 것입니다.[367] 또 주자가 일찍이 이르시기를 "선조의 기제(忌祭)를 지내는 것이 혐의할 만한 것이 없을 듯하나, 정침(正寢)에 이미 궤연(几筵)을 진설하였다면 바로 제사할 곳이 없으니 또한 잠시 정지할 수 있다."라고 하셨으니, 이 뜻을 미루어 보면 아내의 상중에 선조의 기제와 묘제(墓祭)를 마땅히 단작(單酌)에 축문이 없이 행하고, 담제를 지내서 상이 끝난 뒤에 비로소 삼헌(三獻)을 하고 또한 성대한 제사

366 장기(杖期)는……있고 : 장기는 상장(喪杖)을 짚고 거상(居喪)하는 기년복(朞年服)으로, 자최(齊衰) 삼년 다음으로 무거운 복이다. 부인이 죽었을 때 남편이, 아버지가 생존해 계실 적에 어머니가 사망한 경우 등에 입는데, 본래 삼년복을 입어야 하나 압존(壓尊)으로 상을 낮추어 기년복을 입기 때문에 삼년상의 체가 있다고 한 것이다.

367 주자가……것입니다 : 내상은 여인의 상을 이르는 말인데 여기서는 아내의 상을 이르며, 절사(節祀)는 절기나 명절에 지내는 제사를 이른다. 두문경(竇文卿)이 "남편이 아내의 상을 당하여 장사를 지내지 않았거나, 이미 장사를 지냈으나 아직 복을 벗지 않았는데도 시제를 지내야 합니까?〔夫爲妻喪, 未葬, 或已葬而未除服, 當時祭否?〕"라고 묻자, 주자가 "제사를 지내서는 안 될 듯하다. 우리 집은 사시의 정제는 지내지 않지만 절사(節祠)는 지낸다.〔恐不得祭. 某家則廢四時正祭, 而猶存節祠.〕"라고 답한 것을 말한 것이다. 《晦庵集 卷59 答竇文卿》

를 거행하는 것이 예에 맞을 듯합니다.

노주(老洲)께서 내상 중에 천한 이 몸에게 질문하셨기에 이와 같이 대답하였더니, 제 말을 따라주셨습니다. 존문(尊門)에서 대처하는 방법 또한 마땅히 이와 같으실 것인데, 어떠신지 모르겠습니다.

이자강에게 줌 을미년[368] 정월 10일

與李子岡 乙未元月十日

본생부모(本生父母)의 복은 부장기(不杖朞)이니, 기년이 지나면 다른 기년복과 똑같이 복을 벗고 심상(心喪)을 펴 27개월의 상기(喪期)를 마쳐서, 다른 본생(本生)의 형제들과 함께 즉길(卽吉 탈상(脫喪))하는 것이 통행되는 예입니다. 지금 국상(國喪)으로 인하여 대상(大祥)의 날짜를 미루어 31개월에 협제(祫祭)를 행한다면, 이는 '상기에 일정한 수가 없다.〔喪期無數〕'는 것과 거의 다를 것이 없습니다.[369] 어찌 심제(心制 심상의 복제)를 하면서 상기를 이와 같이 질질 끌 수 있겠습니까.

연제(練祭 소상(小祥))를 미루는 경우, 남에게 양자로 나간 자식은

368 을미년(乙未年) : 1835년(헌종1)으로, 매산의 나이 60세 되던 해이다.

369 지금……없습니다 : 삼년상의 경우 13개월이 되는 첫 번째 기일(忌日)에 소상제(小祥祭)를 지내고 25개월이 되는 두 번째 기일에 대상제(大祥祭)를 지낸 다음 상복을 벗지만, 바로 길복(吉服 평상복)을 입는 것은 아니고 흰 옷을 입은 채 한 달을 보내고 27개월이 지난 다음 날짜를 골라 길복으로 갈아입고 담제(禫祭)를 지내며 곧바로 새 신주를 사당에 모시고 협제(祫祭)를 지낸다. 그러나 국상(國喪)이 있을 경우 장례까지 5개월이 걸리므로 31개월에 협제를 지내게 되는 것이다. '상기에 일정한 수가 없다.〔喪期無數〕'는 것은 《주역》 〈계사전 하(繫辭傳下)〉에 "옛날 장례(葬禮)하는 자들은 섶을 두껍게 입혀서 들 가운데 장례(葬禮)하여 봉분(封墳)하지 않고 나무를 심지 않으며 상기(喪期)가 일정한 수(數)가 없었다.〔古之葬者, 厚衣之以薪, 葬之中野, 不封不樹, 喪期无數.〕"라고 보이는바, 이는 옛날에는 상례(喪禮)가 구비되지 아니하여 부모 상(喪)의 상기(喪期)가 일정하지 않았음을 말한 것이다. 뒤에 성인이 나와 예를 제정하여 삼년상으로 통일하였다.

여타의 기년복과 똑같이 첫 기년이 되는 날에 복을 벗어야 하니, 그렇다면 대상을 미루는 경우에도 마땅히 먼저 상기가 찬 자는 먼저 복을 벗고 뒤에 상기가 찬 자는 뒤에 복을 벗는 의리를 방조(傍照)하여 28개월에 먼저 상복을 벗는 것[370]이 마땅할 듯한데, 어떨지 모르겠습니다.

심제(心制)에서의 변제(變除)[371]는 마땅히 길월(吉月)의 시기에 있어야 하니, 길월이 되는 첫 번째 정일(丁日)에 비록 길제(협제(祫祭))를 행하지 못하더라도 곡(哭)하지 않고 자신의 상차(喪次)[372]에서 상복을 갈아입습니다. 이는 신독재(愼獨齋 김집(金集))의 말씀이 있어서 따를 만하고 근재(近齋 박윤원(朴胤源))께서도 평소 말씀하신 것입니다. 이 예(禮)는 비록 부재모상(父在母喪)[373]일 때를 말한 것이나, 본생부모의

370 방조(傍照)하여……것 : 방조는 어떤 일을 행할 때, 법과 예법 등에 적용할 만한 조문(條文)이 없으면 그와 비슷한 조문을 참고하는 일을 이른다. 원래는 대상이 되는 25개월에 상복을 벗는데, 국상이 있을 경우 장례 기간에 대상제를 지내지 못하므로 28개월 만에 상복을 벗는 것이다. 국상의 장례가 대상 이전에 있으면 복을 연장하지 않으나, 대상 이후에 있으면 국상의 장례 뒤에 대상제를 지내게 된다.

371 심제(心制)에서의 변제(變除) : 심제는 심상(心喪)의 복제(服制)이다. 심상은 상복은 입지 아니하나 상기(喪期) 동안 상을 치르는 마음으로 지내는 것을 이르는데, 일반적으로 스승과 벗의 상에 행한다. 여기서는 부재모상(父在母喪)의 경우 자식들은 아버지에게 압존(壓尊)되어 삼년복을 입지 못하고 기년복을 입기 때문에 심상을 행하여 3년을 마침을 이른다. 변제는 변복(變服)과 제복(除服)의 줄임말로 상복을 바꾸어 입거나 벗는 일을 이르는데, 소상(小祥)을 마친 뒤에는 상복을 마전하여 입고 수질(首絰)을 벗으며, 대상(大祥)을 마친 뒤에 상복을 벗는다.

372 상차(喪次) : 상중(喪中)에 상주(喪主)가 거처하며 집상(執喪)하는 곳을 이른다.

373 부재모상(父在母喪) : 아버지가 살아 계시는데, 어머니가 먼저 돌아가신 경우의 상을 이른다. 본래 어머니의 상은 삼년복이나, 이 경우 자식들은 아버지가 상주(喪主)

상의 변제에도 원용할 수 있지 않겠습니까. 만약 본생가(本生家)에 계속해서 사(私)적인 초상이 있어서, 이 초상을 끝마치기를 기다려 협제를 거행한다면 상을 마칠 때가 없을 것이니, 다만 27개월의 상기를 다하고 마음속으로 헤아려서 탈상하는 것이 마땅하니, 심상은 본래 복이 아니기 때문입니다.

방상(方喪)[374] 중에 길복을 입는 것은 다만 직령(直領)[375]을 도포(道袍)로 갈아입는 것에 불과할 뿐입니다. 비록 심상을 벗었더라도 본생가의 길제 이전에 과거에 응시하여 벼슬을 구해서는 안 되고, 또 풍악을 울리는 잔치에 참여하지 말아서 담월(禫月)에 협제를 행하는 것과 같이 하여 대상을 미룬 달을 마쳐야 할 것이니, 굳이 층절(層節 일의 많은 가닥이나 곡절)을 만들 것이 없지 않겠습니까.

집의 아이[376]가 처한 입장이 이와 같은데, 정(情)과 예(禮)로써 헤아려보건대 31개월로 상기를 지연시키는 것은 마땅하지 않을 듯합니

가 되므로 아버지에게 압존(壓尊)되어 기년복을 입는다.

374 방상(方喪) : 부모의 상을 입는 예로 임금의 상을 입는 것을 말한다. 《예기》〈단궁 상(檀弓上)〉에 "군주를 섬기되 면전에서 직간(直諫)함은 있고 은미하게 간함은 없으며, 좌우로 나아가 봉양하되 일정한 방소가 있으며, 부지런히 일하여 죽음에 이르며, 상은 부모의 3년상에 견주어 한다.〔事君, 有犯而無隱, 左右就養, 有方, 服勤至死, 方喪三年.〕"라고 하였다.

375 직령(直領) : 예복의 한 가지로 옷깃이 일직선인 옷이다.

376 집의 아이 : 매산의 양자(養子)인 홍일순(洪一純, 1804~1856)을 이른다. 매산은 친아들이 일찍 죽어 1808년에 종제(從弟) 홍우필(洪禹弼)의 아들인 일순을 양자로 삼았다. 자는 헌문(憲文), 호는 오곡(鰲谷)으로 노주(老洲) 오희상(吳熙常)의 문인이다. 1844년(헌종10) 음사로 선공 감역(繕工監役)이 되고 벼슬이 시흥 현령(始興縣令)에 이르렀다. 성리학(性理學)에 조예가 깊어 유수의 논저(論著)를 남겼다.

다. 그러나 분명한 근거가 없어서 감히 멋대로 행할 수가 없으므로, 노형에게 결단을 구하는 것이니, 부디 분명한 가르침을 주시기 바랍니다.

이자강에게 답함 을미년 2월 20일

答李子岡 乙未二月念日

예가(禮家)에서 말하는 '계묘(啓墓)'는 바로 무덤을 열어서 관을 들어내는 것을 말하고, 술가(術家 풍수가(風水家))에서 말하는 '파분(破墳)'은 바로 무덤의 한 쪽을 약간 허무는 것을 말한 것이니, 파분하는 날과 관을 들어내는 날이 조금 멀리 떨어져 있다면 사초(莎草 무덤의 떼)를 약간 들어내는 것을 가지고 계묘라고 말해서는 안 될 것입니다.

'시마복(緦麻服)은 바로 일을 시작하는 때에 입어야 한다'[377]는 말이 비록 우옹(尤翁)의 말씀이라고 하나, 파분 또한 일을 시작하는 때라고 말할 수 있는데, 일을 시작하는 때로부터 관을 들어냄에 이르기까지 짧으면 하루를 넘기고 길면 달을 넘기니, 그렇다면 일을 시작할 때에 시마복을 입는 것은 관을 보고서 시마복으로 바꿔 입는 것이 아닙니다. 관을 보고 곡하기를 초상에 거애(擧哀 큰소리로 곡을 하며 애도함)하는 것과 같이 하고, 빈소에 나아간 뒤에 시마복을 입기를 빈소를 이룬 뒤에 성복(成服)하는 것과 같이 해야 하니, 이와 같이 하여야 비로소 층절이 있게 됩니다. 이 때문에 저는 일찍이 면례(緬禮)[378]에 이와 같이 복을 입었고, 노주(老洲) 어른 또한 잠야(潛冶)의 설을 근거로 삼을 만하다

377 시마복(緦麻服)은……한다 : 이 내용은 《송자대전(宋子大全)》 권98 〈답송문재(答宋文哉)〉에 보이는 "파묘할 때에 고사는 마땅히 일을 시작할 때에 하여야 하고, 바로 이어서 시마복을 입는다.〔破墓告辭, 當用於始役之時, 而仍服緦矣.〕"라는 구절을 말한 것이다.

378 면례(緬禮) : 무덤을 옮겨 다시 장례를 지내는 일로, 곧 이장(移葬)을 말한다.

고 여겼습니다.[379]

조전(祖奠)과 견전(遣奠)[380]은 바로 초상(初喪)의 예이니, 개장(改葬) 때에 시행할 수 있는 예가 아닙니다. 구준(丘濬)의 《가례의절(家禮儀節)》에 실린 고사(告辭)는 따르기 어려울 듯하니, 《가례(家禮)》를 따라 다만 조전(朝奠)[381]을 차렸다가 발인(發靷)하는 것이, 견전이라는 명칭은 없으나 견전의 실상은 있게 됩니다. 굳이 상여(喪輿)가 집에 이르렀다가 길을 떠난다고 해서 다시 상여에 전을 거행할 필요는 없을 듯합니다. 무릇 상사(喪事)는 나아감은 있으나 물러남은 없으니,[382]

379 노주(老洲)……여겼습니다 : 이 내용은 《노주집(老洲集)》 권11 〈답홍백응(答洪伯應)〉에 "개장할 때의 수복(受服)에 대한 설은 비록 우옹의 말씀이 있지만, 저는 또한 일찍이 '관을 보고서 곡하고 관을 받들어 빈소를 이룬 뒤에 시마복을 입는다'는 잠야의 설이 근거로 삼을 만하다고 여겼습니다.'〔改葬受服之說, 雖有尤翁說, 區區亦嘗以潛冶, 見柩而哭奉柩就殯後服緦之說, 爲可據也.〕"라고 한 구절을 이른다. 잠야(潛冶)는 박지계(朴知誡, 1573~1635)의 호로, 자는 인지(仁之), 본관은 함양(咸陽), 시호는 문목(文穆)이며 《동몽선습(童蒙先習)》을 지은 박세무(朴世茂)의 손자이다. 1623년(인조 1) 인조반정 후 유일로 부름을 받아 사헌부 지평에 제수되었다. 주자학에 전념해 많은 제자를 배출하였는데 특히 예론(禮論)에 조예가 깊어 김장생(金長生)과 자주 논변했으며, 인조의 생부인 정원대원군(定遠大院君)을 왕으로 추숭하려는 인조의 뜻을 지지하고 예론에 있어 그 이론적 근거를 제공하였으나 당시 학자들로부터 많은 비판을 받았다.

380 조전(祖奠)과 견전(遣奠) : 조전은 발인(發靷)하기 하루 전에 가묘(家廟)에 영결을 고하기 위해 지내는 제전(祭奠)를 이르고, 견전은 발인(發靷)할 때 문 앞에서 지내는 제전으로 노전(路奠), 노제(路祭)라고도 한다.

381 조전(朝奠) : 장사를 치르기 전에 이른 아침마다 영전(靈前)에 지내는 제전(祭奠)을 이른다.

382 상사(喪事)에는……없으니 : 《춘추곡량전(春秋穀梁傳)》에 "장사를 치를 날을 이미 잡았으면, 비가 오더라도 중지하지 않는 것이 예이다. 비가 와서 장사를 지내지

개장할 때에 조전과 견전이 없는 것 또한 이러한 의의(意義)입니다.

장례를 마치고 사당에 고유하고 신주(神主)를 내놓고 곡하며 전을 올리는 것으로 말하면, 이 예(禮)가 매우 중대하니, 국상(國喪)으로 제사를 중지하는 날에 행하기는 어려울 듯합니다. 다만 사당 안에서 고유하는 일만 거행하면서 《상례비요(喪禮備要)》의 고사(告辭)를 쓰되 '삼가 술과 과일을 차린다.〔謹以酒果〕'라는 네 글자는 빼는 것이 마땅할 듯합니다. 공사(公私) 간에 장례 이전에 모든 고묘(告廟)에 관계되는 일에는 모두 술과 과일을 쓰지 않으니, 이는 작은 제사와 비슷해짐을 혐의해서입니다. 《가례집고(家禮集考)》[383]에 우제(虞祭)가 없는데도 사당에 고유하는 축문이 있으니, 《상례비요》의 고사가 우제를 행한 이후의 절차라고 해서 이것을 버려서는 안 될 것입니다. 의중이 어떠신지 모르겠습니다.

못한다면, 상례를 법대로 치르지 않는 것이다.〔葬既有日, 不爲雨止, 禮也. 雨不克葬, 喪不以制也.〕"라고 하였는데, 이에 대한 주(註)에 "상사에는 나아감은 있으나 물러남은 없다.〔喪事有進無退.〕"라고 하였다. 《讀禮通考 卷83 葬考2》

383 가례집고(家禮集考) : 영조 때의 문신인 백고(伯高) 김종후(金鍾厚 1721~1780)가 《가례(家禮)》를 본문으로 삼고, 《의례(儀禮)》·《주례(周禮)》·《예기(禮記)》의 삼례(三禮)와 고금의 경전(經傳)은 물론 패림소설류(稗林小說類)까지 두루 망라하여 《가례》와 관계되는 사항을 편찬한 책인데, 제자 임육(任焴)이 간행하였다.

지은이 **홍직필(洪直弼)**

1776년(영조52) 6월 13일 신시(申時)에 한성의 주자동(鑄字洞)에서 태어나 1852년(철종3) 7월 17일 유시(酉時)에 노호(鷺湖)의 노의정사(蘆漪精舍)에서 향년 77세로 세상을 떠났다. 초명은 긍필(兢弼), 자는 백응(伯應)·백림(伯臨), 호는 매산(梅山), 본관은 남양(南陽)이며, 시호는 문경(文敬)이다. 평생 출사하지 않고 학문 강학에 힘써 근재(近齋) 박윤원(朴胤源) 문하에서 그 학맥을 계승하고 이를 후대에 전한 노론(老論) 낙론(洛論)의 핵심 사상가이자 문인 교육자이다. 학문은 박윤원 외에도 노주(老洲) 오희상(吳熙常)의 영향을 많이 받았으며 문하의 제자로 전재(全齋) 임헌회(任憲晦), 중암(重菴) 김평묵(金平默) 등이 있다.

옮긴이 **김창효(金昌孝)**

1956년 전남 장흥에서 태어났다. 고려대학교 행정학과를 졸업하였다. 민족문화추진위원회 국역연수원 연수부 및 일반연구부를 졸업하였으며, 현재 해동경사연구소 연구원으로 재직하고 있다. 번역서로는 《도곡집》(공역)이 있다.

권역별거점연구소협동번역사업 연구진

연구책임자 **신영주**(성신여자대학교 한문교육과 부교수)
공동연구원 **김여주**(성신여자대학교 한문교육과 교수)
김용재(성신여자대학교 한문교육과 부교수)
류준경(성신여자대학교 한문교육과 부교수)
이종덕(한국고전번역원 부설 고전번역교육원 강사)
책임연구원 **성백효**
연 구 원 **김창효 김형석**
연석환 사경화
신상후 이정은
김성은 박희정
윤 문 **윤은숙 이영준**

매산집 4

홍직필 지음 | 김창효 옮김
2018년 12월 31일 초판 1쇄 발행
편집·발행 학자원
등록 2011.4.6 제2011-14호
주소 (05355) 서울시 강동구 천호대로 1121
전화 02-6403-1000 | 팩스 02-6338-1001 | 이메일 hakjaone@daum.net

값 30,000원
ISBN 979-11-6247-091-6 94810
979-11-87806-00-4 (세트)